六十年代生人

选择抑或为哲学选择

张立波◇编

黑龙江大学出版社
HEILONGJIANG UNIVERSITY PRESS

图书在版编目（CIP）数据

六十年代生人：选择抑或为哲学选择 / 张立波编
. — 哈尔滨：黑龙江大学出版社，2011.12（2021.8 重印）
ISBN 978-7-81129-392-0

Ⅰ．①六… Ⅱ．①张… Ⅲ．①哲学家－访问记－中国
－现代②马克思主义哲学－文集 Ⅳ．①K825.1②B0-0

中国版本图书馆 CIP 数据核字（2011）第 239544 号

六十年代生人——选择抑或为哲学选择
LIUSHI NIANDAI SHENGREN——XUANZE YI HUO WEI ZHEXUE XUANZE
张立波　编

责任编辑　张怀宇　梁　秋
出版发行　黑龙江大学出版社
地　　址　哈尔滨市南岗区学府三道街 36 号
印　　刷　三河市春园印刷有限公司
开　　本　720 毫米 ×1000 毫米　1/16
印　　张　26.75
字　　数　385 千
版　　次　2011 年 12 月第 1 版
印　　次　2022 年 1 月第 2 次 印刷
书　　号　ISBN 978-7-81129-392-0
定　　价　66.00 元

本书如有印装错误请与本社联系更换。

目录

缘起 ⋯⋯⋯⋯⋯⋯⋯⋯⋯⋯⋯⋯⋯⋯⋯⋯⋯ 1

问题 ⋯⋯⋯⋯⋯⋯⋯⋯⋯⋯⋯⋯⋯⋯⋯⋯⋯ 1

马天俊 ⋯⋯⋯⋯⋯⋯⋯⋯⋯⋯⋯⋯⋯⋯⋯⋯ 5

　学术之路 / 5

　治学方法 / 7

　对马克思主义哲学的一般理解 / 8

　代际定位 / 10

　学术、思想和时代 / 11

　学术理想与目标 / 12

　哲学创新之路 / 13

　个人作品 / 14

王雨辰 ⋯⋯⋯⋯⋯⋯⋯⋯⋯⋯⋯⋯⋯⋯⋯⋯ 21

　学术之路 / 21

　治学方法 / 24

　对马克思主义哲学的一般理解 / 25

　代际定位 / 28

　学术、思想和时代 / 30

　学术理想与目标 / 32

　哲学创新之路 / 33

　个人作品 / 36

　推荐书目 / 38

王峰明 ⋯⋯⋯⋯⋯⋯⋯⋯⋯⋯⋯⋯⋯⋯⋯⋯ 41

　学术之路 / 41

　治学方法 / 43

　对马克思主义哲学的一般理解 / 45

　代际定位 / 47

　学术、思想和时代 / 48

学术理想与目标 / 50

哲学创新之路 / 51

个人作品 / 53

推荐书目 / 55

题外话 / 58

文兵 63

学术之路 / 63

治学方法 / 65

对马克思主义哲学的一般理解 / 66

代际定位 / 68

学术理想与目标 / 69

个人作品 / 70

推荐书目 / 72

仰海峰 77

学术之路 / 77

治学方法 / 79

对马克思主义哲学的一般理解 / 81

学术、思想和时代 / 85

学术理想与目标 / 87

刘怀玉 91

学术之路 / 91

治学方法 / 97

对马克思主义哲学的一般理解 / 97

代际定位 / 98

学术、思想和时代 / 99

学术理想与目标 / 99

哲学创新之路 / 100

个人作品 / 102

推荐书目 / 103

题外话 / 105

刘森林 109

学术之路 / 109

治学方法 / 111

　　对马克思主义哲学的一般理解 / 114

　　代际定位 / 114

　　学术、思想和时代 / 116

　　学术理想与目标 / 117

　　哲学创新之路 / 118

　　个人作品 / 121

　　推荐书目 / 123

　　题外话 / 124

李文阁 ·· 127

　　学术之路 / 127

　　治学方法 / 129

　　对马克思主义哲学的一般理解 / 131

　　代际定位 / 135

　　学术理想与目标 / 136

　　个人作品 / 138

杨生平 ·· 145

　　学术之路 / 145

　　治学方法 / 147

　　对马克思主义哲学的一般理解 / 148

　　代际定位 / 153

　　学术、思想和时代 / 154

　　学术理想与目标 / 156

　　哲学创新之路 / 157

　　个人作品 / 159

　　推荐书目 / 160

　　题外话 / 160

吴向东 ·· 165

　　学术之路 / 165

　　治学方法 / 167

　　对马克思主义哲学的一般理解 / 168

　　学术、思想和时代 / 171

　　学术理想与目标 / 173

　　哲学创新之路 / 175

　　个人作品 / 176

　　推荐书目 / 179

　　题外话 / 179

张文喜 ··· 183

　　学术之路 / 183

　　治学方法 / 186

　　对马克思主义哲学的一般理解 / 187

　　代际定位 / 193

　　学术、思想和时代 / 195

　　个人作品 / 196

陈忠 ··· 201

　　代际定位 / 201

　　哲学创新之路 / 203

　　题外话 / 204

陈立新 ··· 209

　　学术之路 / 209

　　治学方法 / 211

　　对马克思主义哲学的一般理解 / 212

　　代际定位 / 213

　　学术、思想和时代 / 214

　　学术理想与目标 / 214

　　哲学创新之路 / 215

　　个人作品 / 215

　　推荐书目 / 216

袁吉富 ··· 221

　　学术之路 / 221

　　治学方法 / 223

　　对马克思主义哲学的一般理解 / 224

　　代际定位 / 226

　　学术、思想和时代 / 227

　　学术理想与目标 / 229

　　哲学创新之路 / 230

　　个人作品 / 232

推荐书目 / 235

题外话 / 236

袁祖社 241

学术之路 / 241

治学方法 / 244

对马克思主义哲学的一般理解 / 250

代际定位 / 253

学术、思想和时代 / 259

学术理想与目标 / 263

哲学创新之路 / 265

个人作品 / 267

推荐书目 / 270

聂锦芳 275

学术之路 / 275

治学方法 / 277

对马克思主义哲学的一般理解 / 280

学术、思想和时代 / 284

哲学创新之路 / 286

贾英健 293

学术之路 / 293

治学方法 / 295

对马克思主义哲学的一般理解 / 297

代际定位 / 299

学术、思想和时代 / 300

学术理想与目标 / 301

哲学创新之路 / 303

个人作品 / 305

推荐书目 / 308

徐长福 313

学术之路 / 313

对马克思主义哲学的一般理解 / 315

学术、思想和时代 / 319

哲学创新之路 / 320

个人作品 / 322

题外话 / 326

唐正东 ·· 331

学术之路 / 331

治学方法 / 332

对马克思主义哲学的一般理解 / 334

代际定位 / 336

学术、思想和时代 / 336

学术理想与目标 / 337

哲学创新之路 / 338

个人作品 / 339

推荐书目 / 340

崔伟奇 ·· 345

学术之路 / 345

治学方法 / 346

对马克思主义哲学的一般理解 / 348

代际定位 / 349

学术、思想和时代 / 350

学术理想与目标 / 351

哲学创新之路 / 353

个人作品 / 354

推荐书目 / 356

题外话 / 358

韩立新 ·· 363

学术之路 / 363

治学方法 / 365

对马克思主义哲学的一般理解 / 366

代际定位 / 366

学术、思想和时代 / 367

学术理想与目标 / 367

哲学创新之路 / 368

推荐书目 / 369

题外话 / 369

六十年代生人
——选择抑或为哲学选择

鲁克俭 ·········· 373

　治学方法 / 373

　对马克思主义哲学的一般理解 / 374

　代际定位 / 376

　学术、思想和时代 / 377

　学术理想与目标 / 378

　哲学创新之路 / 378

　个人作品 / 380

王金林(外一篇) ·········· 385

后记 ·········· 411

目录

缘　起

　　随着 20 世纪 60 年代之后出生的学人浮出水面,一种比较纯粹的学院派的马克思主义哲学研究范式开始形成。这样说,当然无意否认此前研究的学术性,特别是无意否认前辈学者为马克思主义哲学研究的学术化付出的艰辛努力,而是力图指认,和前辈学者开始走上学术研究的殿堂相比,年轻一代学人的研究是在一种非常特别的语境中展开的。如果说此前的语境可以定义为无产阶级革命或社会主义建设的时代,那么现在,比较可取的称号则是全球化和消费时代。中国依然在从事社会主义建设,但这种建设是在全球化的框架中展开的,它得益于这种框架,同时也受制于这种框架。中国的国内市场开始成为统一的世界市场的组成部分,中国的学术研究也势必进一步深化和拓展与世界各国的交流和对话。正如市场经济需要统一的市场规则一样,学术思想的交流也需要大致接近的学术规范。在这样的情势下,提高学术化水准成为马克思主义哲学研究的首要任务。

　　众所周知,1949 年后中国马克思主义哲学研究的逐步展开,是自上而下的行政力量和自下而上的学者自觉相互促动的过程。作为学术研究的对象,马克思主义哲学也是指导整个社会的基本理论。马克思主义哲学的双重身份,使得马克思主义哲学研究表现出特有的活力和生机,同时也不可避免地几乎是从一开始就存在着简单、片面、狭隘,缺乏必要的自我反思,往往退化为为现实的具体政策作注脚的缺陷;发展到"文革"时期,正常的学术研究几乎不再有任何空间。自 20 世纪 70 年代末以来的思想解放运动中,马克思主义哲学研究展现出新的风采:实践、人道主义、异化、主体性、价值、实践唯物主义等概念和范畴,欣欣然而不无笨拙地登上了社会思想的前台,获得了广泛的社会效应。前辈学者可以自豪地说,20 世纪 80 年代是哲学的年代,而且首先是、主要是马克思主义哲学的年代:一方面,马克思主义哲学研究在社会变革中发挥着广泛的影响;另一方面,马克思主义哲学的表现形态也在不断进行变革。

自 20 世纪 80 年代后期以来，马克思主义哲学的地位逐渐发生了微妙的变化。随着思想的开放和多元化，从革命领袖不再是真理的代言人，到马克思主义不再是真理的化身，或者说，不复是唯一的真理，马克思主义哲学逐渐回复其作为一门学科的位置。在当代中国，作为一门学科的马克思主义哲学和作为政治意识形态的马克思主义很难划清界限，或者说，原本就不需要划清界限，不存在划清界限的问题。与此同时，我们也不能不承认，如果说这种含混曾经给马克思主义哲学学科带来了过多的荣耀，那么现在，则似乎造成了过多的重负。在一些学者的眼中，马克思主义哲学不是学问，只是一种"政治"，一种"意识形态"，它缺乏必要的理论深度和学术含量，无法为人文社会科学提供必要的概念、范畴和理路，更不用说提供基本的理论平台了。

20 世纪 90 年代后，后现代主义思潮传入中国并引起了相当的反响，甚至可以说，它构成了知识、思想和文化的基本境遇。人们最初认为，后现代主义所质疑的是现代理论及其实践，而且是西方社会的现代理论及其实践。由此，后现代主义的译介开始是和回归本土文化的吁求联系在一起，附和了当时的文化民族主义思潮。在后现代主义及紧随其后的后殖民主义之后，全球化理论流行开来，并逐渐得到了中国社会的广泛认同。在此过程中，马克思主义及其哲学的理论和实践作为现代社会进程的重要组成部分，无疑也遭遇重新审视。特别是马克思主义哲学关于社会历史发展本质和规律的学说，被视做线性进步论、历史目的论、宏大叙事而备受指责和冷落。

随着全球化和本土化的双重夹击，马克思主义哲学的地位非常尴尬。西方哲学似乎表征着"世界潮流"，中国哲学似乎表征着"民族传统"，那么，马克思主义哲学表征什么呢？在高校哲学学科设置中，以前是马克思主义哲学原理、中国哲学史、西方哲学史，现在则是马克思主义哲学、中国哲学、西方哲学。也就是说，在以往，"中国哲学"和"西方哲学"仅仅作为一种哲学的历史形态而存在，唯有马克思主义哲学才是基本的哲学原理，现在则情况不同了，哲学的世界似乎一分为三，三足鼎立了。

20世纪60年代之后出生的学人，就是在这样的情势中走上马克思主义哲学研究道路的。他们经历了70年代的社会生活，在思想激荡的80年代度过大学时光；他们目睹了社会生活和理论思潮的巨大游移和变迁。他们走上马克思主义哲学研究的舞台伊始，就直面这样一些根本性的问题：在现时代，马克思主义具有怎样的意义？一种研究在什么意义上才可以被称做马克思主义的研究？马克思主义的身份认同何以可能？这些在前辈学者那里处于"无意识"地带的问题，成为年轻学人从事马克思主义哲学研究的首要议题。

对年轻的学人来说，信仰固然重要，寻求信仰的理论支持更是根本。他们研究马克思主义哲学，首先是从学术的角度切入的。和前辈学者相比，他们拥有更多的学术旨趣。在某种程度上说，这是一种退守的姿态，是一种在当下的社会语境中的自觉选择。把马克思的著作称做文本，把马克思的文本视做解读的对象，表明年轻的学人充分意识到学术研究的主体性。在他们看来，马克思不是全能全知的神灵；马克思的文本不是回答一切问题的"百科全书"；马克思的思想不是静止地停留在那里，只需读者被动地照单全收的东西。研究就是对话，就是联系一百多年的历史变迁，和马克思对话。年轻的学人们清楚苏联模式的马克思主义哲学教科书的失误，承认马克思主义及其哲学在过去年月中的局限，甚至承认马克思也有其思想的局限，但无论如何，他们无意放弃马克思主义，而是坚持马克思主义哲学作为一门学科的重要性，坚持马克思主义作为一种社会理论的重要性。

熟悉当代西方哲学的年轻学人当然清楚，宏大叙事难免虚妄，后现代思想家已经对宏大叙事进行了种种批评。然而，对年轻的学人来说，宏大叙事则具有别一种意义，那就是确定当代思想的基本平台，然后在此基础上展开学术研究。关于生存论转向，关于生活世界观，关于存在论，关于现代性，关于后现代境遇，等等，诸如此类的思考，与其说年轻学人拥有更大的理论抱负，不如说他们背负着更为艰难的思想任务，即：走出传统的马克思主义研究唯我独尊的理论视域，直面当代西方思想的种种发展，重新认识理论和现实的关系，马克思主义和现实的关系。泛泛而谈，理论话语和时代之间是相辅相成的关系。一方面，理论话语规划时代，不同的理论话语规划出不同的时代景观;另一方面,理论话语本身也是自己所处时代的组成部分,承担着它的困惑和疑难。在此意义上,马克思主义哲学学科在新世纪的前景,在相当程度上就取决于年轻学人及其操持的理论话语如何规划这个时代,并在此规划中重新开拓自身的理论空间。

在寻求整体性指认的同时,学院派更多地关注细节,生活中的细节和文本中的细节,平心静气地研究,在琐碎的细节中发现意义,发现乐趣。他们意识到,单纯依据马克思某一文本中的只言片语便对其思想进行概括、提炼和阐发,是一件相当冒险的事情,对于那些著述甚丰而又经常进行自我省思的思想家,基础性的研究应当是将其不同时期的文本还原为特定的历史语境,并加以仔细梳理。学院派的研究关心具体事务和个别现象,不再寻找某一基础性的框架,不再急急忙忙地追逐所谓的本质和规律,不再企望一劳永逸地解决问题。在学术和思想的道路上,年轻的学人们更多一些谦恭,多一些拘谨。他们探讨阅读马克思的方法问题,学习"复调式"解读,消除单一逻辑,甚至惯于自我的讥讽与消解。

学院派的马克思主义哲学研究,既包括对马克思主义理论进行哲学的研究,也包括对马克思主义哲学进行研究。就前者而言,需要在哲学层面上澄清一些问题,诸如:马克思是否摆脱了欧洲中心主义和男性中心论?马克思是如何处理客观主义和相对主义的关系的?马克思理论的历史性是如何避免价值虚无主义的?就后者而言,需要把马克思放在西方哲学发展的流程中来把握,思考诸如此类的问题:马克思是如何超越黑格尔的? 马克思提出了哪些新的哲学概念? 重新阐释了哪些观念? 马克思对哲学的当代发展提供了哪些资源? 重要的不是急急忙忙地排名次,而是澄清马克思的一些基本范畴、概念和理论,诸如物质、实践、意识形态、主体、历史,等等。年轻的学人们意识到,在西方哲学的流程中把握马克思,实际上也就是用西方哲学的规范来测度马克思。这样的测度,可以展现马克思文本中长期以来被抑制的一些声音和形象,但与此同时,也可能促成了一些新的盲点和变形。但是,这样的测度,毕竟首先是一种能量的释放。

学院派的马克思主义哲学研究,并不意味着把马克思主义哲学研究局限于学院的狭小范围。马克思的学说和现实政治的关系是非常紧密的，离开他的现实关怀和政治理想，我们甚至很难理解他的学术工作。马克思主义哲学研究当然要从事对概念、范畴、基本理论的研究，但这种研究，不是纯粹思辨的研究，不是像黑格尔那样，建构一套包罗万象的体系。年轻学人致力于的，是把理论本身作为背景性的东西，对具体的日常生活——既包括国家的种种政策，现实生活中涌现的新的现象，也包括影视和小说文本——作出解释。一言以蔽之，就是研究日常生活的意识形态，思考诸如此类的问题：如果《还珠格格》得到广泛的喜爱，可以归结为商业化时代的消费主义，那么《激情燃烧的年代》广为传播，又意味着什么？文化关注的是意义、快感和身份认同。在消费至上的年代，如何把握哲学和现实的关系？就哲学的品性而言，它无疑应当和现实保持距离，经典的马克思主义很容易采取这个立场，西方马克思主义也提示了社会批判的路径。经典的马克思主义批判资本和市场，法兰克福学派批判文化和消费，现在我们却很难确定批判的对象。随着统一的全球市场的形成，我们要批判什么？消费、市场还是资本？法兰克福学派把大众文化和庸俗文化等同起来，和文化工业等同起来，和文化专制等同起来，也许有它的理由，但最终导致的是悲观主义。年轻的学人们意识到，没有内在统一的主体，没有一劳永逸的理论立场。他们以及他们的研究工作，都处于全球市场的逻辑之中，而绝不可能在这种逻辑之外，确立一种纯粹的批判立场。他们所能做的，是在这种逻辑之中，从事一种具有弹性和灵性的解构工作。

如果说年轻学人面临诸多的困难，那么，他们也拥有广阔的空间。相对而言，西方哲学学科的基本领域是确定的，就是自古希腊到当今的历史变迁；中国哲学学科自 20 世纪初奠定面貌之后，它的领域也是确定的。而马克思主义哲学，它的历史也就是一百多年，马克思主义哲学的特点，就是立足现实生活，随着现实生活的推进，它的研究视域也在不断扩展和游移。甚至可以说，马克思主义哲学作为一门学科，其研究对象和研究方法始终处于"现在进行时"之中，始终有待于研究者做具体工作。年轻的学人们清楚自己的研究工作是一种思想实验，清楚自己是在从事理论的探索，而非在展示某种绝对的真理。

身份认同是面向未来的,而非返回过去的。经典马克思主义是年轻学人的思想家园,然而,对家园的珍爱,不等同于固守在家园的院墙之内,对家园的珍爱,也不妨碍对家园之外其他事物的喜爱。毕竟,世界很大,美好的东西很多,值得欣赏、学习和借鉴的东西很多。年轻的学人们意识到,所谓的理论,其实也就是一些断断续续的故事而已,有开场,有过程,有种种可能的结局。年轻学人开始学习讲故事,考虑怎样把故事讲得好听、好玩,吸引人、打动人。特别是在很难讲出新的故事的情况下,怎样重新讲述既有的故事,是一个大大的难题。年轻学人讲述的故事中,马克思当然是不可或缺的,与此同时,马克思同时代和之后的许多哲学家,也渐次登场了:孔德、尼采、海德格尔、罗蒂、福柯、德里达、哈贝马斯……他们不再是丑角,不再是可有可无的陪衬。在这样的故事中,马克思真正成为历史性的马克思,他和其他的哲学家围着圆桌座谈,而不再是历史之外的超级英雄。年轻的学人借用乃至挪用其他学科的话语,努力选择一些新的语汇,在情节的演绎上下一番工夫,从而,使故事的线索多一些,情节扑朔迷离一些。年轻学人的故事常常透过经典马克思主义的文本,抵达当前所处的时代,焦虑和从容,无奈和欣然,自信和讥讽……这些,都将作为思想的痕迹,带给人们一些诗意和想象。

为了记忆和存储,为了反思和前瞻,着意主编一本《六十年代生人——选择抑或为哲学选择》,集中展示马克思主义哲学领域的人物及其成就。为此,提供 10 个题目,向 20 世纪 60 年代出生的各位学人发出邀请,征求答案,而后汇集成册,集中呈现。

以上所述,大抵就是本书的缘起。

问　　题

一、**学术之路**。选择哲学抑或为哲学选择,每个人都有不同的道路,请谈谈您是如何走上哲学及马克思主义哲学之路的。

二、**治学方法**。无论治哪个学科,方法最重要,没有方法就没有学术。请谈谈您的独到见解。

三、**对马克思主义哲学的一般理解**。关于马克思主义哲学的名称和实质,学界众说纷纭,您是怎么理解的?

四、**代际定位**。和 50 年代出生的学人相比,我们这一代人有什么特点?能够作出怎样的贡献?面对 70 年代出生的学人,我们能自豪地说点什么?

五、**学术、思想和时代**。无思想的学术是乏味的,无学术的思想是空洞的。学术、思想和时代唇齿相依,请谈谈您对三者间关系的把握与处理。

六、**学术理想与目标**。理想远大,目标具体,请谈谈您的近期目标、中期规划和未来的追求与使命。

七、**哲学创新之路**。在现时代,哲学创新之路如何展现?请谈谈您的设想与展望。

八、**个人作品**。您在学术之路上业已取得相当的成绩,请选择自己作品中最为满意的五部(篇),并简述其创意。

九、**推荐书目**。如果为在读的研究生提供十本必读书,您会选择哪些?请简述要义。

十、**题外话**。相信您有很多的思考,前面没能尽兴的话,在这里畅所欲言吧。

马天俊

1968 年生于黑龙江双鸭山，耕读长大，与哲学有缘，又以哲学为业。1987 年至 1999 年在吉林大学哲学系读哲学，先后获哲学学士、硕士、博士学位。哲学研究实有二义，分别为哲学的研究和对哲学的研究，前者关心例如宇宙、人生、真理、至善等对象，进行哲学的研究，后者则是针对哲学的哲学研究。后者是前者的前提性准备。此二义可集于一人之身，也可社会地展开，由不同的人从事。本人十多年来所致力的哲学修辞学研究，属于对哲学的研究。研究养生学的人自己身体不一定好，搞清哲学研究为何物还不等于真有什么伟大的哲理。真理临头，假予口而为人言，须待造化。

学术之路

我是选择哲学的。我高中的时候还勉强保留了一些课余兴趣，里面有一部分是由语法或逻辑所带来的某些推理问题，因此自学了一些形式逻辑和数理逻辑。学得不精，也不透，适足以在政治课上找老师的麻烦。那时的高中政治课教材是《辩证唯物主义常识》和《政治经济学常识》（资本主义部分），例如，"物质是……的范畴"，我觉得不管中间加多少定语，根本上就是说"物质是范畴"，而范畴是概念，这样说，看来并不能撇清和唯心主义的干系。政治课老师（大概是某师范院校政教专业毕业不久的学生）可能不太体谅我的问题，因为它们和考试太不相干了。当然也不能说一点同情也没有，因为这位老师告诉我这些问题等上了大学自然有机会去研究。我大约受了些暗示，虽然心里还惦着这些问题并给"正常"的学习造成了负担（政治课分数不高），但我尽量约束了自己的好奇心。同时，大概是高一高二之间的暑假,我托朋友在家乡的图书馆借了恩格斯的《自然辩证法》,读了觉得收获很大,似乎得到了一种更高的理解,能够把自己从前读的许多自然科学读物统摄起来。那时还翻过列宁的《唯物主义和经验批判主义》、斯大林的《列宁主义问题》等,因为感到与自己的积累和兴趣关系不大,翻翻也就放一边了。此外,高中时我多少能体会到数学的美妙,这多亏当时两三位高明的数学老师,他们不太注重学生的成绩,但对于代数或几何,他们讲得出其中的简洁和美妙,示范了数学化繁为简的特殊魅力。我曾很得意于能用数学上的某些方法掌握地理课的内容,这一定和数学老师的教化有关。我后来知道,这些被我的母亲本着深沉的母爱(我当年是理解不到的)斥为"不务正业"的学习,和我现在的专业关系倒是极为密切。

当然,上述三方面的情况并不能决定我后面要学哲学,即使加上高考后填报志愿时出于生计的某些考量,也不能决定我要去学哲学。凡事事后总是可以看出事先存在的某些有关系的头绪。指认这些头绪,不过是一种强调。但把这些头绪说成决定了后来的事情,则是一种自欺。在这个意义上,我以第一志愿考入大学哲学专业,不免还是有偶然性的。选择,主观上可能是决定的,客观上一定是众多偶然性凑合成的。

我现在的专业是哲学,主要工作领域是马克思主义哲学,这种道路应该说是从大学开始的。大学当然是要读很多书的,哲学专业要读很多哲学书,这不用多说。我所在的大学哲学专业所给予我的熏陶,却不只是多读书,而是还要思想。从根本上说,学问和思想两相比较,哲学还得是思想。但是困难或危险在于,哲学的特殊之处是它极端依赖哲学史,结果是哲学的学习或研究本身往往为一种必要的并且要反复进行的准备性工作所代替:关于哲学的学问代替了哲学。能够清醒面对这种困难或危险,也能够积极应对这种困难或危险,我以为是吉林大学哲学系的一个特点。我1987年至1999年在吉林大学哲学系学习,相继获得哲学学士、硕士、博士学位,现在想来可以说是一个努力学习把握学问和思想平衡的过程。

我大学时代那些卓越的启蒙老师在我的印象中从不单纯要求学生读书,甚至根本不要求学生读书,结果却是学生读了很多书。事情很简单,那些老师的讲课和讲座是十分生动的,极富时代感,但是这些议论绝不是随便的饭后闲谈,也不是随机的街谈巷议,而是带有深切现实关注和学术修养的讲演,听讲之余,自然产生读书的冲动,也往往会找老师要求阅读建议。当然,思考和议论也就随之而来,虽然最初总不免东施效颦之嫌,不过这样的开端的确不失为进入哲学的一个好方式。亚里士多德曾说闲暇和好奇是爱智慧的必要条件,这两个条件在当代几乎一齐处于危殆之中。这种危殆大概是时代性要求,这种要求只允许一小部分人与之保持距离。人天生总有几分好奇,到上大学时我的好奇心还幸而未全磨灭,闲暇固然不是亚氏那种丰足的闲暇,而是简陋的闲暇,但这种闲暇也能确保某种可贵的自由,就是那种能够带来沉潜和勇敢的自由。

　　哲学作为爱好是最惬意的。这种惬意在慢慢把哲学变为专业和职业的过程中日益内敛和含蓄了。大学要毕业的时候我十分尊敬和信任的老师断定我更适合读研究生,而不是出去工作,我考虑之后接受了这种预断。后来我幸运地考上了外国哲学专业现代外国哲学方向的硕士研究生。这个时期我仍然保持了广泛阅读的兴趣,主要是各种思想史,专业上是在叔本华和尼采身上下了较大工夫,通过他们我觉得自己更深刻地懂得了哲学。同时我也生成了一个自我判断,种种主客观条件意味着我不会成为专家,专家是当今外国哲学专业的主流模式。我对理论的兴趣更浓厚。我硕士毕业后就留在本系教西方哲学史,同时考了马克思主义哲学专业的博士研究生,跟高清海老师读书。博士毕业后我的工作领域逐渐转向了马克思主义哲学。高清海老师长于史论结合,而且卓有建树,我从老师那里领受的身教和言教主要是在这方面,其影响历久弥深。

治学方法

　　别的学科也许都有自己特定的方法,在同样的意义上,我却觉得哲学并无方法。哲学之高度依赖哲学的历史就表明哲学作为一个学科缺乏明确的方法。一般说来,方法总是连带着相应的对象、程序、目标、成果形式以及规训模式,如果这些相关物不明确,方法也就不能明确。在这个意义上,哲学显然不能一般地拥有自己的方法,因为哲学的要务便是不断从头规定自己的对象、程序、目标等等,所以哲学总要与自己的历史争议,从这种争议中获得新的力量。通常所谓的思辨、分析、直观之类,是某种工作习惯的简要声明,而不是什么方法,它们都太不确切了。

当然,尽管哲学无方法,治哲学却有要领,由此形成的学术甚至悬设了更高的学术要求。最优先的治学要领大概是从一定角度并在一定程度上通晓哲学的历史遗产。所谓"从一定角度并在一定程度上"并不是一个让人轻松的限定,仿佛一个人只需从自己的兴趣和能力出发然后随便数几个历史先驱就可以成就什么哲学,相反,这是一个无奈的限定,因为充分而彻底地消化累积了两千多年的哲学史,在一个人的生命中是难以完成的。但是,一个治哲学的人,或者说一个爱智慧的人,应该尽可能好地了解自己的伟大前辈。其次,掌握哲学史,并不是知识的累积,不是见闻的广博,更不是准确的复述,而是敏感性和洞察力的练习。治哲学,贵有洞察力。其实,最为根本也最为伟大的,是对生活、对生命、对人类有种不可遏止的先知般的关切。不过这样的哲学已经远非学术,更与方法没有关系。老子,或者孔子,或者赫拉克利特,或者马克思,他们这些人的思想,是什么样的训练所造就的呢?

退一步说,依循一定的研究习惯,成长为某种学术共同体或者学派的成员,这的确是常规的学习往往可以企及的。这是绝大多数治哲学者的道路。但即使是这种情况,我以为哲学方法也很难谈得上,那种以方法之名称呼的东西,只是某种动人的示范。

对马克思主义哲学的一般理解

马克思主义哲学作为名称,其实质是被无限延宕的。这一名称是由一个人名以及随后基于人名的主义而限定出来的哲学。哲学既需要限定,就表明哲学自身的规定不够明确不够具体。因此众说纷纭乃是不可免的局面。关于马克思主义哲学,还多有一重暧昧。例如,康德主义哲学也是以人命名的,虽然常有"说不尽的康德"之慨叹,但康德毕竟看来是个中规中矩的哲学家,康德的著作具有哲学的习惯的典型性,康德主义总是要就先验性和经验性达成某种综合。与康德比较,马克思就远没有这么明确,马克思不是典型的哲学家。按照马克思的某些论述,哲学甚至是行将被扬弃的意识形态之一,人类社会的史前时期告终之后,似乎没有明确的理由保证哲学依然存在。在这个意义上,"马克思"主义"哲学"是个不良用语。

可是,按马克思关于意识形态的见解去揣摩,在相应的社会生活基础没有根本变革之时,哲学作为意识形态之一也具有其历史合理性,不会消亡,至少不会因为某种批判或宣判而消亡。在这个意义上,诸多哲学"终结"之议,实际上不过是哲学变革自身并从而自我延续的一种有趣的佯谬举动。这样,在垂而不死的哲学之林中,一种称为"马克思主义哲学"的哲学也必须作为哲学——更重要的是作为一种意识形态——使自己占有一席之地,在完成意识形态任务的同时显现出一种哲学的非自律性"发展"。同时,由于马克思(以及恩格斯)既精于哲学又要扬弃哲学,"马克思主义哲学"就不得不既要努力超越"哲学"又要努力跻身于"哲学"之属以便与其他哲学竞争。结果,马克思主义哲学似乎总免不了《反杜林论》式的命运,即必须阐述与(某种)旧哲学针锋相对的一系列见解,而当其诱人从中抽绎出一种系统的哲学时,这种哲学作为哲学又与扬弃哲学的强烈要求不协调。这样,马克思主义哲学之本质便内在地不是处于"惚兮恍兮"之中,就是处于"恍兮惚兮"之中。

此外,马克思(以及恩格斯)的见解具有明显的历史性,那些很晚才公开出版的较早时期的著述看来与"哲学"关系密切,在"哲学"之名下或以哲学为业的人——无论是马克思主义哲学的或反/非马克思主义哲学的——都争相重视,以为这样可以澄清不少重要的理论问题。即使这样做是成功的,也不免蔽于职业习惯所造成的狭隘,可归于培根所谓的"洞穴假象":哲学家总在马克思那里看见自己所熟悉或喜欢的东西,这对于恰切把握马克思的思想实在是个经常的危险。

代际定位

　　年代本身没有意义,短暂的年代尤其没有意义。从出生年代来揣摩人的特点比从家庭出身来推断人的特点更加冒失,更加随意。如果说思想是时代的产物,不同的思想因应于不同的时代,这也是在较大时间尺度上或所谓"长时段"上才有根据的。而且,必须是时间本身已经为人们提供了判断的条件,即面对过去了很久的人和事,才可能产生较为客观的判断。当代人自我估价抑或相互估价,大不过根本上自我阿谀或自我鄙薄二途,姑妄言之姑妄听之而已。

　　现代社会或现代中国社会发展虽快,大概也不至于每10年就会大不相同。换言之,相邻的10年之间共同之处远多于差异之处。和孔夫子或者唐玄奘或者林则徐相比,我们明确地处于"现代化"的大时代,60年代生人如此,50年代生人也一样,这也包括三四十年代生人和七八十年代生人。我们的教养和追求基本是西化的,虽然身上还都不同程度地保留着传统习惯。在这个意义上,60年代出生的学人和譬如50年代出生的学人的基本定位应该是相同的。也是在这个意义上,60年代出生的学人如果可能作出什么可观的理论贡献,其根据也主要不在于"60年代出生"。

　　只是,承平日久,社会上人力轮替逐渐常规化,相同年龄段(以10年计)的人在社会生活里起中坚作用的时机在统计上较为规则。在这个意义上,60年代出生的学人将继50年代出生的学人之后成为学术界的骨干力量。轮替过程自然带有一定的竞争性。这时,经过构建的一代人的特点会成为某种歧视性的旗帜。在经意或不经意之间,年长者看年轻人天真鲁莽,青年人看中老年人世故保守,这背后往往就有对某种社会权利的意识形态争夺。这种争夺具有明确的社会分层意义,但超出这个限度的意义则是可疑的。

　　关于学术思想，人们总是能够觉察出它和一定的生活经历有关系，但这种关系的不确定性也是明显的。因此，说有某种见解是因为某种经历，或者说没有某种见解是因为没有或缺少某种经历，无论是对自己说或者说别人，大概都是过分简单的判断。

学术、思想和时代

　　学术、思想和时代的的确确是唇齿相依的。当然，唇不生齿，齿不生唇，因此学术、思想和时代在关系上又是松散的。在这个时代，在相对区分的意义上，学术的生计意义更为重要，思想的生命意义或历史意义更为重要。哲学一般而言与其说在于学术，不如说在于思想。作为思想的哲学，以自己的方式抗议所处时代的时候又远多于辩护的时候。

　　其实，学术当真说来并不容易说清楚，如果可以理解为形诸公开出版物的学术著述的话，那么学术与学养或学问显然不是一回事。同时，学养或学问也未必都是和书本打交道，"读世界这本大书"也是学，而且对思想来说可能更要紧。在这个意义上，如果说没有学问或学养却很有思想是不可能的，那么没有什么学术而很有思想则是可能的。无论多少学术都不能冒充深刻卓越的哲学见解。当今时代，学术很是有利可图，大有轻易耗尽学者生命的魅力，作为思想的哲学，虽未有明令禁止，实际常无暇顾及。加上哲学见地之高下远非当下标准所能清楚衡量，如此没谱的事儿，对许多学人而言，放一放也罢。但是治哲学而不致大力于思想，则是避重就轻，甚至根本就是个误会。

　　当然，学术上过得去也并不容易。在哲学上曾有过这种情形，即以当前意识形态"正确"冲淡甚至代替学术上的仔细考量。这样的哲学努力随风而起，又与时消息，禁不住时间考验。在哲学上也曾有过这种情形，即因学术有利可图，于是一切有利可图之事中免不了的假冒伪劣便入侵学术。这样的哲学努力可叹复可恨，但也从反面表明真正的学术之不易。

学术理想与目标

　　学者的学术规划或者理想,在最好的意义上也就是起到自我约束和自我激励的作用。在较为不好的意义上,学术规划往往是自欺或者欺人,就像时下某些科研项目之申请那样。我们这个年月,工程式的思考习惯占有压倒性优势,什么都必须要拿出个什么东西来给众人看,否则就等于没有,一些本不宜于如此对待的事情也难逃其厄。

　　我觉得,有志于学,用心用功,精进不懈而已。这是人文学术的自我立法。首先有此立法,而后有众人可见之著述,则所言始诚,所论始信。先贤王蘧常先生立志撰《秦史》,书稿数十年间遭乱屡毁,而其心不隳,其志不堕,终有所成。这是好榜样。先贤张舜徽先生年过半百整理撰写《说文解字约注》,时值动乱,运动不断,批斗频仍,生计乃至人身均罹险恶,张先生心拥磐石,变乱不惊,终于完成了这两百万字的大著,其中仅抄写一项就用了三年多时间,写秃了几十支小楷羊毫笔。这也是好榜样。先贤苗力田先生少逢战祸,流离失所,中老年又饱受疾病和动乱之苦,然而苗先生自有不变之衷,追慕希腊古哲,领衔译成首部依据原文的《亚里士多德全集》中文版,又筹备《康德全集》的翻译,壮心不已,赍志而没。这也是好榜样。

　　学术理想之远大,出于学术积累之深厚。深厚自然远大。我很乐意在此节录几段张舜徽先生的治学体会,悬以自勉。

　　"我一生所写的好几种书,都不是预先拟定了一个题目然后着手撰述的,而是将积累已久的素材,加以区处条理,使成为有系统、有义例的专著的。

　　……

　　"我在长期自学过程中,是有几分傻气的。少年时期读古文辞,喜诵长篇气盛之文,手抄熟读,不知费了多少心力。稍长,又喜阅览大部头书,从无畏难退缩之意。想起十九岁时读《资治通鉴》,日尽一卷,有时也可二卷,经过七个月的时间,将二百九十四卷的大书读完了,并且还写了简明的札记。后来年龄稍大，又发愿要通读'二十四史'，不畏艰难，不避寒暑，坚持不懈地认真去读。从《史记》到《隋书》，都用朱笔圈点，读得很仔细；从新旧《唐书》到《明史》，也点阅了一遍。整整花了十年时间，终于读完了这部三千二百五十九卷的大书。

……

"一生自少至老，从来没有晏起过，日历上也从来没有星期天和节假日。在学术研究工作上，没有放松过。经过长期奋斗，不独不感到疲倦，反而觉得精神愈用愈出，聪明愈用愈灵。到了晚年，总觉工作做不完，非努力前进不可。所以现在虽已七十，每晨还是四点起床，盥洗、叠被、整顿几案都毕，便开始工作。不自觉其疲困，感到乐在其中。这样的自强不息，自问还可以坚持下去。"（张舜徽：《自强不息，壮心未已》，见张君和选编：《张舜徽学术论著选》，华中师范大学出版社1997年版）

哲学创新之路

鸦片战争以来，中国在与西方文化的遭遇中一直不得不严肃对待自己的命运，也不得不严肃对待自己的文化命运。如何在碰撞和交流中重新立住中国人的文化根基？文化问题需要政治、经济、军事等方面的支持，但这些方面都不能越俎代庖，文化问题还必须文化地对待，文化地解决。这是一百多年来中国学者——不论专攻何种术业——的共同处境。处境的共同性带来了使命的共同性。这种处境至今未改，相应的使命也至今未完。与这种根本的共同性相比，一代代学者各自的特点实在都是次要的。在"哲学"上，西化的尝试和复古的坚持已轮番展演多次，似乎都有嫌简单，不足以澄清和解决文化问题，于是"创新"之议就经常被提到了。

拿哲学创新来说，过去的劳作诚然已经很辛苦，但业绩之无疑者恐怕不易确定。把西洋的哲学学说或方法介绍过来，国人从前当然是不知道的，这是不是创新呢？用西洋的哲理模式品评中国的传统思想,这以前没有做过,这是不是创新呢?基于中国传统学术习惯臧否西方思想,这从前也没有做过,这是不是创新呢?从一些意识形态上先定的口径出发研究一些理论或现实问题,因为这不能不是"与时俱进"的,这是不是创新呢?从一己体会和想象出发铺陈一套像真理体系的东西,因为个性总是有些特异的,这是不是创新呢?凭一定的哲学理解和机敏的才情勾勒"新"领域、宣布"新"范式、缔造"新"学科,这是不是创新呢?就创新作一番哲学研究,规定或归纳创新的若干法门,这是不是创新呢?最后,以公共言谈的方式竭力呼吁和要求创新,这是不是创新呢? 这些问题都不容易简单回答。

我以为,关于创新,有一种实在的尴尬。一方面,哲学之创新与否,只有历史才能给出真正的答案,创新是反思的,不是规划的。当代人在这么重要的事情上作自我评估,主观上可以有愿望,但客观上没有能力。不做没有能力做的事,这应当是个常识。破坏常识,不是疯狂,便是作秀。另一方面,对创新的自觉又是一种极其可贵的学术动力,它仿佛竞技场上的斗志,是一切技艺和拼搏的内在源泉。推陈出新,发前人所未发,这大概可算一切学术工作的共同追求。但是哲学的鹄的是真理,创新的自觉也可能是错觉和误判。这意味着创新在结果上往往是大浪淘沙,成本巨大,真正有资格剩下的果实很少。那么,依据第一方面,如果对一切看来像创新的东西都嗤之以鼻,那未免太刻薄了,当代人没有能力替历史作出肯定,同样也没有资格替历史作出否定。而依据第二方面,既然是大浪淘沙,必定有许多创新终究是貌似而已,它们是真正的创新的成本。

因此,对创新的要求毋宁说是对创新的自由的要求,为创新准备条件毋宁说是为自由的创新准备条件。然后,要相信,恺撒的归恺撒,上帝的归上帝。要热爱命运。

个人作品

我的哲学学习,最重要的营养首先来自柏拉图和康德,然后是尼采和马克思,然后是亚里士多德和休谟,还应该加上伽达默尔、叔本华和 T.库恩。如果谈得上一点研究的话,那么尼采和马克思的启发最重要,伽达默尔和库恩的某些倾向也起过微妙的鼓励作用。对这些先辈,我只能读书。其实,这个过程也伴随着同时代学者不同方式的启发和鼓励。就我目前的主要兴趣来说,启发或鼓励过我的先后主要有陈家琪、尚杰、张祥龙、洪汉鼎、张曙光、王天成、吴晓明等先生,幸蒙他们指点,我更坚定了自己的尝试和摸索。此外,刘亚猛、陈嘉映、刘大为等先生的有关著述也对我很有启发。我还有幸得遇不少优秀的学术同伴,先后有李大强、田海平、邹诗鹏、徐长福、李耀南等,他们是我的工作的不可多得的善意批评者,多年来和他们结下的深厚友情也是人生不可多得的幸福体验。

没有这些辅助,就不能设想我那一点或许有价值的哲学研究。根本上,学术确实是一项社会事业,或按其本义说是一项“伙伴”事业。

也是在这个意义上,“自己满意”这种主观感觉实在是极为局限的,学术的真价值在于其“客”观价值,归根结蒂,要交与历史评说。我大概只应该在传记意义上谈谈自己的工作。

我用力最多的研究,可称为哲学修辞学,它萌芽于十二年前我的博士论文中。这种研究不是要把哲学研究成文学,不是要呈现哲学话语之美之妙,而是探究哲学话语的真理力量如何生成。这似乎是一种新研究,其实质却是旧问题。哲学是说的,也就是说,哲学首先是人际(“主体间”这个用语被弄得太玄乎了)的,其内容也无不直接或间接地关怀着人。哲学又是特殊的说,因此哲学很早就操心着自己的说——说什么并且如何说。赫拉克利特贬低荷马,柏拉图打击智者,亚里士多德整治“工具”,都属于这类操心。操心早也有了结果,拿柏拉图来说,就是以真理之名把智者的修辞学从哲学中驱逐出去。柏拉图影响巨大,但在哲学与修辞学关系问题上,柏拉图本身及其强有力的传统却呈现出一种持久的暧昧,最高贵的真理追求,最严格的形而上学筹划,都包含甚至基于重要的修辞活动。重新评估哲学与修辞学的关系,描述哲学作为修辞性的形而上学活动的机制,解破哲学虚假的自我形象,这是有趣的哲学探究,也很可能具有重大的理论意义。

从知识论到知识社会学再到意识形态批判,这是惯常的道路。我以为这是不够有力的。从知识论回溯到形而上学,在语言分析的平台上勘探形而上学的意识形态性,然后再来审视通常的意识形态及其批判,在我看来是更为深刻的。这种工作和所谓终结形而上学、终结哲学不是一回事,相反,它将批判地捍卫哲学和形而上学。

这种问题意识最初只是困学中的灵感,后来才因应不同的机缘成长为学术论述。这种问题意识所指引的哲学领域我觉得是广大的,而我所已经做的工作无论在质上还是在量上都还远远地不相称,还需要老老实实地继续干下去。我觉得,这种工作需要三个必要的基础条件,即对生活的恰当经验、对哲学史的充分理解、对理论语言的高度敏感。这三项条件都需要不断加以完善,大概一辈子我也不会感到完全满意。

在我已经公开发表的文章中,2000 年的《修辞价值重估——论修辞的认知奠基意义》(载《天津社会科学》2000 年第 1 期)含有在哲学上为修辞学正名的意思,也是对自己过去几年间学习心得的部分总结。从事后看,这文章尽管不乏天真和粗疏,对我来说却是一个重要的开始。

从 2002 年到 2006 年有 5 篇个案研究文章,按哲学修辞学的思路分别讨论了康德、柏拉图、马克思、笛卡尔哲学思想的某些方面,验证了从前的直觉,取得了一些具体的研究经验和明确的学术成果。其中,柏拉图的理念论、马克思的唯物史观和笛卡尔的主体哲学的隐喻机制及其展开得到了较为详细的修辞学分析,形而上学在根基处不可避免的修辞性得以显现。同时,对唯物史观的修辞学分析多少明确了"社会感性"概念(与近代知识论的自然化的感性概念不同,社会感性概念强调了以语言为中介的社会性的感知,这种感知启发并塑造社会行动),暗示了形而上学规定如何与民众的社会历史运动相联系。

2007 年的《本原隐喻——论形上之道》(《江海学刊》2007 年第 2～3 期连载),我自己以为很重要,它彻底分析了"本原"概念的隐喻性构成,具体明确了哲学形而上学世界的砖瓦借用自形下的日常语言,并受特定日常语言特殊性的实质指引,由此生成不同的形而上学谱系。这种不同可以在同一种语言中产生,不同种的语言也产生着不

同的形而上学可能性。在这个意义上,任何一种语言都具备形上化的
潜力,哪一种语言也都没有形上化的天然优势,都不能充作哲学语言
本身。换句话说,哲学没有自己的语言,只有基于偶然的某种日常语
言的隐喻性说法。这种观点也意味着,通常所谓中西哲学之不同,甚
或中国无哲学之说,除了显示出某种文化自大或自卑而外,没有更深
刻的根据和意义。当然,差异自然带来真理意志间的紧张或冲突,其
具体情形又另当别论。

2009 年的两篇文章也有一定重要性。《哲学的双重反思性及其
修辞学——兼论中西哲学的根本共通性》(载《学术研究》2009 年第 1
期)特别讨论了哲学的对象意识和自我意识的修辞性。哲学对象和哲
学自身都是反思性的,都不具有直观性,亦即不是一个能放在面前的
"东西",因此哲学说出其对象或说出其自身时都是以语言为中介的
某种选择性的强调。黑格尔哲学展示"Geist"(精神)的自我发展,这
便是一种生命性的强调,由此黑格尔可以有辩证的生命逻辑,"超越"
形式逻辑,它自我否定又自我复归,但是同属生命的意志、个体、生产
这些可能更切要的内容则未得到相应的重视。哲学经常将自身反思
为逻辑活动,这种强调隐没了哲学活动的其他方面,特别是修辞的方
面,哲学由此造就了一种堂皇的自我形象;这从修辞上来看是很必要
的,因为修辞活动正是在它仿佛不在场的时候最有力量。为克服强调
之片面而追求完满,这是不可能实现的,哲学没有"上帝之眼",哲学
只能是某种高雅的盲人摸象。

这一年的《对〈共产党宣言〉中国化的一点反思——Gespenst 如
何说汉语》(载《马克思主义与现实》2009 年第 1 期)通过讨论
Gespenst(通译为幽灵)获得汉语表达的历史性,呈现一种客观精神
史,表明外来观念如何在汉语中隐喻地变形,汉语又如何在这种隐喻
活动中变形。该文提出"半形而上学"概念,可能有助于显示形而上学
观念如何过渡为普通民众意识。

上述研究显然尚未达到某种哪怕初步的系统性,还有一些关键
的学理未臻通透,这都需要更进一步的努力。

末了,也许值得强调,哲学修辞学还不是一个无须辩护的当然的
研究领域,加上我的文章有的也不甚合乎通行的规范,因此我很感激

发表这类文章的学术期刊慨于拿出宝贵的版面使我的研究心得公之于世。当然,学术编辑和前述惠予教益的诸多师友一样,都不必为我文章的缺点或错误负责,要为它们负责的是我自己。

王雨辰

　　1967年出生，湖北武汉人。哲学博士。现任中南财经政法大学哲学院院长，哲学系教授，博士生导师，湖北省有突出贡献的中青年专家，入选教育部新世纪优秀人才支持计划。担任的社会兼职主要有：教育部哲学学科教学指导委员会委员、中国当代国外马克思主义研究会副会长、中国价值哲学研究会常务理事、中国马克思主义哲学史学会理事等职务。主要研究领域为西方马克思主义哲学、环境哲学。自1991年以来先后出版个人学术专著6部，与人合著学术专著6部。个人代表性著作有：《生态批判与绿色乌托邦：生态学马克思主义理论研究》（人民出版社2009年版）、《伦理批判与道德乌托邦：西方马克思主义伦理思想研究》（人民出版社2011年版）、《哲学批判与解放的乌托邦》（黑龙江大学出版社2007年版）、《中国语境中的西方马克思主义哲学研究》（湖北人民出版社2010年版）。在《中国社会科学》、《哲学研究》、《马克思主义研究》等学术刊物上发表学术论文180余篇，其中《新华文摘》、《中国社会科学文摘》、《人大复印报刊资料》、《高校文科学报文摘》等全文转载近70篇。学术论著曾经获得湖北省社科优秀成果奖一等奖、二等奖和三等奖。先后主持国家社科基金项目"西方马克思主义伦理思想研究"、"生态学马克思主义理论问题与生态文明理论研究"以及4项教育部和省社科基金项目。

学术之路

　　我走上哲学研究和马克思主义哲学研究的道路并非是自我主动选择的结果，1985年高考后报考的第一志愿是武汉大学"经济法"和"经济管理"专业，当时对这两个专业既谈不上了解，更谈不上喜欢，只是因为它们是当年我们报考大学的热门专业。但是应该说从高中时代起，我就与哲学结下了不解之缘，因此在第二志愿我报考了山东大学哲学系，结果被武汉大学哲学系录取。

之所以在第二志愿报考山东大学哲学系，出自我在高中时期对哲学(当时叫"辩证唯物主义常识")这门课程的喜爱以及在哲学学习上所显示的高于同龄同学的才能。我较早遭遇到了挫折，当时我所在的湖北省黄陂县一中首次向全县招收重点初中班，我以优异的成绩被录取。由于我的父母都是黄陂县甘棠公社的教师，因此当时我在我的家乡颇有些名气。但是初中阶段由于贪玩，再加上生活不能自理，到中考时却考回到较低一级的学校——黄陂四中，这让作为教师的父母在面子上难以接受，我因此挨过父亲唯一一次打。进入高中阶段后，我对知识的学习毫无兴趣，每天只看些朦胧诗和新时期的小说，高一期末考试解析几何竟然只考了38分。但是也就是在这年暑假，我没有参加学校举办的补习班，而是在家里胡乱翻着父亲的藏书看，并偶然看完了何新翻译的《培根论人生》的小册子，这本书给了我巨大的影响，从此我决心认真学习，考个好大学。而就在高二我们开设了"辩证唯物主义常识"这门政治课，这门课也成为我哲学学习的启蒙课。当时我的哲学启蒙老师黄绪意先生应该说讲得是非常生动的，可能是由于这门课程本身的抽象性，大部分同学并没有听懂，我却听得津津有味。到这门课程关于本体论部分的考试，全班竟然只有我一人及格，这给了我学习上极大的鼓励，因为我尝到了久违的所谓"成功"。后来一鼓作气，到期中考试以后每次我都是全班总分第一名，最后如愿地考上了武汉大学，这在我所在的高中当时可是破天荒的事。可以说，能上大学我得益于哲学。

进入到大学哲学系学习，最初一年竟然让我对哲学产生了厌倦的情绪，原因是当时主要上的是公共课，再加上老师讲得很枯燥，所以闹着转系。可是当我到二年级接触到中西哲学史时，我竟然又割舍不了对哲学的情感。记得是二年级11月份，当时经济学系已经接受了我的转系要求，但最终我却没有去办转系手续。那个年代是哲学和文化热兴起的年代，除了听当时哲学系的著名哲学家，如陶德麟教授、萧萐父教授、陈修斋教授、刘纲纪教授、江天骥教授的讲座之外，也经常听年轻学者,如郭齐勇、邓晓芒、李晓明等人的讲座,深深体味到哲学的神性和哲学家们的大家气质。当时感兴趣的是美学,或许是少年时伤得太重,因此对魏晋玄学情有独钟,非常喜欢读李泽厚的《美的历程》,李泽厚、刘纲纪写的《中国美学史》第二卷,宗白华的《美学散步》以及朱光潜的《西方美学史》(上、下卷)、《悲剧心理学》,刘小枫的《诗化哲学》以及王一川的《意义的瞬间生成》等,希望报考美学专业的研究生。可是大学三年级11月初在哲学系举办的一次学术研讨会上认识了张守正老师,他是当时国内研究西方马克思主义的专家,说来也是缘分,虽然本科阶段我们并没有开设西方马克思主义这门课程,但从大学一年级起我就开始借阅徐崇温先生在天津人民出版社出版的《"西方马克思主义"》一书,一直到大学四年级这本书被我反复借阅,当然也从来没有真正读完过,但是也有一些对西方马克思主义的稍微了解。在和张守正老师以后的交往中,我完全被他的激进的理想主义以及昂扬的生命斗志所征服,而当时我正被马尔库塞的《单向度的人》一书所吸引,我感觉马尔库塞的美学救世主义正好可以解决我内心深处存在的"拯救与逍遥"之间的矛盾冲突,因此决定转报他的研究生。当时西方马克思主义是作为"马克思主义哲学史"专业下的一个研究方向招生的,就这样西方马克思主义哲学研究成为我走上学术研究之后始终未曾改变的研究领域。

研究生一年级应该说还是茫然的,并没有下决心将来一定要从事哲学研究。记得刚进到学校导师给我看了两本原著,一本是分析学马克思主义哲学家爱尔斯特的《理解马克思》一书,并抽出一章让我翻译,另一本是阿尔都塞的《保卫马克思》。因为当时在工厂当钳工锻炼,所以第一本书的翻译直到期末才做完,《保卫马克思》一书我则读得很认真,很辛苦,记下了10多万字的读书笔记,充分体会到学术研究的艰辛。1992年11月份我看了南开大学中文系罗宗强教授写的《魏晋玄学与士人心态》一书,这本书让我的心灵受到了极大的震撼。这本书不仅勾起了我对魏晋美学的回忆与想象,而且让我深刻体会到了人生命的短促、孤独、痛苦和人生命的美丽,也使我下定决心把哲学作为我终生追求的事业。

可以说,我走上哲学研究的人生道路并非是自我设计和自我选择的结果,而是由于各种外部机缘相互作用的结果,但是现在回想起来,我走上哲学研究的道路其实也有一定的内因作为基础,这不仅在于我自身性格的矛盾,而且也在于我当时事实上还是一个"问题少年"。虽然我外表性格热情而粗狂,可是内心情感却丰富而细腻,时时感受到人世的孤独与痛苦。同时,因为少年时过早遭受过挫折,也遭受到不少的"冷眼"和批评,以至于高中时曾经用玩世不恭的态度对待过学习和生活,干过许多的荒唐事,如果按照现在高中学生的管理制度,我可能早就被学校除名了。即便考上大学,也会因为现在大学生进校之前必须进行的"心理测试"而成为重点监测的对象,可能也会因此背上沉重的思想负担而无法成才。因此,我要特别感谢我的哲学启蒙老师、班主任黄绪意先生,感谢他在高中时期对我给予的宽容和巨大帮助,并成就了我人生的最好选择。

治学方法

　　治学方法是否恰当无疑是学术研究能否取得成功的关键。在这方面我谈不上有什么独特的见解,只能结合自己的学术研究从三个方面谈谈自己粗浅的体会。

　　首先,学术研究无论是哪一个学科都应当重视对经典的阅读和研究,当然对于如何才能真正读好经典,就有一个方法论的问题,也就是如何忠实于经典理论文本的原意,避免文本研究中的"过度阐释"的问题。我认为,要做到这一点就应该坚持历史主义的研究方法。所谓历史主义的研究方法就是把经典理论文本置于它所处的社会历史环境中予以同情的理解,它具体包括两方面的内容:第一,要搞清楚写作理论文本的理论家所处的时代对理论家提出了什么样的时代问题。这就要求考察理论家所处的社会历史条件、社会运动和思想运动,通过这种考察揭示理论家理论探索的目的和理论主题。第二,要搞清楚理论家是如何回答时代问题。这就要求我们考察理论家是在何种理论传统和理论思维方式的支配下解决时代所提出的问题,并通过考察理论家的理论运思过程揭示理论文本的内在逻辑和基本理论问题。只有坚持历史主义的研究方法,我们才能真正做到对经典理论文本的科学理解。

其次,学术研究应当遵循从点到面这样一个研究领域逐渐扩大的发展过程,并从纵向和横向两个维度对问题展开研究。学术研究的首要前提应当确定自己相对稳定的研究领域,但是,研究的过程却应当先遵循从具体问题研究开始,逐渐扩展到对研究领域的一般问题和基本理论问题的研究,既保证学术研究具有厚实的理论基础,又避免学术研究只见树木,不见森林。同时对于理论问题应当坚持纵向和横向两个维度展开研究。所谓纵向维度的研究就是应该从历史的角度揭示理论家的理论问题的产生和发展过程,进行问题史的研究。所谓横向维度的研究应当把理论家及其所提出的理论问题置于同时代不同理论流派之间作比较研究。通过纵向和横向两个维度的立体式研究,揭示理论家以及他所提出的理论问题在思想史上的地位。

最后,学术研究应当具有问题意识和现实意识,这实际上涉及到学术研究的目的的问题。学术研究显然不应当仅仅定位于纯智力的游戏,学术研究应当缘起于实践中面临的重大理论问题和实践问题,从定位于回答时代提出的问题的角度展开学术研究。古今中外的哲学大家,其理论思考和理论体系的创建无不是围绕他们所面对的时代问题展开的,只有解决实践中面临的重大理论问题和现实问题的学术才具有强大的生命力,才是真正意义上的学术创新。

对马克思主义哲学的一般理解

目前我国学术界出现了对马克思哲学的实质和内涵的多样化和个性化的理解,这种现象的出现我认为应该是一种学术的进步。但是有两个现象却需要我们认真思考。一是哲学思维方式我认为并没有发生根本性转换。这体现在两个方面:其一,非此即彼的形而上学哲学思维方式没有得到根本性改变。如果说 20 世纪 80 年代以前我们主要是用对马克思哲学的"辩证唯物主义与历史唯物主义"的解读模式排斥和否定其他类型的解读模式的话,当前我国学术界对马克思哲学的多种类型的解读模式之间同样缺乏彼此的宽容、相互的对话和同情的理解,因而对马克思哲学的基本原则和基本精神无法达到共识,马克思哲学在人们心中的形象不是越来越清晰,而是越来越模糊。我甚至认为,当前中国马克思主义哲学的"创新"不是太少了,而是太多了。其二,脱离当代中国人的生活世界和中国问题,满足于概念推演和理论体系的逻辑自洽建构马克思主义哲学理论体系的做法没有得到根本性改变。如果说在辩证唯物主义和历史唯物主义一统天下的时代,对马克思主义哲学的理论创新主要被归结为吸收现代自然科学的新成就为马克思主义哲学原理提供新的佐证材料,以及使理论体系的内在逻辑更加完善的话,当前中国马克思主义哲学研究的创新则主要依据西方马克思主义哲学或者西方哲学的理论视野,来重新阅读马克思的理论文本,来重新解释马克思哲学的理论实质和理论内涵,通过这种"中介阅读法"形成各种样式的马克思主义哲学。但是,这样的马克思主义哲学如何进入当代人的生活世界,如何反映中国人的情感世界和价值追求,如何引领时代的发展和解决当代中国面对的实践问题,却显得缺乏说服力和吸引力。即便仅仅停留于理论层面,应该说一方面我们缺乏一种理论传统,另一方面目前的中国马克思主义哲学研究也谈不上理论上的厚实,多少还显得比较浮躁。

目前我国学术界不仅出现了"马克思哲学"和"马克思主义哲学"的区分,还出现了多种路径对马克思哲学的本质和内涵的重新解读,并由此形成了对马克思主义哲学的规定。这里我认为有如下几个问题需要我们反思。

一是关于"马克思哲学"和"马克思主义哲学"的区分。这种区分在我看来主要一方面是为了突显马克思本人的哲学和马克思以后的马克思主义哲学之间的区别。近年来,我国学术界关注马克思哲学的特殊性较多,国内有的学者因此提出要用"差异阅读法"来揭示出马克思哲学的特殊性。而国外学者对这个问题研究的代表性著作也陆续翻译成中文。如诺曼·莱文的《辩证法内部的对话》、特雷尔·卡弗

的《马克思与恩格斯:学术思想关系》、汤姆·洛克曼的《马克思主义
之后的马克思:卡尔·马克思的哲学》等。但我认为无论马克思哲学
有多大的特殊性,马克思以后马克思主义哲学既然是以"马克思哲
学"为源,与各国社会历史条件和文化传统相结合的产物,那么显然
"马克思主义哲学"与"马克思哲学"是具有理论上的继承关系和理论
上的共同点的,马克思本人无疑是马克思主义哲学的创始人。那么,
我们在关注马克思哲学的特殊性时,我们更应该揭示马克思主义哲
学的理论传统和共同内核。同时这种区分另一方面无非是说后来的
马克思主义者对马克思的哲学理解得不够准确,或者出现了偏差,因
而需要重新理解和解释马克思哲学,由此马克思哲学革命变革道路
和哲学革命变革的实质问题成为学术界的热点问题。对上述问题的
考察主要是从两条路径展开,一条路径是力图通过文本研究读出一
个真正的马克思,另一条路径是力图从西方哲学的视野重新考察马
克思的哲学革命道路和马克思哲学的独特内涵。马克思和近代哲学
的关系,马克思和西方哲学现代转型的比较研究,从西方马克思主义
哲学、现代西方哲学的视野重新解释马克思哲学成为近年来学术界
研究的重点。应该说,上述研究对于我们从不同的维度丰富对马克思
哲学的理解具有极大的价值和意义。但是我觉得我们一方面当然不
应该对马克思的文本和思想作过度的阐释,对马克思哲学的解读不
能违背历史唯物主义最基本的原则,但是另一方面我们用什么样的
标准来判定什么是"真正的马克思",同时我们这样孜孜以求的"真正
的马克思"总是应该同解决我们当前面临的时代问题相关的。也就是
说,我们应当把"重新理解马克思"与立足于解决时代问题、发展马克
思哲学结合起来。那种拘泥于学院话语和脱离现实实践的所谓对马
克思的纯学术研究,既不符合马克思哲学的本性和基本精神,也无法
实现马克思哲学变革现实的使命和任务。

二是对马克思主义哲学的各种命名的争论,到底是辩证唯物主
义与历史唯物主义,还是实践唯物主义、实践本体论、实践人道主义
等本身对马克思主义哲学并无实际意义,我认为问题的关键在于我
们应当厘清马克思主义哲学发展过程中出现的不同理论谱系和理论
传统,以及当前我们是在何种理论谱系和理论传统中谈论马克思哲

学的。有的论者认为马克思主义哲学既是辩证唯物主义和历史唯物主义,同时又是实践唯物主义;有的论者为了表明对马克思主义哲学理解的全面,把马克思主义哲学规定为辩证的、历史的、实践的、人道的唯物主义。实际上上述说法从根本上说是不了解马克思主义哲学发展不同的理论谱系和理论传统,因为在马克思主义哲学发展的历史上,辩证唯物主义和历史唯物主义同实践唯物主义分属不同的理论谱系和理论传统,二者在哲学原则和哲学范式上具有不可通约性。因此,对马克思主义哲学的不同命名应当从马克思逝世以后,马克思主义哲学的多流派发展及其不同的理论传统这一视野展开讨论,只有这样才能够弄清楚不同的命名的内涵及其意义。

三是对马克思哲学或对马克思主义哲学的内涵和实质有不同的理解这是一个正常的现象,也是哲学之为哲学的本性。但是,无论对马克思哲学的理解有多么不同,马克思哲学立足于无产阶级的自由和解放这一价值和立场,以及历史唯物主义最基本的原则-如历史分析和阶级分析的方法、批判资本主义社会资本运动的逻辑、生产力理论是不应该被抛弃的,否则无论从什么维度阅读出的马克思都不能称做真正意义上的马克思。当前马克思主义哲学的根本任务并不在于建构某种自洽的理论体系,而应该关注和解答时代课题.比如全球化时代资本主义和社会主义的命运问题、科技问题、生态问题、文化问题、人的问题等等,运用马克思哲学的基本立场和方法对现实问题展开哲学研究,是马克思主义哲学创新和展现当代性的重要途径。

代际定位

我认为,60年代出生的学人应该是能够有所作为的一代学人。同50年代出生的学人相比,60年代出生的学人既有他们的不足,同时又有自身的优势。这种不足主要体现在两个方面:一是对传统文化和马克思主义经典文献掌握得不足;二是对中国社会和中国问题的了解,以及个人的人生历练明显不足。50年代出生的学人几乎经历了新中国成立以来的各种运动，并且大部分是改革开放才开始获得进入大学学习的机会，因此，在学术研究的理解力、学术研究的动力和学术研究的定位上都具有巨大的优势，加之他们对传统文化和马克思主义经典文献的把握较为厚实，这是他们能够长期占据学术界的主流位置和60年代出生的学人难以超越的根本原因。60年代出生的学人继承了50年代出生的学人具有的较强的社会责任感、较强的历史感的优点，同时他们的世界观、人生观形成于改革开放的年代，在对西学的兴趣和把握上更优于50年代出生的学人，并且在研究方法上更加多元化和个体化，具有强烈的学术创新的冲动。由于受学术研究的基础所限，再加上他们学术活动和学术创作的盛年时期是一个相对浮躁的时代，60年代出生的学人可能在学术研究的厚实性上会逊于他们的前辈，我认为较难产生大的学问家。但可能他们会通过援引西学的各种研究方法和理论视野，进而提出更具穿透力的思想和理论观点，会产生一大批专家和思想家。

与70年代出生的学人相比，60年代出生的学人的内心是充满煎熬和焦躁的，这源自两个方面的原因。一是总体看60年代出生的学人在学术致思方向和学术定位上，总是纠结于传统和现代之间的矛盾而不能得到解脱，因此，既感受到传统的压力，同时又感受到现代的冲击。二是不能摆脱社会和个体之间的矛盾冲突，在学术和现实之间纠结。但是我认为这种内心的焦躁和矛盾恰恰是60年代出生的学人优于70年代出生的学人的地方，它反映了60年代出生的学人所秉承的历史意识和现实意识，反映了60年代出生的学人所具备的社会责任意识。70年代出生的学人受传统的束缚较少，在学术视阈上更加西方化，研究方法上更加个性化和多元化，但是历史意识和现实意识却日趋淡化，极有可能产生一批类似西方的专业性的学院式学者，却也隐藏着被放逐和自我放逐的危险。

学术、思想和时代

近年来,我国学术界出现了"学术突现、思想淡出"的口号,并对"学术性"和"现实性"的关系展开了热烈的讨论。原本学术界对上述问题的讨论具有积极的意义。因为长期以来由于我国的学术研究政治化,贬损了理论,特别是马克思主义理论的科学性,因此,强化马克思主义理论的学科性质对于我们根据时代的发展坚持和发展马克思主义具有重要的价值和意义。但是,学术界对上述问题的探讨却又走向了另一个极端。这突出体现在两方面:其一是实证主义研究方法盛行,理论研究越来越走向实证化和技术化的发展方向;其二是斩断了理论和现实之间的有机联系,热衷于新名词、新概念的游戏,研究话语和研究方式越来越学院化。上述两种做法看起来似乎强调了学术性,但是这种学术性本质上不过是自我放逐和自我边缘化,并没有处理好学术、思想和时代三者之间的关系。

真正的学术必然要反映和解决时代问题,黑格尔把哲学看做是思想中的时代,马克思把真正的哲学看做是时代精神的精华。真正的学术并不是学者单纯的理论思辨,也不是和时代问题不相干的纯智力的概念游戏,任何真正的学术研究必须面对它所处的时代。学术研究诚然不能政治化,但并不等于可以和时代、和政治脱离联系,更不能将强化学术性归结为"去政治化",所谓和政治无关的纯学术并不存在。联系到中国当前的时代,解决中国现代化进程中所面临的问题既是当代中国最有价值和最有意义的学术,也是当代中国人面临的最大的"政治"。如果某种学术能够反映和解决中国当前所面临的问题和最大的"政治"的话,那么这种学术就是当代中国最大的学术。现在学术界有一种怪圈:一方面大家都强调理论应当与实践相统一,但是当一种理论真正研究了现实问题,却得不到学术界在学术上应有的尊重;另一方面把学术看做是一种与政治无关的事业,只要与政治产生了联系,无论是理论研究者,还是理论研究者所提出的理论观点都被认为在学术上是无足轻重的,甚至可能被贬斥为"御用理论家或御用宣传"。所谓"学术突现、思想淡出"在本质上不过是强调学术的"去政治化"。可是,就是这些强调纯学术的学者,当他们的著作或理论观点为政府所采纳或肯定的时候,又成为被这些学者拿来证明自己理论观点重要性的证据。要解决上述怪圈,就应该重建学术和时代的联系。既不能像过去把学术研究归结为政治图解,把学术研究的任务看做是为党的政策、方针作解释和辩护;也不能像当下那样把学术研究学院化、去政治化,而应该立足于中国的具体实际,提炼中国现代化进程中面临的重大理论问题和现实问题,以说理和逻辑论证的方式对上述问题展开探讨。

学术研究的目的是创新,真正的学术总是会不断冲破旧的思想观念,通过创新形成新的理论和学说,从而为实践提供理论向导,因此"思想"是内在于学术的,也是学术研究的目的之所在,应该说,这一点在学术界不会产生什么异议。但是用什么标准评判学术创新,如何才能实现学术创新,学术界对上述问题的看法必然充满歧义。我认为问题的关键依然在于把握好学术研究和时代的关系。以当前我国马克思主义哲学研究为例,可以说实现学术创新一直是改革开放以来的中国马克思主义哲学的追求目标。而从改革开放以来的中国马克思主义哲学的发展实际看,实际上这种学术创新是沿着两条相互联系的道路发展的。一条道路是关注中国现代化实践和社会发展的现实问题,先后经历了几次大的争论,如真理标准讨论、生产力标准争论、"三个有利于"标准争论以及关于科学发展与和谐社会的研究。这些争论和研究,真正体现了哲学作为社会变革的先导作用,在解放人们思想的同时,通过反思中国现代化实践进程中的实践问题,从而引发马克思主义哲学理论形态、理论体系和话语方式的变革。另一条道路是立足于哲学史的视野对马克思主义哲学的本质和内涵展开讨论,这种讨论当然首先也是基于中国社会发展对马克思主义哲学提出了新的要求这一现实而展开的。这一条道路更加侧重的是对马克思主义哲学的理论反思和理论的重新架构,虽然具体做法多种多样,但总的看主要是援引西方哲学的理论视野和哲学观念,或者对马克思的理论文本进行重新解读,或者通过对马克思和西方哲学的关系的重新理解来阐发马克思哲学的内涵与特质。这一条道路虽然其最初的理论目的在于弄懂马克思哲学的原意,展示马克思哲学的当代性。但是,能否真正实现对马克思主义哲学的返本开新,却并不取决于我们的主观愿望,而是取决于它是否能够反映当代哲学精神,能否建立和时代问题之间的内在联系,并为解决时代问题提供新的思想观念、思维方式和理论指导。当前的问题正在于:部分论者仅仅拘泥于思想史和观念史的考察,并且剔除了历史意识和现实意识,力图通过实证化和技术化的研究方式把马克思主义哲学研究做得更加精细化,虽然这从学术上看也有一定的积极意义,但是如果脱离了和时代之间的联系,恐怕一方面只会出现各种个人化的而与马克思的思想并无本质联系的多种样式的马克思主义哲学,另一方面也会出现看似学术研究厚实,却并无时代内涵和时代价值的马克思主义哲学。

学术理想与目标

自我决定将学术研究作为自己的终生事业开始到现在,我一直在西方马克思主义研究领域中耕耘。2000 年以前我的研究主要侧重于对西方马克思主义哲学流派和人物思想的研究,2000 年以后则主要转向了对西方马克思主义哲学的总体研究和具体理论问题的专题性研究,主要研究了西方马克思主义的哲学观、文化观、科技观、生态观和伦理价值观等。近三年来,我主要研究了生态学马克思主义,对于生态学马克思主义代表人物的思想和基本理论展开了系统的论述。在 2010 年完成《伦理批判与道德乌托邦:西方马克思主义伦理思想研究》一书后,在 50 岁之前我将集中精力完成如下三项学术计划:第一项学术计划是完成由我所在的中南财经政法大学马克思主义哲学博士点的集体项目《西方马克思主义哲学史》(五卷本),初步的想法是把西方马克思主义哲学发展史分为早期西方马克思主义、法兰克福学派、法国新马克思主义、英美马克思主义、后马克思主义五个阶段分别展开论述,力图描绘西方马克思主义哲学发展的整体图像,该项目已获得中央高校基本科研业务费 30 万元的资助,预计三年内完成。第二项任务是完成生态学马克思主义与生态文明理论研究的规划任务。关于生态学马克思主义研究,按照我所在的学科点的规划,主要分如下三个问题展开研究:一是集体撰写《西方生态学马克思主义的理论源流》,系统阐发生态学马克思主义的历史发展进程和主要流派,这项工作目前已由教研室同人集体完成;二是生态学马克思主义基本理论问题研究,主要任务是清理和论析生态学马克思主义的基本理论问题,我在人民出版社 2009 年出版的著作《生态批判与绿色乌托邦:生态学马克思主义理论研究》中已完成该项研究任务;三是对马克思主义经典作家的生态哲学思想进行挖掘和整理,力图突破西方生态哲学的话语霸权,以历史唯物主义理论为基础建构中国形态的生态哲学理论,初步规划是撰写《马克思的生态哲学》以及出版《历史唯物主义理论视阈中的生态文明理论》论文集。第三项任务是整理和深化我近年来对西方马克思主义哲学理论问题的研究,主要包括西方马克思主义的马克思主义哲学观、文化意识形态理论、科学技术观、生态观、资本主义观、社会主义观等理论问题的研究,出版《西方马克思主义理论问题研究》一书。

在完成了上述规划之后,我将力图在新的理论视野中转回来研究马克思的哲学,并把主要精力用于研究马克思的社会哲学和政治哲学,力图能够有所创新和有所作为。同时我还将继续研究生态、技术和消费三大问题,并力图在上述领域的研究中能够说一点属于自己的话。我知道这个追求的过程会充满艰辛和曲折,我也知道自身的理论基础和自身的天资有限,但我愿意在这条永无止境的道路上探索下去,在探索中不断完善自身,回报社会。

哲学创新之路

我认为,现时代为实现哲学创新已经提供了客观条件和较为厚实的现实基础。这主要是基于两方面的原因：一是从当前整个人类社会发展的情况看，我们正处在一个全球化的时代，由于科学技术的发展从根本上改变了人类社会的发展方式和生存方式，也给人类带来了一系列全新的问题，这些问题既包括诸多宏观历史问题，同时也包括人类社会发展面临的若干具体问题，需要人类运用哲学思维予以思考和把握；二是当代中国社会正处于大转型的变革时期，提出了一系列全新的问题，需要我们从哲学的高度予以思考和解决。可以说，从哲学的产生和发展历史看，每当人类社会处于大变革时代，也都是哲学大发展的时代。因为哲学起源于对问题的追问，人类社会的每一次大转型及其由此带来的问题推动了哲学形态的变革和哲学的巨大发展。正因为如此，哲学理论的创新一直是当前我国学术界探讨的热门话题，这既反映了现有的哲学观念、哲学思维方式和哲学理论已经不能完全满足时代的需要，也表明了人们对哲学的几许期待。

　　要真正实现哲学的创新，我认为应当处理好如下几个问题：首先，应当正确理解哲学创新的实质，这实际上也就是判断哲学创新的标准问题。在这个问题上，我认为标准应该说只有一个，那就是是否真正反映了时代问题和时代精神。哲学虽然是以理论的形态表达思想，但是判断哲学是否实现了理论创新，却不能仅仅停留于抽象的理论层面，仅凭现有哲学理论同以往哲学理论的差异，就断定现有理论实现了创新，更不能以新名词、新概念的多少作为判断哲学创新的标准。问题的关键在于哲学是否能够随着时代的发展，反映时代问题并为解决时代问题提供新的理论视阈和方法。当然，哲学发展也具有自身的相对独立性和问题逻辑，但是哲学问题总是随着时代的发展或者成为哲学研究的中心问题，或者被赋予新的理论内涵，这一点已经为中西哲学发展的历史所证实。哲学创新的上述标准也并不否定哲学创新形式和路径的多样性，但总的看哲学创新的形式可以分为两类：一是实现哲学形态的根本变革，即哲学的整体性创新，它包括哲学观念、哲学思维方式、哲学研究方法和哲学理论体系的根本变化，实现这种哲学创新有赖于社会的总体转型；二是哲学具体理论观点和理论问题的创新，这种创新体现为哲学的渐进性的变化。实现上述两种形式的哲学创新，路径应该是多样的，可以通过立足于时代哲学史研究，提出哲学的新问题或者提出解决哲学问题的新方法，从而生成新的哲学观念和哲学研究方法，也可以通过以研究现实具体问题为切入点，从而导致哲学理论空间的拓展和哲学观念的新变化。

其次，实现哲学创新应当具备历史主义的观念和方法。这里所讲的历史主义的方法和观念主要包括两层含义：其一，任何哲学理论创新都不是凭空产生的，都是在现有理论基础上产生和发展起来的，因此对现有理论的价值应当有正确的评估，应该秉承历史主义的立场和方法，而这恰恰是当前我国哲学研究中存在的问题。以马克思主义哲学研究为例，我国马克思主义哲学理论创新应该说开始于对马克思主义哲学教科书体系的反思，这原本是正常的现象。但是近年来却出现了一种全盘否定教科书体系，甚至出现了动辄拿教科书体系说事，以为只要批评了教科书体系就实现了哲学理论的创新。不可否认，哲学教科书体系现在看起来是存在诸多需要改进的地方，特别是它强调和旧唯物主义之间的共同点较多，而突现它们之间的差别不够的弱点亟待改变。但是应该看到，马克思主义哲学教科书体系同样也是一种形态的马克思主义哲学，它不仅是马克思哲学世界化和民族化过程的产物，解决了它所处的时代的问题，而且它对于宣传和普及马克思主义哲学起了巨大的历史作用。只有立足于历史主义的方法和观念，我们才能正确评价马克思主义哲学教科书体系的作用及其局限，为马克思主义哲学理论创新奠定坚实的基础。其二，所谓历史主义的方法和观念还要求我们厘清理论创新的学术传统，因为任何一种理论创新总是在一定的理论传统中展开的，对理论传统的厘清实际上是对理论创新前提的反思，这一点恰恰是当前我国学术界还需进一步加强的地方。以我国学术界关于实践唯物主义哲学的争论为例，一方面不少论者批评实践唯物主义哲学忽视了自然界的优先地位，是一种唯实践主义，另一方面也有部分论者或者主张实践唯物主义哲学就是一种实践本体论，或者为实践唯物主义哲学没有否定自然界的优先地位作辩护。这种争论似是而非，其根本原因在于混淆了本体论哲学思维和实践论哲学思维两种传统的不同，实践论哲学思维和本体论哲学思维方式的不同在于它并不追问和找寻作为绝对实体的本体。哲学理论创新只有厘清了不同理论传统的特质，才能真正为实现哲学创新奠定基石。

最后,哲学创新的路径虽然是多样化的,但是要真正实现哲学创新必须以问题意识和现实意识为基础。哲学理论创新当然脱离不了对经典理论文本的解读,观念史的研究也能够带来哲学理论的创新,这是由哲学自身发展的相对独立性和内在问题逻辑所决定的。但是,文本研究和观念史研究之所以能够实现哲学理论创新,其关键还在于这种研究是建立在当代问题和当代意识基础上的。正是立足于当代问题和当代意识,文本研究和观念史研究才能呈现出新的意义和价值。当前我国学术界强调哲学研究的学术性,但这种学术性绝非脱离当代问题和当代意识,片面强调理论体系的完整和逻辑论证的严密,虽然这些对于哲学研究是必需的,但是脱离时代问题的哲学理论,或者将哲学研究沦为学院圈内的自说自话,不仅不能实现哲学理论的创新,而且必将为时代所冷落和抛弃。

个人作品

20多年来,我的学术研究主要集中于西方马克思主义哲学研究,从2003年起承担了国家社科基金项目"西方马克思主义伦理思想研究",因此逐渐将研究领域扩大到对环境哲学的研究,至今已在《哲学研究》、《马克思主义研究》等刊物发表学术论文170多篇,出版个人学术专著四部,这些学术论著都只能看做是我自己学术研究历程的一个记录。当然,如果仅从自己的认识看,我觉得下列论著是我自己比较满意和喜欢的理论成果。它们分别是:

《生态批判与绿色乌托邦:生态学马克思主义理论研究》,人民出版社2009年出版。该书的突出特点是突破了我国生态学马克思主义研究主要集中于人物和流派研究,而专注于对生态学马克思主义的基本理论问题研究。在该书中,我将生态学马克思主义的基本理论问题归纳为对马克思哲学的生态维度的建构、对资本主义制度的生态批判、对技术的资本主义使用的生态批判、对消费主义的生态批判和生态学马克思主义的生态政治哲学,并对生态学马克思主义的理论定位、理论性质和意义作了系统的分析。当前我国生态学马克思主义研究正处于方兴未艾之势,我认为该书代表了目前我国学术界对生态学马克思主义研究的最新进展。

《哲学批判与解放的乌托邦》,黑龙江大学出版社 2007 年出版。该书为本人的第一部论文集,主要内容包括西方马克思主义总体研究、经典西方马克思主义研究、生态学马克思主义研究和西方马克思主义伦理思想研究等几部分内容。该论文集比较系统地反映了我对西方马克思主义的基本看法,以及在学术界较早展开对西方马克思主义伦理思想研究的情况。

《略论我国生态文明理论研究范式的变革》,《哲学研究》2009 年第 12 期;《从西方化到中国化:略论环境伦理学价值立场的转换》,《中南财经政法大学学报》2006 年第 6 期。这是两篇有关联性的论文,其主要特点是分析了西方环境伦理学的西方中心主义价值立场,反对我国生态文明理论研究中认同西方环境伦理学的倾向,提出了我国生态文明理论研究应当立足于维护中国的环境权和发展权,并以历史唯物主义理论为基础,建构中国化的生态文明理论的主张。

《略论西方马克思主义文化哲学的转向》,《世界哲学》2002 年第 5 期;《文化价值批判与解放的乌托邦:评西方马克思主义文化哲学》,《国外社会科学》2004 年第 6 期。这是两篇相互关联的论文,主要解决的是西方马克思主义哲学理论研究主题发生转换的根本原因,并对西方马克思主义文化哲学的主要内容以及与他们哲学主旨变化之间的内在联系,实际上批评了学术界因为西方马克思主义理论主题转向文化意识形态问题研究而否定其理论的做法。

《用马克思主义哲学中国化范式研究西方马克思主义》,《哲学研究》2008 年第 1 期;《西方马克思主义哲学研究与马克思主义哲学理论建设》,《南京大学学报》2009 年第 5 期。这两篇论文提出了西方马克思主义哲学研究应该秉承的价值立场和方法,主张应当实现西方马克思主义哲学研究和马克思主义哲学理论建设之间的有机互动。

推荐书目

　　在读的哲学研究生应当把广泛阅读哲学经典和精读哲学经典著作结合起来,为将来进一步从事哲学研究打好理论基础,我觉得至少应当精读如下十本著作:

　　1. 马克思:《1844年经济学哲学手稿》。这是研究马克思哲学必不可少的一部最重要的学术著作。

　　2. 杨适:《哲学的童年》。该书对古希腊哲学的历史发展和理论特点作了系统的论述。

　　3. 罗素:《西方哲学史》(上、下)。该书虽然在评价哲学家的理论观点上具有一定的个人色彩,但较好地坚持了历史主义原则。

　　4. 休谟:《人类理解研究》。休谟是西方思想史上绕不过的哲学家,该书是了解休谟哲学思想的基础性著作。

　　5. 康德:《作为未来科学的形而上学导论》。该书能够较好地理解康德哲学的基本内容与特点。

　　6. 黑格尔:《精神现象学》。马克思把该书看做是理解黑格尔哲学奥秘的钥匙。

　　7. 海德格尔:《存在与时间》。存在主义哲学运动的奠基之作。

　　8. 罗蒂:《哲学与自然之镜》。全面了解现代西方哲学的佳作。

　　9. 卢卡奇:《历史与阶级意识》。西方马克思主义哲学的开山之作。

　　10. 哈贝马斯:《后形而上学思想》。通过该书可以较为全面地理解西方形而上学的历史以及现代西方哲学主要流派在该问题上的哲学运思特点和最新发展趋势。

王峰明

王峰明

1966 年 2 月 3 日出生，山西阳泉人。先后于 1983 年、1989 年和 1996 年考入山西大学哲学系、山东大学哲学系和中国人民大学哲学系攻读大学本科和研究生，毕业后分别获得哲学学士、哲学硕士和哲学博士学位。现任清华大学马克思主义学院教授、博士研究生导师，研究方向为马克思主义基础理论和社会主义理论。

近年来，主持国家哲学社会科学基金项目 1 个，作为执笔人完成北京市哲学社会科学基金项目 1 个，参与完成教育部和清华大学 985 重点资助项目 3 个。2009 年 3 月，进入中央"马克思主义理论研究和建设工程"课题组，承担了《马克思主义发展史》教材的编写工作，并被批准为国家哲学社会科学基金重大项目。

在《中国社会科学》、《哲学研究》、《教学与研究》、《当代经济研究》、《马克思主义研究》、《高校理论战线》、《马克思主义与现实》等刊物上发表学术论文 40 余篇。出版学术著作《马克思劳动价值论与当代社会发展》（专著）、《价值存在和运动的辩证法》（合著）、《马克思主义基本原理专题研究》（合著）、《时代变迁与思潮激荡》（主编）、《〈资本论〉第 1 卷导读》（编著）等。

学术之路

第一次与"哲学"照面，是在高中政治课上。代课老师拿着《辩证唯物主义常识》告诉我们，这是属于"哲学"的知识，千万要重视哲学，不学哲学，就没有思想，就没有头脑。对那个年月的学生来说，追求知识的热情还是蛮高的。毛主席还教导我们要"学哲学，用哲学"呢！何况，我们得过高考这一关！

　　到了填写高考志愿的时候,班主任讲,应该把个人意愿与国家需要结合起来,特别是要从个人的特长和兴趣出发,不要过于追求"热门专业"。我想,哲学一科,花费的时间少,但成效却十分突出,每次考试都在 80 分以上,这就是所谓的"特长"吧。更主要的是,自己出身农门,当务之急是走出农村,改换门第,只要能上大学就成。就这样,在高考志愿书上把哲学选为第一专业。

　　高考下来,我的分数超过本科线也就 10 分,却顺利被哲学系录取。入学之后才知道,许多同学都把哲学放在第二、第三志愿,有些同学压根儿就没有选择哲学,是被拉郎配拉到哲学系来的。无论如何,我是为数不多的拿哲学当回事的人!我会好好学习哲学!于是,我开始与哲学课本、哲学老师、哲学家、哲学著作打交道。

　　四年本科让我明白了,高中的所谓哲学,只是一种哲学,即马克思主义哲学,除此之外,还有亚里士多德哲学、康德哲学、黑格尔哲学、海德格尔哲学等;而且,这些都是外国人的哲学,除此之外,还有我们中国的传统哲学;而且,"教科书"的马克思主义哲学,充其量不过是一种"讲坛哲学",与此形成鲜明对照的则是"论坛哲学"。我是通过各种专业刊物获取这方面的观点和信息的。

　　大学毕业的时候给同学留言,问:你最大的收获是什么?答:一颗装满地球和气球的脑袋!总的印象,哲学还是颇有滋味的,也觉着自己不再是一个青涩少年,而是拥有了较多的"思想"。报考研究生似乎是在一夜敲定的,那次过年没有回家去,抱着书本辞别旧年,背着书本迎来了新年。起先选择的是中国哲学,但没有成功,又不想耽搁过多的时间,就转到马克思主义哲学上来,因为,具备招收马克思主义哲学专业研究生资格的学校多,指导老师多,招的人数也多。结果自然是如愿以偿,从此就走上了哲学和马克思主义哲学学习和研究之路。

治学方法

谈到治学方法,无非是做学问的一些"窍门"。我没有什么窍门,谈的是自己关于读书、思考和写作的一些体会。

要勤于读书,在读书中发现问题

读书是做学问的基础,不能坐下来认真读书,再聪明的大脑也不会自动长出学问来。我参加研究生面试,第一条就是问读了"多少"书。关于读书的方法,人们多有论述,是心同理同的事情。概括起来无非是:那些数得着的、构成专业的"脊梁"的名著,需要精读;同时,要广泛阅读其他非专业书籍,尽力拓宽知识面,开阔学术视野。此外,以我的体会,特别要重视原始文献,如马克思、恩格斯著作的德语文本的研读;还要重视教材的学习,因为教材往往是一个时代理论发展的缩影,是一定要不断回返和思考的脚印和路。

做学生的,总想写点什么,总要写点什么。但若是躺在床上或睡在被窝里苦思冥想,什么是热点,写出来吸引眼球,什么题材生僻,写出来好发表,什么主题材料多,易于"加工改造",那就是在搞"学术投机",就是假学术、伪学术。只有认真读书,才能发现问题;在读书中发现的问题,才是"真"的学术问题。

要善于思考,在思考中弄明白问题

"学而不思则罔,思而不学则殆。"读书和思考的关系,古人早有训导。善于思考,就是要经常问个"为什么",要养成"追根究底"的阅读习惯。读书学习,既要"进入"和"接收"作者的思想,理解和把握个中底里,还要抱定"审视"、"怀疑"和"批判"的态度进行思考和追问,考量和检视作者的论据是否充分,论证是否严密,论点是否成立。在

"点"上要重视每一个细节,对作者的每一个字、每一句话、每一段论述进行追问,在"面"上要对作者思想世界的基本线索和总的框架进行追问。

善于思考,还在于要"闻一以知十",读一句话,总能从多个方面进行联想,总能"接着"或者"对着"讲出或写出各种不同的话来。以本人浅见,培养思考能力的最好途径,就是多与人"辩"。早在古希腊,哲学的"思"就是从"辩论"开始的。苏格拉底力求通过盘诘、对话和辩论,诱导、帮助人们掌握思维的钥匙,开启思想的大门。按照德国人的传统,不"思辨(辩)"不成其为哲学。所以,"思"与"辩"紧密相连,"思"在辩论中进行,"辩"在思考中展开。多与人辩论,才能锻造出思考和辨析的能力来。同学少年,多有辩论,也唯有学生时代,才是一个唇枪舌剑、辩论热烈的时代,应该珍惜这样的时代。

要乐于写作,在写作中实现问题的"表达"、"传达"和"交流"

"遗忘"是"学问"的敌人,战胜这个敌人,除了动手"写"和"作"之外别无他途。要经常把读过的东西、想过的问题记录下来。"好记性不如烂笔头",道理讲得再浅显不过了。本人在读大本的时候,上课认真做笔记,课后还要再整理一遍。现在想来,那是今天从事学术研究不可或缺的童子功。读马克思、恩格斯的著作,总要写下动辄十几万字的笔记,许多学术文章就是在这些笔记的基础上完成的。心中想明白的问题,不一定就能清楚地讲出来;讲明白的道理,不一定就能规整、流畅地写出来。而且,一些想法和问题,恰恰是在写作过程中"豁然有所贯通"的。

当然,写出来的东西,不一定非得发表,也不一定就能发表,关键是有助于弄清问题。据考证,马克思一生做了160多本笔记,译成汉字有1 000多万字,完成论著约2 800篇,此外还有10多种大部头的系列手稿。马克思的一些论著生前并未发表,也不是为了发表以备评职称之用的,而是出于自己弄清问题的需要。唯物史观的奠基之作《德意志意识形态》就是一例。马克思曾戏言:"既然我们已经达到了我们的主要目的——自己弄清问题,我们就情愿让原稿留给老鼠的牙齿去批判。"结果真的被老鼠咬坏了,为研究马克思思想的后人增添了不少的遗憾和无奈。

对马克思主义哲学的一般理解

知道自己是什么,这是人文社会科学的一个特点。什么是政治学,政治的本质是什么,什么是法学,法律的本质是什么,什么是经济学,经济的本质是什么,至今没有一个"公认"的标准,总是见仁见智,观点纷呈。哲学也如此。刚上硕士研究生时,为此曾经伤透了心!关于哲学的对象、性质、特点和功能等问题的讨论,搅得自己在精神上毫无支点和归依,甚至后悔当初选择了哲学专业。

"哲学就是哲学史",还是黑格尔高明,一语道破其中之玄机!

哲学的原初形态,是本体论;没有本体论,就没有哲学;哲学因本体论而获得自己的本质规定。而从本体论来看,以我之见,"哲"之为"学",就是关于"人"与"人的世界"的生存根据的学说。具体而言,哲学徜徉的世界,既不同于"动物世界",也有别于"鬼神世界"。前者仅合规律而不合目的,是一种单纯的事实之在;后者则仅合目的而不合规律,是一种单纯的价值之在。人和人的世界则既是一种事实存在,又是一种价值存在;既合规律性,又合目的性。哲学之思,就在"事实"与"价值"、"合规律性"与"合目的性"这种二元张力结构中展开自身。

本体论表征着人对自身生存根据或矛盾的自觉和反省,因此,哲学总是与人之为人、人的世界之为人的世界的问题联系在一起。冯友兰先生曾讲,照中国的文化传统,"研究哲学不是一种职业。每个人都要学哲学,正像西方人都要进教堂。学哲学的目的,是使人作为人能够成为人,而不是成为某种人。其他的学习是使人成为某种人,即有一定职业的人"。海德格尔也认为,哲学追问的意义在于,"此一追问是只消在者存在着就要为在者寻求根据。寻求根据,就是说:奠基,追溯到根据处"。这些都鲜明地表达了哲学的性质和功能。

人和人的世界都处在不断的"生成"之中。在本体论视阈,这说的是,事实和价值、合规律性和合目的性在历史地不断流演、嬗变、跃迁;人们所面对的事实和规律,所追求的目的和价值,不仅会因时代的转换而不同,即使在同一时代中也会因地区、国家和民族的不同而不同。事实与价值、合规律性与合目的性的统一只能是一个具体的历史的过程。由此决定,哲学的本体论问题是一个恒提恒新的问题。哲学家们只能立基于自己所处时代,所处地区、国家和民族的具体境况来展开对本体论问题的追问、思考和解答,从而建构属于自己时代,自己民族、国家和地区的本体理论。由此也就不难理解为什么在哲学史上,出现了有多少个哲学家或哲学流派就有多少种本体理论的壮丽景观。

马克思既批判了费尔巴哈"发生学"的本体诠解方法,又批判了黑格尔"现象学"的本体诠解方法,主张从现实事物的现实关系出发思考、解答哲学的本体论问题。而人的现实就是人的社会,就是历史;只有在社会存在和历史发展中,才能发生并展开人的各种现实关系。马克思还进一步发现,无论人的社会还是历史,在本质上都是"实践"的,因而人是实践的人。人和人的世界都是在实践过程中不断生成和翻新的,实践是事实与价值、合规律性与合目的性"分化"和"统一"的基础和根据。这样,马克思就从实践的角度对人的生存根据问题提供了一种哲学的解答,由此创立了马克思主义哲学。

就概念表达而言,"辩证唯物主义"、"历史唯物主义"和"实践唯物主义",都从不同侧面体现了马克思主义哲学的本质特征,而在思想内容上则是高度一致的。拿历史唯物主义来说,马克思的"历史唯物主义"就内在地包含了马克思的本体论思想。正像离开社会历史就不能理解人和人的世界一样,在历史唯物主义之外建构马克思哲学的本体论也是行不通的。

以上观点写在我探讨"马克思哲学本体论及其当代价值"的博士论文《"剧中人"与"剧作者"》中。

父亲一生好学,总在追问我:"什么是哲学?学了哲学能干什么工作?"但始终也没能得到答复。并非无话可说,而是说了他也不会明白,或者明白了,也会令他为从事"人"的工作的儿子操心。写下这些文字时，可惜他已看不见了！

代际定位

　　与 50 年代出生的学人相比，我们这一代人基本上没有受到"文化大革命"的冲击，我们整个地而不是只有一部分人赶上了恢复后的高考，我们接受了较为完整、较为正规的基础教育和高等教育，我们的外语水平、阅读外文文献的能力普遍较高，我们上学时能够买到的书籍、能够看到的世界远远超过他们……

　　同时，我们又受困于所处时代的条件和边界。大学改革从我们身上动的第一刀，我们走上社会立足未稳就赶上了滚滚而来的商品大潮，我们接受的"聋哑外语"使得我们对外学术交流的能力普遍不高，面对马克思的德文文本以及用法文写的《哲学的贫困》，我们感到心力不济，我们深深感到从事马克思主义哲学研究的艰难……

　　今天，我们这一代人同 50 年代、70 年代出生的学人一道，经受着时代变迁的巨大考验。

　　50 年代出生的佼佼者，他们扼住了命运的咽喉，手执哲学和马克思主义哲学研究的薪火，收获颇丰地向我们走来。我们从他们身上已然看到，凡事贵在坚持。不伏下身来，经历一番潜沉，就难以窥得学问之堂奥。只要真读书、读真书，就总能有所体悟、有所收获、有所丰富。因此，我们坚信有能力有实力接过这把薪火，携手 70 年代出生的才俊们，努力探寻推进哲学和马克思主义哲学的新的研究方法和路径，不辱时代赋予我们的使命，为哲学和马克思主义哲学研究事业在中国的绵延和勃兴作出我们的贡献。

学术、思想和时代

我们常常讲,要注重学术训练,遵守学术规范,提高学术水平和素养。但对什么是"学术",却见仁见智。我国在 20 世纪八九十年代出现了"向学术回归"的呼声。从一些论者的观点看,所谓"学术",无非是主张在从事理论研究的过程中,要排除主观的先入之见,本着中立、客观、公允、求真的精神,努力按照其本来的面貌来认识和把握一派观点和一种理论。在马克思主义哲学研究方面,文献学研究的兴起,无疑是追求马克思主义研究的"学术性"的具体实践。就此而言,我是非常赞成的。"文献考证"是马克思主义哲学研究的一大软肋,甚至可以说是一大空白。既往的马克思主义哲学研究,重在宏观的整体构架和逻辑推演,缺乏像"分析的马克思主义"那样微观的语词、语义和语境分析,结果使得宏观结论缺乏微观基础的支撑,甚至根本无法深入到微观层面进行考问和推敲。确认马克思各种文本确切的写作时间和写作动因,不同文本之间的先后顺序,廓清马克思在文本写作过程中对关键概念和范畴的使用、修改、增删情况,掌握马克思文本的各种版本的整理和编排情况等等,都是非常必要的"补课",对提高中国马克思主义哲学研究的学术含量和水平极为重要。在此意义上,可以说,马克思主义文献研究所体现的学术性,是马克思主义理论研究最起码的要求。因此,学术性是理论研究的"基础",缺乏学术性的理论研究是"无根"的和经不起推敲的。

但是,任何意义上的文献考证,都是有一定"限度"的。一些在文献学层面必须弄清楚的事实,可能永远也无法弄清楚,一些弄清楚了的所谓"事实"也可能是虚假的。在此情况下,思想研究的重要性就会凸现出来。例如,从作者思想内容的总体框架及其历史演变出发,可以为某个文本的写作时间确定一个大致的方位。从哲学解释学循环来看,某个概念或命题的意义,只有在整体的思想框架中才能获得自身的确切含义和规定。特别是,一个人的思想发展绝不是一条直线,而是会出现"反复"甚至是"倒退",同时总是伴随着这样那样的"意外收获",这些都是文献学的事实所不能解释或解释不了的,必须诉诸思想研究和"义理阐释"。何谓"思想"或"思想性"? 在我看来,它是一种理论在总体的解释框架上不同于其他理论的独特之处,体现了这一理论的"创造性"和"超越性"。"创新"即创造性,是推动理论向前发展的必要环节,或者说就是理论发展本身。大凡学者都会追求理论上的创新,追求具有思想和思想性的理论成果。而思想只能通过思想来实现对接、沟通和把握。在此意义上,可以说,思想和思想性是理论研究的灵魂。没有思想,不具备思想性的理论研究,充其量只能得到僵死的知识的空壳。所以,学术和思想并非水火,学术性与思想性也非冰炭。回归学术性,绝不是要一般地拒斥思想性和思想研究,而是拒斥缺乏学术基础的思想性和思想研究。这是一种"拍脑门"式的思想性和思想研究。在马克思主义哲学研究中,我们既要重视文献考证,也不能忽视义理阐释。只有通过义理阐释,我们才能真正进入马克思的思想世界,才能深刻领会和把握马克思思想的精神实质。

更为重要的是,理论研究必须关注时代的发展。任何理论,都是一定时代发展的产物,同时,必然会反过来影响这个时代人们的思维方式、价值取向和审美情趣。评估一种理论的学术价值,考量一种理论的思想高度,都离不开它对时代问题的思考和对时代发展的推动。时代性体现了理论的现实性。不与时代的现实问题接轨的学术是乏味的老生常谈,是一种假学术;不回应时代的现实问题的思想是空洞的无病呻吟,是一种假思想。把理论研究与时代的现实问题紧密勾连起来,在回应和解决时代的现实问题中开展学术研究,进行思想阐发和理论创新,恰恰是马克思主义哲学的显著特征。马克思一贯拒绝游离于时代的现实问题的理论研究及其所谓的学术性和思想性。在他看来,"问题就是公开的、无畏的、左右一切个人的时代声音。问题就是时代的口号,是它表现自己精神状态的最实际的呼声"。"哲学不是世界之外的遐想","任何真正的哲学都是自己时代精神的精华"。他特别强调,"哲学不仅从内部即就其内容来说,而且从外部即就其表现来说,都要和自己时代的现实世界接触并相互作用"。在此意义上,保持理论研究的"现实性"和"时代性",把对"学术性"和"思想性"的追求,贯彻在探索和解决时代的现实问题的过程中,乃是马克思主义哲学研究和一切理论研究的"落脚点"和最终"归宿"。

学术理想与目标

1.近期目标。我在写博士论文的时候,深切感受到,离开马克思主义经济学的哲学研究,是难以深入和深究的。博士毕业后,不得不暂时"告别"哲学,转向了马克思主义经济学研究。而今,"转向"的任务基本完成,"回返"——以马克思主义经济学为基础,回过头来重新思考和探究马克思主义哲学——的时机已经成熟。落实"回返"计划而选择的"切入点",就是对马克思主义哲学的基本范畴和原理进行清理,申请并获得立项的国家社科基金课题《文本学视阈中马克思的生产力理论研究》,就是这种考虑的产物。

2.中期规划。近年来,我一直在酝酿着一本可以命名为《本源马克思主义》的书。它有三个特点:一是以原典论述为基础,二是以马克思的思想为主线,三是体现马克思主义哲学、经济学和科学社会主义之间的内在联系。设计这本书的初衷,是为了配合在清华大学讲授《马克思主义基本原理》,作为一门通识教育课程,至今缺乏像样的教学参考书。而直接动因则是,我在参加马克思主义理论课骨干教师培训的时候,亲眼目睹亲耳聆听了一些所谓的马克思主义理论研究的"专家"的课,他们自己都没有认真研读马克思主义,或自己都没有弄懂马克思主义,或自己都不相信马克思主义,或自己都不能运用马克思主义,却在那里摇头晃脑地乱讲一通。这与其说是在弘扬马克思主义,不如说是在糟蹋马克思主义。马克思若健在,面对彼情彼景,一定还会再一次向世人申明:"我不是一个马克思主义者。"通过《本源马克思主义》的写作,希望能够在马克思主义理论的学科整合上作点探索和尝试。

3.未来的追求和使命。第一,起码的要求是,努力推出高水平的学术成果,力求在马克思主义基础理论和社会主义理论研究方面有所突破和创新。第二，最大的心愿是，培养一批对马克思主义理论真学、真懂、真信、真用的学生，把中国的马克思主义研究整体地提升到一个新的高度和水平上。如果在我的学生中能够出现一位世界级的名师、大家，也就不枉今生的选择和奋斗了。年轻学子，他们才是马克思主义理论事业的未来和希望所在。第三，最终和最高目标是，造就一颗在纷然杂陈的现实面前保持清醒的"头脑"和一颗积极进取、健康向上的"心灵"。中国哲学有"为学"和"为道"的区分。"学"是知识方面的积累和增进，而"道"则是心灵和境界上的纯化和提升。希望通过哲学和马克思主义哲学研究，努力使自己如毛泽东所教导的那样，成为"一个高尚的人，一个纯粹的人，一个有道德的人，一个脱离了低级趣味的人，一个有益于人民的人"。

哲学创新之路

就中国目前的状态看，无论一般意义上的哲学，还是马克思主义哲学，要想有所创新、有所作为，就不能仅仅在哲学自身之内打转，停留于抽象思辨和推演，就哲学问题论哲学问题，而是必须走出哲学，在哲学之外理解哲学、发展哲学、创新哲学。从马克思主义哲学自身来看，这主要体现在两个方面。

一方面，哲学必须突破自身的学科边界，实现与实证科学的会通。哲学在人文社会科学中的位置，就好比数学在自然科学中的位置，起着方法论的作用。但是，如若离开各门具体科学，哲学就会流于关起门来自说自话的清谈。只有贯彻和体现在其他具体科学中，哲学才会发挥其方法论的功能，哲学的一些原理才"可以十分简单地归结为某种经验的事实"。马克思哲学就是这样。没有经济学研究，马克思的哲学理论就不可能取得重大突破和创新，其思想内容就不可能得到具体展现。例如，关于历史规律的客观性与人的主观能动性之间的关系问题，在哲学的范围内，永远是一个说不清道不明的问题；而通过对商品的价值与价格之间的辩证关系的经济学分析，这一棘手的哲学问题便得以迎刃而解。只要借助于各门具体科学,再怪诞的哲学问题,也会得到澄清,而哲学的创新往往就产生于此种澄清之中。

另一方面,哲学必须突破自身的理论边界,实现与实践活动的会通。马克思有句名言:"哲学家们只是用不同的方式解释世界,问题在于改变世界。"马克思哲学不同于费尔巴哈的地方,就在于它的实践性和革命性。费尔巴哈借助于"共同人"这一规定或这一对人的本质的理论认识,就宣称自己是共产主义者。而在马克思看来,这"只是希望确立对存在的事实的正确理解"。与此不同,"对实践的唯物主义者即共产主义者来说,全部问题都在于使现存世界革命化,实际地反对并改变现存的事物"。只有走向实践,同实践相结合,才能真正体现马克思哲学的实践特质,才能真正体现这种实践哲学所实现的革命性变革和创新。马克思主义哲学必须走与人民群众的生产生活、与无产阶级解放事业相结合的道路。马克思说得好,理论只有"掌握群众",才会变成"物质力量"。"哲学把无产阶级当做自己的物质武器,同样,无产阶级也把哲学当做自己的精神武器",无产阶级之于哲学就如同"心脏"之于"头脑"。因此,我非常赞成"以现实问题带动理论研究和理论创新"的主张。只有关注中国特色社会主义建设事业,关注人民群众的实践活动,关注经济社会发展中的各种现实问题,才可能取得名副其实的创新性理论成果。

当然,必须充分重视和切实加强原始文献的研读,这对马克思思想研究具有特殊重要的地位和意义。因为,我们知道,马克思的许多重要文献,都是一些未经推敲、加工、整理的"手稿",如《黑格尔法哲学批判》,《1844年经济学哲学手稿》,《德意志意识形态》第一章,《资本论》第2卷、第3卷和第4卷等。长期以来,由于缺乏基本的文献学文本学研究,致使对马克思思想的理解和阐释缺乏必要的文献学文本学支持,甚至从文献学文本学来审视是一种错误的理解和阐释。我认为,加强原始文献研究,是实现中国马克思主义哲学创新的基础性工作和步骤。没有这个基础,任何意义上的创新,都不过是空中楼阁。

个人作品

1.《马克思经济学假设的哲学方法论辨析》(载《中国社会科学》2009 年第 4 期)。本文探讨了马克思经济学的假设问题。文章指出，虽然说，同西方主流经济学一样，马克思的经济学在理论论证过程中也存在着各种前提性假设，但它实际上是其"从抽象上升到具体"的哲学方法论的内在组成部分。任何一种"思维抽象"的获得，都包含着这样那样的"假设"条件，但是，要实现向"思维具体"的转化，就必须剔除这些假设条件。例如，作为一种"思维抽象"，"社会必要劳动时间Ⅰ"就包含着"供求关系"和"使用价值的权重"不起作用等前提性假设。而"社会必要劳动时间Ⅱ"则去掉了这些假设条件，把供求关系作为"中介环节"还原回来，考察在这种"非本质"关系和因素的作用下商品价值和剩余价值运动的现实特点和状况。这体现了马克思经济学假设与西方主流经济学的"经济人"假设的本质区别。

2.《西方主流经济学"价格论转向"的哲学悖谬》(载《哲学研究》2005 年第 1 期)。西方主流经济学在其演化中所发生的"价格论转向"，是一个不争的事实，也是学术界的一种共识。问题是：如何在一个更高的层面估价这种转向？拙文在对"转向"的历史轨迹作出清理的基础上，从哲学认识论和价值论两个方面作了检视。认为：从学理的层面讲，西方主流经济学与马克思的劳动价值论其实并不矛盾。一个是价值理论，一个是价格理论；价值理论是价格理论的基础，价格理论是价值理论的具体展开。但是，由于前者出于"意识形态"的偏见，对马克思的劳动价值论采取了"敌对"的态度，结果在哲学"认识论"和"价值论"两个方面均陷入"悖谬"而不能自拔，既颠覆了"透过现象看本质"的科学认识原则，又使得"人"和物质生产"劳动者"在社会历史发展中的价值主体地位处于一种"不在"状态。

3.《哲学方法论视域中马克思的劳动价值论》(合著，载《哲学研究》2004 年第 2 期)。在一定意义上讲，"方法"比"理论"更为重要。但恰恰是在"方法论"问题上,一直没能改变马克思在《资本论》"跋文"中所讲的"理解得很差"的状况。要么压根儿就不重视马克思经济学的"研究"方法和"叙述"方法,要么即使专门致力于阐述方法,也往往是在经济学的"问题"之外进行浮泛议论和抽象推演,根本无补于方法本身的彰显。拙文力求把"方法"与"问题"统一起来,在商品价值和价值关系从低级(简单商品经济)到高级(资本主义商品经济)的运动中,阐发马克思"从抽象上升到具体"的辩证方法。有了这一方法的导引,就不难理解,"价值规定"和"价值规律"是一种"思维抽象",而"价格"和"生产价格"则是一种"思维具体"。那种只要"现象"不要"本质",企图用价格理论取代价值理论的主张与这种辩证方法是背道而驰的。

4.《"剥削"与"非剥削"》(合著,载《马克思主义研究》2008年第6期)。通过"拓展"或"扩展"概念来"推进"和"发展"马克思主义,使其与当今变化了的现实情况相吻合,可谓是一种理论"时尚"。或是认为马克思关于价值本质的认识过于狭窄,需要拓展和发展;或是认为马克思关于剥削本质的认识过于狭窄,需要拓展和发展。拓展后新的结论却是:不仅认为资本剥削劳动,而且认为劳动也剥削资本;不仅认为资本主义是一种剥削制度,而且认为社会主义也是一种剥削制度。其结果呢?在理论认识上把马克思的"剥削观"弄得面目全非,散了人心,乱了思想;在现实生活中则起了"假作真时真亦假"的"遮蔽"作用,使真正的剥削者和剥削关系蔽而不彰。拙文立足于马克思在《资本论》及其手稿中对剥削之为剥削的内涵所作的系统阐释,从"生产方式"、"历史主体"和"社会制度"三个层面上初步厘定了"剥削"与"非剥削"的边界。

5.《经济范畴规定性的哲学辨析》(载《教学与研究》2006年第7期)。在经济学手稿中,马克思一再强调,经济范畴是一种"形式规定"。在拙文看来,形式规定包含了"物质规定"和"本质规定"两个方面,前者是指承载着一定经济关系和生产关系的"自然物体"及其"规定",后者则是指作用于一定自然物体的"经济关系"和"生产关系"及其"规定"本身。作为形式规定,经济范畴是物质规定和本质规定的辩证统一。这一认识有助于理解和把握马克思所讲的"经济"的含义,也有助于领会和把握唯物史观与马克思主义经济学的内在关联。离开社会的生产关系，就不可能有"经济范畴"，就不存在任何意义上的"经济"和"经济利益"。商品、货币和资本等经济范畴，不仅包含了人与自然的关系（物质规定），也包含了人与人的关系（本质规定），这就为马克思的"生产方式"理论提供了一个更为微观的认识视角。

推荐书目

1. 马克思、恩格斯：《德意志意识形态》，人民出版社 2003 年版。该书是唯物史观的奠基之作，就"新世界观"的基本观点和立场作了原则性阐释。马克思和恩格斯不是抽象地议论"人"和人的发展问题，而是把它同社会的各种现实因素及其相互关系联系起来，同社会的各种现实关系，特别是生产资料所有制形式的历史发展联系起来，在社会的静态结构和动态演变中展现人本身的发展进程。就马克思早期思想发展而言，《德意志意识形态》作为第一座高峰，是学习和研究马克思思想必须研读的第一本书。

2. 马克思：《资本论》，人民出版社 2004 年版。该书集马克思 40 年理论研究之精华，是马克思思想发展的第二座高峰。列宁曾讲，如果没有《资本论》，唯物史观就仅仅"是一个第一次使人们有可能以严格的科学态度对待历史问题和社会问题的假设"。《资本论》把资本主义生产方式作为"人体"进行解剖，旨在揭示资本主义经济制度的本质规定、历史起源和发展趋势。在其中，马克思把历史唯物主义的基本原理，具体展开和贯彻在政治经济学的价值和剩余价值运动之微观的和实证的层面上，从而完成了从理论假设向科学原理的转化。在此意义上，不站在《资本论》的峰头，就不足以看清《德意志意识形态》。

3. 黑格尔：《精神现象学》，商务印书馆 1979 年版。这是进入黑格尔理论大厦的"门户"。而在一定意义上讲，不了解黑格尔，就不可能真正理解马克思。当别人把黑格尔当做"死狗"批判的时候，马克思却公然承认自己"是这位大思想家的学生"。在马克思身上,随处都可以看到黑格尔的影子。只不过,黑格尔的"绝对精神"变成了马克思的"生产关系"和"经济关系"。因此,如果说,黑格尔是"精神现象学"的首创者,那么,马克思就是"经济现象学"或"生产关系现象学"的开路人。

4.黑格尔:《小逻辑》,商务印书馆1980年版。黑格尔是辩证法大师,而该书则以浓缩的形式展示了黑格尔辩证法思想的丰富内容。马克思讲,辩证法在黑格尔手中虽然被神秘化了,但这并没有妨碍他"第一个全面地有意识地叙述了辩证法的一般运动形式"。马克思就"价值形式"及其历史发展所作的阐释,对等价物从"个别"到"特殊"再到"一般"的演进的分析,不仅在"货币思想史"上独树一帜,而且最为娴熟地运用了黑格尔的辩证方法。可见,没有黑格尔的辩证法,就没有马克思的《资本论》。

5.陈先达:《走向历史的深处》,上海人民出版社1987年版。正是读了这本书,驱使我投到陈师门下"读博"。其诱人之处在于,一个书名、一句话,把马克思一生思想探索的历史进程、理论创新的实质和归宿,刻画、表达得淋漓尽致。先是透过宗教、精神和文化的表层,剥离出国家和法的政治结构;然后透过政治的表层,剥离出市民社会和经济的结构;最后在经济结构中,又把生产关系和生产力区分开来,确立了生产力的决定性地位和作用。可谓步步曲折、步步艰辛,步步都是惊险而成功的"一跳"!其鲜明的思想立场,突出的问题意识,独到的叙事视角,透彻的说理分析,均给人以深刻印象。

6.望月清司:《马克思历史理论的研究》,北京师范大学出版社2009年版。同样是一部从"史"的角度阐解马克思历史理论的著作,却有着迥异于前一部著作的鲜明特色和风格。如果说,《走向历史的深处》尽显"义理阐释"的磅礴和魅力,那么,这本书则极尽"文献考证"之精细和功力。可以不赞同或不完全赞同作者的一些观点,但却不能不被他的治学态度和精神所折服。而且,没有读过德文文本的人,要与之进行对话,颇觉难度。书写得扎实,译者——我的同事和朋友韩立新教授——译得也漂亮,是我所读过的中译日文版马克思哲学著作中最好的。

7.佩里·安德森:《从古代到封建主义的过渡》,上海人民出版社2001年版。早在大本的时候,就渴望读到一本书,其中,把马克思的历史唯物主义原理同历史学的实证研究有机地结合起来,用真实的历史事件和材料证明,是生产力与生产关系、经济基础与上层建筑之间的矛盾运动推动了社会的进步和历史的发展。国内围绕"社会形态"理论和中国古代历史"分期"问题,展开的旷日持久的学术争鸣,更加强化了这种渴念。读完这部立基于"生产方式"理论,论述欧洲"奴隶社会"和"封建社会"的历史学著作,心中积存了多年的饥渴才得到舒缓,对唯物史观也才有了较为具体而明晰的认识。

8.左大培:《不许再卖》,中国财政经济出版社2006年版。这是一部经济学著作。作者以"铁肩担道义"的豪迈,用大量翔实的数据和资料,揭露了一些所谓的"企业家"靠着部分地方政府的扶持,贱卖国有企业、侵吞国有资产的丑恶行径;有力驳斥了"国有企业所有者虚置"和"公有企业必定无效率"等被一些经济学家奉为圭臬的所谓"企业理论";充分论证了国有经济对社会主义中国的特殊重要性,从治理结构和法律保障等方面就公有企业的效率和发展问题予以阐释;戳穿了实质上是"权贵私有化"的企业改制神化,强烈要求善待底层劳动者,切实改善他们的生产和生活条件。这本书把一个"资本强势的社会主义"活生生地摆在我们面前,发人深省,催人奋争!

9.沈原:《市场、阶级与社会》,社会科学文献出版社2007年版。这是一部社会学著作。改革开放之前,阶级关系和阶级现象并非生活的主流,而我们却大搞阶级斗争;改革开放之后,具有阶级性质的社会现象层出不穷,由阶级矛盾激化而引起的恶性事件屡有发生,我们却在一片"稳定"与"和谐"的赞歌声中对阶级问题视而不见、避而不谈。这本书所关注和讨论的中心议题之一,正是在"社会转型"中付出巨大代价,被"市场经济"的大潮冲击得几无安身之所的"中国工人阶级"的命运问题。作者发出的"把工人阶级带回分析的中心"的呼声发聋振聩、耐人寻味!

10.戴维·麦克莱伦:《卡尔·马克思传》,中国人民大学出版社2005年版。作者是国际知名的马克思传记作家。这部译成中文后达50多万字的著作,可读性强,又没有流于一般性描述,而是利用最新发现的一些文献资料,对马克思生活和思想的各个方面,进行了较为"客观公正"的挖掘和整理,向读者呈现了一个"合理而稳妥"的马克思形象,是了解和研究马克思生平、著述和思想的必读之书。

题外话

　　人生短暂,但求学之路漫长!本人虽算不上有什么学问,但对学问总有一颗孜孜以求的心。怀揣着这颗心,这一路走来,身上留下多少能见到的和再也见不到的老师的心血和汗水!

　　本科的时候,余维宗教授的"反杜林论"课,丁俊则教授的"哲学笔记"课,引我进入原著学习的殿堂,宋炳炎教授的"西方哲学史"课和魏宗禹教授的"中国哲学史"课,则为我奠定了中西方哲学思想的基础。正是因了他们的教导,我才有了哲学的启蒙。

　　硕士研究生期间,我的硕士生导师汪建教授云里雾里、天马行空式的"哲学导论"课和"价值论导论"课,王复三教授的"早期马克思原著选读"课,特别是他对《1844 年经济学哲学手稿》条分缕析、抽丝剥茧般的讲解,使我真正进入到哲学的"世界"中来,开始了对哲学问题的"思",并真切感受到哲学思想的深厚和广博,精妙和玄奥。

　　师从陈先达教授和杨耕教授攻读博士研究生,是我攀登的一座高峰。杨耕教授对经典原著的执著和强调,到了近乎"苛刻"的程度,他能准确地说出某个概念或句子在原著中的位置,这样的功力在我至今望尘莫及。陈先达教授举"漫步"而"退思",处"静园"而"夜语",到了物我皆忘,甚至弟子在路上"迎面唤师浑不知"的境界。但这种悠游读书的功夫,却洞穿、参透了多少人伦与事理,无论多么神妙多么深奥的问题,一经陈师的点拨、启发,总会有醍醐灌顶、天地洞开的澄明。

　　"为学"不易,"为人"更难!陈先生 70 岁生日之时,送给到场弟子们的三句话,至今铭记在心:每个人都比自己想象的要能干。在最艰难的时候一定要坚持一下。在某个高位上的时候要想到不在这个位置的时候!·这是陈先生身体力行的写照,更是我们不时回过头来检视、衡量自己的一杆标尺。

忘不了我的可敬的老师和可爱的同学;忘不了我的母校,母校绿树成荫的大路,路尽头敞开着大门的教室,教室里自己坐过的位置;忘不了求学路上,明月当头的夜,夜幕下疾驰向前的列车,车窗外擦肩而过的太行山、黄河水;忘不了这一切一切的人和事、情和义!就像十多年前一部电视剧里的那首歌:"美丽的松花江,波连波,向前方,川流不息流淌,夜夜进梦乡。别让我回头望!让我走一趟!……"每个人都有自己的梦。走在追梦的路上,永不回头,也不失为一种值得过的人生!

感谢,并祝福,求学之路上遇到的所有老师和同学们!

文兵

1965 年出生于著名的榨菜之乡——涪陵。现为中国政法大学教授，国外马克思主义专业博士生导师。目前担任人文学院院长之职。

1988 年于北京大学获哲学学士学位(哲学专业)，1991 年于北京大学获哲学硕士学位(专业方向为西方美学，师从李醒尘先生)，1998年于北京大学获哲学博士学位(专业方向为马克思主义哲学，师从赵光武先生)。北大的求学经历对我一生的影响可谓巨大。

身处"法大"，耳濡目染，亦深切关注中国法治建设的进程。法治，既关乎个人的权利，也关乎民族的未来，因此，在中国政法大学发起成立了一个"法治与文化研究中心"并自任主任，聚集一批同道，以此作为法学之外的学科关注当代中国法治建设的研究平台。一直以来，总是想把研究的兴趣转向中国当今之现实问题，但以理论把握现实，又自觉力有不逮，所以只能在理论与现实之间游离。

2002 年负责创建中国政法大学哲学本科专业，精力多放于哲学教育与学科建设。在一个被称为"法大"的以法科为主的单科性高校，新建一个哲学专业并非易事。值得庆幸的是，近十年来，他一直得到了哲学界同人的热情相助。

学术之路

马克思主义哲学的研究绝不是一件轻松容易的事件。我对马克思主义哲学的研究刚开始，我只能说我只是刚刚"走上"马克思主义哲学的研究之路。

我于 1983 年考入北京大学哲学系本科专业(当时招生的还有宗教专业)，算是踏入了哲学之门。选择哲学，并非是自己的初衷。刚开始时,对哲学也是懵懵懂懂,甚至产生了转专业的念头。后来喜欢上了哲学,应该是上了一些课之后,感受到那种由哲学生发出来的思维的力量和精神的魅力。其中有些老师的课,是要发座位号的。听他们课的,不仅有在北大"游学""蹭课"的,也有外系的。这些课程,也让我彻底改变了对哲学的看法,哲学不再被简单理解为一种"政治"了。再后来,又兴起了一股"文化热",开始由文化切入对中国现代化进程滞后的反思。当时最有影响的大概是中国文化书院从1985年开始举办的几期文化讲习班。哲学之为社会文化心理的底层,开始彰显其重要的作用。这也为"误入"哲学之门找到了一个平衡。

1988年考上了北大哲学美学专业西方美学方向硕士研究生,师从李醒尘先生。之所以选择美学专业,是与那时的"美学热"不无关系。"美"实际上是一种境界,令人神往。那时把专业志向与境界追求混到一起了,所以选择了报考美学专业的研究生。后来发现,自己也没有过艺术方面的实践,缺少敏锐的审美感受能力,因此,在涉及艺术美的研究时常有雾里看花、隔靴搔痒的感觉。这也是最后放弃了美学这个专业的缘故。1991年毕业时分配到了中央政法管理干部学院(后来合并到中国政法大学)从事马克思主义哲学(属于政治理论课)的教学工作。1995年再考入了北京大学哲学系马克思主义哲学专业,师从赵光武教授。之所以转向马克思主义哲学,除了因当时的教学工作需要的缘故之外,还主要有两层原因。一是,马克思主义作为一个主流的思想意识形态,对于当今中国社会生活的影响是巨大的,不论赞成还是反对,都必须进行认真的研究。二是,马克思主义哲学的理论研究领域与我们正在经历的重大现实变革之间的高度互动,使这一领域值得我们高度的关注。

我自认为,进入博士阶段之后,才有了一点学术研究的意识。很幸运的是,赵光武老师很注重培养我们这一方面的意识。赵老师那时还任研究生院的常务副院长,行政工作也是比较繁忙的,但他除了每周与其他几个老师和我们讨论原著之外,每周还有两个时间,其活动基本上是雷打不动、风雨无阻。一是,他每周六下午都要主持一个系列讲座,主要是围绕当代自然科学的发展与认识论问题,请一些学术名家来作不同学科前沿研究的报告。二是,他每周一下午都要把他带的博士生召集起来,讨论国内马克思主义哲学界争论的一些重大问题,然后指定一位同学写成文章。文章完成后,下周再进行讨论。可以说,我是在那个时候才开始了作研究。我的第一篇学术研究的论文就是在那时被赵老师"磨"出来的。后来自己拿出投了稿,很快被《北京大学学报》采用,这无疑是对我的一个很大的鼓舞。后来这个讨论会就变成了读书会,主要研读后现代主义思想家的著作。这个读书会,大概开始于 1999 年,当时我已从北京大学毕业了,但在好几年里,基本上每周都回去参加这个读书会,甚至还领读了几本书。

治学方法

关于治学的方法,我的看法是研读原著和关注问题。这两者是相辅相成的。问题可以分为两个层面,一是现实层面的,二是理论层面的。后者可以说就是前者的映射。哲学,尤其是马克思主义哲学,不是在书斋里的纯粹学术研究,而首先是以对现实问题的关注和解决为旨归的。马克思、恩格斯创立他们的学说时,首先关注的是无产阶级的政治解放。围绕着这些现实问题,才有了或明或暗折射着现实问题的理论问题,才有了理论层面上的各种论争。我比较提倡学术论争。我是希望研究生关注理论上的论争,对不同的观点进行分析比较,提出自己的看法。我告诉他们的是,如果只看一家一派的说法,往往就会不自觉地认同,不仅视野会窄化,而且思想会僵化。虽然在国内学界,学术批评还是一个招人讨厌的事情,但关注论争并发表自己的看法,这对于研究生养成独立分析问题的能力是大有裨益的。有时我也鼓励他们写出文章,至少可以当做是一种学术训练。

但,对于现实问题的回应或对于理论问题的辨析,往往要诉诸历史传统,从中获得思想资源。这就要求读书。读书要做到"精"。在刚一进入大学,老师就一直要求我们读原著。在他们看来,研究工作其实就是从读书开始,当然首先要精选经典的学术著作,从一本书或一个人的著述(实际上也是从他的代表著作)开始认真研读,看看这些思想大家到底是如何说的,这样才不至于在相关的问题上人云亦云,故而,也才有一个稳固的"根"。在北大上博士时,印象最深的就是原著研读课。在第一学年的每周三下午,就是对经典作家经典著作的研读和讨论的课。导师组的每位老师等基本每次都参加我们的讨论。这几位老师会介绍学界在一些相关问题上的争论,而且,他们彼此也有一些争论。这些争论使我们受益匪浅,不仅开阔了我们的学术视野,而且也引发了我们的独立思考。

研读原著,首先要搞清作者说了什么以及怎么说的,也就是作者提出了什么样的观点,又怎样进行论证的。如果著作为国外思想家所写,就应该直接阅读原文。且不说现在一些学术译著错讹之多,令人难以忍受,主要是阅读原文,可以较快进入学术语境。有些被译为中文的术语,往往是汉语难以表达的,而译者的译法体现了他对该术语的理解,但这种理解有时并不十分准确。在这一个基础之上,最为重要的是要做到纵与横的扩展。"纵向扩展"是要搞清这本书是接着谁讲的,即是要搞清它要解决前人留下的什么问题,以及谁又会接着他来讲,即他的解决方案又会遗留下什么样的问题,从而弄清这本著作在思想史上的承继关系和历史地位。这样,就可以把一本书读厚了。"横向扩展"是要搞清学术界围绕这本著作所产生的不同理解,厘清相关的论争。这里其实又回到了"问题"。

对马克思主义哲学的一般理解

从赵老师的那个读书会开始,就直接进入到了国内马克思主义哲学学界的一些论争。这里也不妨谈一下我的看法。自20世纪70年代末以来,伴随着中国社会的转型,中国的马克思主义哲学研究界也异常活跃起来。诸多的争论皆是围绕着对"苏联模式"的马克思主义哲学体系的反思,围绕着对马克思主义哲学实质的重新理解。这些争论最初关注的是马克思主义哲学是否有"本体论"的问题以及这种"本体"是什么的问题。这种争论一直延续至今。在这种重新理解之中,关于马克思主义哲学的"名"与"实"也总是纠缠在一起的。学界对于马克思主义哲学的称谓,除了传统的"辩证唯物主义"之外,影响较大的还有"实践唯物主义"等称谓。如果撇开这种称谓之下的实质内涵,把马克思主义哲学给予以上这些不同的称谓并无不可。这些称谓也可以说是揭示了马克思主义哲学的不同侧面。但我还是倾向于"辩证唯物主义"的称谓。这主要是马克思主义哲学,是一种世界观。这里涉及到对于"世界"的不同理解。一些学者认为在马克思主义哲学的视野中,"世界"只是"属人世界"而已,把"自在自然"排除在外。但我认为,马克思主义哲学作为认识世界并进而改造世界的理论,不仅要认识和改造"属人世界",而更重要的是要探索未知世界,从有限走向无限,而之所以可能则是基于对于世界统一性的认识和信念。"客观性"原则与"辩证性"原则是马克思主义哲学看待整个世界的最为基本的两个观点。中国的马克思主义哲学研究界,虽然在改革开放后有过非常激烈的争论,但并没有一个严肃的学者声明可以抛弃"客观性"的原则。许多学者倡导的"主体性"原则,也并非"主观性"原则。

对于马克思主义哲学,目前有一种"去体系化"的倾向,只是把它看做是一种方法,或者只是一种精神。把马克思主义仅仅指认为一种方法,最具代表性的是卢卡奇。他说:"马克思主义问题中的正统仅仅是指方法。""总体范畴,整体对各个部分的全面的、决定性的统治地位,是马克思取自黑格尔并独创性地改造成为一门全新科学的基础的方法的本质。"(《历史与阶级意识》,商务印书馆 1992 年版,第 48、76 页)他甚至认为,即使是新的研究完全驳倒了马克思的每一个别的论点,仍然无损于马克思主义的正统。但在我看来,方法自身也有一个合法性的问题。哲学作为一种方法,远不是具体操作方法那样简单。它如果脱离了对它的有效性与合法性的论证,我们凭什么可以信任它?再说了,任何研究,不仅要运用一定的方法,而且都要从一定的前提出发。如果前提错误,我们又如何保证推论的正确性?

把马克思主义指认为一种精神,如德里达所称的那样,是一种"批判精神"。从一定意义上来说,德里达是强化了马克思所固有的甚至是对其自身的批判精神,他要求防止把马克思的遗产当成是"绝对地和整个地确定的",也就是避免对于马克思主义哲学的一些结论加以僵化。但如果这种"批判精神"没有对于现实语境的分析,没有对未来社会的展望,这种批判精神不仅是无根的,而且,也难以标示马克思主义哲学的实质,或者说,马克思主义哲学这一符号,只是一个"能指"而不再具有一个"所指"。如此一来,没有"所指"的"能指",那真是成了在空中飘荡的"幽灵"了。德里达恰恰是这样看待马克思主义的。他沿着他的解构主义的思路来解读马克思主义,所以他说:"现在,我们不能认为马克思、恩格斯或列宁的文本是必须被简单地'应用'到当前现实中的完备的解释。我说这些,并非要提出与'马克思主义'相反的东西来,我对此坚信不疑。而且,不要按照那从文本表层之下寻求终极所指的解释学方法或诠释方法来解读这些文本。"(《多重逻辑》,三联书店 2004 年版,第 71 页)可以说,把马克思主义加以激进化就是一种"解构"。

改革开放以来,要求改革马克思主义哲学体系的呼声一直不断。这种呼声并不是要否认马克思主义是一个理论体系。虽然,马克思甚至恩格斯并没有自觉地建构自身的体系,但是,并不能认为体系的建构不重要。我们可以看到,随着对马克思主义哲学传统模式的质疑,我们看到的是对马克思主义哲学体系多样化的阐释和建构。体系的建构总是为一个理论或主张所必需的。黑格尔在《小逻辑》中说过:"哲学若没有体系,就不能成为科学。没有体系的哲学理论,只能表示个人主观的特殊心情,它的内容必定是偶然性的。哲学的内容,只有作为全体中的有机环节,才能得到正确的证明,否则便只能是无根据的假设或个人的主观确信而已。"

代际定位

至于 60 年代生的学者与 50 年代、70 年代生的学者之间的差别,我认为还是很明显的。50 年代出生的学人,除了他们深厚的学识之外,我认为他们最大的特点是恰逢中国社会的重大变革时期。这一时期是思想异常活跃的时期,也许是我们 60 年代生人再难以遇到的。正是这个带有根本性的变革,给时代、给他们,提出了诸多重大的理论问题。这些问题,足可以引发理论的重大变革,引起某些学者所说的研究范式的变革。当我们看他们的著述时,我们可以强烈地感受到他们的问题意识和时代特征。70年代出生的学人,应该说是比我们接受了更好的学科训练,有着更好的学术素养。80年代末与90年代初的时候,理应是我们进行艰苦的学术累积的时候,但外在环境引发的一些喧嚣、浮燥、迷惘总是挥之不去。但这不具有普遍性。60年代出生的学人中,亦不乏佼佼者。但就我个人而言,我自认是错过一段好时光的,未能充分抓住时间去研读一些经典的马克思主义哲学的著作。我认为,70年代出生的学人在马克思主义研究上能够做出比我们更大的成绩来。

学术理想与目标

至于最近的研究,是想搞清马克思的"阶级分析"这一历史唯物主义的基本理论在当代的解释力的问题。拉克劳、墨菲明确提出,"其中心定位于阶级斗争和分析资本主义经济矛盾的传统马克思主义话语"已难以适应各种纷纭而现的各种新的矛盾,因而主张"从阶级的退却"。如果关于阶级分析的理论框架失效,也意味着历史唯物主义整个大厦的倾覆。我认同刘奔先生的一个判断。他认为,在历史转变为世界历史的背景下,"依据历史唯物主义的基本原理,考察生产力与生产关系、经济基础与上层建筑的矛盾运动,不能再局限于一个民族、一个社会之内。要研究经济全球化条件下整个世界范围内的社会基本矛盾是以什么样的方式展开的"(《刘奔文集》,中国社会科学出版社2008年版,第306页)。在西方一些马克思主义的研究者,也并没有全然放弃阶级分析的方法。如加拿大的艾伦·梅克森斯·伍德主编的《民主反对资本主义》中,作者就力图考察资本主义社会中"政治"与"经济"之关系的特殊形式,考察资本主义社会中"阶级斗争"的特殊表现。重视西方学者对马克思主义阶级理论的重新阐释,我想是更有意义的事。

个人作品

　　至于我的文章，也多是读书后结合对一些问题的思考写出的。在与研究生一起研读和讨论《真理与方法》时，产生了一些想法。其后就结合国内学界对马克思主义哲学的诸种阐释或"激活"，与另外一个教授合作，写了《马克思主义哲学阐释的解释学限度》(载《马克思主义研究》2006 年第 6 期)。此文认为新解释学自身是局限于主体的意识之中来谈问题，缺少一种客观的尺度，所以，这种新解释学恰恰注重的是解释的差异性、多样性。因此，以之重释马克思主义哲学的方法论基础，我认为是有问题的。我反对把对马克思主义哲学的理解当成是某些时代某些学者的专利。但我担忧的是，人们会在新解释学的"视界融合"等术语的包装下，假马克思主义哲学之名，把自己的主观色彩很浓的理解附在马克思主义哲学的名下。此文认为，新解释学将"应用"视为与"理解"、"解释"同一的，这却为"重释"马克思主义提供了启示：我们对文本的重新阐释，并不是为了满足我们智力兴趣的玩弄概念的游戏，而是要解决我们面临的实践问题，而这一个过程正是理论自身的发展过程。马克思、恩格斯在创立他们的理论的时候，也是要解决那个时代的问题。虽然马克思、恩格斯所处的时代已过去了，但他们与现代西方哲学都面对着相同或相似的人类共同的问题，故而可以在围绕这些问题而展开的对话和论争中，彰显差异、考量得失，从而丰富和发展马克思主义哲学。

　　第二篇文章是《再论后现代主义的反理性主义》(载《山东社会科学》2007 年第 3 期)。何以是"再论"？是因以前发表过一篇文章就是《走向后现代的反理性主义》(载《江海学刊》1999 年第 3 期)。前一文章，因对后现代主义思想家的认识还不够深入，对后现代主义思潮给予了较多的负面评价。后一文章，则是对后现代主义思潮的肯定性评价较多一点。这种变化，与接触到了更为全面的材料有关，但更多的是与对现实世界的看法的变化相关。

第三篇文章是《现代与后现代价值观的超越：多元中的追求》（载《学术研究》2008年第8期）。学界（包括本人以前的观点）对后现代主义价值观的理解，大体有这样两种观点：一种认为，后现代主义在价值观上要颠覆对一切价值的追求，以至可以归入价值观上的虚无主义；另一种认为，后现代主义体现了对多元价值的诉求，但这又常被认为流于价值观上的相对主义，甚至走向费伊阿本德的那种无政府主义——"什么都行"。在我看来，实际并不如此。我们可以在后现代主义价值观中看到一种张力——价值设定上的批判与探求之间的张力。后现代主义并不是一般地强调价值多元，而是要为一种尚未到来的新价值观预留空间。后现代主义哲学之所以被理解为是一种虚无主义，就在于它本身并没有设定一个具体的价值目标，而在后现代主义者看来，设定一个具体的价值追求，往往有把它加以"中心化"的危险，从而把其他的价值追求淹没掉。如果大家看看德里达在北大作的一次题为《宽恕：不可宽恕和不受时效约束》的学术报告，也许就不会轻易把后现代主义与相对主义、虚无主义直接等同起来了。他提出了"宽恕不可宽恕的"这一命题，体现了何其超越的精神境界与何其博大的思想情怀啊。

第四篇文章是《主体的非中心化与历史的非连续性——〈福柯知识考古学〉的思想主旨》（载《哲学研究》2002年第1期）。这是在赵光武教授主持的读书会上领读《知识考古学》后写成的。福柯的这本书，我们是一段一段读下来的，读得很辛苦。这篇文章虽还有一些地方没有搞清楚，但我认为其主旨是，继续扩展了结构主义以来的对主体与历史的消解工作，以话语作为他考古学分析的基本单位，把主体视为陈述功能产生的一个位置，实现了主体的非中心化；把历史（思想的历史）视为话语形成规则不断转换的过程，实现了历史的非连续性。读完福柯的这本书，再读把马克思主义嫁接在话语理论之上的拉克劳与墨菲的"后马克思主义"理论就相对比较好理解了。

第五篇文章是《走出马克思主义哲学研究的自话自说》（载《哲学动态》2004年第8期）。这是在河南信阳师范学院召开的全国马克思主义哲学创新论坛上的发言。此文是我对马克思主义哲学研究现状的一些看法,但它只是一个发言的提纲,还没有充分论证和展开。当时主要谈了四点:第一,在中国马克思主义哲学研究中,虽然论争不断,但争论背后少有现实的问题,多是语词的翻新,并没有做到真正的思想交锋。马克思主义哲学的创新,首先还是要回到具体的现实问题上来。第二,在马克思主义哲学的研究中,不能囿于自身,画地为牢,必须自觉地与其他哲学流派进行对话。第三,在马克思主义哲学的研究中,还必须与其他学科交融,尤其是与自然科学交融。遗憾的是,不少学者排斥哲学与科学的结盟,认为哲学只关乎与人的实践或生存相关的"感性世界"、"人生世界"。第四,在如何发展马克思主义哲学的问题上,应有客观的坐标和参照,否则,"创新"就只能停留于口号。马克思主义哲学还应走向当代的社会实践,回答我们当代的实践提出的重大的现实问题和理论问题。

推荐书目

如果要我向研究生推荐十本必读书目,我会有如下的推荐:

马克思的《1844 年经济学哲学手稿》(1844 年),亦称《巴黎手稿》,在其生前没有出版,很长时间之内亦不为人所知,而只是在 20 世纪 30 年代才正式公开出版。它的出版,引起了一些极为尖锐的争论,有着各种不同的评价,涉及到它在马克思思想发展过程的地位和作用的问题。这些争论在目前我们国内的马克思主义哲学研究界也一直延续着。有的学者对它的评价要高过对马克思后来的著作的评价,甚至用它来重新阐释马克思后来的思想。有的学者认为,它还不是成熟的马克思主义的著作,但却是马克思思想史上的一个重要转折,包含了他对新世界观的探索。

马克思、恩格斯的《德意志意识形态》(1845—1846 年)是最应认真研读的,当然是要结合《关于费尔巴哈的提纲》(1845)进行研读。不仅是因为这部著作是马克思、恩格斯共同清算他们从前的"哲学信仰"的产物,是他们由之实现人类思想史上的伟大变革的重要文本,而且还是当今马克思主义学界讨论最多的文本。当前马克思主义哲学界里的一些不同理解,可以说都力图从中找到文本依据。认真研读这本著作,可以廓清国内马克思主义哲学研究界中的一些迷雾。

马克思的《〈政治经济学批判〉导言》(1857 年)、《〈政治经济学批判〉序言》(1859 年),不仅为马克思的政治经济学的研究规定了理论研究的对象和分析问题的方法,而且被认为是对历史唯物主义的本质内容作了经典的表述。

黄楠森、庄福龄、林利主编的八卷本《马克思主义哲学史》,汇集了我国诸多马克思主义哲学史研究家的心智,是我国马克思主义哲学史研究的重要学术成果,既有翔实而丰富的资料,又有深入而具体的评析。在阅读马克思主义经典作家的原著时可作为参考。

麦克莱伦的《马克思传》非常值得一读。麦克莱伦是国际知名的马克思思想与传记的研究者,他不仅对马克思的生活、活动有着细致的叙述,对马克思的性格、形象有着生动的刻画,并且对马克思的思想有自己独特的理解。

卢卡奇的《历史与阶级意识》,是了解“西方马克思主义”的必读书目。此书曾被人捧为“西方共产主义的圣经”(梅洛-庞蒂)。我认为,此言一点也不为过。他在这本书中所提出的思想和范畴,对后来的“西方马克思主义”的影响是巨大的。卢卡奇力图要恢复被歪曲了的马克思主义的革命本质,克服伯恩斯坦等修正主义者在实践上和理论上的错误。卢卡奇不仅具有深厚的德国古典哲学的素养,而且对马克思恩格斯的著述也深有研究。在这本书中,我们可以看到卢卡奇在特定历史条件下,对于马克思主义理论内容与方法的艰难探索。卢卡奇不仅是一位理论家,而且还曾是匈牙利共产党的重要负责人。他写作这本书的态度是认真和严肃的。读过这本书,我们也许会深思什么是马克思主义哲学的基本精神和根本原则? 也许会深思有关马克思主义的发展模式的问题:马克思主义的发展是“一线单传”还是“一源多流”?

凯尔纳、贝斯特合著的《后现代理论——批判性的质疑》,是了解后现代主义思潮的入门著作。这部著作资料翔实,叙述明晰,分析中肯。尤其是作者坚持左派立场,为了发展社会批判理论,对马克思主义与后现代主义进行了比较和评点,以期从中寻找理论的资源。

哈贝马斯的《现代性的哲学话语》,是了解现当代尤其是后现代主义思想的重要论著,而且从中也可以窥见大师驾驭思想材料的艺术。读这本书时,可以感受到一种理智的愉悦。哈贝马斯基于交往理性的理论框架对黑格尔以后的思想进行了梳理,而这种梳理最终是要引向克服"主体中心理性"之别一途径:交往理性。

拉克劳、墨菲合著的《霸权与社会主义的策略:走向激进民主政治》,是"后马克思主义"的代表著作。我并不认为它是推进了马克思主义的发展,但它毕竟是结合当代西方资本主义的现实,梳理分析了"西方马克思主义"的理论得失,吸纳了后现代主义的一些理论成果,提出了他们自己的一些看法。他们对所谓传统的马克思主义给予了实质性的否定,但他们还自称是马克思主义。他们的这些问题是值得我们作出理论回应的。

仰海峰

1969年腊月十五日出生于安徽潜山县大别山里的一个小村庄。直到本人大学快毕业时,村里人才告别煤油灯时代,一条能通三轮车的小路才从山下的镇上通到村里。小学时,一直与不同年级的学生在一个课堂上课,故常能偷听高年级的课程,当然也常不知其所以然。1988年考入南京政治学院,在历史学系军训几天之后,被哲学系"扣压",误入哲学专业。毕业后在信阳陆军学院任哲学教员。1994年再入南京政治学院哲学系,攻读硕士学位,师从阎增武、何怀远教授。1997年留校任教。其间得以结识张一兵师,并读到张先生《马克思历史辩证法的主体向度》手稿,遂立志于马克思主义哲学研究。2000年跟随张先生攻读博士学位。2003年入北京大学哲学系博士后流动站,受赵家祥先生指导。2005年博士后出站,离开军营,成为北京大学哲学系教师。出版专著:《走向后马克思:从生产之镜到符号之镜——早期鲍德里亚思想的文本学解读》(中央编译出版社2004年版)、《形而上学批判——马克思哲学的理论前提及当代效应》(江苏人民出版社2006年版)、《实践哲学与霸权——当代语境中的葛兰西哲学》(北京大学出版社2009年版)、《西方马克思主义的逻辑》(北京大学出版社2010年版),在《中国社会科学》、《哲学研究》、《学术月刊》等发表学术论文100余篇。

学术之路

对我来说,走上马克思主义哲学研究之路,带有一定的偶然性。上大学时报的是历史学专业,录取通知书上写的也是历史系,但不知什么原因,我的录取档案却在哲学系。在哲学系领导的强烈要求下,我在历史系待了一个星期之后,又转到了哲学系。后来才知道,当时招生的教师,在发给我的通知书中将录取专业写成了历史系,而存档的通知书录取专业却写成了哲学系。

当时的南京政治学院建院不久,也是唯一一所在地方招收哲学社会科学类考生的军校。一个学校、一个专业在创立的时候,总有一股努力进取的精神,虽然哲学系成立的时间不长,但教学与科研却是有声有色,在军队与地方都有一定的影响。在学校再三强调牢固树立专业思想的情况下,我对哲学也逐渐产生了兴趣。20世纪80年代的中后期,正是中国思想界非常活跃的时期,虽然军校的教育具有一定的封闭性特征,但各种各样的思潮还是在学生的思想上产生了影响,这对我们的学习无疑起到了潜移默化的作用。

军校的生活带有一定的程式化,各种规章制度也较多,刚入校时大家都不习惯,但半年下来,我们也就感觉不到约束了。这大概就是"自由"与"必然"之间的最初融合吧。现在想来,虽然当时自己有很强的专业兴趣,但由于自己一直在做团支部的宣传工作,这份工作在部队里要经常办板报、举办各种宣传活动,的确是花费了很多的时间与精力,再加上正常的教学与军事训练,留给自己读书的时间并不太多。到了大四的时候,这一局面才有所改变。正是在这一年里,自己通读了《马克思恩格斯选集》、《列宁选集》,还阅读了一些自己感兴趣的专业著作,并开始有意识地思考问题。毕业论文写的是"圣西门的理性思想",借论文写作的机会,又通读了《圣西门选集》。这些阅读虽然还不够深入,但自己也初步体验到了思想的乐趣。

真正走上马克思主义哲学研究之路,应该说是在20世纪90年代中期。1994年我再次回到南京政治学院攻读硕士学位,师从阎增武教授、何怀远教授。阎先生具有古人那种"长袖飘飘"的气质,何先生则对理论怀有发自内心的激情。在1995年夏期的一次研讨会上,我有幸结识了后来成为我的博士导师的南京大学哲学系张异宾(笔名张一兵)先生。其时先生已经完成《马克思历史辩证法的主体向度》的写作,正在着手《回到马克思》的写作。我最先读到了《马克思历史辩证法的主体向度》的校对稿,并参与到了先生的思想实验中。每次聆听先生的授课,都是一次思想的盛宴。先生那开阔的理论视野、深邃的学术思考、融会贯通的学术能力、精深细致的文本辨析，以及富有感染力的讲述，让我感叹原来马克思的哲学也可以做得这样出彩！特别是每次课后与先生一起骑车离开南大、边走边讨论的情景，至今让人难以忘怀，以至现在我常常和学生们开玩笑地说，不会与老师聊天的学生，很难真正地从老师身上学到其学术理念。

毕业后留在南京政治学院哲学系任教。当时的想法很简单：通过自己的努力，与大家一起将军队院校的哲学教学提高到新水平。应该说那几年也是自己提高最快的几年，并在全军产生了一定的影响。1999 年春天，总政宣传部要调我，其时我的志向正在南京政治学院的哲学事业上。在总政工作了几个月后，我坚持回到了南京政治学院，并在张异宾先生的指导下完成了博士论文。2003 年进入北京大学哲学系博士后流动站，合作导师赵家祥教授。赵老师对马克思主义哲学有着深入的理解，对我的研究工作给予了大力的支持与帮助。2005 年出站后我留校任教。如果说过去还有机会从事其他工作的话，那么现在则成了马克思主义哲学工作者。

治学方法

在人文社会科学的研究中，研究方法可以从两个层面来考虑。一是人文社会科学研究的一般方法，这是任何一个学科都应该具备的。在我看来，这主要体现在以下几个方面：第一，要具备开阔的视野。这要求我们必须打开阅读与思考的空间，说白了就是多读书、多思考。第二，要有一种融会贯通的能力。人文社会科学在根本的理念上是相通的，但由于现代专业的局限，每一门学科又具有自己的专业话语与讨论方式，这就要求人文社会科学工作者既要能在自己的专业领域里有所专长，还应该能够在理念层面达到一些学科上的沟通，达到对社会生活的总体性审视。在我看来，这也是目前国内的人文社会科学研究最缺乏的方法论意识。我曾在《从分化到整合：重申人文社会科学研究中的总体性方法》（载《浙江社会科学》2008 年第 1 期）中对这个问题作过一点讨论。第三,要学会逻辑式的思考。在我看来,人文社会科学的力量在于能否逻辑地透视社会而不对社会作一种拼盘式的解释。第四,实现理念与生活之间的对话。人文社会科学是通过语言与逻辑来面对现实的,而语言与逻辑又具有自己的独特存在方式,这决定了人文社会科学研究必须能够实现与日常生活之间的对话,这既能深入到日常生活的内在结构中,又能对理论逻辑进行检验。这个过程说起来简单,实际上是最难的。对于哲学研究来说,更是如此。

第二层面的方法与具体的研究对象相关。就马克思思想研究而言,除了人文社会科学研究所需要的一般方法,我主要强调总体性地研究马克思的思想,即从哲学、政治经济学与社会主义思潮的内在沟通中来理解马克思的思想进程及其理念。从马克思思想发展过程来看,他所涉及的学科当然不止这三个层面,但这三个方面构成了马克思的主要思想内容。在过去的研究中,这三个方面的内容被分为三个不同的学科,它们之间的联系被人为地割裂了。这种学科壁垒既不能真正地理解马克思的思想,又无法真正地在当代语境中发展马克思的思想。正是基于这一考虑,我关注的是如何从这三个学科之间的内在整合中来推进马克思思想研究。当然这一研究是非常困难的,不仅需要认真研读马克思的文本,而且还要研究这三个领域中的思想史文献,并揭示马克思与这些思想的内在联系。虽然困难,但我认为只有这样去研究马克思的思想,才可能走出新的思考之路。

我的另一个研究领域是国外马克思主义哲学。在北大哲学系的马克思主义哲学研究中,这一领域的教学与科研都是我一个人在承担。为了搞好这方面的教学与科研,我一方面深入地分析具体人物的思想,另一方面揭示国外马克思主义哲学的总体逻辑进程。在这一进程中,我同样也在运用总体性方法,一方面揭示这一流派的思想进程及其思想与历史之间的内在关系,另一方面揭示具体人物思想的不同维度间的关系,以便真正地理解现代西方社会的历史进程及其思想进程的内在关系。

对马克思主义哲学的一般理解

在我看来，马克思哲学是一种批判理论，其根本精神是对他所处时代的批判。对于马克思的批判理论，我曾在《马克思社会批判理论的科学视界》（载《哲学研究》1997 年第 8 期）等系列文章中进行过探讨，其中的部分内容成为《形而上学批判——马克思哲学的理论前提及当代效应》（江苏人民出版社 2006 年版）一书的第四章。在 2005 年之后，我对马克思的批判理论的具体内容作了进一步的探索，在《马克思与形而上学的颠覆》（载《哲学研究》2002 年第 4 期）、《形而上学批判、资本逻辑与总体性、社会批判理论——马克思哲学批判的三个维度》（载《学术研究》2005 年第 5 期）、《马克思哲学的三大主题》（载《学术月刊》2007 年第 7 期）、《反思与建构——马克思哲学当代阐释中的几个问题》（载《社会科学战线》2008 年第 11 期）、《〈政治经济学批判〉中的资本逻辑批判与历史唯物主义的建构》（载《江海学刊》2009 年第 2 期）、《政治经济学批判中的历史唯物主义》（载《中国社会科学》2010 年第 1 期）等文章中将马克思的批判理论概括为三个主题，即形而上学批判、资本逻辑批判、自由历史与人的解放。下面一段概括出自《反思与建构——马克思哲学当代阐释中的几个问题》，也是我对这三个主题及其内在关系的简要解释：

"在马克思哲学变革过程中，他所面对的形而上学或者以理性自律的方式表现出来；或者以机械唯物主义的方式表现出来。这两种哲学表面上看起来是对立的，但实际上却是一枚硬币的两个方面，它们在面对历史时，都以一种历史之外的力量作为历史发展的动力。这表明，传统解释中以费尔巴哈的唯物主义加上黑格尔的辩证法并不能得出马克思哲学，费尔巴哈在面对历史时，仍然停留在一种形而上学的解释之中。马克思哲学的变革过程，在其根本的意义上，就是打破这种理性形而上学的自律神话。

从理性形而上学的自律性出发，当时的青年黑格尔派认为：只要思想发生了变革,就可以变革现实,从而以哲学革命替代对历史现实的批判改造。'青年黑格尔派则通过以宗教观念代替一切或者宣布一切都是神学上的东西来批判一切。'(《马克思恩格斯选集》第1卷,人民出版社1995年版,第65页)对于这种以哲学自律为前提的思想,马克思批判说:'既然根据青年黑格尔派的设想,人们之间的关系、他们的一切举止行为、他们受到的束缚和限制,都是他们意识的产物,那么青年黑格尔派完全合乎逻辑地向人们提出一种道德要求,要用人的、批判的或利己的意识来代替他们现在的意识,从而消除束缚他们的限制。这种改变意识的要求,就是要求用另一种方式来解释存在的东西,也就是说,借助于另外的解释来承认它。'(同上书,第65～66页)这就是马克思在《关于费尔巴哈的提纲》所说的,这些哲学家只是完成了对当下世界的解释。产生这一现象的根本原因在于:这些哲学家把哲学当做是一种自律性的观念,而没有意识到,这些观念产生于社会历史生活过程,是'社会存在决定社会意识'而不是相反。因此,对旧哲学的批判,并不能替代对产生这一哲学的社会历史生活的批判。

从这里可以看出,马克思的哲学变革体现在两个层面:一是就哲学本身的逻辑来批判传统哲学,如在《神圣家庭》中,马克思通过'果实'概念的形成来揭示黑格尔概念形而上学的秘密。一是从社会历史生活本身的逻辑来揭示哲学的逻辑及其现实含义。《德意志意识形态》的意义,在我看来,主要体现在后一种观念的确立,正是这种观念,才将马克思的哲学思想与传统哲学思想区别开来。传统的哲学主要体现为观念之间的逻辑关系,而对于马克思来说,这种逻辑关系虽然重要,但更重要的是揭示哲学与历史之间的内在关系,揭示观念与社会生活之间的内在联系,将对传统哲学形而上学的批判,推进到对社会历史生活的批判。

正是在这里,资本逻辑的哲学意义被呈现出来。正如马克思描述自己的思想发展历程时所说的,他的哲学理念的变革离不开对古典经济学的批判分析,也只有通过政治经济学批判,才能真正地理解产生近代哲学的资本主义市民社会,因此,政治经济学批判与资产阶级市民社会批判构成了同一个问题。在这一分析中,马克思依据思想与历史之间的互文原则,一方面揭示古典经济学本身的理论逻辑,即从重商主义到重农主义再到斯密、李嘉图的发展历程,另一方面,马克思将古典经济学的发展逻辑奠基于资本主义社会本身发展的逻辑上,这个逻辑就是资本的运行逻辑。从重商主义将货币作为财富的本质,到劳动价值论的提出,这固然体现了古典经济学本身的逻辑抽象,但更是资本主义社会本身的历史抽象的结果。没有大工业的进程,也就不可能产生抽象的劳动价值论。因此,对当时的哲学与思想观念的批判分析,离不开对资本逻辑的批判考察。这时,'资本'就不只是一个经济学概念,更是一个哲学概念,马克思的哲学与经济学研究之间,构成了内在的对话与互文关系。同样,作为马克思《资本论》基础的'劳动价值论'就不只是一个分析商品交换的纯粹经济学概念,更是一个哲学与人类解放意义上的概念。只有揭示了资本的逻辑,马克思才能真正地理解他所生活的资本主义市民社会,只有理解了市民社会以及市民社会中人的生活方式与劳动方式,马克思才能理解产生于这一现实基础上的思想观念与哲学理念,只有这时,才能真正地摆脱青年黑格尔派将哲学内部的变革等同于现实变革的错误,才能真正地将哲学批判转变为来自于历史内部的自我批判,将黑格尔的理性辩证法改变为历史辩证法。从这一视角出发,《资本论》就不只是一部经济学的论著,而且体现了马克思哲学思想的核心理念,但这种理念却又是通过经济学的话语表达出来的。可以说,只有理解了《资本论》所揭示的资本逻辑,我们才能真正地进入到马克思哲学思想的深处。

对于马克思来说,对传统形而上学的批判、对资本逻辑的批判,并不是为了证明资本主义社会的合法性,这是他与实证主义以及社会学的重要区别。马克思对资本逻辑的批判分析,是为了人的解放与自由历史的实现,在这一点,马克思既继承了启蒙理性,又超越了启蒙理性。'启蒙运动就是人类脱离自己所加之于自己的不成熟状态。不成熟状态就是不经别人的引导,就对运用自己的理智无能为力。……要有勇气运用你自己的理智!这就是启蒙运动的口号。'(康德:《历史理性批判文集》,何兆武译,商务印书馆1990年版,第22页)启蒙的目的就是将人解放出来,人自由地发展自己。资本主义的历史意义在于,在历史的过程中将人从传统的束缚中解放出来,将人变成了'自由人'。但这种'自由'是以人对资本的依赖为前提的,市场的进程将前资本主义社会的可见权威变成了'匿名'的权威,将'自由人'变成了资本逻辑中的人,这时,人的解放问题就离不开对资本逻辑的打破。只有打破了资本逻辑,人才能实现真正的自由,历史才能变成自由的历史。在这个意义上,属人的历史还是一种'尚未'的状态。正是在这样的语境中,马克思在颠覆了传统形而上学之后,在对历史逻辑的分析中展示了走向未来的可能性空间,这时,马克思才将自己的批判与当时的各种批判区别开来,特别是同当时的各种社会主义思潮区别开来。自由历史与人的解放构成了马克思哲学的理论旨归。

马克思哲学的这一内在逻辑,不仅是马克思哲学当代阐释的理论起点,而且对今天的研究提出了非常高的要求:如何揭示马克思思想发展过程中多重复杂线索的内在关系,这是马克思哲学当代阐释中的重要问题。列宁曾指出马克思的理论有三大来源和三大组成部分,这个分析对于理解马克思思想具有提示的作用,但也导致后来的研究出现了将马克思的整体思想分解为不同的研究区域的问题。从马克思的思想发展过程来看,这三个方面实际上是内在交融在一起的,它们处于一种不可分割的关系之中,在这种复杂线索的互动中揭示马克思思想的丰富内涵,这是当前马克思哲学研究的重点。也正是在这样的意义上,我将马克思哲学概括为上述的三大主题。"

在这三大主题中,资本逻辑批判是核心。这也意味着,今天对《资本论》及其手稿需要从学科整合的视角进行新的哲学解读。在我个人的研究中,《形而上学批判》一书主要针对的是第一个主题,后两个主题还有待于展开。对这三个主题的分析,也构成了我面对当代历史与文化的理论基础。

将马克思的思想理解为这三个方面,并不是说这三个方面是外在的组合关系,它们本身构成了一个有机的整合,这样分开来讨论只是为了更好地揭示马克思思想的精神。

学术、思想和时代

　　研究马克思主义哲学，一方面当然是为了更为深入地理解马克思本人的思想，这在上面的讨论中已经触及；另一方面也是为了更好地从马克思的思想走向当代。在后一问题上，《反思与建构——马克思哲学当代阐释中的几个问题》中的概括体现了我的总体思路：

　　"马克思哲学的根本内容是对资本逻辑的批判分析。这种批判分析体现在两个层面：一是批判分析资本的历史进程，一是批判分析产生于这一进程中的思想，形成了开放的理论空间。在我看来，只要这个时代还是资本逻辑占主导的时代，马克思对资本逻辑的批判分析仍然具有理论价值与现实意义，但这并不意味着将马克思的话复述一遍就能解决问题了，我们需要做的是如何从马克思哲学的根本精神逻辑地、历史地走向当代，真正做到对当代历史与文化的批判性分析，从而认清资本逻辑在现代社会的存在方式与运行机制，这是当前马克思哲学研究中最重要、也是最难以解决的问题。

　　首先，我们需要意识到的是，马克思对资本逻辑的批判分析针对的是资本主义自由竞争时期，这是从工场手工业到机器大工业转变的阶段，自由竞争构成了资本主义发展的基本原则。《资本论》较为详细地说明了资本主义在这一时期的特点及其内在的逻辑矛盾，正是这种内在的逻辑矛盾，才为未来历史的实现打开了可能性的空间。但在马克思之后，虽然资本逻辑仍然是这个社会的主导逻辑，但资本逻辑经历了不同的历史阶段。19世纪后期，资本主义从自由竞争转向了组织化生产，资本集中与资本垄断代替了早期的自由竞争。这是资本主义的新阶段。在这个时期，以福特制为基础的组织化生产取得了主导性的地位，技术在生产过程中占据着绝对主导的地位。如果说在工场手工业和机器大工业生产的早期，个人的技艺还具有一定意义的话，那么在福特制时代，个人的技术开始全面让位于精确化的机器生产。这是马克思所没有经历的时代，也是马克思的资本逻辑无法直接面对的时代。正是意识到这一点,列宁的帝国主义论以资本集中作为理论分析的逻辑起点,法兰克福学派的波洛克才提出了'晚期资本主义'。20 世纪 70 年代之后,西方发达资本主义又从福特制转向了后福特制,从资本的世界输出转向了资本的全球化,这是资本逻辑的历史新形态。因此,马克思哲学的当代建构,必须按照马克思分析资本的方式,揭示资本逻辑的历史形态变化,这个看似与'哲学'无关的问题,对于马克思哲学的建构来说,是一切理论的基础。只有理解了资本主义历史形态的不同特征,我们才能认清马克思的资本逻辑批判的意义与局限,并按照马克思的方式发展马克思的资本逻辑批判理论。

其次,在资本逻辑历史变迁的基础上,批判分析当代社会的思想文化进程。虽然观念具有自身的独立性,但任何观念都有其历史性的规定。正如马克思所揭示的,随着商品交换的普遍化,必将产生商品拜物教,这种拜物教以抽象的资本作为统治一切的存在,这正体现了资本主义社会的思维特征。当这种拜物教理念构成了思想的'自然'前提时,资本主义社会就被当做一个永恒的社会,这是斯密把原始人打猎用的弓、箭都看做是资本的原因,也是蒲鲁东主义者的错误所在。马克思的这一方法被卢卡奇充分发挥了,他从生产过程中的物化出发,揭示出近代哲学中的二律背反,并将之看做是资本逻辑内在矛盾的观念表现。从马克思的这一方法出发,我们才能理解法兰克福学派的工具理性批判,才能理解后现代思潮与当代资本主义的内在联系。对思想史的这样一种理解,构成了马克思哲学当代建构的参照系,它有助于我们打破观念自律的神话,有助于对资本主义社会进行一种总体性的反思,即将经济—政治—文化融为一体的批判反思。这种总体性的观念既是马克思哲学的基本特性,也是我们透视当代资本主义社会与文化的重要前提。"

正是在这一思路的引导下,我将国外马克思主义作为马克思哲学当代阐释的一个重要维度,并将其置于当代西方社会进程和马克思主义哲学的总体发展逻辑之中加以考察,这也是我在《西方马克思主义哲学导论》(北京大学出版社 2010 年版)一书中想要解决的问题。在具体研究中,我选择葛兰西作为组织化资本主义时代的理论案

例(参阅拙著《实践哲学与霸权——当代语境中的葛兰西哲学》,北京
大学出版社 2009 年版),选择鲍德里亚作为后组织化资本主义时代
的案例(参阅拙著《走向后马克思:从生产之镜到符号之镜——早期
鲍德里亚思想的文本学解读》,中央编译出版社 2004 年版),以此透
视不同时代的学者对资本主义社会不同阶段的理论思考。我希望通
过这些个案性的研究,为重新解读马克思提供当代的参照系,并锻造
一个具有当代视阈、能透视当代社会与文化的马克思主义哲学框架。
当然,这些讨论最后都要回归到中国现实。按照我的理解,我们最后
要面对的是"中国特色"的问题。

学术理想与目标

自己目前最想做的事是:从学科整合的视界出发,揭示马克思的
思想韵律。

由于受前苏联学科建制的影响,我国的马克思思想研究被划分
为不同的研究领域。从学科布局来看:马克思的政治经济学思想被纳
入到经济学科,马克思的哲学思想被纳入到哲学学科,马克思的科学
社会主义思想被纳入到"科社"学科;在同一个学科内部,如马克思主
义哲学,又被分为辩证唯物主义与历史唯物主义,等等。这种格局对
于马克思主义的理论传播和马克思思想的研究,曾起到了积极的推
动作用,有其历史的意义。但当我们将这些不同的内容置入不同的理
论空间并使之相互隔离时,我们在"加深"对马克思思想理解的同时,
失去的可能恰恰是马克思思想中富有生命力的东西。从马克思思想
本身的发展过程来看,他的哲学、政治经济学和关于社会主义的思
考,本身是融为一体的,它们之间处于一种相互影响、相互制约的关
系之中。马克思的政治经济学研究直接影响到他对哲学的思考,而他
的哲学变革又为经济学的研究提供了理论方法,也正是借助于哲学
上的理论变革,马克思才能透视古典经济学的问题,才能从对古典政
治经济学的反思中来批判各种社会主义思潮,建立自己的科学社会

主义理论。在这个意义上,今天的马克思思想研究,必须从学科之间的整合入手,实现对马克思思想的"整体性"理解,以推动马克思主义的当代发展。

在具体的研究中,我们需要揭示马克思思想发展过程中这三个学科是如何内在地整合在一起的,是以何种问题域将它们整合在一起的。在我看来,这才是马克思思想中活的东西,也是我们能够从马克思那里真正学到的东西。在前面的表述中,我将马克思的思想概括为三大主题,目前主要聚焦于《资本论》及其手稿,也就是对第二大主题的讨论,因为在这一部分,才能真正地呈现马克思思想的精神实质。

在阅读马克思的文本时,我们能感受到他的思想韵律。在我看来,这也是我们今天研究马克思时需要着力的内容。马克思思想研究并不是简单地发现其生活与文本事实,而是揭示出其思想的内在张力,而且是在一种思想灵韵的高度实现这一点。能够呈现这种思想的韵律,并在新的条件下加以发展,是我近期的学术理想。

刘怀玉

公元 1965 年 5 月 27 日出生于(因户口登记工作人员疏忽我"被迫"生于 4 月 15 日!)河南省南阳市镇平县某一山区(故自号"南阳山人")。余求学生涯甚长,分别毕业于郑州大学(哲学学士,1985 年)、中国人民大学(哲学硕士,1988 年)和南京大学(哲学博士,2003 年);曾长期在河南省社会科学院哲学所工作(1988—2003),今就职于南京大学哲学系。著述不多,罕有鸿篇,公开发表的学术论文逾百篇,可道说的专著一部,曾入选全国百篇优秀博士论文(2006),又获教育部高校人文社会科学成果三等奖等荣誉。现为哲学系教授、博士生导师,兼任教育部马克思主义社会理论研究中心副主任,2009 年入选人事部、教育部等单位认证的"百千万人才工程",美国伊里诺伊大学弗雷曼基金访问学者(2010)。

学术之路

如果从 1981 年 9 月被郑州大学哲学系录取算起,我学哲学近 30 年,如果从 1988 年 9 月参加工作算起,我从事马克思主义哲学专业研究也有 25 年,为时都不短了。虽然其中实在没有什么值得夸耀的东西,但无论从哪个角度说,作个回顾小结都是很有必要的,感谢立波兄弟提供给我这样一个机会。我走上哲学选择或哲学之路,在一定意义上不是"自觉的"或者说是"被安排的",我当时报考大学的第一、二志愿都不是哲学,而是中文和历史,阴差阳错进了哲学系,但一进哲学系很快就爱上了这样一个专业行当,之后便乐此不疲了。我对哲学和马克思主义的最初理解还是通过教科书,就是艾思奇的《辩证唯物主义与历史唯物主义》(该书白底黑字的淳朴封面至今仍然让我

有一种很美好而清晰的记忆),另外一个是肖前、李秀林等人编写的
《辩证唯物主义原理》。这些书与其说让我对哲学有什么了解,不如说
让我第一次学到了非常优美流畅的哲学语言。

我对哲学和马克思主义的兴趣开始于读黑格尔的《哲学史讲演
录》,特别是第一卷长达 100 多页的导言。20 世纪 80 年代初期,十年
"文革"刚刚结束,国门初开,西方的(甚至包括政治上还十分不友好
的苏联)的一切文化对于我们来说都是新鲜的,整个中国的大学哲学
系都处在一种对近现代古典哲学的如饥似渴的学习热潮之中。黑格
尔的《小逻辑》、马克思的《1844 年经济学哲学手稿》、李泽厚的《批判
哲学的批判》,都是我们这些初入高校的年轻学子热情追逐的对象。
但对于当时还不到 20 岁的我来讲呢,《逻辑学》太难了,能读懂、有印
象的是《哲学史讲演录》,还有列宁的《哲学笔记》以及普列汉诺夫的
《论一元论历史观的发展》。在本科四年(1981—1985),我并没有认真
地区分哲学的几个专业(就是后来的中国哲学、西方哲学、马克思主
义哲学等)。当时留给我印象最深刻的哲学观念和感受是:

1.黑格尔的历史与逻辑的统一思维。哲学就是哲学"史",历史就
是历史哲学,换句话说,哲学的历史就是历史的哲学。从事哲学学习
与研究近 30 年,我始终没有摆脱这样一个前见。一方面认真研究哲
学史,另一方面,研究历史的哲学。哲学就是每一时代人们认识、反思
人类自身永恒的基本的问题的过程,就是追求真理的历史逻辑过程。
所以,哲学就是哲学史。反过来,人的历史就是印证、显现和追求理性
与哲学真理的过程。所以,我学哲学第一阶段可以概括为一句话,就
是:哲学史与历史哲学的统一。

2.在大学学习阶段,给我留下的另外一个深刻烙印就是,列宁
《哲学笔记》关于"辩证法、认识论与逻辑学三者是同一个东西"的说
法,我当时极其着迷于这个论断,就是想把本体论、认识论用一种逻
辑的方式建构起来、演绎出来,虽无结果,但当时很有兴趣,甚至让我
着迷。这是第二个印象。

3.第三个印象就是,认真钻研普列汉诺夫的著作。非常着迷于唯
物史观是怎样从哲学中发展起来的。我当时没有把唯物史观看做是
19 世纪 40 年代马克思、恩格斯的个人发现,而把它看成是自文艺复

兴到19世纪的欧洲哲学历史的、逻辑的发展的结果。换言之,我的脑子里面没有马克思主义哲学史的概念,却确实有欧洲哲学史视野中的唯物史观这个概念。本科毕业我写了近两万字的学士论文就是讨论了唯物史观前史,研究从中世纪上帝创世论(博胥埃),到17、18世纪的自然秩序论(特别是斯宾诺莎的"自因"),到法国唯物主义的人类环境决定论,到黑格尔的客观精神论,再到马克思的生产方式决定论这样一个过程,论文的标题就是《人类社会历史发展动力的历史考察》。现在看来什么都不是,但在当时,抱着对"历史最终动力"的迷恋,很有一些对历史与逻辑相同一方法论的执著劲。

　　1985年秋我考入中国人民大学马列主义发展史研究所,读了三年马克思主义哲学史专业硕士。直接原因是:当时中国人民大学马克思主义哲学在全国水平最高、影响最大,陈先达等老师的青年马克思的研究成果像磁铁一般深深地影响了我;更深刻的原因还是历史与逻辑的同一、哲学历史与历史哲学统一的理解结构的魔力。虽然在三年硕士研究生阶段,我对马克思主义哲学史,特别是早期形成史并没有多少认真的理解,因为我的研究工作主要是我导师徐琳老师安排的,主要从事恩格斯和马克思晚年的哲学思想学习与研究。硕士论文就是做这个事情。但是,我把马克思主义哲学史看成历史生成过程,而不是静止现成的逻辑体系,我把马克思主义哲学本质地理解为历史唯物主义即科学的历史哲学,这一点牢牢地记忆在心。当时呢,我几乎读完了《马克思恩格斯全集》的50卷,对马克思主义哲学的历史还是有一定了解。一句话,我的哲学学徒期,整个硕士时期和本科时期共七年对哲学的理解、对马克思主义哲学的兴趣,均是建立在历史哲学与哲学历史二者的统一基础之上的。

　　硕士毕业后,1988年秋,分配到河南省社会科学院哲学所。到岗位之后,我对哲学的历史研究还在持续,包括对马克思主义哲学史中的一些问题,中间也研究了一些西方马克思主义的学派、思想,但重点转移到对历史哲学的反思、重构、突破上。由于工作、学习环境的改变,尤其是为省委省政府服务的"硬任务"性质决定了我的研究必须面向现实,我没有机会和精力从事对传统马克思主义哲学教科书基本体系和范畴的反思和批判。这和在高校的很多同行、同代人不同,我没有这个机会。我的任务是如何把作为历史唯物主义的马克思主义哲学与中国特色社会主义理论实践相结合或者"调和"起来。这对我来说不是一种调侃,而是一个很严肃的事情(也可以说是一件苦差事)。我在社科院很荣幸地主持申请到了两个国家社科基金项目,都是与中国特色社会主义理论有关的(一个是 1997 年度的"马克思主义发展理论的三大主题与有中国特色社会主义",另外一个是 2000年度的"历史唯物主义与中国现代化模式的世纪之争"),这在当时对于一个 30 岁出头的人来说是不容易的。

　　这就是我对马克思主义哲学理解的第二个阶段,从哲学史和历史哲学的统一转向对历史哲学的重构,也就是现代化的发展哲学研究。换句话说,在 80 年代我所理解的马克思主义哲学,就是马克思主义哲学史与历史唯物主义的统一,90 年代我所理解的马克思主义哲学是发展哲学,不再是历史哲学(第一阶段为历史哲学,第二阶段是发展哲学)。事实上,我的硕士论文虽然研究的是马克思晚年的人类学笔记,但当时已经朦朦胧胧地关注起后发国家的发展问题。硕士论文的标题就是《晚年马克思的〈笔记〉与现代社会的发展问题》,隐约预示了后来要做的事情。所以整个 90 年代,我把马克思主义的历史哲学即历史唯物主义转化为发展哲学。这个时段,我研究了现代化的代价问题、稳定、后发机遇、现代化问题,最后形成一本著作,著作的标题是意味深长的——《走出历史哲学乌托邦》。这个标题既是我对马克思创立自己哲学的革命意义、邓小平中国特色社会主义理论的哲学意义的一种综合说明,也是对我自己哲学理解范式的冲决和突破,就是"从历史哲学走向发展哲学"。这本书的副标题就是"马克思主义发展理论的当代沉思"。

　　在这本书里面,我认为马克思主义哲学作为发展哲学有三个主题:第一,走出思辨的历史哲学,走向现代性经济必然王国;第二,关于人的自由全面发展理论;第三,历史转变为世界历史和全球化历史过程理论。现在看来,这部著作是失败的。失败的原因是,我只是想"走出"历史哲学的乌托邦,但"走向何处"依然是不清楚的。在我 90年代中后期思想中,西方的现代化发展理论、自由主义经济学政治学思想、西方马克思主义社会批判哲学、中国特色社会主义理论不可思议地交织在一起。所以走向发展哲学的我面临着二难：要么把马克思主义哲学理解为肯定性的、实证性的、非批判的现代社会发展理论——事实上我一度想让黑格尔、马克思、哈耶克、邓小平"握手和解"，甚至提出过后革命的"淑世主义"的进步观；要么我必须把马克思的历史哲学理解为现代性的社会批判的理论，这正是卢卡奇以来西方马克思主义的讨论域。在这两难的徘徊中，我由于受到了我后来的恩师，孙伯鍨老师、张异宾老师的决定性影响（有关这个情况，我出版的博士论文《现代性的平庸与神奇》一书的后记有详细的描述），我的发展哲学思路就慢慢地让位于现代性社会批判哲学范式，这是2000 年以后的事情（这也正是我先是在职攻读南京大学马克思主义哲学专业博士，后来调到南大工作的原因之一）。

在第三个阶段，我参与了马克思主义哲学当代价值、当代研究模式的讨论，一度提出过历史语境论，反对简单的对话论与体系重构论；坚持社会批判理论，不赞成存在论。这些主张现在看来偏激了一些（此谓"门户见"），甚至引起了某些老师的误解和一些私人的麻烦，但也算一次认真的研究（此谓"方巾气"）。正是在这个过程中，我第一次系统地致力于西方马克思主义的人本主义走向研究。事实上，在20 世纪 90 年代，我已经在从事西方马克思主义和马克思学研究，包括卢卡奇、哈贝马斯、科西克的个案研究，包括西方马克思学的"两个马克思"、"马恩对立论"的批判研究，但都是些鸡零狗碎的散篇。我对西方马克思主义系统研究的主要成果是法国马克思主义哲学家列斐伏尔，这最后就形成了我的博士论文《现代日常生活批判道路和开拓与探索——列斐伏尔哲学研究》（出版时经过彻底修改题名为《现代性的平庸与神奇——列斐伏尔日常生活批判哲学的文本学解读》）。此书出后，也产生了一定的影响。

在新世纪的最初几年，我对马克思主义哲学理解的核心早已不再是历史哲学、发展哲学，而是生活哲学，也就是社会批判理论。但从今天看来，这仍然是偏执的、不成熟的。这也就是说，我固然从原先发展哲学研究时所掉进的"现实经验大坑"里爬了出来，避免了那种"非批判"的客观主义窘迫失语状态，但却陷入了另外一种"逃避现实"的迷惘失语状态。这就是从黑格尔意义上的坏的"客观主义"走向坏的主观主义,也就是著名的"苦恼意识"和"怀疑论"阶段。我确实有点像尼采与克尔恺郭尔:神性世界解体了,崇高价值不断崩坏,人变得无家可归、随波逐流,要么追求绝对他者,要么只能向隅而泣。一个标志就是,我曾经认为,哲学的实现只在可能的瞬间。这句话虽然是我挪用了本雅明与列斐伏尔的观点,但其实是对我 2005 年前后身心交困、犹豫彷徨状态的一种申白(为此,我一度还迷恋上萨义德、斯皮瓦克们的后殖民主义),这应该是我哲学学习研究中的第三个阶段:历史哲学—发展哲学—现代性批判的生活哲学。

　　近几年,经过人生的很多磨难和学术积累,我思想又发生了一些变化:从最初的逻辑地强制历史(历史哲学)到理性地设计现实(发展哲学),到理想地超越现实(社会批判),再到现实冲突在理性中辩证超越与和解,我觉得这是自己对哲学的第四个理解视野。原来我认为哲学不可能在现实中实现,只能在瞬间,只是一种可能。现在看来,哲学的真理应该是黑格尔所讲的那种客观精神。哲学的任务应该使个人的非反思的主观精神及其相互冲突在伦理精神、客观精神中得到升华与和解。哲学既不应使自己沦落为纯粹经验现实的科学,也不应该使自己陷于一种封闭的自我精神奴役中,而要走向一种自我超越的现实。这种超越不是脱离现实,而是哲学在更高层次上向现实的回归。这是我读查尔斯·泰勒的巨著《黑格尔》及《世俗时代》,还有伽达默尔的解释学著作之后得到的启示。从这个意义上讲,我觉得法国后现代主义、后马克思思潮仍处在黑格尔所批评的苦恼意识和怀疑论阶段,把人理解为流放为绝对他者伦理精神的"人质"阶段。这也正是马克思主义所说的现代性的异化与自反性的高级神秘形态。对于马克思主义来说,人类批判旧世界的目的与出路就是在旧世界内部发现与建立一个新世界。让我们再次想一想青年马克思的名言:"真理的彼岸世界消逝之后,历史的任务就是确立此岸世界的真理。人的自我异化的神圣形象被揭穿之后,揭露具有非神圣形象的自我异化,就成了为历史服务的哲学的迫切任务。"人类目前并不是一个可以简单地"终结历史"的普世主义时代或"怎么都可以"的无政府主义末世,而是在试图达到哲学与现实的理性和解时期。我眼下着力于研究的课题是,由西方马克思主义的现代性实践哲学与批判哲学所拓展出来的空间哲学、身体哲学。

治学方法

我个人自认为没有什么特别独到的治学方法。从宏观上讲，还是需要广泛地了解人类的思想史、哲学史，从思想史、哲学史中寻找最基本的问题；从微观上说，就是要认真地、详细地阅读经典思想史著作。第一个叫思想史研究方法，第二个是经典文本阅读法，它们都是要寻找哲学中的真问题。其次，面对当代、面对现实捕捉问题中的新哲学、真哲学。没有思想史的训练，一个人就肤浅；没有当代的、现实的、前沿的动态问题意识，一个人就狭隘、迟钝。宏观思想史、微观的经典文本研究、前沿的社会问题研究，这就是我讲的"问题意识"。这个问题意识包括"哲学中的问题"与"问题中的哲学"，这二者不可分离。虽然这个提法是陈先达、孙正聿等老师提出的，就我个人而言，确立了真问题之后，更擅长去做的仍然是对思想史的推陈出新，而不是细致的经典文本梳理，也不擅长于现实问题研究，这是受黑格尔《哲学史讲演录》影响太深了所致。所以我的方法是历史与逻辑的统一，理论与实践的统一。这个方法我始终学不到手，至少不称心如意。

对马克思主义哲学的一般理解

回答这个问题时可能会说很多空洞无当的学术废话，我这里只想给个很简单的答案：马克思主义哲学就是实践的、历史的、唯物主义辩证法。"实践的"、"历史的"、"辩证的"这三个修饰词或定语规定了马克思主义哲学特殊的唯物主义本质。马克思主义哲学作为唯物主义，肯定不是历史上朴素的和机械的哲学唯物主义的同质性延续和在历史领域里的简单推广。马克思主义哲学不把历史看成是一个对象、一个领域,而是安身立命的本体,是不断超越与涌动着的终极视野。马克思主义哲学的革命与其说是发现了历史规律,不如说是超越了对历史的庸俗的、抽象的理解。马克思主义哲学是关于现代性(资本主义)起源与本质的具体总体性辩证批判,马克思主义哲学既不是历史哲学,也不是实证的社会科学,而是反思性的、批判性的特殊总体性历史辩证法。

代际定位

这个问题是很重要的,从个人感觉讲,60 年代出生的学人最初的记忆是没有能力判断自己所处的时代。60 年代对中国人来讲是极其动荡和痛苦的年代,我们首先"被告知"生活在世界革命的中心,但很快就被告知我们出生在一个"完全错了"(必须彻底否定!)的年代。首先是极端的理想主义灌溉,接下来却是对理想主义的彻底否定。所以,我们这一代一度既不知道自己与整个民族曾经错在什么地方,也不知道究竟应该向何处发展。

与 50 年代出生的学人相比,我们 60 年代出生的学人既少了很多禁忌束缚,也少了一样多的理想、抱负、执著、使命感。与 50 年代出生的学人相比,我们受古典文化教育更少,受极左错误影响、原初性影响更多,这是我们的劣势。就从身体这方面讲,出生在 60 年代的人体质也不如 50 年代的人(经历过大饥饿、"文革")。但我们却有着能够从虚假的本质主义的幻觉中摆脱出来的潜能和机会。换言之,50 年代出生的学人可能会有自私,但没有我们这一代人有更强烈的独立个人意识。与他们相比,我们少了意识形态的束缚羁绊,虽然也少了很多规范,却多了几分思考的自由度。60 年代出生的学人的思想创造力也许无法与 50 年代出生的学人相匹敌,但学术细化工作会有所推进。与 70 年代出生的学人相比,无疑,我们这一代在文化知识功底、外语训练方面少了很多优势。如果说有什么自豪,我们倒是由于断裂的二元论的世界观的钳制而有强烈历史感的一代。也就是用自己的亲身经历懂得了中国为何及如何从革命走向现代化,从而对中国的社会仍然能够保持一种总体的本质的理解。

学术、思想和时代

这个问题毫无疑问是李泽厚先生率先提出的。80年代是思想的时代,90年代以后是一个学术深入、思想淡出的时代。令人担忧的是,新世纪是话语霸权的时代,甚至连学术也不做了,大家们都在"玩概念"。真可谓狗尾续貂、思想贫困、经学穷斯滥也!笼统来讲,思想是超越个人能力的一种时代氛围,是一个在很长时间里和很大空间中才能看到的一种无形的力量与场。学术是需要个人辛勤努力、几代人认真积累才能发展起来的制度性的实践、学科性的传统资源;学术虽然与时代有关,但没有思想与时代之间那么密切。我同意如下一个康德式的命题:无思想的学术是盲目的,无学术的思想是空洞的。二者本来就如日月同辉、鸟之双翼、车之双轮,不可偏废,但不同时代,作用是不一样的。在大变革时代,思想先行,在体制成熟时代,学术主导。真正经得起历史的考验的思想必须有学术做基础;反过来,真正有价值的学术,必然会引起思想的变革。在今天的中国,多了一些乏味的学术,却少了一些关注现实和时代的思想,马克思主义哲学研究领域亦复如此,这大概是我们这个时代学术体制基本成型使然。

学术理想与目标

这个问题很大,容易说空,我个人体会是:一个学者30岁以前"看功底",也就是看你有没有掌握专业领域的许多具体问题。40岁左右"看底气",也就是要看你有没有掌握一个得心应手地用来还原、解答其他问题的、专属于自己的"母问题"、"元问题"、总问题。把哲学专业从一个对象研究变成自己安身立命的本体,这就是有底气,我目前应该就处于这样一个阶段。50 岁以上"看气象",也就是跳出问题自由地思、通透地思,这算是我一个很高远的追求。60 岁、70 岁以后的人"看阳寿",这不是简单地比寿命,而是让学问、生活、操行融为一体,真正好的学问和把学问做好的人应该是通达、慈祥的人,长寿的人。学问的最高境界应该是养生的,养己养人,利己利人。我周围的许多年高德劭的前辈老师皆是如此。一个人学问做到最后,在气象上让人感到不舒服,忙碌一辈子,这样的人的学问我认为是不成功的。此说其实早有夫子自道:"三十而立,四十而不惑,五十而知天命,六十而耳顺,七十而从心所欲不逾矩。"我说的这些话无非是夫子讲的一种通俗版。话说回来,我近期有什么目标,我想还是在历史唯物主义的当代形态、价值、问题方面作些研究,当然要把我最近从事的西方马克思主义和相关的社会理论研究结合起来,凸显出历史唯物主义视阈中的城市化、空间化、全球化问题研究,这算是近期研究的目标。对空间问题的关注,通过研究空间问题,来拓展历史唯物主义的"历史性"内涵是我一个锲而不舍的愿望。至于中期规划还很笼统,把中国的传统文化,中国的近现代问题、经验、理论作反思,这也就是我所说的马克思主义哲学的"再中国化"吧。至于未来的追求和使命很难预料,基本准则就是:教书育人,认认真真地做一个老师、儿子、丈夫、父亲,这是每个人都会的,人到这份儿上也不需要再张扬什么了。

哲学创新之路

我们都会记得冯芝生先生,他是我所深深地敬仰服膺的同乡、前辈!他曾讲过,在严格意义上,哲学无所谓"新"与"旧",哲学问题是永恒的,哲学答案却是常说常新的——没有一个恒定的永远的"解",哲学总因问题无解而使它必须不断地创新。这一点,与科学有所不同。当然,我们也注意到"哲学终结论"这样一种说法。曾几何时,黑格尔、马克思、海德格尔、德里达、罗蒂等 N+1 多个"大腕哲人"都强调过、提到过"哲学终结论"。确实,哲学不可能再走以往的老路了,不可能再扮演时代教父的崇高角色。未来中国的哲学、马克思主义哲学有什么创新,其根本途径我想主要不在于日下有些学者所热衷的文本学的研究,而在于东西方文化的交融,在于哲学与自然科学和社会科学的交融。20世纪80年代,中国曾经热衷过这样一种试验,现在似乎沉寂了,但要想创新,就需要一批人认真地钻研科学中的哲学问题,这是一条哲学创新之路。另外的可能就是在哲学史中推陈出新,我曾经撰文称之曰"激活经典问题"。试问当代西方的著名大哲,诸如海德格尔、哈贝马斯、德勒兹、列维纳斯、巴迪欧,哪一个不是在哲学史的大山里转一圈又一圈、到处访仙问道才"修炼"出来的?

总之,哲学创新之路一个是在科学的问题中发现哲学的新基因,以往的许多哲学家都是因为学习或者经过科学训练才成名的,比如胡塞尔、康德、维特根斯坦。当然这都是狭义的哲学、学院的哲学,但是到目前为止,我还想象不出比之更好的途径。另外一条路子就是异质文化传统的交融以及哲学与民间文化的交融。在中国历史上,把外来文化中国化、本土化、民间化,做得最为成功的是佛教。而把外来文化与本土传统文化融合起来,形成最为成熟的严格的哲学信仰体系的,当然是宋明理学。它们在历史上的空前成功与巨大而深远的社会影响,无疑可以为中国化马克思主义哲学研究的长期繁荣发展提供宝贵的借鉴。在古代,作为中国传统文化最成熟和最高形态的宋明理学,它通过理性地消化、吸纳与间接引导民间广泛信仰的佛教大众文化,用"援佛入儒"的综合创新的方案,曾经解决与稳定了中国文化认同危机进而促成了一次次政治权威危机之后的王朝政治重建。由此来看,在今天,只有将中国传统文化与现代文明形态加以融会贯通的当代中国化马克思主义哲学与现代化的中国哲学,才能够从容应对当代大众文化兴起、神性式微、信仰多元化、工具理性主义喧嚣尘上的现代性浪潮冲击,冷静思考当代中国文化认同问题以及现代生活的终极归宿或信仰危机的问题。它不再可能提供唯一的规范性的价值理想说教,却能够给予清醒的历史的理性的参考与建议。

个人作品

很难回答这样的问题,因为其实我没有这样的作品。那么,如果非要选的话,勉强算上"满意的",是 1995 年我曾经在《哲学研究》上发表过的一篇文章,叫做《历史进步代价问题的科学历史观分析》。此文比较明确地把马克思的社会发展观概括为早年的"自否论"、"末世学"式发展观(以《共产党宣言》为代表),中期的以《资本论》为代表的"自然历史过程论"发展观以及晚年的"跨越式"的"历史机遇论"发展观,这是一篇。第二篇是 1998 年 11 月发表在《中州学刊》上的一篇小短文,即《走出历史哲学乌托邦》。这篇文章比较深入地探讨了马克思历史唯物主义概念中所继承和超越的古希腊乌托邦概念以及基督教的末世学概念,这算一篇吧!我个人觉得还算有一点意思。第三篇是 2006 年发表在《河北学刊》上的《历史唯物主义的空间化解释》一文,此文以晚年列斐伏尔的空间生产思想个案研究的方式指出,在当今全球化与资本主义跨国化和城市化发展的语境下,历史唯物主义的生命力是揭示资本主义从宏观到微观管控人类生活的抽象隐蔽且弹性流动的空间权力形式,未来人类的希望就在于形成属于每个个人生活的、适应人的总体身心需要的具体-希望空间。第四篇是 2007 年在《吉林大学学报》上发表的《走向微观具体的存在论》,这是一篇关于 20 世纪日常生活批判哲学演变逻辑的论文。此文虽然是长篇大论,但个人最满意之处似乎在于受法国马克思主义者哥德曼《卢卡奇与海德格尔》(1970)一书启发,详细地道出了《存在与时间》和《历史与阶级意识》以及马克思历史概念这三者之间的关系,也就是让传统马克思主义抽象而空泛的历史概念转换为关于个人生活的微观具体时间性反思理论。第五篇(部)就是我 2006 年出版的《现代性的平庸与神奇》一书,此书出版前曾入选全国百篇优秀博士论文,出版后曾先后获得过江苏省第十届优秀人文社会科学成果二等奖和第五届教育部优秀社会科学成果三等奖,也算是填补了国内研究西方马克思主义代表人物列斐伏尔的一个空白吧。这是对第八个问题的回答。

推荐书目

这又是一个天大的难题，几乎无法回答。选什么不选什么，有时会误导人，有时会得罪人。我勉强为之吧。

第一本是黑格尔《精神现象学》，选择这本书不纯是因为个人偏好，原因是新时期这 30 年整个中国思想界的学术主流是"拥康德而去黑格尔"的时代。（按照复旦大学丁耘教授的说法，新时期中国思想界所推崇的西方思想家第一个就是李泽厚介绍来的主体哲学家康德，第二个是青年马克思，第三个是海德格尔，第四个是哈耶克，第五个是列奥·斯特劳斯。后面几个人其实都被赋予了强烈的康德色彩和追求个体自由的价值偏好。）在今天重申黑格尔的以下观点——在历史中认识自我，在历史中使自我和历史和解，在历史中通过自我扬弃实现具体的而不是抽象的形式的自由，使个人的主观精神上升为客观的伦理精神，这是时代的召唤。

第二本是马克思《资本论》的第一卷，尤其是第一章第四节和第十三章。读不懂其中著名的第一章第四节马克思对商品拜物教的批判，读不懂该书第十三章马克思所说的资本主义生产过程中资本对工人的从绝对到相对、从抽象到具体、从物质到非物质、从劳动到休闲（乃至于整个生命）、从形式到内容的统治方式与过程，就不懂得什么叫现代性。在此意义上，福柯后期的权力谱系学著作乃《资本论》的当代注脚。

第三本是海德格尔的《存在与时间》（阿伦特的《人类的状况》可以作为《存在与时间》的通俗版），这本书是理解现代个人生存的异化状态与追求本真存在方式最深刻的著作，要明白现代人的困境，寻找自我解脱的出路，此书不可不读，且不说海德格尔是否真的帮助我们找到了思想的道路。

第四本是哈耶克的《自由秩序原理》。这本书仍然是当代世界最为著名的研究人的自由本性和市场经济以及现代社会自由民主制度之间本质关联的著作,此书虽然对资本主义辩护多多,也常为左派们诟病重重,但仍不失一个学者直率真诚之意与博大胸怀。相比之下,名气不小的罗尔斯的《正义论》倒有些不够干脆大气!

第五本是柏拉图的《理想国》,这是一本必须永远读下去的哲学经典,尤其是第七卷。他的"洞穴喻"和"哲王治国说",一方面指出人类由于无知而导致可悲的作茧自缚(马克思的商品拜物教最古老的源头其实是可以追溯到柏拉图的这个比喻的),另一方面,给一代代人一个以超验逻辑方式建构起来的美好理想追求。此书将成为每一时代人类战胜自我偏见、追求高尚的哲学政治理想的灵感之源。

第六本是《庄子》(《南华经》),特别是《逍遥游》和《齐物论》,它是每一个中国知识分子在世俗诱惑、专制淫威面前获得彻底的精神自由的鼻祖经典。《庄子》此书以一种浪漫通达的身体实践哲学方式告诉我们,人生的自由和幸福就在于"齐万物"、"等贵贱"、"同生死"、"和是非"。后来大程在回复张横渠的著名的《定性书》中也表达了同样的意思:"与其非外而是内,不若内外之两忘也。"

第七本是《大学》。《大学》,还有《中庸》是儒家经典的荟萃,告诉我们修身齐家治国平天下的基本准则,作为一个中国人很值得阅读一下。

第八本是李泽厚先生的《批判哲学的批判》一书,他素有新时期我国学术思想领袖之称。此书之思想史上的范式意义远胜过它的学术价值,在康德研究的林林总总、文山书海中,它在学术意义上并无明显的创建。但它在改革伊始春寒料峭的历史关头问世,第一次让我们新时期几代中国人从康德那里真正学习与明白了什么是主体,什么是实践,什么是自由,甚至对20世纪80年代中后期中国的实践唯物主义的讨论产生了直接而深远的影响,其功不可没也。

第九本是刚刚从北京大学调到清华大学的陈来教授的《朱子哲学研究》。此书虽然是中国哲学专业的学术研究著作,但它秉承了冯友兰、张岱年老一代中国哲学史的文献学与范畴论研究方法的精髓,把中国传统哲学的理性精神、逻辑思维和圆融宁静人生境界诸方面完美地高度地统一起来了,从治学方法到人生教育各个方面来讲都是值得一看的。

最后但绝非不重要的第十本是南京大学张一兵教授的《回到马克思》。此书是 30 年来我国思想界严格学术意义上的马克思主义哲学研究最深刻、最用力的著作之一。由于作者是我业师,不便讲太多溢美之词。我想说的是,此书的重要性不在于告诉了我们另外一个"青年马克思"或者马克思的哲学"原始面貌",而在于让中国学者、中国学生第一次具有了与西方马克思主义学者真诚对话、视野交融的开端。此书也和其他一些著作一起开创了我国马克思主义哲学当代研究的自由空间。就此而言,《回到马克思》确为开风气立新说之作。

题外话

最后我想说的,一个是对自己治学得失的总结。前面主要是从"正面"说自己的一些微不足道的成就与经验,实在有些不知天高地厚、自吹自擂,委实汗颜! 最想说的还是自己这么多年来其实是失败多曲折多而成功很少。我这个人做学问用功是用功就是不扎实,"小聪明"害死人;另外一个就是不够深入,心猿意马,得陇望蜀,兴奋点太多而不能持久专一,"多情种子"也害死人! 结果就是很少能够写出来经得起时间考验的力作,文章不少而著作太少。相应的第三个毛病就是缺少主见,人云亦云处多多,这个与出生于中原有关,包容有余,特色不足。第四个软肋与瓶颈就是外语差,国学底子也薄弱得可怜,这已经注定此生不可能有什么大出息了。外语再补就难了,今后就补补中国传统经典。道家儒家经典有些基础,但佛学就太差了。

我还要对正在学习的专业研究生同学们讲几句话。我发表在《中国研究生》杂志(2007 年第 8 期)上的一篇文章表达了我当时的一点感受,现照录过来,权作结语:

作为人文社会科学的老师和学生,我们的作用在于为中国人的精神家园添砖加瓦。这不是空洞的说法。因为我们的民族经历过危机、贫困和物质追求后,在精神生活上必将有着更高的追求。休闲消费社会的到来,使精神生活成为很重要的一部分,人们开始大量需要非物质的精神享受,这些都不是喧嚣而是宁静的。这方面,我们人文专业的学生,要培养多方面的人文素质和教育社会的技能,做到两者兼顾。我相信,中华民族在经历了一百多年的近现代性浴火洗礼之后,历遭坎坷、命运多舛的人文精神必将重焕光芒而且正在走向社会生活的前台。用鲁迅先生的话说,我们的人文知识分子有过太多的"帮忙"使命,现在该是一个"帮闲"的时代了。我最后引用《中庸》里的一段话,既是自勉也是寄语:

　　君子尊德性而道问学,致广大而尽精微,极高明而道中庸,温故而知新,敦厚以崇礼。

刘再复

刘森林

1965年7月生于山东昌乐,现任中山大学哲学系副主任、教育部重点基地中山大学马哲所副所长、教授,博士生导师,《现代哲学》杂志副主编。1985年、1988年分别毕业于山东大学和中国人民大学,获哲学学士和硕士学位,2001年在职毕业于中山大学,获哲学博士学位。2007年7月—2008年7月曾在德国法兰克福大学哲学系暨社会研究所做访问学者。1988年7月—1998年4月任教于山东烟台师范学院,此后调入中山大学哲学系。1995年晋升为教授,时为全国最年轻的哲学教授。主要从事马克思哲学、社会哲学和西方马克思主义的教学和研究。自1989年起,先后在《哲学研究》等刊物发表论文100余篇,出版《发展哲学引论》(2000)、《辩证法的社会空间》(2005)、《追寻主体》(2008)、《实践的逻辑》(2009)等著作,主持"马克思与西方传统"译丛系列(2007—)。担任中国马克思主义哲学史学会、中国辩证唯物主义学会常务理事,中国应用哲学学会秘书长,广东哲学学会副会长兼秘书长。曾获研究类霍英东青年教师奖,第三届、第五届中国高校人文社会科学优秀成果奖,全国百篇优秀博士论文奖等。先后被列入教育部优秀青年教师资助计划,广东省"十百千人才工程"第一层次人选,广东省高校"千百十人才工程"第二层次人选,教育部新世纪优秀人才支持计划等。

学术之路

学术之路可能是性格契合的缘故吧,玄一点说就是缘。

高中时的我自认为会在大学读数学系,因为自己的数学成绩一直非常出色。可到毕业时遇到一个很奇怪也很令人害怕的班主任,后来才知道那叫同性恋。在同学们恐慌、无奈之时,年幼而又对文科感兴趣的我就选择了逃避:转学文科。在那个轻视文科的时代,一个理科优等生的申请会多么快地得到文科班主任的欢迎,经历过的人都会想象得出的。

在文科班,我最感兴趣也最用功的课程是历史。我满以为自己会读历史系的。可是,在政治试题异常难的高考预选考试中,我的政治科目(如果没记错的话)考了96分,班里的第二名是70多分,超过50%的同学不及格。于是,老师和同学都给我定位:此同学有哲学天分(政治题基本上都是些"哲学"题)。老师也格外给我在"哲学"(政治)上开小灶,这种集体意识也逐渐塑造了我的专业定位意识,转化成我的自我意识。在完全可以选其他热门专业的条件下,这种意识神不知鬼不觉地导引我填报了哲学系。或许这也可以算是"社会意识决定自我意识"的初次历练吧。

大概是年岁小的缘故,大学期间我的兴趣和专业定位意识仍然明显地受任课老师的影响。是马克思主义哲学史任课老师的课堂讲课吸引了我,同时也受当时青年马克思研究风潮的影响,我报考了当时觉得在马克思主义哲学史学科自认为全国最强(之一)的中国人民大学,开始了自己的哲学研究生涯。硕士阶段老师们在为学与为人方面的优秀,更加坚定了自己的"选择"。

就这样,本来是一个很可能与数和符号打交道的人,变成了一个哲学工作者。后来发现,历史上不少的大哲学家都是从数学转向哲学的,数学和哲学具有诸多的类似性,这一点可以给自己提供丰足的支援和安慰,以打消不时泛起的后悔意识。在不后悔的同时,却羡慕他们可以从容地在数学与哲学间行走,而自己的那点数学,自从大学期间学完至今接近30年后,已经都还给了老师,连读中学的女儿都辅导不了了。

治学方法

这个题目谈起来不轻松。我的感觉是：

第一，拓宽知识面，马哲的功夫在马哲之外。一个中外哲学（思想）史学得不好的人，我是很难想象马哲会做好的。因为马克思主义哲学本来就是西方哲学，没有较充足的西方哲学素养，对马克思的理解不会深刻和到位的。而在中国谈论马克思主义哲学，不了解中国思想传统和中国近现代社会的变迁和问题，就更无法理解中国人选择马克思主义，以及中国人会选择什么样的马克思主义（哲学）。

深入了解马克思主义哲学后，就会发现，马克思几乎没有很成熟的哲学专门著述。他的比较成熟的哲学思考大多蕴涵在他的经济学、历史和社会分析之中——有一种观点认为，马克思最好的历史唯物主义不在我们熟知的那些概括性表述之中，而在诸如《路易·波拿巴的雾月十八日》等社会历史分析中。在马克思那个时代，也没有现在我们所熟悉的学科分工。而现在，中国学术受困于狭隘的学科分工之深在哲学上的最明显体现，可能就是在马哲学科上。以至于我们必须疾呼，做马哲者，功夫多半不在马哲，而在中外哲学思想和其他人文社会科学，在外文的掌握和社会经验的感受与体悟中。

第二，哲学历来以批判、质疑和反思为特点，追求自己的学术个性对哲学来说比其他人文学科更为重要。应该养成质疑、反思的习惯，在生活中我们无法做到对任何我们接受的东西都要经过理性的批判，但对我们在哲学思想上接受的东西，应该尽量地予以批判性审查，哪怕是迟到的反思批判。在每一个思想的背后和左右，都会有或多或少的缝隙、漏洞和空白存在，找到它们，发现它们，填塞它们，补充它们，就会有发现、收获与进步。

第三，生活体验日益重要。其实哲学家所谈的都是自己生活经验的某种升华，只是所用的概念工具和思想框架是非常专业的罢了。除了习得和打磨概念工具、提升思想框架的水准和精度，更重要的就是把自己时代历经的新经验置入思想之中,与前人的相关思想交叉融合,使之升华,获得提炼和锤炼。有时你会发现,一个人所用的概念工具和思想框架很复杂,但所谈论的问题却很简单——这至少显得很学术;而与之相反的情况,来自经验的问题很好,所使用的概念工具和思想框架却很低下——这往往导致思想也难以展开,更无法显示出学术性来。

第四,文本的作用。先前受到某种启发得出自己的一点"新"思想时,非常兴奋。后来看书多了,觉得自己的"创新"其实人家早已阐发过了,而且常常比自己说得更好,只是人家的切入方式和切入的问题可能与自己不一样而已。由此渐渐方知学问的重要——与其缠绵于靠不住的创新,不如好好多读些书。尽量把自己的一点心(新)得立足于已有的重要文本之上再进行阐发。如果你觉得这个问题别人还没有说多少话,还没有多少思想火花出现,你一定要用尽量多的阅读来支撑这个判断。在这样的阅读中,判断不至于被某个你搜索到的文本所吞没,被推翻。整天以为自己动不动就是独创,轻易地认为自己很容易发现新思想者,差不多都是缺乏学术根基的自我幻象。在我们的马克思主义哲学论著中,存在很多这样的东西。完全避免很难,希望从自己做起,能不断减少一些。

第五,放眼全世界,马哲研究一定要有世界眼光。外语的重要性日益突出。我们生长在封闭的时代,老祖宗的古语和同时代最重要的学术成果借以发表的语言都没有学好。而现在,中国改革开放突飞猛进之时,学术的要求早已以全世界为准了,而无法再以中国自己为界无须关心西方的同行说了些什么了。这不能不使得我们20世纪60年代出生的学人陷入尴尬。前辈学者不熟悉外语不是什么缺陷,而我们要继续推进前辈学者的思考,不熟悉外语就是明显的缺陷了。现在我们做论文,撰写著作,只是检索一下国内已有的研究已经取得了怎样的进展,然后就动笔,已经明显不够了;而必须检索一下国外同行对此的研究已经达到了怎样的程度,取得了怎样的进展,我们在此之上还能做些什么推进。这是中国进步的体现,是改革开放的成果。只是,这个成果对我们不是享受,而是一份涩涩的感觉,甚至是一种承受之重。

　　最后，很重要的是写作对象的确定和自觉调整，也就是你写作和讲话的预定对象是谁，你是说给谁听的，领导、大学本科学生，还是初入行的青年学者，抑或包括中西方哲学研究者在内的国内哲学学者，还是包括外国同行在内的一切学者？言说听众的自觉不自觉选定，也就基本决定了你的品位、档次、自我努力的空间。在长辈经历的那个年代，曾经有过全民学哲学的"辉煌"，由此养成了他们对一知半解甚至无甚文化的人言说的普及性写作习惯。这个时代已经结束了，无法回来。像一个母亲无望地等待逝去的孩子那样守望、期待如此读者群出现，继续这种普及性写作，除非你是一个大师级的学者，能做到真正的深入浅出，否则，就注定了你的品位的等级。这当然不是说不能从事普及性写作，而是要求我们一定要分清普及性写作和学术性写作的根本区别。不要在普及性写作的对象不在场时面对学者听众还要把学术性写作弄成普及性写作。一定要有一个自觉的定位，自觉的调整与反思。无对象的写作是浪费，更是无聊。我们的马克思主义哲学写作，一定要有区分：是面向大众普通读者（无专业背景）的写作，还是面向哲学和马克思主义哲学初学者的写作，还是面向哲学研究专家特别是中西方哲学研究专家的马克思主义哲学写作——这最后一个面向才是最值得提倡的。你要说的话是说给什么人听的，这个定位基本上就决定你的境界和水准。马克思主义哲学的研究专家，一定要有尽量高的学术定位，要把写给第一流的研究者（包括甚至最主要包括一流的中西哲学研究专家）阅读视为第一位的任务，不要沾沾自喜于被普通大众和初学者追星似的吹捧。否则，马克思主义哲学的研究就滞留于不高的层次而被更高的学术话语所遗弃，最多可以成为暂时的学术明星，却很快陨落在茫茫的历史夜空。在这方面，千万不要高估自己的能力，以为自己可以做到雅俗共赏、深入浅出——那是需要颇大功力的，是学问很高了的人才能处理得很好的事，不是随便可以做到的。在没有做到之前，还是老老实实谋求学问的长进为好，除非是在承担面向初学者撰写普及性读物之时才可以例外。

对马克思主义哲学的一般理解

从学理上说,马克思主义哲学首先是一种西方哲学。要弄懂大量的原典,一是必须懂得原文,一般是德文。弄清原意,是最基本的要求。二是必须深入了解相关的西方哲学和思想传统。如果说第一个要求对我们 20 世纪 60 年代出生的学人来说有些不甚协调,但对我们的学生来说,这一点已经不言而喻;而对第二点,我们 20 世纪 60 年代出生的学人责无旁贷。

其次,它是一门回答和应对现当代中国问题的学问。必须要有真切的中国关怀。中国人不是凭着学术兴趣引进马克思主义的,而是怀着浓烈的救国救民的实际任务感找到马克思主义的。没有现实根基的中国马克思主义哲学是没有前途和生气的。

于是,对马克思主义哲学来说,国际化与本土化并不矛盾,恰恰是相互促进的。自觉的国际化意识常常就意味着本土化意识的已在。马克思主义哲学既是国际化的,又是本土化的学问。从这个方面来说,我很想组织出版一套各个国家的马克思主义哲学概论教材:中国的早就有了,但德国的、日本的、苏联(俄罗斯)的、英国的、美国的、法国的,都来一本代表性的。相互对照阅读,岂不很有趣?从中就可以看出国际化和本土化的关联与区别。

代际定位

其实,我觉得 20 世纪 70 年代甚至 80 年代出生的学人没有什么可怕的——不是说他们超不过我们,而是超过我们对他们来说恰是必须做到的。当这种超过对他们来说是某种必须做到的事情时,担心和害怕是他们的事,不是我们的事。他们在很多方面超出我们,不值得畏惧,因为那是时代进步的必然,没有什么进步才是悲哀——当然首先是他们的悲哀,其次才是我们的。当然,把这种逻辑放在20世纪60年代与50年代和40年代出生的学人的关系中间,担心和害怕的就是我们60年代的了。跟社会经历丰富、吃苦耐劳和更多出类拔萃者进入文史哲基础学科领域的50年代的学人相比,我们遭遇和历经的经验相对困乏,因而思想的根基不够厚实,从数量上来说,我们这一代选择文史哲基础学科的优秀者也不如上一代多。我们的优势可能是更开放一些,心中的重负少一些,处在改革开放更成熟的时代应该使我们更加国际化一些(不过至今似乎并不明显)。面对20世纪70年代出生的学人,我们有他们缺少的社会苦难经历——虽然体验并不够深;我们之中自觉选择哲学基础学科的优秀者应该也比20世纪70年代多一些——这一代人的优秀者开始大举选择实用学科,而对文史哲基础学科不"感冒"了。在我看来,70年代、80年代甚至90年代出生的学人可能都不足以确立起中国学术世界水平的确定风格与做派来。生于这几个年代的学人注定都是为更后来者搭梯子、做积累的命。为他们做更多的梳理性工作,介绍更多的西方同行的优秀成果,并对我们所处的这个并不成熟的时代作更多也许并不成熟的思考,就够我们做的了。我们没有赶上一个中国会以思想傲然于世的激动年代,甚至以物质傲然于世的年代也没出现。我们能做的,只是为这样美好年代的到来奠定根基,开拓出更多的羊肠小道而已。问题只是在于,在日后中国学术进入一流行列之后的论功行赏中,我们能够得到什么样的评语,得到什么样的奖品,是比50年代、70年代和80年代出生的学人更寒碜,还是更显著。这取决于我们能否做一些时代要求我们必须做好的工作,而这些工作,我们虽然已经开始做了,但远未完成。相比之下,前辈学者现在已经作出了他们很大的贡献,凭借这些贡献,他们已经可以赢得自己的历史地位。而对我们60年代出生的学人来说,仍须牢记中山先生的嘱托:"革命尚未成功,同志仍需努力。"所以,我建议还是先做再说。没做好就没有说的资格,何况还是"自豪地说点什么"呢!

学术、思想和时代

现代中国引进马克思主义时,就是怀着明显的实用动机的。从中汲取能尽快为我们所用的思想,是引进者的最大关怀。这一点就决定了中国马克思主义哲学的基本特点:思想关注远远大于学术关注。这当然没有褒或贬的意思,而只是一种客观描述。不管是好是坏,它决定了,中国相继从苏俄、日本和欧美引进马克思主义(哲学)的过程,也大体上就是思想逐渐被榨取,而学术不断受重视的过程;也是一个回归马克思主义哲学正统原发地的过程,标志着中国马克思主义哲学学术水准的提高和回归正途。没有足够学术资源切入的思想榨取是会被榨空的。学术性的滋补是非常需要的,为了中国马克思主义继续生发出更多的优秀思想,为国家的建设提供尽量多的思想资源,强化学术性,甚至恶补学术性资质,肯定是一个必须完成的任务。

我们的前辈对此已经作了重要的贡献。60年代出生的学人需要继续承接下这个重要工作,把它做好做强。恰好在这方面,时代不但给我们提出了任务,更提供了难得的机会和条件。

这就是:国家的改革开放已经走到了很高的水平。中国出产的众多产品都早已具有了瞄准国际一流水准的雄心和潜力,且正在不断接近,在某些领域甚至已经或至少正在实现。在这种背景下,时代对我们的马克思主义研究也提出了更高的要求。作为一个以马克思主义为指导思想的国家,更有理由把我们的马克思主义研究提升到更高的水准,并对国家的改革开放提供更多更有力的思想支援。

改革开放的成就、高等教育的日益普及、出国留学的飞速发展、国际交流的日益频繁,使得我们的国际视野大大拓展。国际化的视野必定明显促进中国本土化自觉意识的加强。搭载在中国现代化的进步列车上,吸收国外同行大量的研究成果,加强我们的学术性根基,正是一个大机遇。在改革开放日益取得重大进展的背景下,以国际化为学术视野和衡量标准,以切实的中国关怀为地基,以跟其他哲学二级学科同样的学术要求为自我规范,以自觉的努力和从我做起的精神为自我砥砺,去追求思想和学术符合时代要求的更高统一,追求中、西、马的尽量高的统一。强烈的专业壁垒、封闭的"马哲"意识、两耳不闻国外事和对国外同行成果充耳不闻的"闭关锁国"风气,都必须抛弃和转变了。必须认识到:我们的马克思主义哲学研究过于重视思想"创造"的传统应该调整改变一下了,必须以更严格的学术标准把学术规范置于仅仅凸显思想的传统之中,否则,思想不是日益陷入空洞,就是陷入过不了多久就会发现经不起推敲的各种时髦之中,而这不会给时代留下什么硬通货的。

学术理想与目标

我的近期目标是:

第一,本着国际化与本土化相互促进的理念,继续组织翻译出版"马克思与西方传统"译丛,在已经出版《马克思与浪漫派的反讽》、《马克思主义的起源》、《马克思与马克思》、《记忆的承诺:马克思、本雅明、德里达的历史与政治》的基础上,2—3 年内再出版 10 本。主要包括《马克思与古人》、《马克思与希腊古典》、《普罗米修斯的束缚》、《现代政治哲学阐释》、《马克思与尼采》、《韦伯与马克思》等。以此倡导把马克思放到更原本的语境中加以理解的学术风气,倡导国际化与本土化的相互砥砺。

第二,立足于特定文本对启蒙与主体性问题、"虚无主义与历史唯物主义的关系"进行探究,撰写《启蒙主体之困》和《虚无主义与历史唯物主义》两书。

在从事"虚无主义与历史唯物主义的关系"课题的研究方面,以两者直接发生冲突——施蒂纳跟马克思相互批评为问题源发点,以海德格尔对马克思的批评为问题指向,探究历史唯物主义对遏制、应对虚无主义问题的主要思路与方案。虚无主义的生成与提升,辩证法与虚无主义的对立,虚无主义从欧洲到中国:从朱谦之的新虚无主义到当代中国的虚无主义,劳动、虚无与自由,"无"与"在"的内在关联,历史主义与虚无主义的关系,主体性内在结构的不同诠释与虚无主义的内在关联等构成本研究的重心。

连带着这个研究,并结合上述译丛,着手继续从事"马克思与浪漫主义"关系的哲学研究,力图从德国早期浪漫派、施蒂纳到马克思、尼采、卢卡奇、法兰克福学派、海德格尔的内在关联上,从哲学层面上探寻浪漫主义对马克思主义哲学和人本主义哲学、批判理论的影响,特别是去除一些传统的误解,探寻这种影响的积极方面,以及某些消极方面。

在继续研究启蒙主体性方面,试图以《启蒙辩证法》为文本基础,适当拓展问题探究的范围与边界,结合中国当下的问题指向,继续探究启蒙主体性的原始发生根基,主体性构成中的牺牲,现代启蒙与古典启蒙的区别,《启蒙辩证法》对各种启蒙的遮蔽,启蒙与虚无主义,《启蒙辩证法》的中国效果与中国虚无主义,以及启蒙的边界到底如何确定等问题。通过这些工作,希望能向历史唯物主义与西方近现代哲学、西方马克思主义和中国近现代哲学的更宽更高的融合进发,并取得更好的成果。《启蒙主体的困境》、《虚无主义与历史唯物主义》等论著将相继问世。

处在主体性和虚无主义关联之中的辩证法问题和实践问题,也将继续关注并作为连带产品一起产出。

中期规划和最终目标得不断修正,留待日后再说吧。

哲学创新之路

有一种观点认为,现在的中国根本不是一个创新的时代。学习领先于我们的国际竞争对手并获取更厚实的积累,是时代赋予我们这一代人的基本使命。个人超脱不出时代。很多自以为创新的东西,其实早有思想家以另外的方式说出来了,只是说话者还不知道而已。从大体框架上说,我是同意这样的看法的。但如果我们把创新的标准降低一下，把细微一些、转化成自己语言和问题的言说，把国内同行不知道的东西针对这些不知道者说出来等境况，都界定为创新，那么，我们就可以谈论创新之路的展现问题。在这里，"哲学"这个题目太大，我只能在"马克思主义哲学"的范围内谈谈自己的看法。

第一，细读书，多读书，方可创新。

创新不是一种意愿，而是一项工程，由需要依次完成的各个步骤来组成。第一步就是多读书和细读书。在当下的中国马克思主义哲学界，多读和细读马克思主义经典作家的原典著作，而且最好是阅读原典最初的原本文字，是最先一步。随着专业研究要求的逐步提高，阅读原文已经或正在提到议事日程上来了。用中文来阅读经典著作，找到其中的问题和进一步探讨的空间，在改革开放前——我们就生在这样的年代——是天经地义的事，在改革开放尚不深入的年代——我们就长在这样的年代——是还可以操作的事，而在改革开放不断深化，中国现代化正接近甚至赶超世界最高水平的年代——我们就继续工作在这样的年代——就开始不够了。问题和进一步探讨的空间已经差不多被我们非常聪明和勤奋的前辈研究完了，进一步的发现和推进需要更严格的阅读，更贴近原始语境的阅读。否则，在我们的前辈作出很好的贡献并为我们作出那么好的铺垫的映衬下，我们就无法做出符合时代要求的推进性工作。

其次，要大量阅读生发马克思主义哲学的西方历史上的诸多思想经典，知晓马克思思想发生的思想语境和问题指向，还要深入了解马克思、恩格斯同时代与之论争、争夺话语权的那些思想。马克思、恩格斯往往是在与他们的论争中冒出思想火花，定位自己的思想边界的。在马克思那个时代，还没有形成像现在这样严密的学术规范。他们往往并不在文中指明影响（特别是从反面刺激）自己的诸多思想。当这样的思想低于自己的水准或以攻击自己的方式出现时，就更是如此。这就需要我们更细致和以贴近原始语境的方式了解这些诸如此类的境况，仔细认真地予以鉴别和确认，从而为更加深入地理解马克思、恩格斯的问题和思想所指奠定基础。

再次，马克思的问题及其解答毕竟过去了100多年。这期间他的问题在继续演化发展的西方现代化进程中发生了怎样的变化，是不是有了新的答案,新的问题有了怎样的发生,也是需要我们好好了解的。有人早就指出,改革开放以来中国马克思主义哲学研究的进步,无不与我们对西方马克思主义研究的进步密切相关。虽然西方马克思主义关注的问题与中国当下的问题具有颇大的差异,甚至有时候恰恰相反——比如对"物化"(Versachlichung)性社会关系的批判,与当下的中国正追求象征着效率、程序化、法制化、"对事不对人"化的 Versachlichung 型社会关系的现实,正好相反;相对于随意化、人情化、"对人不对事"化的传统社会关系来说,Versachlichung 型社会关系的进步性是一目了然的,但我们却一以贯之地批判Versachlichung 型社会关系是不折不扣的异化,而全然不顾这个概念早已经过韦伯和西美尔以及桑巴特变成了一个中性甚至正面的词汇,但是西方马克思主义研究的进步,就像西方哲学研究的进步一样,明显地促进了中国马克思主义哲学研究水平的提高,促使了视野的拓宽和问题的深入,甚至跟西方其他哲学研究的进步相比更加具有这样的功效。

第二,要有更广阔的国际背景。

经常是自己以为是创新,其实优秀的前辈和同时代的为我们所不了解的同行早就以他们自己的方式,沿着他们感兴趣的问题将其阐发出来了。无知无畏,有知就有畏了。要防止创新成为方家的笑柄而自己还沾沾自喜于初学者的欣赏与崇拜,就必须了解前辈的贡献和同时代人已经做的工作。我们的马哲界有一个亟须改变调整的习惯:只是根据自己阅读过的马克思著作,就大话连篇地断言,只有自己理解的这种"马克思"是正确和有高度的,其他任何与此不同的包括自己不懂、不了解的观点都是错误和低级的。不用说对于马克思的原意自己把握得是否确切都没有足够的反省——对于一名专业研究者来说,严格而论,是必须掌握被研究者的原文和原始语境才可能发生更确切的理解和把握的,而且国际(马克思主义哲学乃至整个哲学界的)同行的研究成果,特别是与我们的理解有所不同的研究成果,基本不了解,不知道自己研究的课题国际同行已经取得了什么样的重要成果和进展,更不屑去了解马克思之前的哲学家已经作了什么样的铺垫和直接的贡献,径直从头开始,以为自己是第一个这么研究或运思的,从而造成多少廉价的"创新"和重复性的浪费!有鉴于此,学好外语,了解所研究的问题原发的语言和思想语境,是必须的、最起码的要求。毕竟中国改革开放30多年了,我们的工业产品早已开始与国际接轨,按照国际通行的标准制作了,而我们的学术产品就不能如此滞后,还像以前一样闭门造车。使自己或至少要求我们的学生一定要站在国际化的眼光下审视和设计自己的研究,应该成为对60年代出生的学人的基本要求。闭门造车的时代早应该结束了。一旦我们这样去做,就可以体会创新的艰辛和不容易了。

第三,高度关注和提炼中国当下的经验。

这可能是最容易引发创新的地方。历史上的思想家都是在用某种语言和语境来诉说自己的经验和问题。如果这个说法可以成立,那么,能否说出新话的关键除了掌握前辈大家的言说方式和问题,了解他们的贡献、所取得的进展,就是在此基础上把自己的经验、体悟和问题追问以哲学的方式说出来了。严格而论,确切和深刻地知晓前辈大家的贡献已经是很不容易完成的任务了,在此基础上继续自己的言说或许更不容易,特别是你没有赶上一个创新的时代就更是如此。平庸的时代无法给你提供多少创新的空间。我们所处的中国现代化的时代是伟大的,但是现在还是一个以学习和消化吸收为主的时代,创新正在成为时代的要求。可惜的是,各个领域的起点差异不小。在我们的领域,开放还没有最后完成,在国际视野内消化、吸收已有的成果,也没有比较充分的完结。而这些在我看来都是创新所必需的前提条件。

我们的创新工作,任重而道远。

个人作品

按先后顺序,自己撰写并已出版的当时还算满意的几部著作是:

1.《发展哲学引论》(广东人民出版社2000年版)。该书立意于反思发展的哲学根基,追究发展的合理性问题并作为发展哲学的中心问题。该书提醒读者注意跟生产力相对立的"社会变迁中不断孕育和呈现的'自然破坏力'"或"实践破坏力"(即实践活动中孕育出来的一种破坏性力量)对社会发展的负面作用。主张从方法论角度,也就是立意于如何呈现出来、如何得来,思考当时学界着力探究的发展规律与发展机遇的问题。并主张从发展动力论的角度批判性地考察流传甚广的矛盾动力说和理性主体问题,指出矛盾并不一定推动发展,把矛盾推动发展的西式命题移入讲求和谐的中国尤其需要慎重。另外,在构成主体的理性与所谓的非理性之间,存在一个自发性领域,这个领域蕴涵着一种动力源。最后通过"个人主义"的含义澄清及其在中国能够获得的结构支撑探究了发展的道德性与动力性的关系。

2.《辩证法的社会空间》(吉林人民出版社 2005 年版)。一改过去传统,不再把辩证法视为认识论,或认识论、逻辑学、辩证法的统一,认为那是传统的理论哲学的视界,也不是把辩证法解释为在我看来更像后马克思的生存论,而是把辩证法理解为在社会合作中谋求主体性实现的现代性理论。也就是说,马克思意义上的辩证法主要是一种社会理论和实践理论,而不是个体色彩较浓的生存论。其主要着眼点是致力于求解社会实践合作中的自悖谬——矛盾。为此,"制度"、"外推"、"异化"、"实践"与"辩证合作"、"主体性"就成为辩证法关注的焦点。

3.《追寻主体》(社会科学文献出版社 2008 年版)。在重新反思和表述主体性于世界范围内正引起年轻学人们的新兴趣(而不再认同所谓"主体性的黄昏"这种夸大其词的后现代声音)之背景下,本书从主体性哲学内含的四个自悖谬出发,立足于马克思与德国早期浪漫派的思想关联,及其与施蒂纳代表的青年黑格尔激进派的关系,探讨主体性作为根基、承担者、自主以及反讽、虚无的意涵与问题空间,在劳动主体与浪漫主体、反讽与辩证、经验主体与纯粹主体、存在与意识等关系体中,开拓马克思主体性哲学的问题空间。窃以为,马克思与德国早期浪漫派被忽视的密切关联,以及马克思与比他走得更远的施蒂纳的关系及其中的虚无主义分析,是该书的重点和精彩之处。

4.《实践的逻辑》(社会科学文献出版社 2009 年版)。被捧上天的"实践"迫切需要"祛魅"。它是理念、计划的贯彻,还是复杂"习性"左右的结果？行动者所处的情境，及其作为诠释者所理解的情境，非施动者的诠释者所理解的情境，是不同的。遗憾的是，常见的解释恰是第三种情境的产物。以"劳动"替代"实践"、"实践"的科学化、理论与实践的二分法、近代主体性解释模式的日益伸张，尤其值得反思。以"劳动"作为主体性根基解释"实践"，仍是从"自然"而非"社会"出发，把"实践"自然化，视之为先验的自然性事实（而非社会性事实），故未超出政治经济学意识形态的解释模式。"自然化"必导致"浪漫化"的反拨。马克思继承黑格尔试图使两者和解。这必然把实践与辩证法融为一体。告别自然性模式，真正走向辩证论模式，在检思"实践"观念当代变迁的基础上，凸现实践内含的复杂、异质、多元、自悖谬性，区分不同层次，把"劳动"逻辑提升到"实践"逻辑，尤其关注和约束其中日趋加重的外推逻辑的延展，合理解释和规范"实践"，构成本书的基本指归。

5.留一个想头或希望吧。第五本书要从我正在写的两本中选取。一本是《启蒙主体之困》，另一本是《虚无主义与历史唯物主义》。本书出版后的 2—3 年内可能都会与有心的读者见面。

推荐书目

这个问题有些麻烦。因为该推荐的明显多于 10 本。如果只是 10 本，我愿为我们马克思主义哲学专业的研究生列出以下著作：（1）柏拉图：《理想国》；（2）亚里士多德：《形而上学》；（3）黑格尔：《精神现象学》；（4）黑格尔：《法哲学原理》；（5）马克思、恩格斯：《德意志意识形态》；（6）马克思：《资本论》；（7）施蒂纳：《唯一者及其所有物》；（8）韦伯：《经济与社会》（大家反映这本书的中文版翻译不够好，10 卷本的《韦伯作品集》质量更好，但从 10 卷中选取一本作代表实在不好选，所以还是在这里列上这本内容更有涵盖性的《经济与社会》）；（9）阿多诺：《否定的辩证法》；（10）一本中国马克思主义哲学代表性著作：《？》——可惜还没有想好该是哪本。

"要义"还是不去碰了,让读者自己去体会吧。用几句话来概括这些著作的要义,似乎有亵渎这些名著及其作者的嫌疑。我们自己好好读才是正道,每读一次,相信都能体会到某种"要义"的——"要义"是多重的,否则,就成不了名著了。

题外话

学问如做人,做学问先从做人开始。不管就境界、品格、气派还是从水平来说,都是如此。

李文阁

李文阁

　　1967年生于山东宁阳,1999年南开大学哲学系博士毕业,2002年3月中国社会科学院哲学所博士后流动站出站,现为《求是》杂志社文化编辑部副主任、编审,主要从事元哲学、马克思哲学、西方哲学等领域的研究。主持、参与国家和省部级科研课题8项,其中,独立主持国家社科基金项目两项,主持的国家社科基金项目"哲学与生活"被评为优秀。已出版著作5部,分别在《中国社会科学》、《哲学研究》、《哲学动态》、《世界哲学》、《学术月刊》、《马克思主义研究》等刊物发表学术文章80余篇,有50多篇被《新华文摘》、《中国社会科学文摘》、《高等院校文科学报文摘》、《人大复印报刊资料》等转载或复印。主要作品有:《生命冲动——重读柏格森》(四川人民出版社1998年版)、《回归现实生活世界》(中国社会科学出版社2002年版)、《生活价值论》(云南人民出版社2004年版,在中直机关组织的"我最喜爱的一本书·中直机关青年著作推介活动"中被评为推荐书目)、《复兴生活哲学》(安徽人民出版社2008年版)、《生成性思维:现代哲学的思维方式》(载《中国社会科学》2000年第6期)、《一个历史性的难题》(载《哲学研究》2007年第1期),等等。

学术之路

　　我是1984年考入山东曲阜师范大学的,当时学的政教专业,其实就是培养中学的政治课教师。我是班里最小的,刚17岁。回想起来,这个年龄属于人生的"困惑"或选择时期,是人生价值观的形成和人生目标的定位时期:对什么似乎都懂,但对什么都不是很明白;对未来充满了希望和憧憬,但今天规划和设计,明天又会修正和否定;

有时自己觉得自己无所不能,前途无限光明,但仔细一想,又觉得自己没有什么过人的条件,一切的美好似乎离自己非常遥远……当时,国门刚刚洞开,西方的各种思想纷至沓来,今天是叔本华、尼采、柏格森,明天是杜威、詹姆士,后天是萨特、海德格尔。这些思想家的思想都很新鲜,也似乎都有道理。那时对我影响比较大的哲学家是叔本华、尼采,还有就是孔子。有时觉得叔本华的人生观非常有道理:人生等于痛苦加无聊。人生不就是这样吗?总是有各种欲求,满足不了就会痛苦,满足了就感到无聊,因而时不时感叹人生不过是虚无。有时又对自己自信满满,觉得尼采讲得也不错:人就应该做超人,做强力意志,去成就一番事业,去追求远大的理想;有时又受孔子的蛊惑,觉得人只要努力去做就行了,只要自己不后悔就可以了,没有必要太在意结果,因为有太多不确定的因素决定着你是否能够成功,正所谓"谋事在人、成事在天"。也就是说,正是在我人生的困惑和选择期,在我需要人生指导的时期,我遭遇到了哲学,特别是遭遇到了西方人生哲学,这些哲学家的思想影响了我,也引发了我对哲学的兴趣。所以,在我选择考研的专业时,我选择了哲学。当时曾经有几位年长的朋友劝我考经济学,在 1985 年前后他们已经认识到将来经济学是显学,更接近现实,更能够发挥作用,也更容易就业。而我却非常固执,我是一个理想主义者,觉得应该根据自己的兴趣选择人生的方向。我就这样走上了哲学之路。

当时报考硕士研究方向时,我其实想报西方哲学,那时看的书主要是现代西方哲学家的,对西方哲学更感兴趣。对于一个处于人生选择时期的青年来说,现代西方哲学的确更有吸引力。因为马克思主义经典作家的著作关注的是社会整体,而现代西方哲学家的著作关注的是个人。但报考时主要怕自己的外语不过关(其实后来的成绩证明我的外语并不差),所以就报了马哲。现在想来,我庆幸自己报了马哲,从我的学术志趣来看,我更愿意自己的研究与现实结合得更紧密。

对于 80 年代的青年学者,特别是哲学青年而言,学术兴奋点仍然主要在西方。80 年代可以说是中国的启蒙时期,现代西方哲学家的著作被大量翻译过来,一种思想还在咀嚼,甚至还没有咽下,更谈不上消化,另一种思想就涌了进来。那时的学者每天都处于亢奋、激动之中,因为每天都有新的"思想刺激"。几十年的封闭使我们离开世界学术圈太久了,也把我们与西方的差距拉大了,这个课当然要补上。在这样的一个大环境中,再加上人追逐新鲜、新奇的"天性",现代西方哲学家的著作自然占据了我的大部分阅读时间。

我真正"信服"马哲应该是在读博期间。硕士毕业后,我到部队院校任教,给研究生班、师团班以及士官班各个层次的班级上课,讲授过马克思主义哲学、西方哲学史、中国哲学史、自然科学方法论、传统文化与现代化、现代西方哲学等课程。这些课"逼迫"我阅读或重读了大量相关的著作。在阅读和比较中,我对马克思有了新的认识。特别是读博期间,我承接了"重读柏格森"的任务(四川人民出版社策划的"思想大师重读系列"),我把柏格森放到西方近现代哲学转换的大背景下来解读,把柏格森理解为近代哲学转向现代哲学的一个过渡性人物,并把柏格森与马克思的思想进行了比较,从而对马克思的哲学思想有了更深入、更全面的理解和把握,也更加感受到马克思哲学的解释力和力量,也使我完成了从一个研究者到信奉者的转换。

治学方法

谈治学方法有点太大,我也从来没有自觉总结过,或许是早了点,还不到总结的年龄。不过,这个问题倒是引起了我的思考。我思考的是这样一个问题,那就是什么对于哲学研究、对于一个哲学工作者是最重要的,这实际是一个哲学态度问题,是一个哲学观问题。我觉得最重要的有两点:

第一是要有社会责任感。中国传统文人讲修齐治平,要"为天地立心、为生民立命、为往圣继绝学、为万世开太平",这不论是对于学问本身还是对于文人个人都是应该而且必须的选择。从学问本身而言,一门学问要有生命力,要在一个社会立足并被发扬光大,就必须作为社会分工的一个"部门",真正对社会发挥作用。从文人个人论,人生的价值和意义其实在于超越"小我",走向"大我"。当一个人只为自己考虑的时候,只是考虑自己的房子、票子和位子的时候,他也许在追求的过程中会充实,但一旦达到目标,就一定会非常空虚、乏味。随着年龄的增长,我越来越感受到马克思的伟大。在他涉世未深、应该还是青涩未熟的年龄,他却能够"参透"人生的真谛:"在选择职业时,我们应该遵循的主要指针是人类的幸福和我们自身的完美……历史把那些为共同目标工作因而自己变得高尚的人称为最伟大的人物,经验赞美那些为大多数人带来幸福的人是最幸福的人……如果完美选择了最能为人类而工作的职业,那么,重担就不能把我们压倒,因为这是为大家作出的牺牲;那时我们所享受的就不是可怜的、有限的、自私的乐趣,我们的幸福将属于千百万人,我们的事业将悄然无声地存在下去,但是它会永远发挥作用,而面对我们的骨灰,高尚的人们将洒下热泪。"(见《马克思恩格斯全集》第2版第1卷,第459~460页)有社会责任感实际就是要求有现实意识、问题意识,就是不要做科耶夫所批判的那种"伊壁鸠鲁式的哲人",把自己封闭在"私人花园"、"文字共和国"、"学园"或者"书院"里,不依系于任何事物,也不关心任何公共事务,而只追求不与任何行动相联系的"纯粹真理"。(见斯特劳斯、科耶夫:《论僭政》,华夏出版社2006年版,第160~170页)

第二是要把哲学作为一种生活方式。是把哲学作为一种工具、手段、楼梯,还是作为生命、生活、存在方式,这是截然不同的两种哲学态度。现代的很多学者的确是把哲学作为一种捞取功名的工具和谋生的手段来对待的,这是学术垃圾泛滥、学术造假猖獗的根本原因,也是真正的学术大师难以出现的根本原因。但是在古希腊,哲人却不是这样来看待哲学的,那时的哲人把哲学作为一种生活方式。最为典型者就是苏格拉底。苏格拉底的生活就是由辩论、教育和沉思组成,而辩论、教育和沉思正是他的哲学活动的方式。但这样一种哲学态度伴随着基督教的入侵而逐渐消失了,哲学沦落为神学的工具。到了近代,哲学又不得不成为科学的工具,而大学的强势兴起又加剧了哲学的奴婢地位。其实,哲学的工具化还有一个根本原因,那就是随着等级制的废除和商业社会的来临,每个人都被抛到市场上去,每种职业也都在某种程度上被功利化了。正如马克思所言:"资产阶级抹去了一切向来受人尊崇的和令人敬畏的职业的神圣光环,它把医生、律师、教士、诗人和学者变成了它出钱招雇的雇佣劳动者。"(见《马克思恩格斯选集》第2版第1卷,第275页)进言之,哲学的工具化是社会发展进程中不可避免的一种现象。既然如此,我何以还要求哲学家超越"工具主义"呢?这岂不是像堂吉诃德那样与风车作战吗?岂不是要哲学家放弃享受人世间美好东西的权力吗?

可以从道德的角度来说明这个问题。在现代社会,人的道德水平还没有到大公无私、人人忘我的境界,市场经济的设置也正是为"适应"此种道德状况。但在今天,"无私"的人还是有的,具有一定程度"公心"的人也大量存在,而且大多数人也必须有"公心"或"利他心",这是人之社会性的要求。对哲学的态度与此相似,即使是在生产力水平还比较低的近代早期,社会也没有"刻薄"或"无情"到把哲学家变成完全为谋生而工作的"动物"。今天,总体而言,整个社会已经相当富足,社会已经为哲人超越工具主义留出了相当大的空间,关键在于"哲学从业者们"是否愿意这样做,或者说,关键看"哲学从业者"在追求什么,是做苏格拉底批判的那种到哲学的殿堂里来窃取美名的"癞头小铜匠",还是做苏格拉底那样的哲人。(见《理想国》,商务印书馆1986年版,第246页)也就是说,在现代社会,对哲学的态度可以兼具工具性和目的性,甚至是完全作为目的。这样一种态度对哲学的发展是至关重要的,因为只有如此,我们才可以保持对哲学的神圣感和敬畏心,我们才会像爱护我们的生命那样爱护哲学,使它健康成长。

对马克思主义哲学的一般理解

最近几年,关于历史唯物主义的问题的确成为学界讨论的一个热点,之所以这样说,是因为发生了几次著名学者之间的、以权威刊物为平台的争论,比如段忠桥教授与俞吾金教授在《学术月刊》上围绕"广义历史唯物主义"展开的争论,李荣海、段忠桥等教授与孙正聿教授在《哲学研究》上围绕历史唯物主义展开的争论,等等。实际上,自从历史唯物主义产生以来,关于它的争论就没有中断过。今天的争论不过是这一"争论长河"中的一个片断而已。因为,对于马克思主义创始人而言,历史唯物主义(包括其他理论)从来就不是什么"学问",或者说,他们首先不是把它看做一种"学问",而是无产阶级争取解放的理论武器。有了这样一种理论定位,有了这样一种与现实、与革命实践的紧密联系,那些致力于无产阶级解放的后来者就不能无视、越过这样一种理论,必须根据时代的进步"发展"之,根据形势的变化"修正"之。不同的人寓于不同的"前见"、"偏见",必然会有不同的认识,争论由此势所难免。阿尔都塞在《保卫马克思》中就提到过几次这样的争论——马克思在《哥达纲领批判》中对社会民主党领导人的批判、列宁与考茨基的论战、葛兰西同布哈林的论战等等,并指出:"这是一门永无止境的科学。"(见《保卫马克思》,商务印书馆1984年版,第223～224页)(列宁在谈到历史唯物主义时,反复重申了这个观点。)

　　的确,早在马克思、恩格斯在世之时,在他们提出自己的唯物史观之后,他们就与他们理论的曲解者展开了"争论",对那些曲解者进行了批判。在《共产党宣言》1872年德文版序言中,马克思、恩格斯就提醒宣言的读者,虽然《共产党宣言》的一般原理整个说来是完全正确的,但是"这些原理的实际运用,正如《宣言》中所说的,随时随地都要以当时的历史条件为转移,所以第二章末尾提出的那些革命措施根本没有特别的意义"(《马克思恩格斯选集》第2版第3卷,第248～249页)。马克思、恩格斯的担心并不是多余的,他们的一些"读者"果然曲解了他们的理论,把他们的理论一般化、简单化、"哲学化"了。在这种情况下,马克思、恩格斯不能不站出来对那些曲解者进行批判。比如,在第一国际内部,马克思、恩格斯批判了当时工人运动中的蒲鲁东主义、布朗基主义、巴枯宁主义和拉萨尔主义等。比如,恩格斯晚年对保尔·赫斯特等青年大学生把历史唯物主义庸俗化为"经济唯物主义"进行了批判,在1890年9月21日恩格斯致布洛赫的信中,就批评过他的"经济主义"。在这些批判中,最为著名的争论或批判就是围绕俄国革命的道路问题展开的,于是就有了马克思在1877

年写的那封著名的《给〈祖国纪事〉杂志编辑部的信》。

　　马克思、恩格斯之后，关于历史唯物主义的争论并没有销声匿迹，而是高潮迭起。按照历史顺序，从19世纪末到今天，关于历史唯物主义主要发生了几次大的争论：第一次是列宁和葛兰西、卢卡奇、柯尔施等早期的西方马克思主义者与以伯恩斯坦、考茨基为代表的第二国际理论家之间的争论；第二次是西方马克思主义的第二、三代的代表人物与以斯大林为代表的苏联教科书派或"斯大林主义者"或者"苏联马克思主义"的争论；第三次是以法兰克福学派和萨特为代表的人道主义马克思主义与以阿尔都塞为代表的科学马克思主义和以柯亨为代表的分析的马克思主义之间的争论；第四次是在中国发生的（当然也波及到国际上），发生在主张改革开放的"改革派"与反对或否定改革开放的"左派"和"右派"之间。最近几年的争论可以说是第四次大争论过程中的一个小高潮而已。

　　最近的关于历史唯物主义争论的小高潮，所争论的其实并不是历史唯物主义中的具体问题或实践问题，而是如何理解整个马克思主义哲学的问题。有的学者提出，马克思哲学的本质是历史唯物主义，成熟时期的马克思没有提出过历史唯物主义以外的任何其他哲学理论；有的学者认为，历史唯物主义不仅仅是马克思主义的"历史观"，而是以"历史"为解释原则的马克思主义的"新世界观"，这种"新世界观"的实质内容是"新历史观"，而"新历史观"的真实意义是"新世界观"，在历史唯物主义之外，并没有什么不是历史唯物主义的辩证唯物主义。有的学者不赞同这样的观点，认为把"历史"作为马克思哲学的解释原则就与黑格尔无法区别开来，马克思哲学的解释原则是实践而不是历史，这里实际暗含着认为马克思主义哲学并不仅仅限于历史唯物主义。有的学者认为，马克思的"新唯物主义"，既不是"辩证的"唯物主义，也不是"历史的"唯物主义，而是"实践的"唯物主义，马克思新唯物主义哲学的理论基础不是"历史"范畴，而是"实践"范畴，从实践出发，才能对马克思哲学的功能和使命给出统一的合理解释，等等。

　　在这里，我既不想纠缠于马克思哲学该用什么名称，是历史唯物主义、实践唯物主义，还是新唯物主义、现代唯物主义（当然，名称的背后是对马克思哲学本质的理解），也不想对马克思哲学的本质是否是历史唯物主义这一问题给出回答。因为不论采用什么名称，不论是历史唯物主义还是实践唯物主义，目前学界都赋予它们一些特定的含义。一提到这些概念，我们就会浮现某些固定的观念和框架。所以，与其在名称问题上纠缠，还不如直接用马克思主义哲学或马克思哲学。

　　问题的关键不在于名称，而在于所指，即名称所指称的内容，也就是我们该如何理解马克思主义哲学。毛泽东说过，马克思主义的哲学辩证唯物论有两个最显著的特点：一个是它的阶级性，公然申明辩证唯物论是为无产阶级服务的；再一个就是它的实践性，强调理论对于实践的依赖关系，理论的基础是实践，又转过来为实践服务。我觉得这两个特点仍然是马克思主义哲学最根本的特点，只是在对这两个特点内涵的理解上，我们也许更为"宽泛"和"哲学化"。

　　实践性这个特点已经成为学界的共识，不论是"历史唯物主义者"、"实践唯物主义者"还是"新唯物主义者"，甚至包括"传统教科书派"，都认为，之所以说马克思哲学实现了哲学史上革命性的变革，最根本的原因就是它的实践性。这里的实践性应该包含两层含义（也许还有其他意义）：其一，它公然申明自己是无产阶级解放的武器、解放的头脑，除此之外，它不再有其他的目的和企图。其二，正是由于有了这样一种理论定位或指向，所以它是奠基于实践的，是从实践出发的，是从现实的人的活动出发的，是从客观实际出发的，因此它的思维方式是实事求是，是一切从实际出发、具体问题具体分析。所以它是开放的，它从不拘泥于任何现成的公式和教条，从不被任何既定的理论和框架所束缚。它与教条主义、形式主义、学院主义格格不入，与主观主义、经验主义、先验主义格格不入。它要从实践中来，回到实践，随着实践的发展而不断发展。这样一种思维品格使得它能够保持长久的青春和活力。

　　马克思主义哲学的另外一个特点就是它的阶级性。现在很少有人再提这个特点了，因为一提阶级性，似乎就是讲阶级斗争，就有"左"的嫌疑，就会影响以经济建设为中心。其实，阶级性与阶级斗争是两个完全不同的概念，强调阶级性与"以阶级斗争为纲"之间并不存在必然联系,强调阶级性并不是要马克思主义哲学变成"斗争哲学"。按照我的理解,马克思主义哲学的阶级性有两重含义:第一是指马克思主义哲学是一种人本主义哲学,它既反对"神本主义",也反对"物本主义",而是把人、人的发展和完善、人的幸福作为出发点和最终目的。第二是指它是为无产阶级或者说人类的大多数服务的,是一种"老百姓的哲学"、"人民的哲学",而不是少数人的哲学、权贵的哲学、资本家的哲学。在这种意义上,也许该用"人民性"来指称"阶级性"。事实上,相对于实践性,人民性才是马克思主义哲学最根本的特征,是它区别于其他哲学的独有品格。因为,正是由于有了这样一个"立场",这样一种"党性",马克思主义哲学才具有了实践的品格,才能做到一切从实际出发,实事求是,才有了那种大无畏的精神,才实现了哲学的革命。在今天,我觉得我们尤其应该强调马哲的"立场",强调马克思主义的立场。这不仅是因为它是判断你是不是一个真正的马克思主义者的最根本标准,而且是由于只有坚持这样的立场,我们才能有问题意识,才会涤除我们身上的"书生气",面向生活本身。

代际定位

　　事实上,就马哲界来说,这样的"代际"差别并不存在,或者说不是很明显,换言之,除了年龄上的不同,在学养、思维方式、哲学态度上,并不存在明显的"断裂"。

　　如果不以 10 年为限,把时间段拉长,与前辈学者和更年轻的学者(特别是 80 后的学者)相比,40 岁左右的学者也有一些自己的特点。我把我们这一代的学者称为"过渡的一代",也许应该叫"尴尬的一代"、"困惑的一代"或"矛盾的一代"。这与我们的成长环境有关。我们生在计划经济时代,长在改革开放的初期,成家立业时又要经受市场经济的洗礼。在我们身上,传统的、现代的、后现代的观念都存在,也都不够牢固。我们总是在理想与现实、清高与庸俗、工具理性与目的理性、出世与入世之间徘徊、彷徨,也备受此种矛盾心理的煎熬。当然,在世俗社会,每个年龄段的学者也都在经受这种煎熬,但与前辈和后生相比,我们所遭受的心理折磨最重,因为前辈们的"出世"信念和后生们的"入世"信念都"根深蒂固"。价值观上的模糊、游弋必然会在学术上有所表现,其中最为明显的就是学术方向上的模糊和哲学态度的摇摆(目的和工具之间)。

与前辈学者相比,60年代出生的学者还有一个特点,那就是越来越"技术化"。我觉得知识分子可以分为两类:"技术型学者"和"人文型学者",或者是"学者"和"文人"。学者精通现代学术规则,但其知识储备和兴趣更多地局限于自己的专业领域;文人在学术上也许不够规范,也不太想受学术规范的制约,但其学术兴趣广泛,知识面宽,经常涉猎与自己的"专业"完全不搭界的领域,做学问带有"玩票"的意味。这也许是学术境界乃至人生境界上的差别的表现。

学术理想与目标

记得钱穆曾经说过,人到40岁以后才做真正的学问,因为到了40岁,教授评上了,生活也稳定了,就可以心无旁骛了。钱穆说得既实在又理想化。说实在是因为人非草木,皆有七情六欲,要求人人都做斯特劳斯所说的哲人——不依系于世俗事务,唯一的兴趣是追求真理,那不现实。说他理想化是指,人到了40岁并不一定就轻松了,很多人教授没有评上,生存问题也并未解决。不过,在40岁,大部分学者的确都面临一个重新定位的问题。

孔子讲三十而立,四十不惑,五十知天命,六十耳顺。他这是从人生境界的角度而言的,把人生看做一个境界不断提升的过程。但若是从事业和生活方式的角度,人生可以大致以20年为时段划分为几个阶段,而在每一个阶段的关节点上我们都面临着选择和困惑。20岁左右是人生的初次困惑时期,这是我们的价值观、思维方式、审美趣味的"定型期",是我们的人生方向的确定时期,也许在随后的生活中我们会不断修正自己的人生方向,但它毕竟需要为我们提供一个可修正的对象。40 岁左右是人生的第二个困惑期,孔子讲"四十不惑"是指人到 40 岁,经历得多了,认识提高了,对很多的问题都能理解了。但在事业上,40 岁的学者却面临着重新定位和选择。因为如钱穆所言,40 岁之前,做学问一般是学问之外的目的占了很大比重,比如评教授、挣名声、谋位子等等,但到了 40 岁左右,学问之外的世俗目的有了一定程度的解决,学术上也有了一些积淀,做学问的动力因而弱化了,学术上也遭遇到了瓶颈。这就要求重新设定"动力源",重新确定学术方向。对于学者而言,这其实是一个非常危险的时期,选择不好,也许终生就止于 40 岁时的成就;这也是对学者志趣的一次检验,完全以功利主义态度对待学术的人也许会就此转向,比如转向行政。人生的第三个困惑期是在 60 岁左右。一旦离开工作岗位,人生又面临新的选择:如何让自己的退休生活过得充实、有意义。

我之所以提出"四十有惑",其实就是因为我这几年一直在"困惑"。我既没有大学里量化学术指标的压力,也无须通过发文章挣稿费,于我而言,学术更多的是兴趣和惯性。在这种情况下,学术研究的价值和意义便成为首要问题。我不愿意做那种为知识而知识的学问,而是试图让自己的思想能够让更多的人接受,对社会、现实产生尽可能大的影响。于是,我越来越不满足于原先做学问的方式和所做的"学问",因为原先的很多文章都是在学界这个小圈子里"打转",在一些只有这个"文字共和国"(借用斯特劳斯的话)里的人才会关注的问题上耗费精力,更多的是为了发表、凑数量才动笔。问题是,我不满足于旧的,但并没有新的、现成的路径等着我进入。这就需要去寻找。也许寻找本身仍然是传统思维方式的表现:要关注现实,直接研究自己感兴趣的问题就可以了,何必找什么路径?但是,一种思维方式一旦形成,并不是旦夕就可以改变。正是在此种思维的驱动下,这样的一些问题进入我的视野:哲学家要有问题意识,但什么是问题意识?应该关注哪些问题?哲学要直面现实,但什么是现实?哲学该如何关注现实?关注现实的哲学是什么样的哲学?这些问题其实是元哲学问题或哲学观问题,它们最近几年一直困扰着我。在对这些问题的思考中,我提出"生活哲学"这样一种哲学观。从不同的角度深化"生活哲学"是我前一段主要做的工作,也是我今后几年研究的重点。

个人作品

在已经出版的作品中,如果让我选择 5 部(或篇),我比较满意的是:《生命冲动——重读柏格森》、《回归现实生活世界》、《生活价值论》、《复兴生活哲学》和《一个历史性的难题》。

1996 年四川人民出版社策划出版思想大师重读系列,我承接了重读柏格森的写作任务,于是就有了我的第一部著作——《生命冲动——重读柏格森》。此书是我与王金宝合著的,但主要的工作(框架的设计、全部 5 章中 4 章的写作、部分翻译、前言、后记和最后统稿)都是由我完成的。之所以选择柏格森来重读,主要是因为在此之前,国内对柏格森的评价主要是负面的、否定的,把他看做一个非理性主义者、唯心主义者、神秘主义者、反科学主义者,是一种浅薄的"实践哲学"(国内的研究者并没有用这个字眼,我这里是借用罗素的说法。罗素认为哲学可以分为理论哲学和实践哲学,大多数大体系哲学都是理论哲学,而柏格森显然不属于创造大体系的哲学家,而是把行动看做最高的善),很少有人真正从正面肯定柏格森的作用和意义。我对柏格森的关注其实在硕士时就开始了,因为我的硕士论文的题目就是《非理性在认识中的作用》,而罗素的评价(他认为柏格森是 20 世纪法国最重要的哲学家)又进一步激发了我研究的兴趣。我认为,如同尼采一样,柏格森也是现代哲学的过渡性和奠基性的哲学家,虽然他们留有近代哲学的痕迹,但总体而言,他们开创了一种新的思维方式,特别是确立了一种新的人的观念。近代哲学是一种本质主义,把人看做"本质既定的人",而柏格森则是反本质主义,视人为"生成的人"。柏格森对时间、认识(对直觉和知性的推崇)、宗教问题的探讨,都是为了扭转人们思维活动的习惯,树立"生成的人"的观念。在国内,这样一种解读直到今天仍然是独特的。

对柏格森的解读不能脱离他的时代,必须以对西方近代和现代哲学的解读为前提。经由对柏格森的重读,我的博士论文自然而然就定位在了这样一个主题上：在对西方近现代哲学思维理解的基础上，重新解读马克思哲学，或者说，把马克思哲学放在近现代哲学思维方式转换的大背景下来重新解读。鉴于这样一个主题，我把博士论文的题目定为《回归现实生活世界——哲学视野的根本置换》，这就是我的第二部专著。在这篇1999年完成的博士论文中，我提出：近代哲学是一种"科学世界观"和本质主义思维，而从马克思开始的现代哲学则是一种"生活世界观"和"生成性思维"（"科学世界观"、"生活世界观"、"生成性思维"、"生成的人"、"生成性"以及后来的"生活哲学"等哲学概念，都是由我提出来的，如今这些概念已经成为哲学界普遍使用的概念），从近代哲学到现代哲学，就是由科学世界观转向生活世界观、由本质主义思维转向生成性思维的过程，是由抽象的科学世界向现实的生活世界的回归过程。我认为，虽然马克思与现代其他哲学家同属于生活世界观和生成性思维，同样主张回归生活世界，但是现代的许多哲学家所回归的其实是抽象的精神世界，而马克思所回归的则是真正现实的生活世界。在博士论文中，在论述了近现代哲学思维方式转换的基础上，在比较了马克思与现代西方哲学家之后，我又给自己提出了这样的问题或任务：回归生活世界之后的哲学是什么样的？因为回归生活世界不仅是一种世界观，更是一种哲学态度，是一种哲学观。论文的第五章（哲学：永远在途中——以现实生活世界观为基奠的哲学）就是对这个问题的集中阐述。在这一章，我分别从自然观、历史观、认识论和哲学与文化的关系这四个方面展开了论述。在那里，我提出：哲学是哲学家的生活；哲学不是科学之科学，也不是文化之王，不是"大写的"，而是"小写的"，它与文化的其他部门是平等的；哲学知识不是绝对真理，而是意见；哲学的功能是对生活世界的总体性关注，其目的是保持人的生成意识；等等。

　　博士论文的写作过程是非常愉快的。那时的我每周有几次课，没课的时候，我一般上午写作，下午修改，晚上看书构思第二天的写作内容。整整半年的时间，我心无旁骛，完全沉浸在自己的世界里。我真切地体会到了写作、创作的乐趣，我会为某个难题的"顿悟"而高声大喊，也会为一句精彩的话语欢呼雀跃。正是从那时开始，我体悟出文章是有自己的生命的，有时它会逼着作者顺着自己的生命轨迹前行。可以说,《回归现实生活世界》(也包括《重读柏格森》)也许不是我思想最深刻的作品,但却是语言最流畅、逻辑性最强、层次最清晰的作品。这与全身心的投入和时间比较集中有莫大的关系。

博士毕业后的几年,特别是在中国社会科学院做博士后期间(1999—2002年),我的研究方向转向了哲学观,并尝试性地提出了"生活哲学"这个概念。然而,从2003年下半年开始,我曾经一度非常迷茫,不知该走向何方。因为从不同的角度对生活哲学进行阐述之后,这个问题很难再深入下去。当时认为也没有再深入的必要:既然生活哲学观要求哲学回归生活世界,那么更为重要的不是在哲学态度上做文章,而是倡导者应该身体力行,自己从生活世界的问题出发,使自己的研究回归生活。恰在此时,李德顺教授要主编一套实践价值丛书,我"认领"了其中的《生活价值论》一书(由云南人民出版社2004年出版)。合约"逼迫着"我不得不研究"生活",回归生活世界。在这部著作中,我首先对人和生活进行了考察,提出人是对象性存在物、人的存在大于本质,而生活本质上就是人的自我生成的过程。在此基础上,我把生活分为物质生活和精神生活、个体生活和社会生活、理想生活和非理想生活、理性生活和非理性生活、日常生活和非日常生活几个方面,通过对这几种不同生活形式的论述来展示我对现代社会、对我们这个时代、对人生价值和意义的理解。这本书可以说是我对自己提出的生活哲学观的一次"实践"。

2008年出版的《复兴生活哲学》,可以说是我10多年来关于"生活哲学"思考的总结。在书中,我系统、全方位地阐述了我对"生活哲学"这种新的哲学观的理解。我提出,所谓生活哲学就是把哲学看做一种生活方式、把"人应该怎样生活"作为中心问题、注重实践的哲学观念。这样一种哲学观念在古代就已经产生,不论是古希腊罗马哲学还是中国传统哲学,都持这种哲学观。由于基督教的兴起、大学的产生和近代自然科学的强势地位,此种哲学观从中世纪开始逐渐被知识论哲学观所取代,被那种把思维和存在的关系问题作为基本问题、追求绝对真理的"大写的哲学"所取代。到了现代,虽然知识论哲学观依然占据主导地位,但却出现了一股复兴生活哲学的潮流,先有马克思、尼采和以杜威为代表的实用主义者,中经维特根斯坦、海德格尔和其他存在主义者——巴塔耶、斯特劳斯，到福柯、皮埃尔·哈道特、彼得·布郎、玛撒·奴斯鲍姆、阿诺德·戴维森、理查德·舒斯特曼和理查德·罗蒂，等等。可以这样说，在现代，出现了一股复兴古代生活哲学的潮流，形成了一个"生活哲学的转向"或"生活哲学的复兴"，虽然它并未取代知识论哲学的统治地位，但是声势浩大，有愈演愈烈之势。除了上述历史的梳理外，该书还对哲学与哲人的关系、哲学与生活世界的关系等生活哲学的相关问题进行了阐述。可以这样说，这本书的出版标志着生活哲学理论逐渐走向成熟。

　　《一个历史性的难题》是发表于《哲学研究》2007 年第 1 期上的一篇文章。此文不论是在语言还是在思想性方面都是我近几年比较满意的作品。文章的副标题是"兼析皮埃尔·哈道特的哲学观"，文章的确也是从介绍皮埃尔·哈道特的思想切入的，并随着内容的展开对他的思想进行了全方位的"描绘"。这是国内第一次系统介绍皮埃尔·哈道特的思想。但是，文章的立意和主题却不是介绍皮埃尔·哈道特的哲学观，而是为了解决一个历史性的难题：人类如何在物质欲望与精神追求之间保持必要的张力？我不过是借助介绍皮埃尔·哈道特的思想这样一个路径来提出这个问题，引起现代人关注这个问题，并通过哈道特的解决之道来给现代人一些提示。所以，这篇文章较好地体现了学术性与现实性的统一。

杨生平

1965 年 11 月生,江苏盐城人。在北京大学获得哲学学士、硕士与博士学位,分别于 1996 年、1999 年破格晋升为副教授和教授,现为首都师范大学哲学系教授、博士生导师,美国纽约州立大学高级访问学者。主要社会兼职有中国历史唯物主义学会人的发展研究会常务副会长、中国马克思主义哲学史学会理事、北京哲学学会理事、人民网特约撰稿专家等。出版《论马克思主义意识形态理论形成与发展》、《踪迹与替补》等学术著作 6 部(包括合著),在《中国社会科学》、《哲学研究》、《马克思主义研究》、《哲学动态》和《光明日报》等学术刊物上发表学术论文约 110 篇,其中有近 50 篇被《新华文摘》、《中国社会科学文摘》和《中国人民大学复印报刊资料》转载,承担与主持国家哲学社会科学、教育部人文社会科学与北京市重点课题等 10 余个项目。曾获得霍英东教育基金青年教师奖三等奖与北京市哲学社会科学优秀成果二等奖等多种奖项。1997 年,作为主教练率领首都师范大学辩论队在新加坡举行的第三届国际大专辩论会上获得亚军。现为首都师范大学出版社总编辑。

学术之路

如果要本真地说明自己怎样走上哲学之路,"选择哲学"与"为哲学选择"这样的二元推论都不能准确表达,或许用"哲学的选择"这样一个模糊概念更能说明问题。客观地讲,像我们这个年龄段的人没有像冯友兰等大师级哲学家的早年哲学底蕴,因此,从中学走上大学哲学之路更多有着被选择的过程。不过,仔细想想,"被选择"一词也不够准确。因为,记得高三那年班主任曾多次征求过我个人意见,他让我个人主动选择大学专业。由于我在中学是考试与推荐相结合进入大学的,因而择校就基本上是一个被选择的过程,但正由于我被推荐进入北京大学,所以在专业的选择上就有比他人更早的时间。记得当年为了选择专业真是煞费苦心、绞尽脑汁,自己苦思冥想了很久,由于当时对大学的专业头脑中几乎一片空白,再加上社会所能提供的咨询极少,最后还是老师根据我自己的思维特点帮助我确定了哲学专业。在此,也让我对"自由"有了些许思考:自由是一个好东西,它能彰显并兑现个人价值,但在信息不充分的前提下突然的自由也许更让人不知所措。

如果说从中学进入大学之路更多是由他人帮助选择的话,那么,进入大学之后的更多路途则渐渐多了个人主动选择的成分。经过四年的大学学习,无论是对专业,还是对社会、人生以及个人爱好都多了不少了解,因此,当我有了第二次专业选择机会时(即从本科到硕士)便毫不犹豫作了自由选择。但现实往往不如人愿,自己想选择的事并不意味着选择的成功。也许自己从小就受到中国传统文化的熏陶,尽管 20 世纪 80 年代"西学"热潮一浪高过一浪,但自己仍然对中国哲学情有独钟(当然这跟当时听过北大哲学系冯友兰、张岱年等先生的讲座也有关系),故而硕士专业的第一选择就是中国哲学。由于本科阶段我也是被推荐进入硕士阶段学习的,而当年北大哲学系所推荐的专业中没有中国哲学,因而在多种因素的影响下我选择了马克思主义哲学史专业。如果说前两次选择虽有主动但最终仍为被动的话,那么,第三次选择(即进入博士阶段的学习)则完全是主动的。进入硕士阶段的学习后,我系统研读了马克思主义经典著作并体会到其博大精深,也较为系统地接触了西方哲学思潮。也许正是马克思"哲学家们只是用不同的方式解释世界,而问题在于改变世界"和萨特"马克思主义哲学是当代不可超越的哲学"等名言使我深深地认识到了马克思主义哲学研究的意义、责任和使命,于是,博士阶段的学习我就选择了马克思主义哲学专业。这一选择基本上也就决定了我以后的专业研究道路,多年来我一直在这条道路上摸爬滚打。

治学方法

记得大学时期张岱年先生在给我们讲治学方法的时候曾说过，做学问要淡定，要有"板凳甘坐十年冷"的意志。当时对他的话体会不深，认为中外哲学领域无外于那么多内容，更何况已有那么多哲学大师对它们进行了持久而深入的研究，等到我们这里还能有多少可待研究的领域和内容。但随着自己研究的不断深入，才真正体会苏格拉底"知道的越多，才知知道的越少"这句名言的含义。科学研究的领域是无限广阔的，一个问题的提出与解决又会引来无限多的新问题。所以，我个人体会科学研究第一要义就是要系统深入掌握该学科的知识，要有扎实的理论功底。扎实基本功的培养需要一个漫长的学习与积累的过程，对哲学这门学科来说，也许十年的时间并不算长。我个人始终有这样一个信念：哲学是智慧的学问，它是研究并提出"论"的，但"论"只能从"史"出；没有深厚哲学史的功夫，根本无法提出深刻的"论"。从哲学史或流行哲学思潮截取一段思想或一种观点去建构现代哲学"论"也许是件相对容易的事，能引起轰动效应，但它毕竟经不起时间距离的检验。当然，做学问可有两种方法，即"六经注我"和"我注六经"，前者注重经典的客观性，后者更注重经典的时代性。但我认为无论哪种方法都不能对经典本身内容熟视无睹，更不能公然歪曲或杜撰经典。伽达默尔的哲学解释学甚至连更激进的德里达的解构主义解释学都不认为解释就是胡编乱造、随心所欲，而是尊重文本的客观性的（他们只是在怎样理解文本客观性和怎样达到文本客观性问题上提出了不同看法）。

其次，科学研究应该有严谨的态度。黑格尔说："同一句话老人说出就比一个孩童说出来，富有更多的含义"，"真理就好像是出自一位老人口中的一句格言"。科学研究可以大胆假设，甚至在方法论上可以主张无政府主义，但论点一旦提出就要"小心求证"，应该对自己的论证过程与理论前提进行充分的说明和反思，应该允许批评和反驳；

一旦发现问题,应该重新论证,要勇于自我批评甚至证伪自己的观点。

再次,科学研究应该有务实的学风。务实往往与"求真"联系在一起,但我这里讲的务实是建立在求真之上的,它有两层含义:一是关注现实,二是服务现实。无论是自然科学还是人文社会科学都是研究世界某个领域的理论,这些理论力图呈现的是它们所涉及领域的规律,但这些规律的揭示是离不开主体视阈的,因而从不同时代主体存在的状况及其需要出发阐释世界是十分必要的。从当前的哲学来看,哲学工作者既要解释世界,更要改造世界。当前流行的所谓马克思主义"过时论"事实上源于现有的马克思主义理论与当今世界的关系,许多人认为马克思主义已经不能解释世界。因此,当代马克思主义哲学工作者必须关注重大国际国内问题,找准问题的关键所在,并在求真的基础之上建构能科学解释当今世界问题的马克思主义理论。只有科学地解释了世界,才谈得上能动地改造世界;只有符合世界的哲学理论,才能干预现实、服务现实。当然,务实不等于"跟风"、"跟潮",更不等于"媚俗"。务实是在求真的基础之上分析、研究并解决重大现实问题,它是学理性与现实性的统一;而"跟风"、"跟潮"和"媚俗"则是缺少学理反思性的盲目跟从或迎合。

再次,科学研究应该有创新精神。创新是有规律的,它不能建立在虚无之上,也不能为创新而创新。从当前科学所提供的理论依据来看,创新有三种形式,即原始创新、集成创新和消化吸收再创新。从我们这一代人所具有的条件来看,也许原始创新难度很大,更多的则是集成创新与消化吸收再创新。因此,系统掌握哲学专业及相关领域的知识就成为创新的必要条件。另外,创新还得有"求知之志"、求异思维和强烈的问题意识。

对马克思主义哲学的一般理解

爱因斯坦指出:"相信有一个离开知觉主体而独立的外在世界,

是一切自然科学的基础。"我认为爱因斯坦这一名言对哲学研究有着重要的启迪意义(尽管这里也有来自量子力学等方面的争论,此处不予展开论述)。也许这一名言证明起来有相当大的难度,但至少可以把它当成奎因意义上的"本体论承诺"。不过,这种"本体论承诺"不同于其他理论的"本体论承诺",它是经过长期日常生活与自然科学发展检验的。尽管维特根斯坦拒斥形而上学,尽管尼采、海德格尔和德里达摧毁了西方传统形而上学的理论基础,但他们并不否定外在世界的存在(当然,世界的存在问题不同于对世界存在的认识问题,前者属于存在论问题,后者属于认识论问题)。

在古希腊,哲学的最初含义就是"爱智慧的"。根据海德格尔的考证,"爱智慧的"一词最早由赫拉克利特提出,"'爱智慧'中的'爱'是指事物之间的和谐一致、相互适应的意思。'智慧'是指所有存在的东西(存在者)都在存在之中,都属于存在,都集合于存在之中,存在(又译作'是','是'在希腊文中是及物动词'聚集'、'集合'的意思)把存在的东西(存在者)集合为一。也就是说,'一'(整体)统一着一切的东西,一切存在的东西都在存在中统一为一个整体"(参阅张世英:《哲学导论》导言第3页,北京大学出版社2002年版)。西方哲学一直在把握这个"存在"(其中经过了本体论到认识论再到语言学的两次转向。其实,我认为20世纪前后西方哲学有着语言与语言学两次不同转向),用海德格尔的看法,自苏格拉底与柏拉图以后一直到德国古典哲学的西方哲学是无根的本体论,因为它们只研究了"存在者",而失去对"存在者"背后的"存在"的把握。这是有一定道理的。"存在"是"存在者"的根本与依据,根据赫拉克利特的思想,它是流动、变化的,因而,对相对稳定的"存在者"的认识不等于对常变"存在"的认识,有时反而会用前者遮蔽后者。客观地讲,海德格尔这一思想与马克思在《关于费尔巴哈的提纲》等文中提出的实践思想有着类似的哲学意蕴。马克思也正是以实践为依据宣告了以往形而上学的破产。因为,以往哲学只是用幻想的理论代替对"现实的人"的研究,并把它当成永恒的真理。所以,马克思主张用对现实、具体人的研究代替以往幻想的哲学理论。他说:"在思辨终止的地方,在现实生活面前,正是描述人们实践活动和实际发展过程的真正的实证科学开始的地方。"

不过,我认为,马克思的哲学与海德格尔哲学仍有着实质性的区别。当海德格尔批判西方哲学、研究"存在"的时候(海德格尔前后期思想有所不同,前期他用"此在"的研究代替"存在"的研究,后期他主张聆听"存在"的声音),他只是把自苏格拉底、柏拉图以后的西方哲学理解为概念式地追求存在(德里达称之为"逻各斯中心主义"),而真正的存在只能靠诗化式的理解(用国内流行的说法,就是"主客二分"与"天人合一"思维的区别)。这些与马克思哲学的变革意义相去甚远。马克思不仅揭露了以往哲学唯心主义的性质,而且还分析了它们产生的根源与社会作用。在海德格尔那里,以往哲学只是遮蔽了存在,而在马克思那里,以往哲学是掩盖了存在;前者认为哲学的不同是思维方式的不同,后者认为哲学的不同是社会性质的不同。当然,两种哲学的根本差别还表现在如何理解存在的问题上。海德格尔主张用现象学和直观式的思维把握存在,而马克思则认为要借助自然科学与社会科学的方法研究存在。在我看来,马克思哲学的变革意义正是因为他终结了纯粹思辨式的哲学,思辨式的哲学是概念式的游戏,沉湎其中永远不能自拔。就像海德格尔最终沉湎于语言之中,感叹地得出"语言就是存在的家"一样。的确像他所说,我们永远无法超出语言之外研究存在,但语言问题的最终解决不应该完全是一个哲学问题,而是科学问题。就像先有鸡还是先有鸡蛋的命题一样,最终只能交给科学解决。

当马克思研究存在的时候,自然也会碰到维特根斯坦所谓"形而上学的命题"与海德格尔所言"存在者"与"存在"的关系问题。人们可不可以超越当下的存在去把握无限的存在? 对当下存在的认识是不是永恒地遮蔽未来的存在? 这其实涉及到哲学中的普遍性问题。事实上,绝大多数西方哲学家都认为哲学是把握普遍性存在的。如黑格尔《哲学史讲演录》中指出:"什么地方普遍者被认为无所不包的存在……则哲学便从那里开始。"罗素《西方的智慧》一书中也说:"当有人提出一个普遍性问题时,哲学就产生了,科学也是如此。"我认为普遍性仍为哲学之核心概念,没有普遍性,哲学就失去存在之根基。不过,普遍性的内容却有正确与错误之分,其检验标准只能是常识与科学。在此,德里达提出的"逻各斯中心"主义是有启迪意义的。因为,西方哲学家在确定存在之存在时(即本体论),往往把逻辑当成维系其中心地位的主要依据,但从当今科学理论提供依据来看,客观世界并非同质,任何一种逻辑都无法容纳整个世界,世界存在着多样逻辑甚至悖论逻辑。这一理论成果事实上宣告了以一种实体性本体解释世界以及以不变可以应万变思想的破产,也从某种意义上说明了海德格尔与德里达对传统西方哲学批判的合理性。异质逻辑说明了世界的多样性与复杂性,但并不意味着客观把握世界的不可能,更不意味着客观世界的不可知;悖论是可以扬弃的,现实生活中人们正确利用悖论解决现实问题的例子并不少见。说明了这一问题,我们也许就可以说明上面提出的两个问题。不错,马克思主义哲学是肯定了现实的人与现实世界的存在,也肯定了世界的变化发展,认为任何对世界与人的认识都是特定条件下的产物,即实践的产物。在这个意思上,我们必须承认实践影响甚至决定世界观。但问题是:实践能不能决定客观世界。我认为实践只能在某种意义上决定或改变世界上一些事物的呈现方式,但它不能决定或改变世界的性质。由此,必须把世界存在深层性质与其存在表层样态以及世界的存在与对其存在的认识区别开来;后者明显受到特定条件下实践的影响,但前者则不受其决定。正是在肯定客观世界的性质不受实践决定的意义上,马克思主义哲学才是唯物主义。至于现实世界与过去世界、未来世界以及实践范围内的有限世界与实践范围外的无限世界的关系,我认为也要辩证分析。从认识论上说,这里有一个困境,即我们只能认识现在与有限世界,无法客观地把握过去与无限世界(哲学解释学的发展事实上也充分说明这一问题的严重性)。这里自然也有一个本体论承诺问题,即承认世界的普遍性。其实,世界是相连的,每个特定时代的人们所面对的世界会有所不同,但它们又是密切相关、不可分离的。马克思在《资本论》中对资本主义社会的认识就是把它放在整个人类历史长河中进行的,"社会有机体"是马克思主义历史观的一个重要概念。其实,尽管海德格尔提出要把握当下的存在,但他并不否定历史与传统的作用,历史与传统构成了哲学解释学的重要前提,即前理解中的"先有"。既然过去与现在密切相连,我们又有什么理由断定现在与未来、有限与无限的彻底分割?认识未来与无限的世界确有维特根斯坦式的问题,但它真的无意义吗?事实上,科学与人类社会的每一次进步正是从有限不断向无限迈进取得的。在当今人的精神日益贫乏之际,哲学家让出无限世界就是给宗教留下了地盘。哲学是要且只有立足于时代,才能把握世界;哲学家的处境是有特殊性的,他们提出的理论也会打上时代的烙印,但哲学的使命却是把握普遍性与无限性。在当今各种科学风起云涌的时候,失去对普遍性的研究,哲学又有何立足之本?(当然普遍性的概念也是相对的,大至整个世界,小至特定社会的人生。当今也许对我们这个时代的世界与人生特殊性认识比对整个世界与人类社会普遍性认识更重要,但再特殊的问题一旦进入认识与语言领域就已经变成普遍式的问题。)当然,认识论上的困难处境也告诉哲学家:任何哲学提出的理论与见解并非永恒,哲学家提出的世界普遍性原则并不等于是客观世界的普遍法则(这实际上是思维与存在的同一性问题),不能用哲学家特定时代提出的普遍性原理框定整个未来世界的发展。正是在这个意义上,我认为马克思主义哲学是历史的唯物主义,它需要不断验证与发展。不过,也不能简单地用哲学家处境的特殊性完全否定所有的哲学理论。毕竟检验哲学真理性标准并不是人的意识,而是科学与社会的发展,是“时间距离”。哲学家提出的理论特别是有关未来世界和无限世界的理论有波普尔意义的“猜想”成分(当然,猜想并非胡思乱想,而是在有充分科学根据基础上的合理想象),但在没有得到彻底反驳之前它就有足够的理由指导未来。

　　如果非用“×本”来指称马克思主义哲学,我们自然可以称它为“物本”,但需要考问的是:“物本”就只重视物吗?只有“人本”才重视人吗?如果非要用这个二元思维,那么,“神本”与“精神之本”又当如何解释?其实,只要认真研读马克思主义经典著作,我们不难发现马克思主义经典作家在强调物质决定作用的时候并不否定人的作用特别是人的精神作用。列宁指出:“物质与意识的对立,也只是在非常有限的范围内才具有绝对的意义”,“超出这个范围,物质和意识的对立无疑是相对的”。正是在马克思主义哲学强调物质与意识、物与人的相互作用等意义上,我认为马克思主义哲学是辩证的唯物主义。

代际定位

　　20 世纪 60 年代出生的学人虽然大体上有共同的学习背景，但生活和工作经历却不大相同，因而不好进行整体概括。我只能以个人学习、工作为参照系来谈点看法。我们这一代人经历了"文革"，也感受到了 80 年代文化激进主义浪潮，思想上一定程度上受到了西方人本主义与自由主义思潮影响，但我们对"文革"的感受不如 50 年代出生的学人深刻，社会阅历更不及他们，我们是从校门到校门的一代，80 年代文化激进主义弄潮儿不是我们，我们也只是其中一个参与者或感受者。正当我们为人的自由振臂一呼时，"动乱"以后的思想平静与 90 年代初市场经济发展让我们冷静了许多。在"穷得跟教授似的，傻得跟博士一样"的话语表征下的脑体倒挂现象面前，我们甚至有些迷茫，人员走向也出现了分流，许多人纷纷下海经商，即使学术阵地的坚守者也出现了思想上的动摇与学术行动上的懒惰。这种现象直到 90 年代中后期才有所好转。可此时大众文化已经崛起，"后学"开始在国内流行。我们的经历可以表现为以下学术特征：在知识结构上，我们接受过系统的理论教育，因而具有比较扎实的理论功底，较为开阔的学术视野和广泛接受新思想、新观点的能力，外语基础较好；在思想价值取向上，弘扬自由且关注国家命运，个性独立，比较自我（但非自私），不轻意盲从。正是这些特征将我们跟 50 年代出生的学人与 70 年代出生的学人区分开来。60 年代出生的学人的知识结构比 50 年代出生的学人完整、系统，因而若从单纯的学术性比较来看，我们应该强于他们（至少未来表现出的潜力应该强于他们）。这一点也许 70 年代生人也不及我们。因为，我们接触过的社会与文化比他们广泛。我们接受新思想，但不一定完全抛弃旧思想；我们热捧"西学"，但也不忘却"国学"。不过，若从思想性上看，我们显然不如 50 年代出生的学人。因为他们的社会经历比较丰富（一般都是经历过上山下乡），对社会的感悟较深，因而，他们想改变旧思想的想法比我们强烈,愿望比我们迫切。他们可以用思想引领学术,而我们只能以学术跟进思想(若只有学术毫无思想,也许我们得长久跟随在他们后面,做他们的一个"替补")。另外,个性取向上的差异也是使60年代出生的学人不能集体凸显的重要原因。60年代出生的学人的个性独立使他们不可能像有着丰富社会经验与很强生存能力的50年代出生的学人那样团结、合作。可惜的是,这种个性也不能使我们简单认同价值破碎的"后学"文化与把玩人生的大众文化(也许以后适应这种价值观的群体走上学术舞台时更懂得如何跟不同人群交往)。于是,在快餐文化流行的当下我们这一代人略显尴尬。但是,我相信,若能在50年代出生的学人提携、70年代出生的学人推促之下,60年代出生的学人经过自我反思与横向联合将来会写出一系列学术性与思想性兼备并有影响力的作品。(我们不缺少产生思想的社会阅历,但缺少对思想的提炼、概括和提升。)

学术、思想和时代

在我的心目中,学术与思想是不能分离的,任何学术都要以表达思想为目的,任何思想必须以深厚的学术底蕴做构架。其实,这个道理从赫拉克利特最早提出的"爱智慧的"的哲学定义中就能看到。就中国文化而言,更把提出思想、表达思想、力行思想当成做学问的一个根本目的。早在中国古代教育经典《大学》中就提出"三纲八条"的大学之道,"修齐治平"是人生的最高境界。张载提出"为天地立心,为生民立命,为往圣继绝学,为万世开太平"的"横渠四句"被许多学者视为座右铭。就马克思主义哲学而言,马克思关于解释世界与改造世界的名言更清楚地说明了学术与思想的统一。

当然,在目前的状况下,讨论学术与思想的关系自然不能只看语义、语用,更要谈语境。这里说的学术是指马克思主义哲学理论的研究与创新,而不是泛指一般文献学与哲学史的研究;这里说的思想是指批判现实、超越现实以及人类的终结关怀和知识分子的独立人格,而不是泛泛地讲学术中的智慧。若限此而言,学术与思想的统一就只能紧紧围绕现实,针对并回答现实问题。"哲学是时代精神的精华。"时代是哲学研究的入口处,任何哲学想超越它的时代就像哲学家想跳出他的时代一样都是不可能的。正如前文指出,哲学研究只能在特定实践条件下进行,时代与现实为哲学限定了研究域,提供了方法,也给哲学提出了不少问题;哲学只能准确回答时代的问题,才能有生命力,才能鲜活。当然,哲学是按自身的学科特点去回答时代问题的,学科特点决定哲学必须按理路出牌,必须在充分说明并验证自身的学理性前提下回答时代问题,这样才能保证自身的正当性与合理性。不过,学术、思想和现实的适当分离是有可能的,也是有利于哲学发展的。前一段时间有句话很流行:"思想淡出,学术凸显。"对此,我认为不能作望文生义的理解,必须结合它提出的语境来评价。若联系20世纪90年代前后中国社会的状况与变化发展来看,这句话是有一定合理性与进步意义的。试看"文革"期间学术被政治淹灭、80年代在新启蒙运动思想影响下各种思想泛滥成灾,哲学的学术性与学理性一直未能得以充分阐释与系统构建,因此,90年代凸显作为思想背后支撑及验证思想深度的学术性是必然的,学术的凸显必然在一定程度上过滤或淘汰掉大部分肤浅的思想(当然,此时的思想淡出也跟"动乱"以后的思想平静与大众文化对精英文化的挤压有关)。毕竟,学术性与学理性是有理论深度的,其中许多原理是经过"时间距离"检验的。当然,学术性与学理性也是一门学科得以建立并长久发展的基础。另外,还有两个原因说明凸显学术的重要:其一是以往哲学大众化导致的后果。事实上,哲学大众化是十分必要的,也是哲学深入生活、关注生活和影响生活的表现。但一旦大众化,就有被庸俗化的危险,而庸俗化的大众哲学势必让人们感觉哲学人人都懂,人人都会,这自然影响到了哲学内在的学术机理。其二是中国传统文化"经世致用"、"经邦济事"的文化品格影响着学者重实践而轻认识的研究风格。从这个意义上讲,五四弘扬的"科学"就不仅仅包括自然科学及其应用,也包括人文社会科学的体系建构。当然,上述思想的提出也有着国际背景。20世纪90年代,中国的学术研究渐渐与国际接轨,这种接轨在开阔学者学术视野、增强研究能力的同时,也影响到了学者们对学科的定义、研究方法与范式。其实,思想与学术的脱轨早在 19 世纪的西方社会就露出端倪(如当时有艺术家就提出"为艺术而艺术"的口号),经过 20 世纪 60 年代后现代主义的洗礼,这种倾向有愈演愈烈的趋势,许多西方学者公开指出当今世界已经进入后意识形态、犬儒主义盛行的时期,福柯也断言"普遍型知识分子已经死亡,特殊型知识分子正在兴起"。(这并不是说西方 19 世纪以后就只流行这一种思潮,西方马克思主义就特别重视学术与政治的关系;即使后现代主义阵营中也不止一种声音,德里达就公开提出过"解构就是政治"的口号。)在后现代主义知识与权力话语的纠缠下,许多人即使有想法也不敢贸然提出新思想。

介于上述分析,我认为当前在进一步强化学术性的前提下要渐渐凸显思想性,要加强现实问题研究,要开展不同领域专家学者的对话特别是要开展哲学跟实证科学之间的对话(其实,马克思主义哲学是不能脱离经济学、社会学等实证科学的)。在马克思主义哲学这个学科里,不可能存在永久性的学院派(当然,文献与哲学史研究另当别论)。因为,批判精神、实践精神是它的特有理论品格。另外,试想在当前政治权力、资本权力、媒介权力与学术权力同时存在的情况下,又怎能有超然的学术研究?知识分子又怎能保持独立的人格?我认为,在各种权力并存的情况下,或许主动参与才是真正研究学术的唯一出路。不过,一旦参与,学术就不能独立存在,它就只能与思想、现实三位一体。也许我们达不到冯友兰提出的天地境界,但我们也不愿意盲从自然境界或追逐功利境界,至少要努力达到他所谓的道德境界。

学术理想与目标

多年来,我一直在四个方向上从事哲学研究,一是哲学史和哲学原理,二是现实问题研究,三是当代科学理论研究,四是文化哲学和意识形态理论研究。从哲学史角度看,我正在疏理现代和后现代西方哲学、西方马克思主义和 20 世纪中西哲学碰撞、交融的历史,近期正在完成后现代主义哲学方面的著作,将来还准备写西方马克思主义与当代中西哲学交流发展史的著作。就文化哲学而言,想利用五到十年的时间写出《文化哲学论》和《意识形态论》(目前正在着手写作《西方马克思主义意识形态理论研究》)。在现实问题与当代科学理论方面,目前还没有写论著的想法,只是想集中力量写一些论文。如果非要说有什么长远目标的话,那我一直想写一部从主体角度叙述马克思主义哲学的著作。当然,这不是十年八年能完成的,需要有长期的理论研究与知识积淀。

哲学创新之路

我认为当前马克思主义哲学创新之路有三条:一是体系创新,二是问题研究,三是部门哲学研究。

在马克思主义哲学体系问题上,我认为要区分马克思主义哲学科学体系跟马克思主义哲学叙述体系,前者是由它的科学性决定的,它必须按科学体系的方式表征自己。(按理说,实践概念应该是马克思主义哲学体系叙述的出发点,因为它毕竟是在特定实践的基础上形成、发展并受其检验,但正像马克思在《资本论》中分析资本主义社会从"商品"入手一样,"从具体到抽象,再从抽象到具体"的科学方法告诉我们:科学体系的起点应该能够涵盖或衍生出后面要展开的一切。仅此而言,实践无法涵盖整个世界以及马克思主义哲学所要说明的一切,马克思主义哲学科学体系的起点只能是物质,它的合理结构只能是本体论、历史观、价值论和认识论。)但随着时代的不同(包括时代主题的变化),人们对哲学会提出适合时代需要的要求,因此,从新的视角重新叙述马克思主义哲学就是必要的也是可能的。从当前社会发展来看,关注人的问题是马克思主义哲学重新叙述的一个重要支点甚至可以说其起点和归宿点,当前马克思主义哲学体系的创新应该拓展从主体方面去理解世界。

　　事实上,正像前文所说,马克思主义哲学并不是不重视人的问题,以往的哲学体系也重视人的问题(如强调群体的作用、强调意识的能动作用等等),关键的问题是怎样重视人,重视哪些人。原有的哲学是战争与革命条件下的产物,它当然在叙述哲学体系的时候侧重于客观规律与人民群众的作用。因为,在动荡年代,指明历史发展规律可以让人们少走弯路,减少痛苦,尽快回到和平世界。而此时,个人的力量是十分单薄的,历史的推动者只能是历史人物与人民群众。但现在不同,和平与发展已成为时代主题,在此情况下,个人问题就相对凸显,因而,马克思主义哲学就应该主动关注个人问题。不过,在个人问题上也存在关注哪些个人、关注个人的哪些方面等问题。事实上,当代中国前现代、现代与后现代因素并存,与此相应也分别对应着不同社会群体,这些不同群体需要关注的侧重点不同。如工人、农民最关心的还是个人生存问题,中产阶层最关心的是财产保护、政治参与等问题。即使同一类群体,也有一个在不同领域关注主体不同方面的问题。如白领阶层,在私人领域他们关注人生的意义与价值,但在公共领域却欣赏碎片化的主体,喜欢玩味人生。所以,当前马克思主义哲学研究仍然要从社会存在为逻辑支点研究个人存在与价值问题。不可否认,以往的哲学体系忽视了个人的存在问题,未能给人们打开主体的所有世界,特别是主体求真、求善、求美等精神境界。在此,我对牟宗三等新儒家代表用中国传统儒家精神参与世界精神重构的想法很是敬畏。也许正在这一点上,我们能做到中国传统文化与马克思主义哲学的融合。

　　但需要指出的是:马克思主义哲学科学体系是马克思主义哲学叙述体系的前提,后者若不以前者为基础,它就不能体现马克思主义哲学的变革意义,更无法真正指导人生。其实,当前我国的哲学研究在许多问题上还是有共识的,如都主张关心人的问题特别是个人问题,但由于许多学者总是想把以人为核心的叙述体系提升到马克思主义哲学科学体系的高度,甚至以以往哲学体系不关心个人为名而彻底否定其合理性,因而,导致了一些不必要的争论。其实,当我们在建构以人为本的马克思主义哲学体系的时候,我们一定要总结历史上以及西方马克思主义发展史上的经验教训。科学主义路线之所以一直伴随着人本主义,实际上证明人本主义在重视人的问题时忽视了历史进程的客观性以及主体理论建构背后的权力关系。我认为,卢卡奇晚年的《关于社会存在的本体论》并不是迫于形势压力的违心之作,而是他认真总结历史理论经验的扛鼎之作,是值得我们认真总结和发展的马克思主义人本哲学范式。

当然,哲学的问题很多,哲学创新之路的目的是要建构适合当前社会需要的马克思主义哲学叙述体系,但这种体系的建构功夫事实上并不完全在体系本身,而在体系之外。就像一般解释学提出的整体与部分保循环一样,哲学问题、部门哲学的研究跟马克思主义哲学体系研究也有着一个互补循环。不过,要增进这个循环的发展,仅仅停留在哲学之内是于事无补的,还必须深入研究哲学史特别是现当代西方哲学史、重大现实问题与自然科学、社会科学的新发展。哲学来源于科学,哲学应该是思辨与实证的统一。

个人作品

事实上我不大喜欢用"代表作"一词,我认为许多研究成果是密切相关的,不能分割而论。但为了较好地完成作业,只好归类说明:

1.《论马克思主义意识形态理论的形成与发展》(首都师范大学出版社 1998 年版)等。对马克思主义意识形态概念使用、特点与逻辑层次作了学理上的说明,并研究了西方有影响的意识形态理论。

2.《马克思精神与马克思主义哲学创新》(载《马克思主义与现实》2006 年第 6 期)等。对马克思主义哲学史进行了疏理并提出当代马克思主义哲学创新的途径与路向。

3.《解析德里达的〈马克思的幽灵〉》(载《哲学研究》2005 年第 3 期)等。对后现代主义思想进行了哲学、社会等方面的分析与研究,比较了马克思主义哲学与后现代主义主要代表人物思想的异同。

4.《析市场机制的本质规定》(载《江汉论坛》1997 年第 7 期)等。提出了"社会经济存在的具体方式、经济制度与经济体制是个别性、特殊性与一般性的关系"等回答现实问题的观点。

5.《解构主义思想的复杂性解读》(载《哲学动态》2005 年第 9期)等。对后现代主义的核心观点与复杂性科学之间进行了比较研究。

推荐书目

哲学史著作是哲学研究的必备工具:1.黄楠森等:《马克思主义哲学史》;2.施太格缪勒:《当代西方哲学主流》;3.张岱年:《中国哲学史大纲》;4.安德森:《西方马克思主义探讨》。

5.金岳霖:《知识论》。这是一部中国学者建构的精深的认识论著作,某种意义上弥补了整个中国哲学认识论阐发的不足。

6.梁漱溟:《人生与人心》。这是一部对人生研究和人生意义有足够启迪的哲学著作。

7.康德:《纯粹理性批判》。这是一部在哲学史上有着哥白尼式革命的哲学巨著。

8.哈贝马斯:《现代性哲学话语》。这是一部围绕现代性问题对现代西方哲学有着深入分析与客观讨论的哲学著作。

9.卢卡奇:《关于社会存在的本体论》。这是马克思主义哲学家对历史进行人本主义重叙的有益尝试。

10.黑格尔:《精神现象学》。作为作者 30 多岁写成的成名作,深刻地揭示了人的个体发展及人类社会发展的历史辩证法。

题外话

问卷算是回答完了,任务也算完成了,但此时的心情却反而变得沉重和惆怅了。也许正如海德格尔所言平日由于操心劳碌沉沦于世,失去了本真自我，可一旦体验到本真状态却有了无名的压力。这种压力究竟是动力还是"怕"、"畏"，个中滋味只能慢慢体会。平日只感觉学术研究是个人式的，只要自我不断耕耘就算心满意足，甚至怡然自得。现在看来，我们还肩负着更多责任与重负。面对不远的未来，我们需要同行！

吴向东

吴向东

　　1966 年 11 月生,江苏省泰兴市人。1983 年入北京师范大学哲学系学习。1987 年、1990 年、1999 年分别在北京师范大学哲学系获得学士、硕士和博士学位。1990 年 8 月留校任教。2009 年 9 月至 2010 年 9 月在美国哈佛大学哲学系进行访问研究。2004 年 12 月被评为博士生导师,2006 年 7 月任教授,2010 年 11 月任哲学与社会学学院副院长。一直从事马克思主义哲学和马克思主义哲学史的教学与研究,主要研究方向是人的哲学、价值哲学、政治哲学。迄今为止,主持国家社科基金项目、教育部人文社科重点研究基地重大项目、教育部重点委托项目、教育部人文社科一般项目等共 5 项。作为主要成员,参加了中央实施马克思主义理论研究和建设工程《马克思主义哲学》、《中国文化概论》、《马克思主义经典著作选读课程教学大纲》的研究与编写。在《哲学研究》、《马克思主义研究》、《新华文摘》等刊物发表学术论文 60 余篇,出版著作 9 部(含合著)。2007 年被评为全国首届教育硕士优秀教师,2008 年专著《重构现代性——当代社会主义价值观研究》获北京市第十届哲学社会科学优秀成果二等奖,2009 年入选"教育部新世纪优秀人才支持计划"。现兼任中国辩证唯物主义学会常务理事、副秘书长,中国马克思主义哲学史学会理事,中国历史唯物主义学会理事,中国人学学会理事。

学术之路

　　自己走上哲学之路,主要有两个因素的影响:兴趣和环境。最初的兴趣可能是源于中学时代对一些文学作品的阅读。我的中学时代是在江苏泰兴的农村度过的,尽管农村的条件十分艰苦,但幸运的是我仍然有机会读到一些文学作品,包括中国的古典小说、现代小说以及《唐诗三百首》。后来在县城中学读书的时候还有机会看到一些杂志,读到一些散文。我不仅为作品中的故事情节、人物命运、华丽的文字所吸引,更为其中的一些词句而震撼,这些词句在今天来看就是所谓包含哲理的话,它深刻、睿智,具有某种穿透力,令人回味。1983年,我考入北京师范大学哲学系学习。当时正是改革开放的初期,市场经济的大潮正在慢慢席卷而来,哲学专业仍然是我填报的第一志愿,现在想起来,这应该是我的兴趣使然。

　　大学的学习生活及其当时的社会环境不仅巩固了自己的兴趣,还使自己最终走上了马克思主义哲学之路。我在北师大哲学系读了本科、硕士和博士。北师大哲学系有着优良的学术环境和学术传统,老师们对待学生宽厚仁爱,无私奉献,对待学问"如切如磋,如琢如磨"。哲学对他们来讲不是外在的学问,而是他们的生活方式、人生态度。对老师们的喜爱和尊敬也使得自己对哲学感到更加亲近,可谓亲其师,爱其道也。特别是我的硕士导师陈仲华、马润青先生,他们以令人敬重的人格带着我进入哲学的殿堂。我的博士导师袁贵仁先生以敏锐的学术洞察力,理论与现实相结合的学术旨趣,严谨犀利的逻辑论证,以及深刻的理论穿透力开显了马克思主义哲学的生机和活力,他带我走进马克思主义关于人的理论和价值哲学研究领域,使我自觉于马克思主义哲学的研究。

　　20世纪80年代,是中国社会变革和社会转型的最初的年代,是一个反思、拥有激情同时包含迷惘的年代。不仅个人的生存价值、生活意义问题在这种特殊的时代背景下被发掘、追问和彰显,而且中国改革开放和现代化建设提出了一系列重大的理论问题,如中国社会现代化的理念、道路、模式、内在矛盾、发展动力等等。这些问题是表现时代精神状态的最实际的呼声,也是对哲学,特别是对马克思主义哲学发出的最有力的召唤,它们需要哲学,尤其是马克思主义哲学去聆听、反思和批判,以自己的独特方式去解决时代课题。马克思主义哲学不是书斋里的学问,而是把握现实并从而变革现实的思想武器。马克思曾把自己的哲学比喻为报晓人类解放的"高卢雄鸡",这形象地展现了这一哲学"改变世界"的实践取向。"哲学不仅在内部通过自己的内容,而且在外部通过自己的表现,同自己时代的现实世界接触并相互作用。"马克思主义哲学的这种实践特质使我选择了它,把它作为自己的研究专业,并在 1990 年硕士研究生毕业后留系任教,一直从事着马克思主义哲学的教学与研究。

治学方法

　　方法即工具,学术方法的选择对于学者的学术研究来说无疑是至关重要的。《胡适口述自传》中说:"我治中国思想和中国历史的各种著作,都是围绕着'方法'这一观念打转的。方法实在主宰了我四十多年来所有的著述。"方法是多样的,毛泽东说:"我们的任务是过河,但是,没有桥或没有船就不能过。不解决桥和船的问题,过河就是一句空话。不解决方法问题,任务也只是瞎说一顿。"这里,桥和船的比喻不仅强调了方法的重要性,还表明了方法的多样性。事实上,同一门学问,有着多样的学术方法,不同的学者有着自己喜好和擅长的学术方法。

　　就马克思主义哲学的研究而言,当下无疑存在着文本研究、对话研究、问题研究等不同的研究进路和方法,诠释、理解、分析、考古等也为学者或单独或综合所使用。然而,无论何种进路,或隐或现,都离不开经典、历史、现实、问题这四个基本点。经典是指马克思主义的经典文本,宽泛一些则包括所有涉及到的其他思想文化经典文本;历史是马克思主义哲学史,当然也包括西方哲学史、中国哲学史,乃至人类思想史,文化史等;现实包括中国的和世界的现实;问题不仅是哲学中的问题,更是指实践和时代中的抽象到理论层面的重大现实问题。不同的研究进路和研究方法在这四个基本点上,只不过各有侧重,各有所倚,或者说这四个方面在不同的学者那里结合方式表现出差异。

　　马克思主义哲学本身就是一种方法论,也是我们今天研究它自身的最重要的方法论。诚如黑格尔《逻辑学》中所说:"绝对的方法(即认识客观真理的方法)不是起外在反思的作用,而是从它的对象自身中采取规定的东西,因为这个方法本身就是对象的内在原则和灵魂。"在我看来,以重大现实问题为中心,理论联系实际,是马克思主义哲学的本质要求和理论品格,也是研究马克思主义哲学必须坚持的基本方法。马克思主义创始人正是敏锐地抓住了时代提出的重大问题——人的解放何以可能,从而把握了资本主义现实所呈现的矛盾,最终从繁芜复杂的意识形态、动机和偶然性层层包裹的历史表象走进了历史深处,创立了"关于现实的人及其发展的科学"。马克思主义哲学是在回答和解决时代与实践提出的问题中诞生的,也是在回答和解决新的时代与实践的问题中得到检验和不断创新、发展的。

我们今天研究马克思主义哲学,承接马克思主义哲学的理论品格和内在要求,就要坚持理论联系实际这一根本的研究方法。这意味着马克思主义哲学的研究要立足国情,立足当代,以正在做的事情为中心,以重大现实问题为中心,要善于用马克思主义哲学的立场、观点和方法,综合运用各种理论资源,在世界历史背景下去深刻地、科学地分析当下中国的实际问题,进一步从对中国的历史实际和建设实际的认真研究中,在各个方面作出合乎中国需要的理论性创造。那种脱离实际,对于今天的中国和昨天的中国一概无兴趣,热衷于从理论到理论,从传统到传统,从西方到西方的各色各样的本本主义和教条主义的研究方法,只能使马克思主义哲学变成马克思所讽刺的那种"喜欢幽静孤寂、闭关自守并醉心于淡漠的自我直观"的空洞理论,也只能使自己成为毛泽东所讽刺的那种"古董鉴赏家":"仅仅把箭拿在手里搓来搓去,连声赞曰'好箭!好箭!'却老是不愿意放出去。"这是与马克思主义哲学的本性和宗旨相背离的。

对马克思主义哲学的一般理解

在马克思主义哲学理解史上,人们用辩证唯物主义、辩证唯物主义和历史唯物主义、实践唯物主义、历史唯物主义等来称呼和命名马克思主义哲学。名称的不同实际上表达了对马克思主义哲学实质理解的差别。然而,由于概念本身包含多样性和歧义性,所以,对马克思主义哲学的同一称谓又有着不同的解释,表现出理解内涵上的差异性。这就加剧了争论的错综复杂性,使人们在扑朔迷离的名称之争下忽略了各种见解之间可能取得的某种一致性和某种共识。

我认为,马克思主义哲学是辩证唯物主义,也是实践唯物主义,也是历史唯物主义。或者说马克思主义哲学是辩证的、实践的、历史的唯物主义。这里,辩证、实践、历史不是指某种研究领域和对象,而是指一种解释世界的原则和方法,表达的是马克思主义哲学的本质特征。

马克思主义哲学是辩证唯物主义。这里的辩证唯物主义不是斯大林所说的"辩证唯物主义",即一种研究自然界的方法和解释自然界的理论——"它对自然界现象的看法,它研究自然现象的方法,它认识这些现象的方法是辩证的,它对自然界现象的解释,它对自然界现象的了解,它的理论是唯物主义的"。这里的辩证唯物主义是指整个马克思主义哲学,不仅包含辩证唯物主义的自然观,还包含辩证唯物主义的历史观,是马克思主义的世界观。有人因为马克思主义创始人没有使用过这个概念而质疑这一名称的可靠性,这是一种形而上学的思维方式。事实上,马克思、恩格斯称自己的哲学是"新唯物主义"、"现代唯物主义",强调"现代唯物主义本质上是辩证的"。同时,从马克思对待黑格尔哲学的态度看,经过德国古典哲学之后的唯物主义不能不是辩证唯物主义。恩格斯说:"马克思和我,可以说是从德国唯心主义哲学中拯救了自觉的辩证法并且把它转为唯物主义的自然观和历史观的唯一的人。"因此,马克思主义哲学是辩证唯物主义,这是符合马克思、恩格斯自己的表述的。

马克思主义哲学是实践唯物主义。在马克思看来,全部旧哲学——无论是旧唯物主义,还是唯心主义——的根本缺陷可以被归结为一点,即完全不了解作为"现实的、感性活动"的人类实践。因此,马克思主义哲学把实践的观点作为自己的核心观点,以实践为枢轴去把握和解释世界。实践活动被视为现存感性世界的基础,"这种活动、这种连续不断的感性劳动和创造、这种生产,正是整个现存的感性世界的基础"。同时,实践内在地包含着人与自然、人与社会、人与其意识的现实的关系,这些关系的总和规定着人类世界中的基本现实。所以,实践也被视为蕴涵着这个现存感性世界的全部秘密,是人类所面临的一切现实关系和矛盾的总根源,同时又是调整和改变这种关系、扬弃和克服这种矛盾的基本动力。以实践为核心观点和解释原则的马克思主义哲学更是表现出自己最鲜明的特征——实践性。"哲学家们只是用不同的方式解释世界,问题在于改变世界。""对实践的唯物主义者即共产主义者来说,全部问题都在于使现存世界革命化,实践地反对并改变现存的事物。"

马克思主义哲学是历史唯物主义。这里的历史唯物主义不是指传统教科书所理解的辩证唯物主义在社会历史领域中的推广和应用,也不是一般意义上的唯物主义的历史观,而是同样指称整个马克思主义哲学。恩格斯在批判旧唯物主义的局限性时指出:"它不能把世界理解为一个过程,理解为一种处在不断的历史发展中的物质。""这种非历史的观点也表现在历史领域中。"在批判德国思辨的唯心主义之后,马克思、恩格斯指出:"在思辨终止的地方,在现实生活面前,正是描述人们实践活动和实际发展过程的真正的实证科学开始的地方。"马克思主义哲学把"历史"作为一种基本的原则和方法去把握和解释世界。在马克思这里,历史就是追求着自己目的的人的活动,感性的实践活动是人的存在方式,进而人是一种历史的存在。在实践活动过程中,自然和历史的对立消失了,人"周围的感性世界绝不是某种开天辟地以来就直接存在的、始终如一的东西,而是工业和社会状况的产物,是历史的产物,是世世代代活动的结果",人通过实践不断地改变自然的直接存在形态,使之日益成为"人化的自然界",成为历史的自然和自然的历史。社会生活在本质上是实践的,因而也是历史的,"以一定的方式进行生产活动的一定的个人,发生一定的社会关系和政治关系",而"一定的生产方式或一定的工业阶段始终是与一定的共同活动的方式或一定的社会阶段联系着的……因而,始终必须把'人类的历史'同工业和交换的历史联系起来研究和探讨"。由此,人的"'解放'是一种历史活动,不是思想活动,'解放'是由历史的关系,是由工业状况、商业状况、农业状况、交往状况促成的"。

辩证唯物主义、实践唯物主义、历史唯物主义不是三个主义,它们具有内涵的一致性,从三个侧面分别凸显了马克思主义哲学的辩证法维度及其批判性和革命性,实践维度及其实践性,历史维度及其历史的方法和原则。在辩证的、实践的、历史的唯物主义中,"实践"这一概念是最为核心的。正是借助于实践即"感性的人的活动"这一概念及其解释原则,马克思主义哲学内在地克服了旧唯物主义的直观性和唯心主义的抽象性,实现了对世界的唯物辩证的理解和把握。实践活动本身就是一种辩证运动过程,是一种"否定性的辩证法",它不同于单纯的精神或意识的辩证法,而是现实的人的实践运动的唯物主义辩证法,马克思的实践原则之中必然包含着辩证的原则;实践活动的展开就是历史,这种历史不是黑格尔的意识"在自身内部的纯粹的、不停息的旋转",而是现实的感性的人的活动的过程,辩证的实践运动表现为人与自然或思维与存在对立的扬弃的具体性和历史过程性,所以,实践原则必然展现为历史原则。从这个意思上,我更愿意说马克思主义哲学是实践唯物主义。

学术、思想和时代

学术、思想与时代之间的内在关系,本来应该是自明的,但在一些特殊的条件和背景下,它却成了一个问题。例如,在严酷的政治环境中,学者不敢表达自己的真实思想,只能在学术中隐匿思想,或者抽身返回到远离思想的所谓纯粹学术中自保;个人的偏见和偏执,以为只有远离现实和思想的词语考古、文本考据、知识梳理以及"玄妙的自我深化"等才是真正的学术。在马克思主义哲学的研究中,由于历史和现实的原因,出于对曾经存在过的"一种粗疏的、肤浅的、浮躁的作风"的反拨,以及被人讥讽为"没有学问"的担忧,有人走向另一极致,出现脱离思想和现实的形式主义的学术化诉求。对学术、思想、时代之间的内在关系进行的这种割裂,制造的某种分离和对立,其实只是在特定条件和环境下产生的一种心理应激和观点扭曲,但它却会对他人和后学产生真实的影响。

哲学研究中,学术与思想不是非此即彼的矛盾。学术是思想的载体,思想是学术的灵魂。思想需要以学术的方式去表达,否则,这种思想就是肤浅、空洞的,缺乏信服力的。学术需要表达思想,没有思想的学术犹如没有灵魂的躯壳,是没有生命力和价值的。康德是伟大的哲学家,没有人否认他的著作的学术性,尽管康德的著作多并晦涩,但真正的核心思想可能就是一个命题:人是目的。康德其他所有的工作都是为了去论证这个思想和命题,这个思想和命题在西方社会影响深远。历史上真正的哲学家的伟大著作无一不是思想性与学术性的有机结合。

学术是通过思想去切中时代本质、把握时代精神的。哲学中的思想不是哲学家个人的自言自语,不是他们私人感情的公开表述,而是对时代问题的考问、反思和解答,是对时代本质和时代精神的把握和反映。康德的"人是目的"这个命题实际表达了一个时代,后来的西方道德哲学家都没有能够提出像这样有分量的命题,这同样和时代有关。罗尔斯的《正义论》提出了正义的两个原则,说白了就是这样一个思想:要照顾一下穷人的利益。这一思想无疑是表达了他所处时代的政治实践。因而,哲学是思想中被把握住了的它的时代,也正因为如此,恩格斯说:"推动哲学家前进的,决不像他们所想象的那样,只是纯粹思想的力量。恰恰相反,真正推动他们前进的,主要是自然科学和工业的强大而日益迅猛的进步。"

用学术去表达思想,用思想去把握时代,这是我对学术、思想、时代三者关系的总的理解。用学术去表达思想,最主要的就是要用历史去论证思想,用思想去透视历史。现实总是有着历史的前提,思想也总是有着自己理论渊源,任何一种深刻的思想都需要借助于历史,尤其是思想史的内在逻辑来揭示自己的内涵,界定自己的位置,充分论证自己的合理性。所以,我们看到,伟大的哲学家总是有着自己对历史,特别是对哲学史的独立批判。事实上,也只有在对历史发展的反复思索中,在与前人和同时代人的反复辨析和对话中,深刻的思想才有可能形成,并对历史具有超越性。离开对历史前提的逻辑批判,思想的建构就会成为一种无根的浮萍,就会成为一种无力的幻想。用思想去把握时代,最主要的就是要把握时代问题,批判地理解时代的实践,表达人民群众的思想和情感。马克思说:"问题就是公开的、无畏的、左右一切个人的时代声音。问题就是时代的口号,是它表现自己精神状态的最实际的呼声。"准确地把握住问题即实践中的矛盾或者难题,也就是准确把握了时代的要求。人民群众的具体的、多样的、不断发展着的实践构成了时代的实际内容,它不仅提出了时代的问题,还包含着对问题的解答,思想要解决时代问题,就必须坚持批判精神,不断地解放自己,始终把自身置于现实历史的过程之中,始终向人类实践的发展和科学的发展敞开。人民群众是实践的主体,"历史上的活动和思想都是'群众'的思想和活动",人民群众的思想和情感是自然形态的东西,是粗糙的,但也是最生动、最丰富、最基本的东西,思想要把握时代,必须要真正理解和表达人民群众的思想和情感,如马克思所说,把"人民的最美好、最珍贵、最隐蔽的精髓都汇集在哲学思想里"。

为此,学者本人要对人民群众有着真挚的爱,始终把自己看做人民群众的一员,到群众中去,体验、分享、拥有人民群众的生活世界和情感世界。梅林在《马克思传》中说道:"卡尔·马克思对最高认识的不倦的追求,是发源于他内心的最深厚的情感的。正像他有一次率直地说过的,他的'皮肤不够厚',不能把背向着'苦难的人间'。"正是对人民群众的这种深沉的爱使马克思自觉地成为劳苦大众的忠实代言人,成为他那个时代的良心。

学术理想与目标

自己在今后一段时间的学术研究主要集中在两个方面:

第一,价值秩序理论与中国近代以来价值秩序变迁研究。

任何一种特定的文化都有自己的价值秩序,任何一种价值秩序也都表示着某一具体的文化。近代以来,中国社会发生前所未有的巨大变化,"三千年未有之大变局"道出了历史的真相。文化价值秩序的变革是社会最深层次的变革,甚至成为社会变革最终完成的标志。中国近代以来的一切社会矛盾和变化都直接、间接地联系着文化价值秩序的中西、古今之矛盾,联系着价值秩序的变迁与重建。当代中国社会的价值秩序也只能是在近代以来的价值秩序变迁中生成和建构。马克思主义中国化就是在这一变迁过程中进行的,同时也表现为这一变迁的最新进展。

为此,我主要围绕价值秩序的基本理论,中国近代以来价值秩序变迁的过程、逻辑及其规律,社会主义核心价值观与现代价值秩序的构建三大问题展开研究。其中,价值秩序基本理论研究既是对价值观基本理论研究的展开,也为中国近代以来价值秩序变迁与现代价值秩序的构建研究提供了理论基础。中国近代以来价值秩序变迁研究,既为价值秩序理论研究提供了最为丰富的实践材料和历史基础,同时又逻辑地和历史地指向社会主义核心价值观与现代价值秩序的构建。社会主义核心价值观和现代价值秩序正是在近代以来价值秩序变迁的历史背景和过程中建构的,是对近代以来价值秩序变迁中诸种矛盾和问题的回应与解答。

第二,马克思主义哲学教科书谱系研究。

自 20 世纪 20 年代首次形成马克思主义哲学教科书以来,马克思主义哲学的基本原理、观点、方法以及体系总是通过教科书来加以系统表述,因而马克思主义哲学教科书在马克思主义哲学的理解、传播、发展史上具有特殊地位,在马克思主义哲学的研究中,也往往总是处在争辩、论战的前沿。它在不同时期的变化形成了马克思主义哲学教科书谱系,并成为一种特定现象和事件。

我把马克思主义哲学教科书谱系作为对象来研究,探讨马克思主义哲学教科书的形成、演变及其规律,进而对不同时期的教科书所呈现出的马克思主义哲学及其相关的教科书问题给予解析与反思。通过这一研究,试图深化对马克思主义哲学发展过程与规律的认识,特别是从这一特定角度揭示马克思主义哲学中国化的历史进程和规律;为马克思主义哲学体系的创新和当代形态的建构提供不可或缺的历史的、逻辑的前提与依据;获得关于教科书的自觉意识,为马克思主义哲学的教学提供一个重要支撑。

哲学创新之路

尽管马克思主义哲学被称为我们这个时代唯一不可超越的哲学，但是，毫无疑问，它的生命力取决于自身的创新能力。都说条条大路通罗马，创新之路也绝不是单一的。然而，理论与实践的关系内在地规定了现时代马克思主义哲学创新的最根本道路，那就是在当代世界历史背景下，在以哲学的方式解决中国问题，反思中国实践，总结中国经验，概括中国模式的过程中，深化、发展马克思主义哲学的基本理论，创造马克思主义哲学的新形态。

为此，我们需要具有问题意识。这一点在前面关于学术方法，以及学术、思想与时代的关系的说明中多有涉及。中国特色社会主义实践，是具有世界历史水平的伟大实践，包含着大量的经济、政治、文化、社会的问题，提供大量丰富生动的具体材料和事实。"这个领域无限广阔，谁肯认真地工作，谁就能做出许多成绩，就能超群出众。"（见《马克思恩格斯选集》第 4 卷，人民出版社 1995 年版，第 692 页）我们的哲学研究要善于捕捉这些新的问题，善于将实践中提出的现实问题提升为哲学问题，并善于对这些问题作出具有中国特色和时代水平的回答。

我们需要有开放意识。马克思主义哲学的研究不能囿于其自身，要敢于善于学习和继承人类文化的优秀成果和遗产。在马克思那里，哲学研究从来就没有脱离过经济学、历史学、政治学、人类学等的研究，他的研究早已超出学科之间严格的分界线。我们当下的马克思主义哲学的创新是要在世界历史背景下推进马克思主义哲学的中国化，它也是中国哲学的现代化，所以，除了要充分吸收当代自然科学以及社会科学的优秀成果外，它特别不能离开对以中国哲学为核心的中国传统文化的批判性继承和创造性转换，不能离开对现当代西方哲学的交流、对话和批判性吸纳。

我们需要有批判意识。马克思主义哲学要批判现实社会生活，批判已有的理论,同时也要批判自身。"辩证法在对现存事物的肯定的理解中同时包含对现存事物的否定的理解,即对现存事物的必然灭亡的理解;辩证法对每一种既成的形式都是从不断的运动中,因而也是从它的暂时性方面去理解;辩证法不崇拜任何东西,按其本质来说,它是批判的和革命的。"只有在对生活、理论和自我的多重批判中,我们的哲学理论才不会成为仰之弥高的僵化教条,才会实现无愧于时代的伟大创新。

个人作品

谈不上最为满意的作品,自己觉得花了很多工夫的是:《重构现代性:当代社会主义价值观研究》(北京师范大学出版社 2006 年版)。

研究社会主义价值观,构建中国特色社会主义价值体系,进而重构现代性,是当代实践和现代性运动所提出的核心时代课题,也是价值哲学研究的最终使命。随着中国改革开放的巨大成功,人们在讨论中国模式和中国道路,即中国特色社会主义。中国特色社会主义的建成,不仅取决于我们的经济发展水平,而且取决于中国特色社会主义的文化。价值观是文化的核心,因此,社会主义价值观对于中国特色社会主义、对于中国道路的意义可谓不言而喻。

本书直面这一核心时代课题,以此作为研究对象,综合运用哲学、社会学、政治学、历史学等多学科的研究方法和资料,通过在社会生活的抽身反思、观念历史的解析、逻辑前提的批判的结合中进行观念建构的逻辑运思,在现代性语境中探讨当代社会主义价值观的建构。全书包括导言和五章正文。

第一章"社会主义与价值观",对价值观、社会主义以及价值观和社会主义的关系作了界定和说明,从而为社会主义价值观研究和社会主义价值观的当代建构奠定基础性的理论前提。在这里,对价值和价值观的解释突破了传统认识论框架,在本体论层面上给予了创新性说明。通过对价值概念哲学史的梳理,以及本体论、认识论和价值论内在关系的说明，指出对价值概念的哲学解释目前停留在认识论框架内，存在着重大缺陷，强调必须进入到价值的存在论的层面，或者说在价值与存在的关系中才能把握价值的实质：价值是人的存在以及对人的存在所具有的意义。价值观是关于价值的意识，即关于人的存在以及对人的存在所具有的意义的看法、观点和态度。价值观和价值存在着一种内在的相互缠绕和互相同一性，正是根据二者之间的这种关系，价值观的基本结构才得以被揭示。同时，依据对社会主义谱系与传统的梳理和分析，我们指认社会主义是思想体系、运动、制度与价值观的统一，并进而论述了社会主义价值观是社会主义思想体系的内核、社会主义运动的核心、社会主义制度的灵魂，因而构成社会主义本质内容，是社会主义的精神自我，是社会主义现代性的核心。

第二章"社会主义价值观的历史流变"，在学术史上第一次对社会主义价值观演变历程进行系统梳理和分析，进而揭示社会主义价值观历史变化的意义和逻辑，从而为社会主义价值观的当代建构提供自身历史逻辑的依循。依据社会主义不同传统，并结合各种传统自身的历史演变，细致耙梳了空想社会主义的价值观、马克思主义的价值观和伦理社会主义的价值观，并通过对社会主义价值观流变历史的整体观对照与反思，从理论上确证价值观是社会主义的本质维度，突破了长期以来对社会主义的纯粹制度化、实证化的理解，也试图避免了伦理社会主义脱离历史必然性把社会主义伦理化的浪漫主义倾向。社会主义价值观变化的内在逻辑表现为从抽象到具体，从原始的丰富多样性到历史的具体性的展开；表现为从革命到建设的转换。

第三章"当代社会主义价值观建构的三重维度"，通过对资本主义价值观、中国传统价值观以及市场经济价值观的系统梳理和批判性分析，为社会主义价值观的当代建构提供又一个逻辑的前提。个人主义、功利主义、自由主义和理性主义构成资本主义的价值体系，也是资本主义现代性的核心。这一价值体系具有历史的合理性，同时它本身又潜藏着重大的缺陷：个人的僭越、理性的失衡、普遍主义的意识形态幻象。中国传统价值观呈现为一个颇为复杂的系统，它既涉及多重价值关系，又交错着人们对价值关系各个不同方面的侧重和强化。它在人与自然、人与人和人与自身关系等方面所呈现出的一些价值理念,不仅具有历史的合理性,而且具有当代意义,尤其是面对现代性的危机。但就整体性质而言,它是与农业文明和宗法制的社会结构相适应的;就其内容而言,存在着内在的矛盾和缺陷,集中反映在德性与知性、道义与功利、整体与个体之间的紧张、对抗以及贬抑之中。市场经济是一种制度,也是一种价值观,包含着独有的价值体系,这种价值体系从历史上看,相对于自然经济所蕴涵的价值观而言,无疑是一种进步。但就其自身的内容来看,它又和市场经济本身一样,具有中性的意义,并具有二重性。对资本主义价值观的批判和超越,对传统价值观的批判和超越,对市场经济价值观的批判和超越构成社会主义价值观当代建构的三重维度。

　　第四、五章"当代社会主义价值体系(上、下)",探讨当代社会主义价值观亦即中国特色社会主义价值体系的内在逻辑和具体内涵,对其进行了原创性建构。在对社会主义价值观历史的批判性分析中,在对资本主义价值观、传统价值观和市场经济价值观的理论以及实践的批判与超越中,以及在对当下社会存在的本质反思中,依据价值观的基本结构,我们从人的自由全面发展、集体主义、人民功利主义与可持续发展观、社会主义民主与正义、实践理性主义,以及它们之间的相互关系等去建构当代中国特色社会主义价值观的逻辑体系,并对价值观的内涵作了深度阐释和详细论证。其中,人的自由全面发展是社会主义的总的最高价值观,是社会主义的终极价值信仰。集体主义、人民功利主义与可持续发展观、社会主义民主与正义,以及实践理性主义实际指涉人与自然、人与社会、人与自我三个方面的关系,展开着人的自由全面发展这一总的最高价值观。其间,集体主义又是社会主义关于个人与社会关系普遍的价值原则,人民功利主义与可持续发展观、社会主义民主与正义、实践理性主义分别指向经济、政治、文化三个向度。这一体系既是社会主义本质"解放生产力、发展生产力,消灭剥削、消除两极分化,最终达到共同富裕"和社会主义价值目标"富强、民主、文明、和谐"的必然要求和实际的展开,也是对由个人主义、功利主义、自由主义和理性主义所构成的资本主义价值体系的批判性否定。

推荐书目

　　每个人的选择可能会有差异,但无论选择哪十本书,无疑都应该是哲学史上的经典著作,而且应该包括中国哲学、西方哲学、马克思主义哲学等领域。我想说的是,作为马克思主义哲学专业的研究生,还应该尽量阅读哲学之外的人类文化史上的其他经典著作。我在给学生上课的时候,曾经打过这样的比喻:如果把人类文化史上的所有人文社科方面的著作全部集中到一个图书馆里,有一天,很不幸,图书馆失火了,所有的书都付之一炬,但没有关系,只要能够留下三本书就好,文明就会被复制。哪三本书呢?《论语》、《圣经》、《资本论》。所以,这三本书是无论如何应该读一读的。

题外话

　　最近读到一则关于美国著名的水彩画家约翰·马林的故事。马林的绘画,属于具象表现主义。在近 40 年来,他被认为是世界顶级艺术家或者是其中之一。看着他的那些水彩画,一个人总能说出它们是什么:纽约的摩天大楼,新墨西哥州的陶斯山,缅因州的港口和纵帆船。在 20 世纪 20 年代,马林用 8 年时间去康涅狄格州、缅因州画画。而当露西·法恩,一本关于马林故事的著作的作者,前去那里寻找认识马林的人时,她找到了一位捕龙虾的渔夫,渔夫说:“哦,是的,我们都认识他,他日复一日,年复一年地出来,在他的小船里画画。可怜的家伙,他如此努力,但却从来没有画对过。”这不禁使我想到:它是否是一句箴言,我们在哲学上的努力会不会也是如此?但无论如何,我们在这条道路上不断地跋涉过,并仍然在跋涉。

张文喜

　　我那位钝根之朋友这几天刚过 50 岁了。他是一个和善的人，这并非从他的外表看出来。没有人真的认为，他能取得多么大的成就。这一点从他的外表就能明显看出来。也许可以逐个逐个考察文喜的作品，却无法从中得到一个"印象文喜"。但是我有点担心，也许我只是未能把握他的作品的意义。特别是不能按照被视为组织课程和图书用的技术辅助手段的学科名称来理解他的作品。按照某一位哲学家的说法，"我们最好从一个学者所探讨的问题的个别性而不是从他所在的学科来了解他"。但是我们打算说他从事的正是正经八百的哲学。文喜在性格上的谨慎克制、全神贯注造就了其作品非常智性的、蓄意谋篇的观感。他的作品中产生出近乎紧张疼痛、合理的谵妄的感觉。也许活生生经验之根就是流动不息、不可以用范畴框住的东西。诚如尼采所言，哲学家的思想是新闪的电光，有时，直接击中，有时，无可解说。我们不知它从何而来，一个像文喜一样所做的无非是使文字成为自己的圣餐面包的人，想必与那种不爱惜文字成卷成卷出书的人该有很大不同。尽管如此，他自己却出了很多作品，在文喜这里，写得多毫无疑问要比写得少更难，这是他的矛盾。

学术之路

　　首先，我要感谢立波设想了这么好的一个创意，因为，知道自己正在做什么是有益处的，用通俗的话来说，"我应该知道自己忙于什么！"它让我开始得以全面恢复因暑假而中断的研究和写作，让我以愉快的心情准备开始辛勤的耕耘，并重新依归于严肃的反思的生活。正像您所认为的，每个人都有不同的道路。因此，您的提问不会是随意的提问,而可能是一种有关键所指的提问。在这里我有必要停顿一下问自己:"我是如何走上哲学研究的学术之路?"亦即让我自己针对自己来提问和审视。我想,像这样的问题经由我自己提出以后已经足足长达 20 余年,我却不断地、一次又一次反复地来提出。因为,哲学并非等同于"占星术"。想一想,当年我认为我选择从事哲学学习和研究是根据正确的思考得出的正确的选择,但是现在或在人生的每一个阶段看起来其理由已经不仅不能说服自己,而且从起点上就让我自己敬畏哲学研究的道路了:茫茫的黑暗笼罩着我们每一个作为个体的人,笼罩着所有的学问领域。这里的意思还可以这么说,只要经历过哲学那种最内在启蒙的人,就会涌动起高尚的、无尽头的求知欲。在现代学术界,要读的书实在太多,而研究马克思的没有读过康德是常常有的事情。所以,他的一辈子就可能是不断发现未知的自己的过程:只要他并没有很好地耕耘过所有的学术领域,也没有精细入微地全面掌握过任一流派,就必然如此。在这个意义上,我要说,认识我自己是我从事哲学学习和研究的最大动力。

1982 年,在我还是浙江中部城市金华一所高中的复读生,并且还是一个大龄复读生时,我就喜欢上了哲学,虽然每一个人在时间的每一瞬间的精神和感情生活中都要接触到他与其他人所不知的事情,但是我在任何地方都难以找到某一件使我喜欢哲学而使自己思维瞬间发生骤变的所谓哲学"历事"。因此,我也找不到任何与对一个哲学"顿悟"相符的东西或事件。相反,实际上,当时我并没有或不可能系统地学习哲学,也不知道任何一个哲学家的生平和思想,遑论达到哲学家所特有的精神的内在独立性。当然,在这里,我将不去追究那原本不能追究的一个问题——"哲学境界"本身是否正是一种不知,究竟有无"哲学境界"这样的东西?"哲学境界"说与"占星术"有多远? 不过,这个事情从历史的角度来看,倒是有一次让我自己十分激动的事件——我终于可以用一个关键性的证明、一个事实性的证明,来证明自己的心思集中的能力。那是仲秋的某一天,我在图书馆借阅到一本费尔巴哈谈论人的读物。读后,如醍醐灌顶,精神为之一振,也即通过费尔巴哈的道路提高到超越了对于人的通俗看法而上升到精神世界的本质水平。我把这种水平的基本特征描述为心思集中,思维不为各式各样的对象搞得七零八落。我想，人类生活的内容，至少就一定程度而言，就是集中于思想、知识以及我们内心的心理过程的内容。当时尚的女子、富有的商人以及年轻的学者被他们各自的职业对象分散了精神，偏离了"认识你自己"的要求时，哲学家却向来以孤独宁静、心思集中而不受外部世事的干扰而获得神性的祝福。在他每天于思维中工作并得到快乐的时候，那些人则只能回家休息和恢复疲劳。而我相信这样的好运也落到了我的身上。我想说的是，如果费尔巴哈使"唯物主义重新登上王座"一事推动、影响和促进了马克思对哲学变革的话，那么，费尔巴哈的哲学对于我的意义仅仅在于诱发当时的我报考大学的志愿时可以说清一色填写的都是哲学和法律，而且因为希望被哲学专业首先录取，我不为各种各样的杂多选择分心，而在第一志愿栏下填上哲学。

然而，回想心路历程，我学习、研究马克思主义哲学的时候，已经是在哲学界开始反思过去对马克思主义哲学的政治化理解的时候了，在"正本清源"、"回到马克思"的口号声中，我们都不喜欢那种只空谈而不思考的文风或文人。我始终认为，哲学没有专业，而思想就是专业本身。对于重视思想、理论的学者来说，其重要受众是由他的同行或学术共同体中有相似取向、才能的学者构成的。与此相应，他是个探寻者、争执者。争执不是为了"东风压倒西风"或"西风压倒东风"的强力，而是护卫着思想的根本张力。

或许这仅仅是一种大家早已经熟悉的观点的某个例证。这种熟悉的观点认为，哲学作为对智慧的爱，原本就是温和而理性的爱，原本就是对人之爱这个东西、爱那个东西之心力涣散之天性的反拨。但是，我毫不犹豫地断言，心力之不足实际乃是我们时代生活之不幸。因此，前面提出的那个认为不可能追究"哲学家相"或"哲学境界"的论断，也同样意味着，只有通过凝神一志将心思拉回到思想本身，人们才能上升到哲学境界。

治学方法

迄今为止,人们常常把"思想"想象为一种简单且轻而易举的事情,就好像我们一般的"思考"、"思维"那样。所以,促成海德格尔所谓的如下情形的发生其实也就毫不奇怪了:"思想被贬价出卖",哲学方法论"被控制论代替了"。这一切都像是在旧得泛黄的胶片上发生的那样,首先听到的是放影机的杂音,却听不到电影中人物的声音。我认为,哲学毕竟是创造性的事业,对创造性无方法可循。方法也有教派之嫌,不受"道"之统领,弄不好就萎落成方术。思想不得法,处处都犯傻。这话有一定道理,但是我们必须同时考虑到哲学乃哲学史之历史性质所唤起的学者应该具有的谦逊态度。或者更恰当地说,哲学的创造之困难在于:遵循几百年以来学科要求的同时又服从一种人无拘无束的天性状态。过去在差不多两千年都不间断的时间进程中可能的东西为什么竟然在今天就不再可能了呢?这个问题差不多还是人们不知道的,特别是对那些如此娴熟地谈论真理与方法联结的可能性或不可能的人来说,也还是隐而不彰的。

人是会思想的动物,西方人和中国人都这样认为。这似乎是说,人天生就会思想。但是,西方有一个人不同意这个观点,他就是海德格尔。海德格尔曾经把思想比喻成为手艺。与任何真正的手艺活相比,哲学思考更需要精益求精。我必须赞成海德格尔的这个说法,只不过手艺干得好和不好,也许与个人的经验和方法有关。既然我的方法是个人的个别经验和方法,那就可能我用自己的经验研究哲学有一定成效,但不能保证别人用了能够有同样效果,可以说,没有一种方法能够依样画葫芦地挪用的。因为,这牵涉到个人的阅读经验,还关联到个人对哲学的理解,所需要的背景甚至要比我们接受的整个教育还要广阔,而这些多半是跟方法没有关系,也是方法所不能够使上力气的地方,更谈不上值得拿出来在这里晒一晒的。从这个意义上讲,思想这门手艺是人的最简单也最难的手艺。要获得刹那的灵感,留给我们的唯一可能是需要很长时间的准备。

为此，与其谈论方法，还不如谈论交流。谈哲学家是怎样交流的！

对马克思主义哲学的一般理解

"马克思主义哲学"一直是一个聚讼纷纭的问题。不说别的，光"马克思主义哲学"这个名称能否成立，就已经争论了一个多世纪。在许多人看来，马克思主义哲学有点名不正，言不顺。例如，像"哲学"、"哲学家"这样的词，在马克思本人思想形成时期的著作中都是在贬义上使用。"历史唯物主义"这个名称的情况也是如此。根据人们的考证，马克思在说明他自己的理论时也从未使用过"历史唯物主义"一词。它只不过是马克思哲学或马克思主义哲学的流行的别名，尤其是在西方世界。

既然这样，我不妨结合自己的探索，回顾我对马克思主义哲学的一般理解。

回顾起来，我的问题来自两条线索。一条是历史唯物主义视野中人的问题研究。正如萨特所见，"人"显然不是一个马克思主义正统语境中的哲学问题。不过，随着越来越多的人意识到，生活中许多重要的问题也是人的问题，这时，我们就很容易想到一个熟悉的情况，来印证马克思主义哲学中缺了这种发现——"人的发现"。照这么看来，它为马克思主义哲学开创了一个新的开始的说法并不为过。但却终因当时的学术仍然被意识形态话语裹挟，真正说来，"人"很少被严肃认真地对待。比如，我们可以举一个典型的例子，在我们的学术里，最突出的特征之一就是：教授和学者用"人本主义"为题名进行无休止的扯淡，以至于那些口头最常用这个语汇的人，往往对它因表面显得"合法"而被滥用所造成的损害知之甚少。不管人们是否同意，如果不是扯淡，各种各样的作秀、贸易洽谈、议决会议，就无法进行。谈及这些行动计划，发动者开口闭口总是标以"人本主义"。想象教授们在课堂上声嘶力竭地宣称："人是历史的目的，而不是历史的工具。"这些话如果被人们太当真,当然会觉得还是扯淡。原因不在于扯淡者认为自己说的是假话,而在于他的语言是宣布式的和空洞的、抽象的;说它抽象,是它除了它自己就再没有别的内容。原因在于哲学对人的理解非常独特的本质看法仍然是蔽而不见的。当说这些话的人不知所云时,必不可能与他人有真切的思想乃至信息的交流。从一定意义上看,这种流行话语仅仅喷出了一丝丝的口气,制造了种种死亡意象。因此,当形势需要人们去讲出"真相"时,反而存在着困难,而其中一个困难起到关键作用,这就是,我们是否能够在说话时只关注真相,而不在乎论断是否牢牢系缚于意识形态的坚硬板块。

　　由此,人们对于假、大、空的宏大叙事横行流布,日趋厌烦,日渐愤懑,日益感到无奈和无力——这意味着一种在场者的心情。

　　根据刚才的描述,的确可以说,曾有一段时期,人们必须根据原则的证据才能说话:才能说这是对的,那是错的。我们非常了解当需要就特定问题表明立场时,我们诉诸的立场就是对每一个人都无条件地"真实"的立场。有诗曰:"啊!《马克思恩格斯全集》里讲啥?《马克思恩格斯全集》有几卷? 说出页码来,别对我扯淡!"这是一种对文本事实的召唤,诗里质问的那个人,很显然被当成曾经声称自己很懂马列的人。这点谁都明白,在我们的"学术形势"里,谁都"沾光"有份。这契合于刚刚解放思想的当时的情形。当然,更别说自忖并不知道"真相"的我。我对这种处境的第一反应就是:人最不容易弄懂的正是"人本身"。正像他回避基本问题——灵魂与肉体的关系——一样,他的本质还在于需要"大话"以便把生活赋予意义。也正是这其中的原委,导致了我的精神远游。也就是说,我的精神远游始于关注一个论题——人,它并非刻意为之。在这种状态下,我发现,自从自己有了蒙眬的哲学意识以来,还没有什么别的哲学问题比"人是什么"这个问题更长时间地盘桓于我的精神空间。这甚至在我的写作和阅读之间最终形成了一种不断地被自身所认识到的不充分性(不成熟性)所撼动的张力。《马克思论"大写的人"》是我的第一次哲学尝试,另两部与之平行的作品的书名是《自我的建构与解构》、《自我及其他者》。前者是一部思想论题成型于早年的作品,这里的问题涉及与人类生活意义密切相关的"大话",具有较强的概念思维或教条主义的印记——

人显得是一团概念。究其根源,"不成熟"就是问题的根本所在。假如偏离马克思哲学的革命意义,那就不可能恰当地把握马克思哲学的基础。不过,后两本书的论题意味深长地取了"解构"和"他者"这些题眼,作为对人本主义和主体主义的反拨,同时,通过揭示发生在人们称之为历史的那个东西,在人本主义及其与被现代形而上学霸占的本质区域之外,为契合、开启马克思的实践世界打通了另一条路:因此,对我来说,我企盼在过去得到我的《颠覆形而上学——马克思和海德格尔之论》一书的读者将它解读为反对传统人本主义和主体主义的论述——或者与其说是我对"人是什么"这个问题探求的结论,不如说,是在一种意义上表明并没有"想象着的主体这种东西";因为在这些书里唯独不能谈到的就是主体。

　　这是不是说,在我的书里所发现的世界里主体死亡了?

　　不,不。我认为,如果我写一本叫做《主体的死亡》的书,我也应该在其中报道我的身体,并且说明我的身体的部分如何不服从我的意志。现在的问题并不是将人范畴化为是什么的问题,而是一种非人的生成问题。为了将这样一个过程找到类比,它常常让我想到维特根斯坦的《逻辑哲学论》。根据维特根斯坦对孤立主体方法的批评,文本是借助不在文本的东西,而不是借助其中实际所说的东西来表达哲学观点的,这种文本观不应再受到忽视。总之,我的书涉及的观点与马克思谈的"作为(生产)活动的人"而非"人的(生产)活动"的观点原则上是一致的。

　　如果这是事实,那么,我想那种致力于从存在论根本处来把握马克思哲学的主体概念,在当时学界相关研究中可谓颇有新意。我写的《自我的建构与解构》《颠覆形而上学——马克思和海德格尔之论》等,就与前辈学人,比如吴晓明、张一兵、郭湛等对马克思的理解有着立场的差异。在20世纪90年代初,他们都对"主体"概念有过"建构性"(如果可以这么说的话)的关切。而按我的说法,在历史唯物主义视野中就没有了"主体的绝对确定性"了。当我确认马克思根本颠覆和解构了传统的主体概念,用别的概念,比如"感性对象性"之类的概念来说明人的存在不是一种孤独的唯灵论存在,而是原初地有一个感性世界作为人的对象性存在时,我与前辈理论分歧的立场又体现在哪里呢？

仔细想来，这个问题跑偏了。如果以鸟瞰的方式看待问题，是因为我们在普遍意义上依然没有对于"立场相同"或"历史效果相同"等说法的使用取得一致意见。我把这种困难理解为：分辨的困难，虽然分辨正是出于哲学本身的需要。但至少我说，相同者不是相同的！在我们这个正处于形而上学终结的时代，它们不是简单地展示了一种思想的可能分化，而是为时代向人们指证了三种不同的表达方式。所以，"主体的消解"范畴非常复杂，这个范畴的语义也是多样的。就一个持续了 2 000 多年的"主体"却又是（按海德格尔的说法）非常缓慢消解的那个"主体"而言，我认为，在海德格尔等思想大师与传统哲学的"断裂"处需要继续走下去，但这不是走到德里达造的解构主义的房子中，而是坚决地回到那个谈论所谓"感性活动"的马克思。

如此总结性地加以描写的这个指向应该指向何处？尽管人们之间所谈到的马克思主义哲学的意义是多样的，但还能找出标志着当代马克思主义哲学之统一的一些特征吗？

能！这关系到我近期的学术思境的另一条线索——哲学与政治的关系，特别是马克思主义哲学与政治的关系。

依一般的看法，政治哲学的探讨原本与马克思主义无关。马克思本人似乎从未借助某种"政治思想"来系统阐述一种"政治哲学"本身。最激进的政治科学家们断言，"一种好的政治哲学必须绕过马克思"。但是，我们不得不察的是，许多质疑和否定马克思政治哲学的人，归根到底并非出于学理的理由，而是出于政治的考量。我对此曾以"马克思的政治哲学在何种意义上不在场"为题作过分析。不过，马克思主义哲学之政治哲学研究现在似乎逐渐热了起来。在 2004 年我写过《历史唯物主义的政治哲学解读》一文，发表在《天津社会科学》杂志上，而且我近来的论著，比如《历史唯物主义的政治哲学向度》对此都用心甚多。今天看来，马克思的哲学研究还有未曾深入开展出来的政治哲学空间。也可以说我想补救政治哲学领域对马克思的某种不公正。我特别责备通过柏拉图主义理解马克思政治哲学的渊源，将历史唯物主义与柏拉图主义相比并相对立，从而贬低马克思政治哲学的重要性。所以，根据反柏拉图主义的特征来界定一种马克思政治哲学，毫无用处。相反，我们可以像人们区分幻象的方式来分辨一种马克思的政治哲学。我认为如何理解历史唯物主义的政治哲学向度与如何理解马克思主义哲学的当代性是密切相关的，甚至是同一个问题。这些观点都很有新意。我以为，对那些总认为"政治哲学是这个，不是那个"的人，应该用不确切、不大可能的词汇思维：超越知识论的思维。如果我的近期致思与发微历史唯物主义之政治哲学大义有关，那么，马克思主义哲学之当代性主题就是那个关联中最重要的。因为理解马克思主义哲学之当代性问题绝不等于将之理解为关乎现代国家、现代政府、当下的政治处境、现代人、我们的社会、我们的文化、我们的文明等问题，相反，我们必须将此一问题转换成为考虑以下这一问题的可能性：马克思主义哲学已经发现了唯一的真理，并且它的视阈被马克思主义哲学自身所处的时代及其所已知的种种可能性穷尽了。发现唯一真理的故事长期以来一直披挂着柏拉图主义及其神学思想的标签。我们必须把这个故事从柏拉图主义及其神学概念中解放出来，而马克思主义哲学之所以真正属于当代，恰恰是从其思想上超越了现时代的那个本质性维度才有可能。拙著《历史唯物主义的政治哲学向度》中提出："倘若我们误入歧途，将重点放在考察马克思主义哲学所以出现的思想语境和历史条件，进而历史的洞见如同形成一堵无法穿透的墙而最终在年代学意义上强调马克思只是生活于特定历史时代，并且只有生活于某种特定历史时代的人，才会倾向于接受马克思主义哲学，那么包含于'马克思主义哲学'这一名称之中关于那些根本问题的意向就会逐渐逸出我们的视线。"我的意思是说，今天，我们正目睹伟大解放事业的废墟，我们不再能够隐藏在那个伟大的集体构架和那个形而上学的总体背后，让它代言你、我的立场。但是，如果我们今天面对异化的现实，我们必须作出自己决定时，需要有一个恒久不变的固定点，需要一个为美好生活辩护的恒久而普遍的原则，这就是我们今天所说的回到马克思政治哲学必要性的理由。但是，在这里，要紧的是，不要错解！因为曾有一个时刻，你、我必须根据马克思哲学原理的证据，其实是一种类似观念学的证据才能说这是对的，那是错的。大多数人因此误以为自己有能耐分辨谁在胡说，谁在闪烁其词，而他在这么想的时候，他也无可避免地错误地表达自己的想法。我找不到更好的比喻来说明这里存在着的关系:当他骗人说马克思哲学的当代意义现成地居住在一套原理或《马克思恩格斯全集》的时候,就像他真真切切地骗人说自己口袋里面有多少钱的时候,他既表述了自己口袋里的钱数,又表达了他认为这个数目是正确的。如果这个谎言得到传播,受害者则被双重欺骗了:他既相信了撒谎者口袋里的钱数,又相信了撒谎者之所想。

末了,我得非常简要地概括一下我在研究马克思主义哲学中所持的基本观点:

一般而言,在马克思生活于其中的时代里,马克思由于他所高度关注的是那些日益贫困化的生产者和劳动异化而凸显其作为政治哲学家的品格的话,那么,在剩余价值理论所昭示的"资本的规律与一切个人之作为人去生存的可能性之间的敌对关系"仍然起着支配作用的今天,面对"人在现代性中的抽象生存"及其整个社会领域的"非政治化"、"理性化"和庸俗经济学化,就注定了"现代性状况仍然落在历史唯物主义的预言之中"。原因很简单,考虑政治经济学的人不能不连带考虑"要捍卫什么"、"维护什么"、"为什么奋斗"之类的问题,这些不是一个单纯的经济问题,而是一个严格意义上的政治哲学问题。在今天看来,马克思是正确的,它的理论高度全部来自国民经济学的终结,以及要为政治哲学的发展作出新的贡献。这里,解释性的难题是:整个西方近世哲学一直到罗尔斯所代表的"哲学",也是一味以"哲学"为标榜而完全无视任何政治共同体以"意见"("常识")为基础,而不是以一个可以独立于外在世界而存在的实体性自我为基础。因而,当当今的哲学家扯淡存在与知识时,当当今政治哲学家坚信,可以用哲学"知识"取代政治生活中不断碰撞的"意见"来全面改造不符合"真理",实际上是不符合他们自己的哲学的整个世界时,苏格拉底所开创的"清醒"和"中道"的"常识政治"终结了,现代哲学由此走上了不断批判不符合真理的"政治",其后果是导致"政治"的日益走火入魔即不断革命,以及"哲学"自身的日益走火入魔,即不断"批判"。这样的区分甚至不止于哲学之古典原则与现代原则的划界,而且还涉及到马克思对整个柏拉图主义形而上的政治哲学的超越。超越知识论思维的马克思主义哲学毕竟走向了"成熟的"政治理解。

代际定位

目前谈"几十年代"似乎很流行，但是流行了，就容易遮蔽"几十年代"话语所应该具有的问题意识。比如，有人称80年代是"文化人时代"，90年代是"经济人时代"。然而这样的概括符合事实吗？在我看来，这样一种分类的依据就很可能只是标签式的，它很可能使得历史失去了紧张和复杂，因为问题本身似乎没有办法找到适合的答案，它们难以用一种原因加以解释。这种说法最糟糕的可能性就是以思想与年代刻板、整齐划一为理论预设，最后变成了可以由概率论替代的数据和信息之类的知识。它封闭了一切差异的探究的可能性。用具有讽刺性意味的话来说就是：我们每个人都总是容易拘泥于形式，满足于以现有年代学性格中的那些表面的确认和界定——它不是由具体事实说明提供的理解，也不是来自严格的演绎性的事实假设提供的理解——来区分"60年代"与"50年代"，甚至据此就危险地认为已经开始相互"理解"了。

因此，我们应该在适当的时候对我们的出生年代有所遗忘，这样做的好处是可以找到一种不那么排斥性的区分方法，它允许不同年代出生的人的"重叠共识"，此时，我脑海里不由自主地闪现出那句已经被用滥了的或许是马克思或许是黑格尔的名言：历史总是不断地重复自己。所以，您的问题我愿意把它理解为涉及的是一种社会角色的划分，而不是对个人或群体的划分。我们应该追求的是一个没有中轴的分散的描述，即将其化约为个体的描述，并借此取消了由一个共同的意识形态指引着的集群的概念。也就是说，假如我们想要立足于坚固的事实基础之上，同时又要切断对于凌驾于这些事实之上的虚构性的上层建筑的话，就应该这样做。实际上，不同的人对于60年代出生的学人的基本定位，有不同的解读。对于50年代或70年代的学人，同样如此。因此，我们只能对其勾画某种肖像，而不是全面的勾画，只是勾画一个方面，即透过社会角色这一棱镜，去透视作为一个学者群体的 60 年代生人。

　　像其他角色一样，学者角色也有两个基本方面。一方面，它们包括规范性的期望，即规定、偏好、许可和禁止。另一方面，它们则包括实际表现，即在实际行动中规范和价值观的不同体现和落实情况。而因为基本环境条件变化的影响，期望与现实可能是不同的。此外，如果说，人既是社会历史的剧作者，又是剧中人的话，那么，每个学者角色都要呈现在观众、重要他人、参照群体、社会圈子面前，也要呈现在自己面前，那么规范期望及对实际表现的评价是由观众及学者本人提供的。其行为由同辈、前辈和晚辈共同体规定和评判，但其本人也可以设定自己的标准和评价自己的表现。当然，自我认识和自我评价可能往往不同于他人给出的认识和评价。而且，毫无疑问，人们不会直截了当地谈论或评价自己，因为一个所谓成熟的学者，如果他愿意，那么，除了他自己之外，还可以有他能够谈论或评价的对象。比如，和 70 年代生人相比，60 年代生人接受的是精英式的教育，50 年代生人更是如此(恐怕这与职业技术学院在 90 年代以后的出现有一致性)。当然，从自我认识和自我评价的角度看，精英不精英是别人的评价，自己可千万别把自己当精英。其实，精英不应该是指示贵族般的那种俯视大众的优越感，而是我个人认为我的学者生涯蕴藏着极大的价值，甚至说是唯一的价值，当这种价值被呈现出来被人认可时，它会惠及民众。对于这种价值的珍视，这是任何一个真正的学者的精神支点。事实上，50 年代生人所处的大学时代是中国大学最伟大的时代之一，对中国当代学术影响方面起举足轻重作用的人物，很大一部分出生于这个时代。他们引领我们进入一种活的学术传统之中，我们对学问的渴求就此得到满足。当然，这里仍然有着理想与现实之间的永恒矛盾。从很多方面来说，这是一件对学术传承与发展而言喜忧参半的幸事。

学术、思想和时代

　　人们常常把学术与思想区别开来以刻画两者的特征：人们说，前者从学科建制的框架和学术规范中建构策略理性出发，为了特定的目标而局限于一种对事实的单纯报道；而后者则是从放弃现成的关于思想的事情规定出发，对需要决断的事情进行追问。这在某种程度上是正确的。但是，学术研究也需要规划、动脑子、作可行性论证，甚至预先就得估算出一定的成果。这种权衡利弊不就是一种思想状态吗？毋庸讳言，随着现代的学术分科越来越体制化，知识快速增加和学术分工的细密化，使得人们在研究过程和对所有一切东西的不断比较过程中，清算和整理出明白易解的东西，并把它当做某一学科的基本轮廓证实和固定下来。可是，学术研究似乎只能达到这一步，这是它所能触及的区域。比如，人们常常将整个史料的发掘、清理、证实等工作作为历史学科学的学术研究的任务，用柯林武德的说法，亦即一种把"整个历史安排成一个单一的图式的冲动"。但是无可争辩的是，历史学绝不是一些用"材料"编造起来的故事。不仅如此，理论上我们还会遇到一个困难：即使我们拥有充分的材料，按照某种方法其目标揭示出来的东西也不是我们在史学中想得到的东西。关键在于这种用"材料"编造起来的故事里面没有思想，就像我们自己写哲学文章有时也醉心于"材料"的收集和拼凑，这样的文章当然也难以产生真正的思想。可见，思想是一种更高的努力。

　　谈到历史的观念，柯林武德有一个很正确的看法，这就是关于历史学家如何对待细节问题。他指出，单纯为了事实而确定事实是无法令人满意的，细节的合理性证明，只是在于某种历史的观念。按照斯特劳斯的说法，那种处理细节问题的巨大才能和对于宏观问题的弱智，必然导致"知道越来越多的鸡毛蒜皮"。它不但不能使人专注于思考，反而导致所谓的学者们日益陷入"普遍的市侩主义和蔓延的媚俗主义"。也就是说，"为学术而学术"是最讲功利的现代性的后果。学术与思想的疏离,一如灵魂与肉体的分离。学术的目的总是应该出于思想,而思想则出于时代提出的问题。今天的学术之所以疏离于思想,这与近代资本主义经济对学术的要求相一致。我们完全没有必要在资本主义鼓动人的利益和欲望时思想,包括那些似乎由于职业而思想的人思想也是够贫乏了。无论是经济学还是政治学都唆使人们不停地投机,即便伦理学也只是预留给更高级的生物。然而,与我们之所以会盲目是因为我们有眼光一样,我们在思想贫乏的时代却并没有放弃思想的能力。如果我们要抓住这种能力,那么我们就要思索人类面临的种种问题的根源,而最后我们应该说,学术(学问)原本由思想生发而来。

个人作品

就您给的问题本身来说似乎我已经在前面的叙述中有所交代,但是细细想来,这个问题并没有合适的答案,这倒并不是因为一个"无止境的追求的愿望",只是在我们这个精神急剧变革、面临着很大压力的时代,几乎每一个读书人的愿望总是包含着不断的变化并经历着危机和自我否定。我一直在不停地读书,读各种各样自己感兴趣的、符合自己性情的书,透过自己的七部著作(其中一部为合著,一部为编著)和160余篇论文,我把自己看做是一个"思想者"——在其中生活的20余年的时间里一直在不停地创作。但是,我认为,一个人一辈子能读多少书,他读了什么样的书,能写出什么样子的书,似乎均由不得自己计划,道理很简单:读书的动机出于忧患(问题)并来自精神需要,需要即匮乏,匮乏就得增补,而这种增补绝不是做一个"知识人"那样缺什么知识补什么知识,只要按部就班从 ABC 学起就行了,相反,它必须增补的是"生活"、"历事",一个人脱离"生活"这本大书,一个人就会成为书斋式的或本本主义的。在这一意义上,读书总得与反躬自省的体验联系起来,甚至可以说,我们再没有别的方式去理解任何一本书,对书的写作也当如此看。

当然，根据斯特劳斯的"显隐二重说"，写书的人常常感觉到他本人的信仰和思想与他让别人拥有的信仰和思想必须区分开来，这不妨叫做"写作的距离"。"写作的距离"使写书人能够看见别人，但别人看不见他。"看不见"不光指"盲目"，还泛指没说过、没想过、没做过，等等。写书不仅使我体会到在眼睛后面设置眼睛，而且也在心灵后面设置心灵的情状。在《马克思的幽灵》中，德里达谈到莎士比亚的悲剧《哈姆雷特》与此情状有几许相似，那个老国王的幽灵躲在甲胄后面，它能看清人世，但是无人能看到这个幽灵。不过，这个幽灵也是全剧始终隐蔽却是无处不在的操纵者，它安排所有人的命运。一种思想、一种性情、一个作品都有它们的命运，"作品之为作品，首先并非因为它是做出来的，造出来的，而是因为它在一个在者中导致在"，海德格尔如此说。因此，我们明白，我们的作品既不是绝对新的，也不是绝对满意的，我们所知道的一切主要源于前人的工作，并将反过来得到后人的修正，这即为命运。

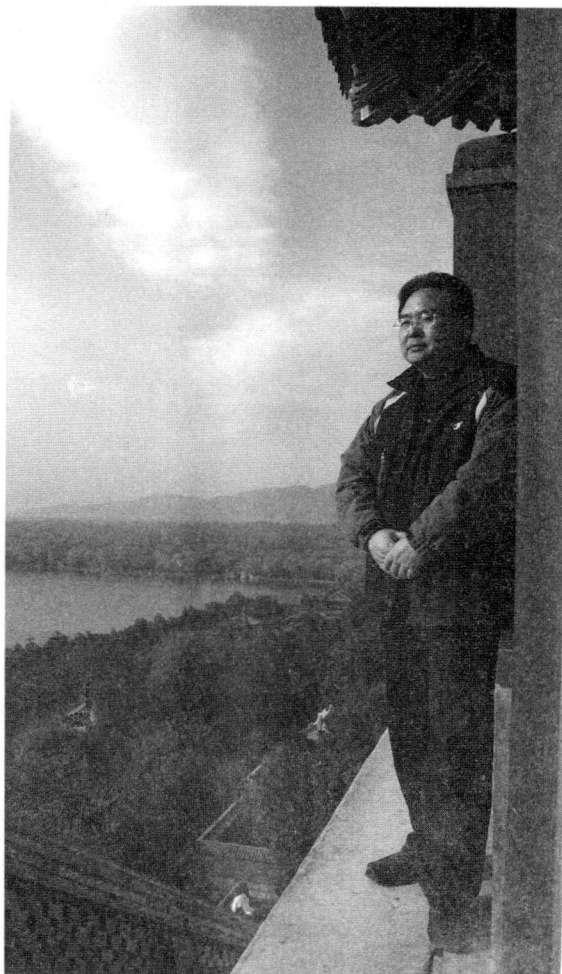

陈忠

1968年生，苏州大学哲学系教授，博士生导师，苏州大学学报编辑部主任兼苏州大学人文社会科学院副院长，教育部人文社科重点研究基地苏州大学中国特色城镇化研究中心主任。江苏省"333"工程第三层次培养对象，江苏省"青蓝工程"中青年学术带头人培养对象。主要研究方向：发展哲学、发展伦理学、城市哲学。在《中国社会科学》、《学术月刊》、《天津社会科学》、《学术研究》、《哲学动态》、《光明日报》等报刊发表论文80余篇，出版专著《规则论》。主持国家社科基金重点项目、青年项目，中国博士后科学基金资助项目，苏州大学东吴学者项目等。曾获霍英东教育基金会青年教师奖、苏州大学教学名师奖，多次获江苏省、苏州市社会科学领域相关奖励。

代际定位

立波兄邀请我们这些学哲学的60后以《六十年代生人》为总题目，每人写一点文字。他的提议触动了我。我们这些60后，我们这一代人的生活，我们这一代人的经历、体验、快乐与哀伤，确实应该用文字、影像或其他方式记录下来。要不然，我们这一代人很可能会成为一段没有历史、没有回忆的空无。没有记忆的人生就如风过水面，似乎留下了涟漪，却很快便了无痕迹。虽然每一代人的生活与体验都可能也应该有其独特之处，但不是每一代人都能有幸成为在历史中留下痕迹、留下记忆、留下情感或理性记忆的一代。60后，是一个复杂的群落，又似乎不是一个统一的群落。不管是作为按年龄段来划分的一代人，还是作为经历、时代、文化上的两代人，60后都是一个充满复杂故事、时代印记的群体，非常值得人们记忆、记录，展开文学叙事。

20 世纪 60 年代初的人可能对"文革"还有一些比较清晰的记忆，可能做过红小兵、红卫兵。20 世纪 60 年代末的人对"文革"就没有太多的记忆了。我生于 1968 年，对那个年代只有一些零散、片断的记忆。记得邻居家有一把全木头的红缨枪，枪头上飘着红穗子，好不容易借过来练了一次刺杀，在木门上留下一个小坑，觉得特别过瘾。记得小学某一天放学时，看到用大块石头砌成的学校围墙上写着"打倒邓小平"，"邓小平"三个字是倒过来写的，上面还画红叉。记得一个工宣队的成员听着同学们唧唧喳喳的告状声，在一个班级的黑板上一条条写下某一个调皮坏同学的所谓劣迹。记得小学放了晚自习，同学们一起回家，一个同学指着一扇黑色的大门，告诉大家，这家人是地主。记得全校师生轮流到一间放满白花圈的屋子里，站成几排，听着缓缓的哀乐轮流鞠躬悼念毛主席。记得一天早上，第一节课，教我们语文课的瘦瘦的戴着泛黄眼镜的女老师问大家："同学们，谁知道中国发生了什么变化？"全班同学只有我抢着举手并回答："工作中心转到经济工作上来。"觉得特自豪。我能回答出，是因为我父亲每天早上必听六点半广播的《新闻和报纸摘要》节目，我刚刚听来的。虽然回答出来了，其实并不懂得是什么意思，并不知道这种转变对中国意味着什么。

60 年代初出生的人，对那个年代的记忆和我们这些 60 年代末出生的人会有所不同。记得在人民大学读博士时，一位中文系的同学和我们调侃，说他们 60 年代初出生的人和我们 60 年代末出生的人是两代人。或许真如他所说，60 后在文化上本就不是一个年代组。如果把 1978 年作为当代中国社会经济转型的时间点，60 后由四、五年级的小学生到十八九岁的热心青年构成。而 1978 年以来，这 30 多年，正是中国发生巨大变化的年代，这就使所谓的 60 后，在成长过程中注定充满了诸多曲折、迷茫、成功与艰辛。记录中国的 60 后，也就是记录当代中国的深刻转型；记录中国 60 年代人的心路历程，也就是记录当代中国经济社会转换的心灵律动。没有这种记录与回忆，当代中国的转换史、发展史就称不上完善。记下我们自己的生活与心路历程，应该是我们这些 60 年代生人的集体责任。

哲学创新之路

虽然学了这么多年哲学，却不敢说自己就懂了哲学。哲学太没有定论、太广博，或者说太飘逸了。还是讲一点与哲学有关的记忆和小故事吧。

记得读博时和一位著名的哲学教授聊天，他说，学哲学和学炒菜，其实差不多，会炒菜的家庭主妇也能学好哲学。看过央视一档关于我国著名数学家陈省身先生的节目，他也以做菜为例说学数学的事。陈先生对记者说，他数学好一些，大概是因为从事的时间长了，正如炒一盘木樨肉，他为什么会做得好吃，是因为他已经炒了几十年。

有时，我也学着以做菜为例讲哲学。让我们回忆一下做土豆丝的过程。先用刀子围绕土豆把皮削掉，然后从一个角度把土豆切成土豆片，再从另一个角度把土豆片切成土豆丝。这个过程，其实也就是从多个维度、多个角度观察世界、进入世界的过程。只从一个角度，从一个固定的视角，我们很难看清这个世界；只用一种固定的方法，我们很难改变这个世界。所以我们需要多种视角与多元方法的并存、综合。对世界多样性、方法多元性的确认与尊重，会让我们更容易接近并体验充满可能、自由、想象的哲学空间。

一次新生报到，我作为青年教师代表给新生讲几句。我说，我们应该注意激活与培养想象力。那么，什么是想象力呢？我举了一个例子，麦克里兰有一本书叫《西方政治思想史》，在书中的某一处，他说，如果进化论是正确的，那么，我们的祖先可能是一棵生菜。把人和生菜如此联系起来，这就是想象力。我接着说，如果麦克里兰是正确的，那么，我们在吃生菜或青菜的时候，就可能是在吃我们的祖先，所以，晚上大家吃饭时应该当心。我讲完下来，一位同事对我说，以后她不吃生菜了。过了一年多，一位同事还在问我，你吃生菜吗？

学哲学尤其需要一种走向无边、空无的想象力。可以从知识、方法与态度等层面讲哲学，但我更愿意把哲学看做一种超然的态度与境界。在这个意义上，哲学知识可以通过读书获得，但真正的方法与通达精神自由的想象力与无边体验却可能无法仅通过读书获得。或许正是如此，诸多著名的哲人其人生阅历往往很丰富，大哲人很少是学院派的。或许，正是这种感性的丰富经历，给了他们丰富的内心体验，也为他们想象力的开启提供了诸多感性材料、内在动力、激活的契机。

　　走出课堂，感性地接触生活、接触自然，应该是培养想象力的一个好方法。所以，我有时会带着同学们到湖边、树下、苏州的小桥边去上课，虽然也听说过学校对本科生的授课纪律抓得比较紧。记得一个春天的下午，天气特别好，同学们却有些"昏昏"的，我在黑板写上"今日实践课"，然后领着哲学系的同学们到了金鸡湖边并随便参观了不远处肯德基餐厅的工作间。过了几天，给另一班的同学上课时，几位同学拉长声音对我说："老师，我们要上实践课。"我现在仍能记得这些孩子调皮而充满生机的神情。

题外话

　　我屋顶的阁楼外有一个大阳台。说其大，其实不过十几平方米。但在城市空间日益紧张、狭小的今天，在我看来已经很大了。几年前搬来时，在顺着阳台南墙边，砌了一个小花坛。我们在花坛里种过并收获过南瓜、丝瓜、空心菜、蒜菜、土豆、香椿芽、金银花，还种了一棵枇杷。挖出新鲜的土豆，采摘新生的金银花、细细的蒜菜、嫩嫩的香椿芽……让我们体验到收获的喜乐。阳台上随意栽下的枇杷树竟然给了我很多乐趣，甚至惊喜。清晨有路过歇脚的鸟儿在树梢上鸣啭，有金色的朝阳斜照树枝，晚上有银色的月光透过枇杷叶洒落地上，下雨天可以听雨打树叶的沙沙声，读书累了可以看看绿色以放松身心。

　　几年前，我们刚刚搬家到现在的房子，妻子在小区楼下的围墙边偶然见到一棵细细的枇杷苗，只有几片叶子，显然是人们随手丢弃的枇杷核发芽而成，不知哪天就会被清洁工除去。妻子轻轻把它拔出，带到楼上，种进了我们的小小花坛的一个角落。几年中，我们不断尝试种植各类小花草，并没有特别照顾与留意这棵小苗。在花花绿绿的世界中，这株小枇杷真是不惹人注目。现在的它已经长成了一棵两米多高、枝叶繁茂的枇杷树，花坛里的月季、蔷薇等反成了它的点缀。这株枇杷在去年冬天第一次开花，并让我们在今年初夏收获了六串枇杷果，果子不算大，酸酸甜甜的。本以为今年这株枇杷会歇一歇，谁曾想又开了 12 串洁白的枇杷花，让人意外，让人欣喜。

　　这株枇杷的生命力真的顽强。三年前，我们一家回徐州父母家过暑假。我希望江南能下几场雨，要不然离家这么久，花坛里的花花草草全都死了。但每天看天气预报，江南的雨水似乎也不多。由于单位有事情，暑假还没有结束，我自己一个人提前先回到了苏州。一到家，我赶快跑上阁楼。火辣辣的太阳下，枇杷树几乎落尽了叶子，金黄金黄的枇杷叶散满了阳台，盛夏的阳台却是一片秋色。我心想，这下完了，本来就不接地气，又暴晒了这么久，所有的花草一定都死了。我赶快给花坛浇水，似乎能听到干裂的泥土吸食清水的声音，心中对枇杷树的未来却不敢抱什么希望。一周后，奇迹发生了，枇杷树长出了新鲜的嫩叶。经过一段时间，枇杷树又变得枝叶茂盛，如一把张开的绿伞，把阳台从金色的秋天变回了生机盎然的盛夏。到了秋天和冬天，对面楼上邻居的花草已凋零时，我的阳台却满是新绿，比往年还要生机盎然。去年初冬，这株重生的枇杷树竟然结出了花蕾，开出了花朵，并在今年初夏结出了如琥珀般的果实，让人感动，令人钦佩。当年人们无心丢弃的果核，妻子不经意间发现并留下的小树苗，已经长成华盖般的"大树"，成为阳台的核心。看来，孤独、艰苦与磨难并不可怕，只要挺过去，便会有好的结果。从长远看，孤寂与磨难何尝不是一种财富。

　　这片小小的阳台，就是一片小小的天地，观察这片天地中植物的生长、兴衰，让人明白很多道理。我要好好爱护我的阳台。

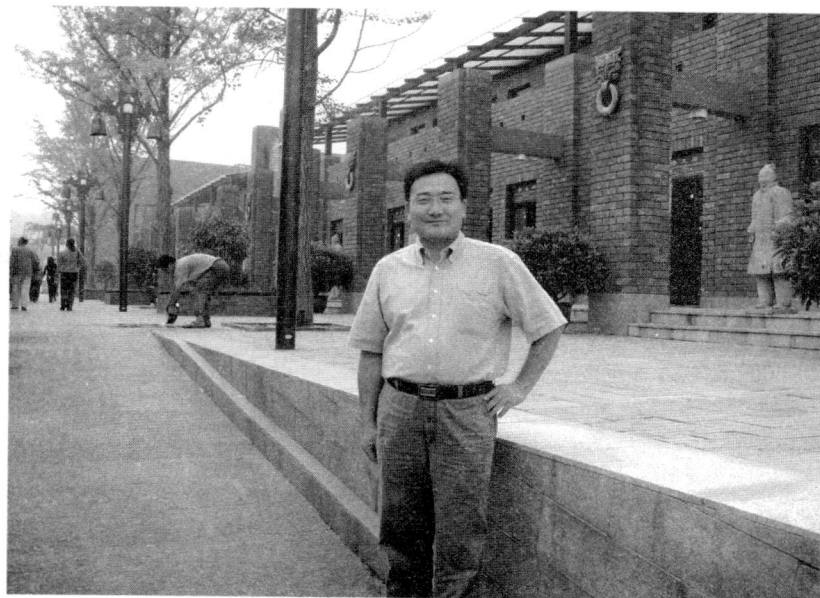

陈之新

陈立新

1963 年生，安徽庐江人，1985 年 7 月毕业于安徽师范大学思想政治教育专业，获法学学士学位；1991 年 7 月毕业于安徽师范大学马克思主义哲学专业，获哲学硕士学位；2001 年 7 月毕业于复旦大学哲学系马克思主义哲学专业，获哲学博士学位。2002 年 7 月—2004 年 6 月在武汉大学哲学博士后流动站从事科研工作，2004 年 7 月到武汉大学哲学学院工作，现为武汉大学哲学学院教授、博士生导师。

近年来主要以历史唯物主义为研究领域，从存在论和历史哲学两个方向入手，以解读马克思主义哲学原典为基础，力求切入当代哲学语境和当代生活境遇，思考当代社会特别是当代中国的实际问题，以阐发历史唯物主义的当代意义。

先后承担了多部各种级别的研究课题，公开发表了多部学术论著。

学术之路

1981 年我考入安徽师范大学思想政治教育专业。按照当时国家制定的课程设置，哲学类课程是思想政治教育专业的专业主干课程，本科三年级开始讲授。我们学习的哲学类课程主要是：马克思主义哲学原理、中国哲学史、西方哲学史、马克思主义哲学史、马克思主义哲学原著选读、现代西方哲学等。我们系哲学学科师资力量比较强，自然引领了同学们的学习兴趣和专业选择，以至于大学二年级时，我们几位同学就自发组织了哲学学习小组，每人主讲一个自己感兴趣的专题，这为接下来的哲学类课程的学习作了很好的铺垫。大学所学的这几门哲学专业课中,对我影响最大的是马克思主义哲学史。这门课在两个方面培养了我的专业兴趣。马克思主义哲学史在当时属于一门新兴的哲学专业课,国内高校开设这门课的时间并不长,出版发行的教材也只有三四种。通过老师的讲解以及阅读教科书,听课后不久,我便开始阅读马克思本人的著作,主要是马克思早期著作。从我目前的学术状况来看,这是我步入学术事业的起点,因为我由此确定了今后从事马克思主义哲学专业的学术目标。另一方面的影响,则来自于授课老师文秉模教授的个人魅力。撇开人格影响力不论,仅就学术而言,文老师本来是从事西方哲学研究的,尤以研究德国古典哲学见长,知识储备上具有横贯时下哲学界所谓的两个专业的优势。正是这样,我们听了文老师的讲授,不仅开阔了专业视野,而且初步认识到一条富有逻辑必然性的专业知识增长路线。我后来跟从文老师攻读马克思主义哲学专业硕士学位,开始走上了这条知识增长路线,确定了专业未来发展的方向,至今未曾动摇过。今天,我对自己以马克思主义哲学专业为背景的学术研究越来越有信心,无疑缘起于这个时候的专业学习和训练。这使我愈发怀念文老师,时常想起文老师当年的谆谆教导。促使我学术研究发生了关键转型和重大提升的,是我到复旦大学师从吴晓明教授攻读博士学位。经过读博期间的学术训练,我确定了学术方向、学术领域和学术道路,学术研究开始走向规范和稳定。吴老师的言传身教使我受益匪浅,至少有三点很深的体会。第一,精读经典,就是要读懂吃透经典,使之成为自己的一个思想元素。第二,追求学术正道,亦即入门须正,取法乎高。第三,提升境界,学会自律、宽容、欣赏。我到武汉大学跟随陶德麟教授从事博士后研究工作时,经常感受到陶老师对学术研究也有这三方面的要求和期待。显而易见,对于真正的学术研究来说,这三点具有普遍的指导意义。大凡确有学术成就的人,都能实现精读、正道和境界三者的统一。正是能够延续已经形成的学术观念,我的博士后研究工作一开始就有明确的目标和路径,从而进一步稳定和巩固了自己的学术研究路向。而且,我从陶老师关于马克思主义中国化的深入研究中,更加深刻地理解了学术研究关注现实问题的必要性和可能性前景,更加真切地认识到学术研究的社会责任,开始自觉地把"现实性要求"当做自己学术研究的一个指导性观念。

治学方法

　　当今学术研究有一种倾向，即方法论崇拜。有些人把方法当做灵丹妙药，以为抓住了一种治学方法就能解决一切问题。其实，事情不是如此之简单。真正说来，治学方法因人而异，每个人皆有不同的体会和运用，并且也不是一成不变的。我们现在反复强调治学方法的重要性，加强治学方法的训练，或致力于寻找行之有效的治学方法，就是因为治学方法本身具有个性特征，具有开放性，且不易于掌握。迄今为止，我们都接受了方法论之类课程的教育，都会阅读关于治学方法之类的专门材料，也许都认可从来就没有可以现成拿来就用的治学方法。正是这样，我以为，治学方法的训练始终是学术研究的必修课，而且一定有赖于实践中的不断摸索和总结，寻找普适性的治学方法可能是幻象。在硕士、博士、博士后阶段的学习与研究过程中，经过几位导师的引领和指导，我逐渐走上了学术研究的道路。通过消化和运用导师们的治学方法，结合学术界其他方面的有益经验，我在平常的学术研究中，始终高度重视从事这几个方面的工作：第一，精读一本书。我们在学术研究中或许都有这样的体会：我读了一百本书，但没有一本书读懂，实际上就等于没有读书；我虽然只读了一本书，但确确实实读懂了这本书，把握了这本书的思想，这本书就构成了我的专业基础，这才是真正读了这本书。有些经典著作，需要经常阅读，而且常读常新。依此不断展开的阅读，一定能够使自己获益无穷。第二，抢占思想制高点。如果精读经典是学术研究的基本训练，那么，选读哪些经典就十分重要。我以为，处于思想发展史总结阶段的思想家的名典应当是首选。这也是从马克思的一段话（人体解剖对于猴体解剖是一把钥匙）所获得的启发。低等动物身上表露的高等动物的征兆，只有在高等动物本身已被认识之后才能理解。第三，谨记知识融通的观念并落实到日常研究之中。经过近代分门别类的知识革命，当今的学术研究形式上越来越专门化或精细化,但知识在本性上却是相连相通的,是富有必然联系的体系,何况当今社会生活处于高度分化与高度综合的张力之中。因此,多重综合视野是当今学术研究所必不可少的,管状视野理当抛弃。

对马克思主义哲学的一般理解

　　改革开放以后,中国学术界对于马克思主义哲学的理解发生了重大的变化,显著的理论成就就是公认实践在马克思主义哲学中的基础地位。当然,不同的看法或理解依然存在,有的甚至处于激烈的争论之中。迄今为止,如何理解马克思主义哲学的实质,始终是所有争论中处于突出位置、最有理论辐射力的问题。对于这一问题的理解,我们需要与几种看法进行划界。其一,热衷于名称出新。为马克思主义哲学提出新的名称,这是曾经非常时髦的一种做法,今天仍时有余兴未尽者鼓噪而出。所谓新名称,就是针对传统的"辩证唯物主义"、"历史唯物主义"而提出的一些新称谓。并不是说不能为马克思主义哲学进行新的命名,也不是要固执于传统的名称,关键在于,我们所提出的新名称,是否真正有助于理解马克思主义哲学,是否能够推进马克思赋予哲学"改变世界"的那种现实性要求。实际上,很多所谓的新名称,恰恰是无视或偏离马克思哲学理想的文字游戏或私人语言。其二,疏离马克思文本。20世纪90年代以前的马克思主义哲学原理教科书,在引证马克思主义经典著作时,均很少引证马克思的著作。其后随着学术研究的深化,一些教科书才逐渐增加了对于马克思原著的引证,重新阅读马克思文本便突出为一个学术热点。不过,从实际引证的情况来看,一些论著实则仅仅是粉饰门面的外在包装,这当然无助于阐扬马克思主义哲学的应有意义。合法有效的引证,不是寻章摘句,不是断章取义,而是应以引语上下文寓意为依托的使用。其三,基于近代哲学视野来诠释马克思。这是当今对马克思主义哲学性质最严重最隐蔽的误解。如果这几种观点毕竟是发生于当下学术界的思想事情,与之区分开来毕竟不可延宕,并且也不是轻而易举就能达到的,那么,倘若我们今天仍然仅仅让马克思主义哲学作为一种哲学学说出场,就像时下流俗所见的某种状态,这或许也能参与当代生活,但马克思主义哲学不过被当做众多思想学说之中的某一种,马克思主义哲学超越于诸说的"改变世界"的现实诉求就会淹没在纯思辨的思想博弈之中。正是这样,当今的马克思主义哲学研究,理当开辟新路,以彰显马克思哲学的革命性。这的确十分艰难,也没有可以依循的确定道路,惟其如此,所以需要我们深入持久地进行探索。

代际定位

　　60 年代出生的学人,在我国改革开放之初开始接受高等教育,倚靠改革开放这一时代背景走上了学术道路。改革开放毋庸置疑是当代中国社会发展的重大转折,开启了中华民族进入现代社会之门。新旧体制转换、社会生活规则重构、知识信息成倍增长,这些因素对于学术研究的影响是不言而喻的。最重要的影响是,急剧变动的社会生活,要求学术研究至少能够做到观念的开放性、阅读或解释生活世界的针对性、引领生活风尚的可靠性,等等。在这些方面,60 年代出生的学人总体上尚难以担当。作为佐证,在中国文化氛围中,一般都认为一个学者理当在义理、考据、辞章这三端皆能有所建树,如此才能承担应当的社会责任。这样说来,60 年代出生的学人差距显著。这表明,60 年代出生的学人在性情修养、生活体验、知识储备诸方面仍然需要不断地予以磨炼和提升。学人之为学人,并不仅仅在于写几篇文章、出版几本著作。承当并解决自己时代的现实课题,肯定是每个时代学人之责无旁贷的使命。

学术、思想和时代

学术与思想之间是互动相成的关系。相比较而言,学术具有这样那样的共通性,思想则更有个性。两者之间的真实关系,可以这样来描述:学术搭台,思想唱戏。思想是学术的灵魂,没有思想的学术有可能沦为治学之技艺或实证之技术;学术是思想的骨架,没有学术的思想有可能沦为空谈或无稽之谈。我们欣赏或留恋某人的学术研究,一定是其学术研究蕴藏着丰富的思想,能够启发我们的思考。正是这样,我们在通常情况下总是把学术与思想连在一起来言说。学术与思想的不可分割,是因为两者都要以时代的现实生活为基础。一个时代提供的现实基础,永远是学术思想赖以存在的根基和寓所。学术思想总是从自己所属那个时代的现实生活过程之中获得根本的驱动,也需要在道说自己时代的现实生存故事中获得源源不断的滋养。只有以各个时代为依据的富有时代特色的个性化学术思想,才是共性的,也才能流传下来。

学术理想与目标

大学期间,我在读懂了《〈黑格尔法哲学批判〉导言》一文之后,就确定了从事马克思主义哲学研究的学术目标。本人今后几年将以"历史唯物主义的当代视阈"为主题展开系列研究。这一研究将以当代社会特别是当代中国的现实问题为立足点,以近代哲学的存在论基础、马克思哲学的基本路向、当代哲学语境为知识背景,以立足于当代哲学语境来解读马克思哲学文本为基本路径,以马克思"改变世界"的哲学诉求为导向,致力于阐扬马克思哲学的当代意义,探究当代人建构精神家园的可能性。

哲学创新之路

　　每一个时代都有对创新的实际要求,没有哪一个时代会安于现状。一般而言,人类社会的每一次创新都会积累一些经验,其中的部分内容将流传下来,成为后世必须面对乃至予以尊重的前提。毫无疑问,越是往后发展,人类的创新冲动将越是迫切,压力也会越来越大。从实际情况来看,每一领域的知识创新又有区别,哲学领域的创新尤其具有特殊性。常言哲学是人类文明精神之精华,不过是指哲学为人类的经验知识和经验问题提供超验的辩护和论证,由此可见哲学创新之实际难度。人类几千年哲学思想的发展,所涉及的或明确提出的问题形式上当然有所不同,但争论从来没有停息过,甚至形式上相同的问题在不同时期又以不同的方式重新提起。而且,前出的哲学尽管不可避免地要被替代,但决不像腾出房间那样简单地变更,而是一个有所保留的扬弃过程。正是这样,哲学自古以来就难见清晰可辨的进步,哲学创新始终是一个难以言说的话题。即便如此,只要哲学之于人类仍是必要的——人类总是要追问经验知识和经验问题之前提——哲学之需要创新也就是不言而喻的,毕竟每个时代都是不同的,人类总体上是不断朝向改善而前进的。这又是哲学创新不必回避的实情。基于此,当今的哲学创新仍然需要重走过往的老路,即文本解读、问题意识、现实关切。

个人作品

　　《历史意义的生存论澄明——马克思历史观哲学境域研究》,安徽大学出版社 2003 年 5 月版。本书内容提要如下:

　　马克思在 19 世纪上半叶发动的终结全部形而上学的哲学革命,

是在西方近代哲学的叙事语境中进行的。这一实际状况曾造成了人们满足于在近代哲学语境中阅读马克思，由此导致马克思哲学革命的真实意义被遮蔽起来，相应地，马克思哲学存在论基础也就蔽而不明。所以，廓清附加在马克思哲学基础之中的种种不实之词，标明马克思的哲学境域乃是关乎马克思哲学的生命力及其当代性的重大理论问题。透析马克思的思想演变历程，我们发现，面向现实的生活世界，关注概念前的人与世界的原初关联，从人的感性活动来领悟历史性，马克思坚定不移地与抽象、逻辑、思辨地表达历史运动的知识论哲学路向进行了划界，史无前例地建构了能够真正把捉历史事物本质性的生存论哲学境域，而把没有被概念、逻辑、反思所"污染"的人的"现实生活过程"当做这一境域的基础。基于崭新的哲学境域，马克思围绕着人的感性活动、人的现实生存、人类社会等环节，本真道说了历史何以可能，达到了对历史意义的生存论澄明。在此基础上，马克思哲学境域对当代人走出理性形而上学的误区，对"历史学"自律性的当代论证，对当代人摆脱无家可归的生存困境，提供着切近的文化范导。就此言之，马克思不仅是当代的"哲学同时代人"，而且也是当代的"历史同时代人"。

推荐书目

1. 马克思：《1844年经济学哲学手稿》。
2. 马克思、恩格斯：《德意志意识形态》。
3. 冯友兰：《新理学》。
4. 王阳明：《传习录》。
5. 康德：《纯粹理性批判》。
6. 黑格尔：《精神现象学》。
7. 胡塞尔：《现象学的观念》。
8. 海德格尔：《存在与时间》。
9. 维特根斯坦：《哲学研究》。

10.伽达默尔:《真理与方法》。

选择标准:名典,专业基本功训练,哲学视野,中西贯通。

袁吉富

　　我于 1967 年 12 月出生在山西省平遥县的一个比较典型的工农结合、以农为主的家庭,母亲为农民,父亲为工人。由于幸运地赶上了农家子弟容易入好学校的年代,我于 1979 年考入了山西省重点中学——平遥中学,开始了住校生涯。1985 年,我考入了北京大学哲学系。本科四年中,我基本上过着教室—食堂—宿舍三点一线的生活,极其不谙世事。1989—1992 年在太原基层党校工作的三年间,深刻地体会到了学术功力不足所招致的代价和难以应对世事的痛苦,在感激所在单位领导厚爱的同时,毅然决定考研,于是,在 1992 年我考入母校读研究生。在读研究生期间,我成熟得慢,很长时间没有显现出多少才能,直到博士论文基本定型时,老师们才感觉到我的潜力和价值,我也才初步构建起自我发展的能力。其时,我正好 30 岁。

　　1997 年我到中共北京市委党校、北京行政学院任教后,于 2000 年晋升副教授,2007 年晋升教授。

　　除了领导的关心和同志们的帮助外,也许还有上苍的垂青,使我在北京市委党校工作期间有了诸多提升处理社会事务能力的机会。我当过教务处副处长,现在还任科研处处长和北京行政学院学报主编。这些经历,相信会为我真切地体察社会,做好以社会为主要对象的哲学社会科学这门大学问提供诸多帮助。

学术之路

　　坦率地说,我开始并没有选择哲学,而是哲学选择了我,或者说,我无奈地接受了哲学的选择。1985 年是一个关键的年份,那一年,是我的高考年。我报考的第一院校是北京大学,但我却根本没有报哲学系,而是别的系。当时我还对我的高中班主任说,除了文史哲,上别的专业都可以。遗憾的是,或许是上苍的安排,我高考成绩不是很理想。当北京大学招生办的同志试图征求我的意见时,却在给定的时间内找不到我本人,因为当时通信工具落后,而我正和诸友意气风发地游历于家乡的太岳山深处。于是,我的班主任就替我做主,接受了北大转专业的安排。

其实我那时并不知道真实的自己,但我作为一个数理化成绩很好的学生却选择了文科,是在两个内在想法驱动之下完成的。一是我重视探求大本大源,二是试图做些关于社会方面的事情。这两个想法其实与哲学的要求是非常契合的,但我当时并不知道这一点。或许当时的政治理论课对我的影响太深,使我对哲学抱有很深的成见。

进入北大哲学系之后,不到两年,我就喜欢上了哲学。不过,尽管当时我对马克思主义哲学没有什么成见了,也认真学了,但我感兴趣的还是中国哲学,特别是佛学。大概有两年的时间,骨子里倾向的是佛学。但我不是彻底的佛教徒,因为入世的情愫是在我内心里泯灭不了的,只不过当时我有很浓重的幻灭感罢了。后来,通过对熊十力先生《新唯识论》的研读,以及围绕该书思想的毕业论文的写作,我的思想发生了变化,逐步接近了儒学和马克思主义哲学。

1989年我参加工作后,通过研究,感觉还是马克思主义哲学好。于是,从1990年起,我就自觉选择了马克思主义哲学。1992—1997年我在母校北京大学攻读硕博连读研究生时,选择的专业都是马克思主义哲学。只不过方向有了些变化,硕士期间是认识论,博士期间是当代马克思主义哲学。博士毕业又参加工作后,我的主业至今仍然是马克思主义哲学研究,并乐此不疲。不过,1997年以来的10多年间,我拓宽了研究领域,对社会发展理论、现实针对性强的马克思恩格斯相关思想以及西方马克思主义有了一些研究。

哲学选择我,是我的荣幸;我选择马克思主义哲学,是我的追求。在现在的我看来,条条大道通罗马,选择马克思主义哲学与选择哲学是一回事。马克思主义哲学是立场和路径,哲学是事业和生活方式。

治学方法

　　我在学术研究中取得一些成绩自然与我的治学方法是有关联的，但我并不认为我的方法是高明的，因而，其意义仅在于适合我的特点。

　　大体说，我觉得自己使用的最基本的方法有三个，这就是反思和批判的方法、发展的方法和现实观照的方法。

　　所谓反思和批判的方法，我指的是要以反思和怀疑的精神对待已有的文本，决不能轻易地跟着别人走。我向来不认为有哪一个哲学观点是不可怀疑、只能接受的，也向来不认可哪部哲学著作和文章是没有任何问题的。当然同时我也并不认为哪一个哲学观点、哪一个哲学文本是可以随便质疑的。一句话，你要有怀疑的精神，但你需要有怀疑的能力。一些老师说，老老实实学吧，你只要弄懂就蛮不错了。对此观点我不以为然。因为，如果你满足于弄懂，那你恐怕就不应该搞研究，应该干别的工作，因为科学研究就是一个不断超越的过程。记得我上硕士研究生时，对老师说了一句话，大意是说我搞马克思主义哲学就一定要发现它的问题，找到它的毛病。对此话，老师很不满意。其实在我看来，发现马克思主义哲学的问题和毛病，进而克服它们，这本身就是马克思主义哲学工作者的天职。

　　所谓发展的方法，我指的是在继承已有研究成果的合理思想的基础上，继而实现新的发展。这不是说我没有认识到自己能力的有限性，而是说尽管我并不认为自己能够在发展马克思主义哲学的问题上能有多大的造诣，但我会努力尽自己的可能在自己能够研究出名堂来的方面去推进马克思主义研究事业。在这方面，我特别认同我博士期间的导师之一黄枬森先生的观点，即发展马克思主义是一项集体的事业。我还认为，发展有真发展和假发展之分，也有程度、层次之分，同时还有浓重的历史性，但无论如何，不断地超越自己，不断地切实讲出新话和新理解，是基本的标杆。

所谓现实观照的方法,我指的是要时时不忘真正的哲学是时代精神上的精华的真谛,努力体现出哲学之思想中的时代的特点。哲学可能并不总是体现为直接为现实服务,但哲学需要在现实中体现出自身的主要价值即思想价值来。在这方面,我特别注意避免哲学的异化问题,也就是说,我不愿意把哲学搞成除圈内的人外谁也看不懂也不愿意看的学问。

勤奋、严谨、求实、创新这八个字是刻在我心上的。但说实话,我上面所讲的三个方法没有完全体现出这八字真言的深邃内涵。尤其是勤奋二字,我自认为做得不好。这有客观方面的原因,但我主观上也有不可推卸的责任。

对马克思主义哲学的一般理解

目前,我国马克思主义哲学界已经进入了百花齐放、百家争鸣的时代。在何谓马克思主义哲学的问题上,涌现出数十种主张。例如,有的学者主张以客观存在论为核心的辩证唯物主义;有的学者提出了物质本质一元论;有的学者主张实践唯物主义;有的学者主张实践本体论;有的学者主张历史唯物主义;有的学者主张交往实践的唯物主义;有的学者主张实践人道主义或新人本主义观、新国际人本主义观;有的学者主张人学;有的学者主张实践哲学;有的学者主张生活哲学;有的学者主张类哲学;有的学者主张创新实践唯物主义;有的学者主张实践生成本体论;有的学者主张辩证的、实践的、人道的、历史的唯物主义;有的学者主张实践思维方式说;有的学者认为马克思主义哲学就是发展哲学,等等。这些主张都声称自己的主张才是马克思主义的,于是乎,何谓马克思主义哲学的问题,差不多成了马克思主义哲学界的斯芬克司之谜。

但是,我认为,争论马克思主义哲学应该称做什么,其实意义并不大。马克思主义哲学就是马克思主义哲学。马克思主义哲学是马克思主义哲学的最标准、最一般的称呼,其他的称呼都是具体的称呼。正如一个人首先是人一样,至于说他是教师,还是管理人员以及其他身份的人员,都是次一级的问题。标新立异是可以的、正当的,但不能为具体的新而忘记了一般的身份。忘记了一般而在具体的问题上争论不休,以打内战为己任,我看不出有什么高明高深的智慧。

上述思考是我历来的主张,它表明了我对马克思主义哲学内部科学发展问题乃至马克思主义哲学在中国命运问题的忧虑。但上述主张并不表明我对马克思主义哲学是什么没有具体的思考。在我看来,马克思主义哲学是一种更具科学性的哲学学说,又是一种饱含价值关怀的哲学学说,它集科学性与超科学性于一身。它具有科学性,表明了它是一门学科,表明了它与其他科学的密切联系;它具有超科学性,表明了它有为人安身立命的功能,表明了它与宗教、艺术的联系。否定哲学具有科学性的主张,是把哲学混同为宗教和艺术;否定哲学具有超科学性的主张,是在清除哲学具有超越性的安身立命的功能。

再进一步讲,我认为马克思主义哲学首先是一种世界观,核心则是一种社会历史观。它作为一种世界观,其特性在于自觉地通过人与世界的实践关系揭示存在之为存在、世界之为世界。在其中,存在之为存在是世界观的内容,人及其实践是揭示世界观的方式。有鉴于此,马克思主义世界观至少包括三个层面的内容:第一,世界是什么;第二,客观世界如何向理想的世界转化,即属人的客观存在是什么;第三,人的现实的存在是什么。

从历史观的角度看,我认为唯物史观既是一种关于历史发展的唯物主义学说,又是一种为了人、解放人的学说。也就是说,它是一种把唯物主义与人本主义合二而一的学说,是集科学性与人文性为一体的学说,也是一种强调建构新世界、新社会、新人类的积极入世的主张。

代际定位

　　20世纪60年代出生的学人处在一种特殊的历史方位之中。首先,这批学人是改革开放后培养起来的,并能够承接改革开放前后两个时代的学人。说他们是改革开放后培养起来的人,是因为他们的高等教育一般都完成于改革开放后。说他们能够承接改革开放前后两个时代,是因为他们出生在改革开放前的20世纪60年代,对改革开放前的中国有一定的亲身感受,接受过改革开放前的中学或者中学前教育,并且能够把改革开放前及改革开放前期贯穿始终的革命英雄主义精神切实继承下来。其次,这批学人是我国完成时代转型的文化上的主力军。也就是说,还有不到10年时间,即到2020年,我国将全面建成小康社会,完成经济社会体制机制的转型,而从现在算起到2020年,60年代出生的学人年龄在40~60岁之间,正处在哲学社会科学创新的黄金年龄段,其社会地位也正总体处于高峰时期,在学术界有着举足轻重的影响。

　　这种特殊的历史方位,决定了这一年龄段的学人的特殊的性格特点和思想任务。首先,从精神气质上看,这批人既是理想主义者又是现实主义者,或者说是理想主义与现实主义的集合体。说他们是理想主义者,是因为他们大都继承了20世纪50年代乃至以前出生的前辈们以天下为己任的胸怀,大都怀抱着为往圣继学统、为进步开大道的壮志。说他们是现实主义者,是因为他们大都考虑问题更加务实,能够脱却非科学的意识形态羁绊,努力直面是非曲折。后面这一点又使他们与50年代乃至以前出生的前辈们有所区别,而与20世纪70年代乃至80年代出生的人相类似。其次,从思想和行为方式上看,他们既尊重并充分考虑传统,又力图展现开放性、包容性与现代性,努力实现传统的现代转换及其传统与现代的有机结合。这一点,使得他们与50年代出生的人所体现出来的传统与现代的冲突形成了比较明显的对照,同时也与70年代出生的人所带有的愤世嫉俗的色彩形成了比较明显的反差。特别值得一提的是，这批人能够充分继承前辈所展现的光辉的优秀价值观，并使之与时俱进，从而承继了中华文化和新中国文化的血脉。再次，这批人承担着完成中国转型、建构转型中国的思想自我的艰巨使命。如果说，50年代出生的学人承担着为开启改革开放新局面、全面推进小康社会建设而摇旗呐喊的艰巨使命的话，那么，60年代出生的学人则承担着完成小康社会建设、塑造新的中华精神和中华性格的另一个艰巨使命，而70年代乃至80年代出生的学人则肩负着在21世纪中叶基本实现现代化，为把我国建成富强民主文明和谐的社会主义国家而进行思想创造的新的艰巨使命。可以肯定地讲，如果60年代出生的学人不能够完成好上述任务，那就是对历史的犯罪，是对民族的不负责任，同时也是对世界的不负责任。而如果完成好了，那就意味着中华民族在成为经济上的巨人的同时，也成为了思想上的巨人。

60年代出生的学人注定的宿命是把好的旧传统承继下去，把新传统建立起来。而在传统的基础上创新，这恰恰是70年代、80年代出生的人需要注意的事情。

学术、思想和时代

学术、思想与时代的问题其实并不是一个简单的问题。按照我的理解，所谓学术，指的是按照一定的规范方式获取知识或学问的过程及其结果；所谓思想，指的是有见识、有看法。由于思想有他人的思想和自己的思想之分，按照我们现时的论题，这里所谓的思想主要讲的是自己的思想而非他人的思想。

严格来说，有思想的人才能搞学问、搞学术。如果没有任何思想，要进行学术研究是没有资质的，也是没有能力对他人的思想进行研究的。但是，思想有层次之分，第一层次的是有见解但没有创见，第二层次的是有创见。现时一些学者关于中国理论界发出的学术凸现、思想淡出的慨叹，只有在对何谓思想的问题上作出清楚界定的意义上才是有道理的。

可以根据思想的层次对学术研究加以简单的区分。第一层次的学术研究未必是无价值的,甚至可能是很有价值的,但却是思想性较小的;第二层次的学术研究是很有思想性的,但学术价值却可能有高有低。判断第一层次学术的标准主要看它资料是否丰富,驾驭资料的能力是否强;而判断第二层次学术的标准是看它是否有称得上一家之言的创新性见解。如果把这两个层次的标准综合起来,我们就可以得到判断兼具学术性与思想性的成果的三个标准。

进一步思考学术与思想的关系,我们还会发现,学术研究的载体或者说内容就是思想。当然,学术研究也有个技术手段提高的问题,但根本的内容不是别的,还是思想。有鉴于此,学术研究至少有两大直接的功能,一是传承旧思想,即起到学术传承的作用,二是阐发新思想,即起到学术创新的作用。无传承,就无真创新;无创新,就无真传承。我们不能片面地拔高一方面而贬低另一方面,应当辩证地处理好二者的关系。

然而,问题还不能到此为止,我们更需要看到,学术研究只是推进思想发展的一种方式,但不是唯一的方式,甚至还不是更重要的方式。学术研究解决的是学科问题,而学科问题未必就是思想需要解决的根本问题和全部问题。实际上,解决现实生活中提出的问题才是思想的根本旨归,而这种方式对于思想的发展往往发挥的推动作用更大。在这方面,哲学史上的例子太多了。因而,一手抓学科问题,一手抓现实问题,这才是推动思想发展的全面的方式。

就学术、思想与时代的关系来说,我首先要讲的是,任何现存的学术、思想都是时代的产物,否认自己的学术、思想是时代产物的想法是狂妄的臆想。同时,任何现存的学术、思想都有其存在的正当的理由,人们对它们的任何负面评价是一回事,它们存在的合理性与社会基础是另一回事。我们不能把忧虑、焦虑当成能否存在的理由。但是,时代总是不断发展变化的,它会通过受众的选择而对学术、思想进行甄别和遴选,从而淘汰那些不需要的,激励那些需要的。

其次我要讲的是,学术、思想不仅仅是时代的产物,它还是时代的极其必要的一个部分,没有这个部分,时代就不是文明的时代,时代就会失去它的良知和脊梁。那么,这个部分如何才能发挥其本真的作用呢? 这就需要学术、思想发挥积极的能动性,努力选择好问题进行研究。在我看来,选择的标准根本上是两条:一条是该研究能否为时代奠定心性基础和知识基础,另一条是该研究能否为时代提供解决问题的思路和设想。满足了这两条中的任何一条,我们都可以问心无愧地研究下去。

学术理想与目标

我近期主要在开展和谐发展的哲学研究工作,这项研究得到了国家哲学社会科学基金的立项支持。由于问题复杂,研究难度大,且又杂事缠身,进展不是很顺利。不过,现在已经完成,马上进入结项程序了。

完成这项初步研究后,我将继续深化、扩展社会发展理论的研究,尤其是要把它拓展到政治哲学领域,并实现发展理论研究与政治哲学研究的对接。此外,我将继续一以贯之地关注国内马克思学的研究工作,继续坚持对马克思主义基本哲学思想的反思工作。可以说,上述三项工作基本上就是我的中期规划。它们可能会持续 10 多年,有些则会伴我终生。

我的学术理想是和我对中国马克思主义哲学的期盼分不开的。在我看来,努力实现马克思主义哲学的话语转换和话语补充,使之切实能为当代中国提供理论支撑,并进而构建出一种中国创造的且被主流中国人认可的马克思主义哲学新的思想体系来,是时代赋予马克思主义哲学工作者的天命,是中国马克思主义哲学在未来数十年发展的根本目标。对于这一目标,显然我个人是无能力完成的,它需要众多马克思主义哲学工作者合力才能完成,我能做的只是为这项事业添砖加瓦而已。为此,我对自己的理想定位是根据自己的特点,写出一本儒家的马克思主义哲学研究著作来。我深信,儒家化了的马克思主义哲学是马克思主义哲学在未来中国发展的重要方向,但我这里所说的儒家,是已经现代化了的儒家,更准确地说是我心目中的现代儒家。

谈未来是需要冒风险的,因为我的未来还有诸多不确定的因素。但不管如何,我会努力地学哲学、用哲学、化哲学。

哲学创新之路

对于诸多哲学界同人来说,搞哲学并不等于是搞马克思主义哲学,二者是两个不同的论题,但对于我个人来说,搞马克思主义哲学与搞哲学是同一个命题,因为这仅仅意味着我在从马克思主义哲学的角度搞哲学。鉴于这样的考虑,我眼中的哲学创新之路,就是马克思主义哲学创新之路。同时,作为一个当代中国的学者,这里我要把所说的马克思主义哲学创新之路进一步限定为当代中国马克思主义哲学的创新之路。

应当说,这里所讲的创新归根到底不是一个理论问题,而是一个实践问题。努力解决属于自己分内的悬而未决的老问题和遭遇的新问题,其实就是在进行创新的工作。因为,创新实际上就是不断超越已有的局限性,为创新而创新不大可能是真正的创新。

那么,当代中国马克思主义哲学遭遇到了什么问题呢?从外在的表象上看,根本问题是在与其他哲学形态和思潮的竞争中保持优势的问题,但从内在的理路上看,则是马克思主义哲学能否与时俱进,并继续承担起塑造和引领时代核心精神的使命问题。关于这个问题,我有以下三点大的想法。

首先,面向实际,恰当地回答时代的核心问题,这是当代中国主流哲学健康地走向未来的根本。

应当说,当今时代中国的核心问题究竟是什么,不同的角度有不同的回答。从马克思主义哲学的角度看,这个问题抽象地讲是发展问题,而发展问题的根本就是当代中国发展的方向问题,进一步说,就是中国能否建成比较完善的社会主义市场经济社会的问题。从哲学的角度对这一问题作出阐释,就是时代赋予马克思主义哲学工作者的神圣使命。

完成这一使命是一项艰苦的工作,因为这项工作是一个问题群,需要马克思主义哲学工作者从多个层次上进行努力。具体来说,第一,需要从历史发展的客观规律的角度进一步说清楚什么是社会主义、社会主义的核心理念是什么以及社会主义取代资本主义的必然性和方式;第二,需要从历史观的高度进一步说清楚什么是市场经济以及全球化条件下的市场经济,市场经济与资本主义、社会主义的关系;第三,需要进一步从历史观的高度说清楚市场经济的社会主义及其前景;第四,需要从马克思主义的人的学说的角度进一步说清楚作为社会主义市场经济的细胞的人,究竟是什么样的人的问题,等等。从表象上看,这些问题有些似乎是老问题,其实不然,实际上,无论在理论上还是在实践上,这些都是没有探讨得很清楚的问题。

当然,上述思考主要体现为对当代中国发展所面临的核心问题的一般的哲学思考,是把中国放在历史发展的大背景下所进行的哲学思考,是围绕当代社会形态问题所作的思考。但是,我们的思考不能就此止步,还需要进一步从哲学的高度思考当代中国的发展理念、发展方式、发展道路等哲学问题。这些问题与上面的一些问题相比,可能更为具体,某种程度上是对上述一些问题的进一步具体化。但是,这些问题关系到怎么发展的问题,因而,深入研究这些问题,对于当代中国的良性发展,对于体现马克思主义哲学的实践性和指导作用,同样具有重要的意义。

其次,面向群众,恰当地解决群众的思想意识问题,夯实广泛的群众基础,这是当代中国主流哲学具有生命力的基石。

我国现在处于全面建设小康社会的历史阶段,这一阶段是我国经济社会发展的战略机遇期或黄金发展期,又是矛盾凸现期,社会思想意识领域亦然。在这一阶段,人们的社会思想意识更加复杂、多元,并呈现出独立性、选择性、多变性、差异性四个大的特征。在这种情况下,马克思主义哲学怎样才能夯实自己的群众基础,从而保持自己的生命力呢?一是要贴近群众,恰当地解决人民群众在对社会现实总体以及一些重大现实问题上存在的认识问题。二是要增强马克思主义作为凝聚广大人民群众的精神支柱的准宗教的功能。应当说,马克思主义不是宗教,正如儒学不是宗教一样,但是儒学在 2 000 多年的历史上能够承担起凝聚广大人民群众的精神支柱的准宗教的功能,这其中的经验值得中国化的马克思主义加以借鉴。

再次,进一步与时俱进,实现理论气质和理论体系的现代转型,这是当代中国主流哲学永葆青春的命脉所在。

在这方面,我们要不断重新认识马克思主义哲学,认识到经典马克思主义的有限性,并不断赋予其时代性;要不断提升马克思主义哲学的精神气质,进一步实现理论旨趣上的由革命到建设的转变,由封闭到开放的转变,由真理的发布者向真理的引导者方向的转变。

与此同时,也需要诸多大方之家协力攻关,或者从自己特有的角度进行综合创新,努力构建当代中国马克思主义哲学的新形态。在这个问题上,且不管构建的类型有多少,但有一点应该做到,这就是它们不应当是学院派的,而应当是贴近实际、贴近生活、贴近群众的,它提供的范畴或概念具有实用性,具有相当程度的世界公认性或公用性,而它对问题的回答,则具有中国特色,体现着社会主义中国的先进性和泱泱大国的气派,且能为当代中国人提供实实在在的做人支柱。

个人作品

自从进入哲学的殿堂以来,我发表过数十篇文章,写过三本著作,参撰过多部著作。但自我的感觉是,成果不算多,大多研究成果尽管当时满意,但随着时间的推移,自己越来越不满意。下面介绍的五项成果算是我比较满意的。

1.《社会发展的代价》(北京大学出版社 2004 年版)。

这本书是在我主持的国家社科基金青年项目的基础上完成的。该书 12 章内容中,有两章是课题组的另外两位同志撰写的,其余 10 章是我撰写的。应当说,该书的基本框架、基本观点都是我自己研究的结果。

我之所以研究社会发展的代价，是因为我非常关注当代社会发展中出现的种种问题。该书的特点有三：第一，不是一般地谈社会发展的代价，而是把它当做一个哲学问题来思考，并从理论和现实两个维度全面系统地论述了社会发展的代价作为一个历史哲学范畴的可能性、现实性和必要性，认为有必要把这个范畴补充到历史唯物主义体系当中；第二，从中西哲学史、马克思恩格斯思想、当代国外发展学以及当代中国代价理论研究等四个角度，比较细致地梳理了关于代价问题的学术史沿革，为人们进一步深化对该问题的研究提供了较好平台；第三，本着发展和深化马克思主义历史哲学研究的基本精神，从历史本体论、历史认识论、历史价值论和历史方法论四个角度出发，就代价在社会发展中的地位和作用问题、就人们如何正确地付出代价的问题、就人们应该如何付出代价的问题、就人们怎样付出代价的问题等，对社会发展代价理论进行了比较系统的建构，具有一定的理论创新意义。

在北京市第九届哲学社会科学优秀成果评奖中，该书获得了一等奖。

2.《历史认识论与历史方法论》(吉林人民出版社 2006 年版)。

该书系我的博士导师之一赵家祥先生主持的北京大学"十五""211 工程"建设项目《马克思主义历史哲学》的一个子项目的最终研究成果，它也是我在博士论文《历史认识的客观性问题研究》(北京大学出版社 2000 年版)的基础上作了重大的修改和扩充而形成的。在我看来，历史认识论与历史方法论是当代西方历史哲学的显学，也是马克思主义历史哲学在当代的重要发展领域，但是，我国马克思主义哲学界的学者对此关注不够。有鉴于此，本着抛砖引玉的精神，我对历史思维的本性以及历史思维的主体性、客观性与实践性，对历史本体论、认识论中的方法问题以及人们创造历史的方法问题进行了比较系统的思考，尝试地建构了一个马克思主义历史认识论与历史方法论的大致体系。在这种思考过程中，我还有针对性地对西方学者以及我国一些学者的观点进行了回应。

3.《对逻辑与历史相一致的方法的质疑》(《教学与研究》2007 年

第 4 期）。

　　该文的立意是，逻辑与历史的一致说存在着很大的问题，不应当把它看做马克思主义的一个基本的方法。逻辑与历史相结合的方法才是马克思主义的一个基本的方法。这个想法我早在写作该文的 10 多年前就有了，当时还在笔记本上写了个草稿。但由于当时的想法不太丰满，所以搁置到了 2006 年底。

　　我的论点主要有三：首先，逻辑与历史相一致的方法的提法出自于对恩格斯《卡尔·马克思〈政治经济学批判〉》第一分册一文一段话的误读。其次，马克思对所谓逻辑与历史相一致的方法持批判态度。再次，逻辑与历史相一致的方法在学理上具有含混性。

　　4.《马克思主义哲学中国化的若干基本问题》（《哲学研究》2007 年第 4 期）。

　　这篇文章写了好久，改了多遍。其立意是觉得学界对马克思主义哲学中国化这个命题的探讨仍有进一步深化的必要。在该文中，我就怎样理解马克思主义哲学中国化这个命题、马克思主义哲学中国化命题的合理性、马克思主义哲学中国化的基本轮廓等基本问题提出了自己的一家之言，其目的是为创立马克思主义哲学的中国学派、创设以马克思主义哲学为标志的新型中国文化呐喊。

　　5.《三十年来中国马克思主义哲学的格局及其发展提议》（《马克思主义与现实》2009 年第 4 期）。

　　写这篇文章的立意是就如何概括马克思主义哲学在改革开放以来的格局演变以及如何建构马克思主义哲学的科学发展方式这两大问题提出自己的看法。

　　在我看来，与改革开放前一元化格局不同，改革开放以来，马克思主义哲学政治指导思想与马克思主义哲学学术主张出现了相当明显的分化，马克思主义哲学理论界出现了严重的派别分化。因而，应当把当代中国马克思主义哲学的总体格局概括为一元多样。其中，一元指马克思主义哲学政治指导思想，多样指各种类型的马克思主义哲学学术主张。在多样化主张当中，基本的学派有三个，这就是辩证唯物主义派、实践唯物主义派、人学派，因而，当代中国马克思主义哲学的基本格局大体上是一元三分。

在此基础上,我提出,实现当代中国马克思主义哲学又好又快发展,需要建立三大机制。一要进一步健全一元与多样之间的良性互动机制;二要在马克思主义哲学诸学术主张之间,建构出共赢共生发展机制;三要在具体的学术研究中,建构学理研究、文本研究与对重大现实问题研究相互支撑的机制。

推荐书目

以下书单,是给马克思主义哲学专业的研究生开列的。限于篇数要求,我只开列了最基本的必读书目。因而,这里的书单是不完全的。一些书后面标注了版本,是因为这些书有多个版本。

1.《马克思恩格斯选集》(人民出版社1995年版)涉及哲学的部分。

选择理由:夯实马克思主义哲学基本功的必备环节。

2.马克思:《1844年经济学哲学手稿》(人民出版社2002年版)。

选择理由:《马克思恩格斯选集》中收录的部分不完全,有必要单独列。该书对于了解马克思哲学思想的复杂性和丰富的人文底蕴具有极其重要的意义。

3.马克思、恩格斯:《德意志意识形态》。

选择理由:《马克思恩格斯选集》中收录的部分不完全,有必要单独列。该书对于我们重新反思唯物史观的问题域,对于建构当代中国的人文精神,具有重要借鉴意义。

4.列宁:《唯物主义与经验批判主义》。

选择理由:列宁在本书中的思想对中国马克思主义哲学形态发生过重大影响,同时对经验批判主义的批判也有需要重新反思的方面,且现实针对性还很强。对于本书,尽管时下我国不少学者颇有微词,但我认为,认真读一下还是非常必要的。

5.列宁:《哲学笔记》(人民出版社1993年版)。

选择理由:这本书对于我们了解唯物辩证法和黑格尔的辩证法

以及二者的关系提供了现成的素材。同时,对辩证法进一步进行反思将会愈益成为马克思主义哲学研究的前沿领域。

6.《毛泽东著作选读》(人民出版社 1986 年版)哲学部分。

选择理由:对于中国的马克思主义哲学专业的学生来说,不了解毛泽东的哲学思想是莫大的错误。

7.《邓小平文选》第三卷。

选择理由:邓小平把马克思主义哲学推向了从精髓、实质来把握的境界。同时,邓小平的哲学思想,对于我们把握和反思改革开放的哲学基础是必备的功底和前提。

8.《论语》。

选择理由:中国儒家经典著作,对中国文化产生了持久的重要影响。作为中国学者或学生,不可不读。

9.《圣经》。

选择理由:该书集中体现着西方的精神,而不了解西方的精神就不了解中国的精神,因而,切不可忽视这本书。

10.康德:《未来形而上学导论》。

选择理由:康德哲学是一座哲学史上的巍峨丰碑。了解康德思想,对于提升思维能力、陶冶哲学情操十分重要。《未来形而上学导论》不长,但从中可捕捉到康德的思想方式和基本的思想框架。

题外话

在我看来,马克思主义哲学既是智慧之学,又是心性之学。从这样的理解出发,我想对搞马克思主义哲学的同辈和青年朋友再说几句肺腑之言,以共勉之。当然,如果同人们不认同我的观点,就完全可以把这些话当做笑话来读。

首先,要搞大乘式哲学,而不仅仅搞小乘式哲学。要自度,更要度人;要体现出个性,更要体现出公共性;要伸展英雄气概,更要展现人民性品格。

　　其次,要把哲学看做一种生活方式,而不仅仅是看做职业和工具。要言行一致,把做学问和做人统一起来;要体现出马克思主义哲学工作者在哲学界道德和学问结合方面的表率作用。

　　最后,要有更强的包容性和借鉴力,而不仅仅是展现独立性。要以容天下难容之事的胸怀容纳别的哲学的有益成果,并消化之、转化之;要善于与别的哲学和谐共处,并以更强的学习能力展现自身优异的竞争能力。

　　说了那么多话,希望有一两句切实有些公共价值。

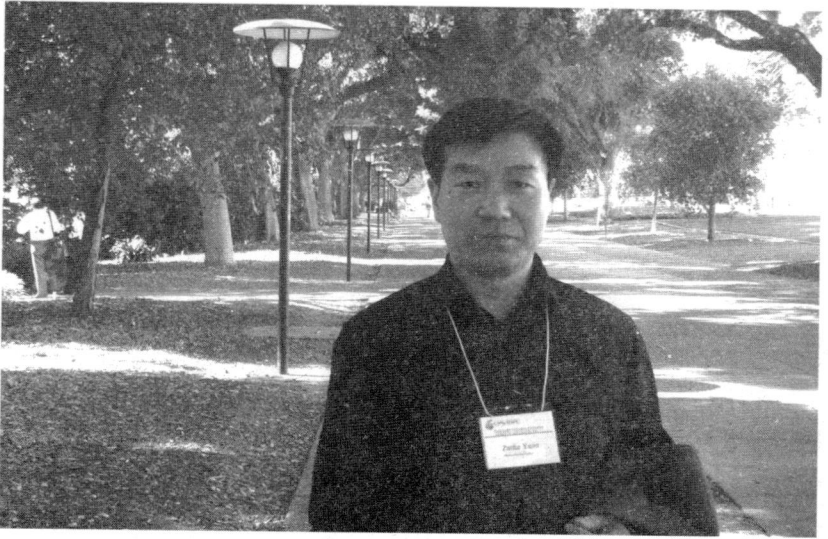

袁祖社

袁祖社

　　1963 年 2 月出生，陕西省兴平市人。1983—1990 年在陕西师范大学政治教育系读本科和研究生，获哲学学士和硕士学位，硕士生导师是祝大征教授；1996—1999 年在北京师范大学哲学系师从袁贵仁教授攻读博士，1999 年获哲学博士学位；2002—2004 年在中国人民大学哲学系博士后流动站从事博士后研究。2004 年被聘为教授。现任陕西师范大学政治经济学院院长、教授，博士生导师。1996 年入选陕西师范大学首届"跨世纪学科骨干人才"培养计划，2006 年入选"教育部新世纪优秀人才支持计划资助者"，2008 年成为陕西省委宣传部"四个一批人才"国家级（基础理论研究类）唯一推荐人选，2011 年被评为宝钢优秀教师。主要社会兼职有中国马克思主义哲学史学会理事，中国价值哲学研究会理事，陕西省伦理学会、马克思主义哲学史学会副会长，陕西省价值哲学学会副会长。主要学术研究领域为马克思主义基本理论、国外马克思主义、马克思主义人学、价值哲学、伦理学等。先后承担过两项国家社会科学基金资助课题，三项教育部人文社会科学资助课题，在《中国社会科学》、《哲学研究》、《哲学动态》、《北京大学学报》、《中国人民大学学报》、《北京师范大学学报》、《学术月刊》等刊物发表 100 多篇学术论文，有 30 多篇被中国人民大学图书资料中心《哲学原理》、《文化研究》等全文转载，有十多篇被《新华文摘》、《中国社会科学文摘》、《高校文科学报文摘》等转载。

学术之路

　　学术之路。古希腊著名哲学家塞涅卡说过："愿意的人，被命运领着走；不愿意的人，被命运牵着走！"哲学之于我，一开始，完全是后一种情形。人的一生中的每一种选择,并非都能如其所愿,而且大多数情况下是事与愿违。在人生道路上,我们往往都是"被选择"。结合自己业已大半生的人生经历,思想其中的玄奥,会发现,其中有些选择,其实是冥冥之中已经被安排好了似的,此即中国文化所推崇的所谓"命理"逻辑。

回想这么多年孤寂、艰难、曲折、坎坷的学术历程,我常常慨叹:造化弄人,命运弄人。因为越深入,越走近哲学,在哲学之路上走得越远,我就越发现,做哲学太需要佛教或者禅宗所说的"慧根"了。而以我近乎愚钝、木讷的先天资质和性向而言,其实根本不具备终生从事哲学或以哲学为业的基本禀赋。

走上哲学研究之路,一开始时完全是我被动选择的结果。我出生在陕西关中一个自然条件相对比较好(号称八百里秦川)的农家,父母辈世代务农,我是我们家(也是整个家族)第一个大学生。中学考大学并不顺利,我连着考了三年(一开始考理科,后来转文科),到1983年才最后考上。当时本科填报的专业志愿,第一是历史(当时莫名其妙非常喜欢古代史以及考古),第二志愿是汉语言文学专业(中文),所填的其他志愿中没有一个与哲学有关的,当时根本不知道"哲学"是什么。高考通知书下来,我被录取到当时已归教育部直属的陕西师范大学政治教育系,因为专业离期望差距太大,所以非常失落。大学的四年专业学习中,我开始接触并初步系统学习了"欧洲哲学史"、"中国哲学史"、"马克思主义哲学原理"、"自然辩证法"、"逻辑学"、"伦理学"、"美学"以及中西方哲学原著等哲学基本课程,算是有了一些哲学的常识性启蒙。由于太抽象,所以哲学课程中的大部分内容,当时都是似懂非懂,也就谈不上兴趣所在,但开始注意并经常在笔记本上抄录一些富有哲理性的句子。

真正使我"被迫"从事哲学的契机,是毕业时的考研专业选择。毕业最后一年,我们开设了一门哲学原著课,主讲者是国内著名马克思主义哲学史家祝大征教授(已退休多年)。祝先生在讲授马克思的哲学观时,强调了马克思哲学内在所具有的反思批判品格以及对现实的毫不妥协的批判精神。更为重要的是,先生讲到了自己的一段真实人生经历:在那个特殊的年代,在一次学术讨论会上,祝先生对当时党内的一个大阴谋家鼓吹毛泽东思想是马克思主义发展的"顶峰"、"句句是真理"、"一句顶一万句"等提出严肃质疑,并在《光明日报》发表论文表达不同意见,认为那种说法不符合马克思的辩证法,没想到本是严肃的学术问题,竟招打压以致身陷囹圄。先生论及此事,甚至落泪。那一刻,我的灵魂被某种东西深深打动了。

本科生毕业当年,我放弃了其他的选择,毅然决然报考了祝大征先生的研究生。其间虽经历了一番小小的波折,最终荣幸地成了先生的入室弟子。先生为人正派,治学严谨。先生当时的研究方向是"唯物史观与现代化",这一专业方向定向,深深影响了我后来的学术路向。硕士毕业论文选题,征得先生同意,我以《论马克思的人的本质实现观》为题,完成了毕业论文写作,获得哲学硕士学位。

1990年研究生毕业,我听从先生建议,放弃了去省内其他待遇等较陕西师范大学更好的高校就业的机会,选择留校。但专业有了很大的改变。因为系里当时急缺"欧洲哲学史"课的任课教师,所以,我被安排在"西方哲学史"教研室,专门从事西方哲学的教学与研究。从事西方哲学教学与研究,虽然并非我所愿,但是我还是愉快地服从安排,安心西方哲学教学与研究,在当时任指导教师的金延老师的认真、精心和有效的指导下,克服困难,潜心阅读西方哲学的大部分必读原著和大量相关文献资料,并先后分三次,用了将近六年多的时间,为本科生系统讲授了多遍西方哲学史。现在回想起来,从事西方哲学史的这段教学经历,对哲学研究本身,实在是太重要了。

1995—1996年,我准备报考哲学博士,我听从了祝大征先生的建议,报考了北京师范大学哲学系,师从袁贵仁教授从事马克思主义人学研究。三年博士生涯,有赖先生和师母在生活、学习等方面的呵护、关爱和点拨,学术视野大为开阔,学艺精进。学术研究中也少了一些浮躁,多了一些沉实。尤其是在先生的耳提面命中,开始逐渐领悟学术理性的精深内蕴和学术精神的真谛,真正明白了学术作为"天下之公器",其研究所应体现学理性旨趣、所应追求的真正的内在义理之所在,懂得了一个人文社会科学学者"为天地立心,为生民立命,为往世继绝学,为万世开太平"的神圣职责、高远使命所在。博士在读的三年,先生的谆谆告诫和教诲,时时不敢忘记于心,从先生身上所学到的做人之道、处世之道、为学之道、善业之道等,更是足以惠益我一生。博士毕业论文选题,经过反复,最终我以《权力与自由——市民社会的人学考察》为题,非常艰难地完成了毕业论文写作。围绕本论题所完成的博士论文及相关研究成果,得到先生的肯定和赞许,顺利获得哲学博士学位。

1999年博士毕业,我回到陕西师范大学政治经济学院(1994年更名),专门从事马克思主义哲学的教学与研究,并将自己的研究方向定位在"马克思主义人学"以及"马克思主义价值哲学"这两个主要研究领域。并开始为哲学专业本科生开设"马克思主义哲学原理"、"哲学论文写作"、"人文科学导论"、"价值哲学"、"西方马克思主义"、"后现代主义"等课程,为哲学硕士研究生开设"马克思主义哲学史专题"、"人文科学专题"、"价值哲学专题"、"西方伦理思想史"、"制度伦理学"、"伦理学前沿问题专题"等课程,为博士生开设"马克思主义与现代社会思潮"、"马克思主义与现代性"、"马克思主义理论整体性"、"国外马克思主义研究"等课程。

2002—2004年,我如愿进入我向往已久的中国人民大学哲学院作博士后研究。博士后的三年,在哲学院马俊峰教授、郭湛教授、陈志良教授等诸位先生的精心指导下,我又进入另外一个非常重要的学术领域,开始了新的探索,学术上有了新的进步和收获。博士后研究报告,我以《文化理解价值共识——公共性研究的文化与价值意义》为题,顺利出站。

治学方法

治学方法——明白道理,弄通学理,深究内在义理。学术研究中,研究者的方法论意识自觉与否,对于提升学术研究的有效性以及研究者自身的理论素养,至关重要。

治学方法是通达某一专业门径的钥匙。从毕业留校到在国内公开学术刊物发表专业学术论文,在学术研究的不同阶段,在研究方法上,我受惠于多个良师益友的启发和引导。在学术之路上,我之所以能一直坚持至今,一路走下来,除了哲学学科本身和学问研究自身所具有的巨大魅力以外,诸位良师、益友有关为学、治学方法的不断提醒,时时鞭策、鼓励着我,使我少走了许多弯路和歧途。

哲学社会科学研究,既有其学科自身专有的逻辑预设及其"知识论"追求,同时更有其区别于自然科学的"价值论"、"意义论"以及"信念论"内蕴和旨趣。从有哲学至今,关于哲学的知识论逻辑——普遍必然性的"确定性知识何以可能"问题的争论,一刻也没停止过。希腊理性主义、近代经验论与唯理论、德国古典哲学、马克思的实践哲学,以及后来的人本主义哲学、现象学、语言分析哲学、后现代哲学等,都为此贡献过方法论智慧。

所谓治学方法,我的理解,对于研究者而言,就是在细读、深读和精读本学科基本文献的基础上,学会寻找、发现"真"问题,明晰核心主题,厘定主要论域,找准切入点,继而对论题本身进行有效阐释的一种思想语法和思维逻辑。具体到马克思主义哲学研究而言,我的做法是:遵照哲学史的发展规律,着眼"观念史"与"思想史"的逻辑,立足"真的生活和真的现实",努力探究使马克思主义哲学成为可能和现实的思想的语法和真实叙述逻辑。

哲学研究的治学方法,我粗浅地理解,主要应包括如下几个方面:

一是正确、踏实的实事求是的治学态度,论必有据,据必可信,"无一事无出处,无一字无来历"。反对空谈,反对盲目蹈袭前说。朱熹论学云:"书始读未知有疑,其次渐渐有疑,又其次节节有疑。过此一番后,疑渐渐释,以至融会贯通,都无可疑,方始是学。"戴震说:"治经先考字义,次通文理,志存闻道,必空所依傍。"梁启超曾这样评论王国维:"学者徒歆其成绩之优异,而不知其所以能致此者,固别有大本大原在。先生之学,从弘大处立脚,而从精微处著力;具有科学的天才,而以极严正之学者的道德贯注而运用之。"梁启超曾经赞扬王国维:"每治一业,恒以极忠实极谨慎之态度行之,有丝毫不自信,则不以著诸竹帛;有一语为前人所尝道者,辄弃去,惧蹈剿说之嫌以自点污,盖其治学之道术所蕴蓄者如是,故以治任何专门之业,无施不可,而每有所致力，未尝不深造而致其极也。"

　　中国学术思想史研究如此，我认为，就治学方法而言，完全适合于全部哲学以及马克思主义哲学的研究，这样做不唯是简单地强调"回到马克思"等，而是对于前辈学术研究成果的尊重，以及一己良好学理素养形成的基本前提所必需。

　　二是以虔诚、严肃的态度对待学术经典，养成专其心志、潜心读书的习惯。这是做学问的"童子功"。读博士的时候，我的一位年长我很多的师兄对我的几次善意的批评和劝导，对我如何读书等产生了很大影响。他几次告诉我，要读经典，读学术圈内思想大师们推崇的、学者们公认的经典，"经典有生发性"（他的原话）。开始我不以为然，直到博士论文选题、写作开始以至完毕，才慢慢悟透了师兄告诫的意义。

　　做学问是一件苦差事，要耐得住寂寞、清贫，要学会排除干扰，一心向学。读书大有学问，不仅要勤读书、善读书，而且还要学会读书。"熟读深思"是治学的重要经验。重要的哲学著作，必须熟读、精读。苏轼说："旧书不厌百回读，熟读深思子自知。"（纪评《苏文忠公诗集》卷六《送安惇秀才失解西归》。）朱熹也说："读书之法，在循序而渐进，熟读而精思，先须熟读，使其言皆若出于吾之口，继以精思，使其意皆若出于吾之心。"（戴震：《与某书》，见《东原集》卷九，《四部备要》。）他批评那些轻视从文字的基本渠道了解经义的人说："今人读书尚未识字，辄曰故训之学不足为其究也。文字之鲜能通，妄谓通其语言，语言之鲜能通，妄谓通其心志，而曰傅合不缪，吾不敢知也。"（戴震：《尔雅注班笺补序》，见《东原集》卷九，《四部备要》。）

　　我的体会是，对做哲学来说，读书至少要有三种：第一类是古今中外本专业领域内专业经典，这类书要经常阅读，它们是启迪新思的活水源头，属于专业必备、常读常新的一类书籍。第二类是古今中外本专业领域内发表在国内外一流学术出版社、一流学术期刊上的前辈们公开发表的高水平的学术专著和论文，其重要性在于，它是晚辈后学在歧义、岔路丛生的"学问之途"之重要的引导性界碑、路标等。第三类是古今中外著名哲学家的传记类书籍和论文。这类书籍旨在帮助研究者全面了解思想大师们之所以成其为宗师、大师的生活背景、经历,体会其有关宇宙、文化、人生之深刻洞见得以产生的生存场景,把捉其复杂的心路历程,学会将人生、事业、学问等有机结合起来,做出有创见、有鲜明个性和人格特质的学问。

三是一定要高度重视所属学科之久远的学术传统,注重文化史、思想史、观念史、概念史等的交互作用逻辑,做到"以史拓论"、"论从史出"。古人云,"学林探路贵涉远,无人迹处有奇观",说的就是这个意思。黄庭坚说,陈师道"读书如禹之治水,知天下之脉络"(《后山诗注》卷首王云题记)。所谓"知天下之脉络",就是要求有远见、通识。司马迁说自己写《史记》要"通古今之变",也就是这个意思。

只有对自己所属专业的学术传统清晰明了,做到如数家珍,才能理清、掌握思想史的脉络和流变,才能把准自己的学术方位和来路去处,才不至于重复旧说,也才能达到"会当凌绝顶,一览众山小"的境界。研究马克思主义哲学,就必须将马克思主义哲学放到全部欧洲哲学发展的历史背景中去,全面考察马克思哲学产生发展的前思想背景、同时代的思想贡献以及马克思主义哲学以后的全部思想史的状况。

而要做到这一点,最便捷的方法,就是学会写综述。记得有位学术前辈曾说,要真正搞懂某一个问题,那么,就请尝试写一篇关于这个问题的综述性、研究型论文。这话有一定的道理,对于哲学的初学者,这一点尤其基本和重要,坚持不懈,必有大获益。

四是处理好"哲学之内"与"哲学之外"的辩证关系,学问研究中始终做到勤学善问,学会于无疑处生疑、存疑。20世纪80年代末90年代初,曾经有一份非常有影响的学术刊物,名叫《哲学之外》,很可惜,最后不知道因为什么原因,只出了几期就再不见踪迹了。尽管如此,那份刊物的主题思想对我影响很深。它常常使我想起唐朝著名诗人白居易告诉自己孩子的一句名言:"汝果欲学诗,功夫在诗外。"我想这句话是意味深长,寓意深刻的。哲学尤其是马克思主义哲学的学习和研究,道理同样如此。马克思本人是一位在多学科领域内都有理论建树的大师级的学者,他本人固然才华横溢,但使马克思成为马克思的,除了经典作家本人的努力以外,还有其背后的历史、文化、社会、思想以及文化传统的滋养、化育。因此,要真正理解受到多方面启发的、作为思想家的马克思的卓越而精深的理论创造,领略其思想的独特魅力,仅仅读其有限的哲学文本远远不够。

著名学者钱钟书生前有言:"东学、西学,其理攸同,南学北学,道术未裂。"不愧大家识见。在我自己的日常研究中,为了不至于自缚手脚,成"井底之蛙",为形成一种宏阔的理论视野和高远的学术旨趣,我注重打破学科壁垒,打通学科关节点,尝试阅读并运用相近学科的相关性知识、方法,寻找其中的交融点。事实证明,这种方法之于我受益无穷。

五是要学会发现学术含金量大的"真"问题。哲学是"问题之学",和科学研究一样,学会发现问题以及提出问题等,有时候比重新思考或解决某一问题更为重要。包括马克思主义哲学在内的所有学术研究中创见的获得,我的理解,通常有如下几种门径:

第一种门径譬之如"拓荒"。"拓荒"就是开拓学术研究的新领域,发现并提出新问题,得出前人所未有的新结论。进入学术研究的生命在于创新,创新同样是马克思主义哲学发展的动力。清代学者有言,学问有三重追求:见他人之所已见,言他人之所已言,见他人之所已见,言他人之所未言,见他人之所未见,言他人之所未言。

第二种门径譬之如"探矿"。探矿之于地质实践是综合运用地理学的知识,发现新矿种。探矿考验探矿者的识见、眼光、判断力、毅力等,之于哲学研究,道理也是一样。矿有"富矿"与"贫矿"之分,"稀有、贵重"与"普通、平常"之别,每一次新的地质发现,不仅意味着为人类的生产、生活带来新能源、新材料,而且会改善人类的生存生活条件,提高人类的生活质量,推进人类文明前进的步伐。哲学研究同样需要探矿者那样的知识、智慧和本领。新的哲学发现之于人类的进步,其作用自不待言。

第三种门径譬之如"境界"。境界是学术的灵魂。青年王国维以诗人的灵动、美学家的敏感、哲学家的参悟,串联了晏殊的《蝶恋花》、欧阳修的《蝶恋花》、辛稼轩的《青玉案》,把本来不相干的三句名言连缀成"三境界"说,将历史上无数大事业家、大学问家成功的秘密结晶于文学意象之中,从而玲珑剔透地创造了一个美妙的经典的比喻!《人间词话》云:"古今之成大事业、大学问者,必经过三种之境界:'昨夜西风凋碧树。独上高楼,望尽天涯路。'此第一境也。'衣带渐宽终不悔,为伊消得人憔悴。'此第二境也。'众里寻他千百度,蓦然回首,那人却在,灯火阑珊处。'此第三境也。此等语皆非大词人不能道。然遽以此意解释诸词,恐为晏、欧诸公所不许也。"

六是要不拘泥于成说,敢于自我表达,勇于自我表达。学术研究有自身的法度,古人云:"取法其上,仅得其中;取法其中,仅得其下。"黄庭坚说:"学者读书,须是于无味处当致思焉。至于群疑并兴,寝食俱废,乃能骤进。"(《宋元学案》卷四十八"晦翁学案")

七是要坚信"天道酬勤"、勤能补拙。学术研究贵勤思、勤悟,一定要注意经常性地将自己的生活经验和观察所得的点滴、与人交流的心得、读书的心得和感悟(哪怕是看起来显得非常幼稚、不成熟)等,随时记录下来。如此坚持下去,必会逐渐形成自己的学术个性和说话方式。

八是要勇于做经典作家那样的"介入型"知识分子,注重生命体悟,注重个体生活经验的个性化表达,注意将学术研究与对研究者生存、生活于其中的现实的观照有机结合起来。一方面,要明确现代知识分子的使命与职责。美国《时代周刊》(Time)讨论过这个问题,认为按照新的标准,至少三类人都已经不是知识分子了:一类是得到博士学位的人早已不足看做是知识分子;二类是大学教授也不一定就是知识分子;三类至于科学家,只在有限的条件之下才算是知识分子。美国《时代周刊》在两个假定的条件之下来替知识分子下定义:第一,一个知识分子不只是一个读书多的人。一个知识分子的心灵必须有独立精神和原创能力。他必须为观念而追求观念。如霍夫斯泰德(Richard Hofstadter)所说,一个知识分子是为追求观念而生活。勒希(Christopher Lasch)说,知识分子乃是以思想为生活的人。第二,知识分子必须是他所在的社会之批评者,也是现有价值的反对者。批评他所在的社会而且反对现有的价值,乃是苏格拉底式的任务。一个人不对流行的意见、现有的风俗习惯以及大家在无意之间认定的价值发生怀疑并且提出批评,那么,这个人即令读书很多,也不过是一个活书柜而已。一个"人云亦云"的读书人,至少在心灵方面没有活。华裔美籍著名学者余英时先生在《士与中国文化》一条注释中引用了

Confino 关于俄国知识分子阶层的五个特征：一是深切地关怀一切
有关公共利益之事；二是对于国家及一切公益之事，知识分子都视之
为他们个人的责任；三是倾向于把政治、社会问题视为道德问题；四
是有一种义务感，要不顾一切代价追求终极的逻辑结论；五是深信事
物不合理，须努力加以改正。另一方面，通过做学问，在做学问之中学
会养成高尚的品德与人格。孟子曰："学问之道无他，但求放其心而
已。"道出了治学的精髓。所谓"放其心"，就是抓住人生的"善端"，在
精研慎思的学问研究中并通过这一过程，学会安顿其心。从事哲学研
究，我的体会是，治学者如果只知道深入探索，还是不够的，同时，又
要求能站得高，看得远，从大处着眼。这就要求研究者必须始终抱持
家国天下的人道情怀，以悲天悯人的态度，深切关注黎民苍生的疾
苦。所谓"风声雨声读书声声声入耳，家事国事天下事事事关心"，对
哲学研究者，实乃至理名言。

对马克思主义哲学的一般理解

　　依据我对马克思主义哲学的一般理解，它是着眼人的自由全面
发展和解放事业，基于正确理解了的"合理化实践"，面向人的生存与
生活世界之价值真理性智慧的"文化公共性"之思。

　　马克思主义的名称和实质之争，关涉到对马克思主义哲学的对
象、性质、特征、功能等一系列问题的理解。在学界，这一问题表现为
对马克思主义哲学表达方式问题的不同理解。其次，这一问题直接涉
及到对马克思主义的哲学观和马克思主义哲学的"本真精神"等问题
的不同理解，尤其是集中体现在马克思主义哲学新体系的当代形态
的理论表达形式问题上。

　　在全部马克思主义发展史上，马克思主义哲学究竟是什么？是实
证认知性科学观点，还是人道批判性价值观念？对此，充满了争论。在
这个问题上，学者们普遍认为，通行的教科书关于"哲学是关于自然
知识、社会知识以及思维知识的概括和总结"，"马克思主义哲学是关

于自然界、人类社会和人的思维发展的最一般规律的科学"等界说和规定,带有鲜明的哲学科学化的倾向。因此,问题的关键在于从根本上超越传统以及近代"哲学的知识论立场"。这意味着我们必须反思,在人类实现自我发展的历史活动中,"科学"是否是唯一有意义的活动方式,"哲学"是否只有跻身于科学才有意义,趋向于和囊括于科学之中的"哲学"还有什么独立存在的价值。在马克思主义哲学研究中,如何摆脱西方知识论哲学传统的影响就是一个基本的理论问题,只要这个问题还没有得到深入的反思,不管人们对自己的研究成果作多么高的评价,他们对马克思主义哲学的研究始终还是在原地踏步。

那么,究竟何种观点构成马克思主义哲学的实质?对此,中国马克思主义学者们在对原有的以"物质本体论"为基础的"辩证唯物主义"哲学观的反思中,从各自不同的角度提出了许多建设性的观点,比较有代表性的哲学观形态有以下几种:一是所谓"实践形态说",其理论表达形态有三种——"实践哲学"、"实践唯物主义"、"实践本体论";二是"人学形态说";三是"类哲学形态说";四是"生存论形态说";五是"价值哲学形态说";六是"文化哲学形态说";七是"生活哲学形态说"。就对同一哲学形态的多元解释和多重接近路向而言,这种种称谓还只是对本质上是一种具有深刻的"革命性变革意义"的新哲学的表层结构的规定,只达到了对马克思哲学的现象的、描述的经验意义上的层次,并非是以马克思所理解的哲学的方式来谈论马克思主义哲学本身,还只是一种"抽象具体性"的把握,并没有也不可能达到对马克思哲学的深层结构的真切把握。

我认为,哲学的最高本质是对人类生存与生活的"公共性"本质的理解、追求、阐释和澄明。所有的哲学在本质上都应该是公共的,是公共性的哲学或公共哲学。但客观地讲,马克思以前的哲学,却以这样或那样的方式有意或无意地扭曲了哲学的这一特质。在马克思那里,哲学由于实现了与无产阶级命运的内在关联,而真正地走进并实现了公共性。

就实质而言,马克思主义哲学在本质上是一种面向人的生存与生活世界的实践—价值论哲学,一种现代形态的文化—公共性哲学。显然,如果承认马克思在哲学领域实现了一场深刻的革命性变革,确立了一种与传统哲学迥然不同的新的哲学主题,形成了一种新的哲学观,创生了一种新的形态,为人类贡献了一种前所未有的新的哲学思维境界和"主题性话语"的话,那么,对此种变革意义的理解,必须立足"文化公共性"的视角,将其提升到指导有关类与个体自我生存态度选择、生存、生活方式转变以及规约并指明未来人类进步趋势及文明变革方向的高度,才能作出一个比较合理、精当的解释和评价。

显然,思想史上的"公共性"问题本身首先是一种文化合理性理想,同时更是一种主体性、合目的性价值生存信念。公共性信念强调并推崇人类生存活动本质上的群际共生性、以"差异共识"为基础的交往形式的非纯粹私人性——所谓"公共实践"和"公共交往"、人类理性运用的"公开性"(康德语)以及以公正为基本追求的人类文明成果的人际价值共享性。公共性所具有的这一内在特质,深刻地暗合着有史以来人类思想文化演进之主流特质与核心主题,更构成近代以来真正堪称"人类先进文化代表"和灵魂的马克思哲学的基本品格和精神追求。

按照奎因的说法,任何一种哲学都必然有自己的"本体论承诺",马克思的哲学尤其是其历史的社会政治哲学——以人的自由全面发展和无产阶级直至全人类的解放为宗旨也不例外。与以往哲学所不同的是,马克思主义哲学的本体之思和基于现实、超出并规约现实的本体关怀,总是基于"公共性"哲学理念,为了"公共性"的实践价值,实现一种文化的"公共性"理想的,这集中表明和彰显着新哲学重要的历史—实践使命和文化—价值诉求。不仅如此,在知识论意义上,"公共性"信念同样是马克思哲学所特有的一种"本体预设",是马克思哲学终极性关怀的应有之义,具体体现在它的世界观、实践观、历史观、伦理—价值观和批判性反思方法论之中。

就理论旨趣和实践动机来看,以实践性、批判性和革命性为基本特征的马克思哲学本质上是要通过介入现实,批判不合理、不人道的现实,立志修正旧哲学的"公共性信念"和"公共性理想",重新树立一种新的文化、价值和实践的公共性理念,以此从根本上实现对旧哲学的公共性理念的颠覆。如此,"公共性"理念与追求不仅体现了马克思哲学的理论深度、思想高度,而且提升了新哲学的本体境界,深言之,

"公共精神"构成学理意义上的马克思哲学的真精神。

"公共性"是马克思哲学的本真、本己性观念,马克思哲学堪称一种新的"文化公共性叙事",它向我们提供和展示的是一种以自由、平等个体的解放为目的性存在的关乎新"共同体"的新的生存理念,对此,马克思讲得很清楚:"旧唯物主义的立足点是'市民社会',而新唯物主义的立足点则是人类社会或社会化了的人类。"马克思有着更为宏阔的文化视野和更为深邃的历史目光,马克思所关心的是:谁给了资产阶级依照自己认为合理的方式建立并合法化公共生活秩序(国家制度及其组织形式)的权利?资产阶级何以有权力要求无产阶级服从、认同这种本质上与自己相对抗的"公共生活"规制?

如此,对马克思来说,为资产阶级所拥有和垄断的所谓公共生活,实际上就内在包含着一种理论上和实践上的双重"合法性危机",这意味着并使人们深思:资产阶级是否有权力代表他那个时代公共生活的理想?谁给了这个阶级这样的权力?马克思显然注意到了:这种按照资产阶级意志建构起来的貌似合理、合法的社会政治制度和组织形式,具有明显的"非公共性"、"反公共性"本质,他以强烈的历史使命感,揭露这种公共性的抽象性、虚伪性和欺骗性本质,明确指出,无产阶级是合理形态上的人类公共生活的唯一合法主体,鼓励无产阶级用实际行动来改变这种不合理的公共生活的结构现状,要求无产阶级以真正主体的身份和姿态,实际地参与新的、更加符合文明人类本性和历史进步要求的公共生活秩序的重建,还社会公共生活以本来的面目。

代际定位

20世纪的50年代至70年代,对于中国来讲,是个非常重要的完成历史性变革的时代,这种影响必将深刻影响这一时期人们的思想方式和思想内容。50年代生人的群体特征是:生在新中国,长在红旗下;经历过上山下乡,沐浴过改革春风。在社会思想文化、经济观念不断变化,而不得不应时代潮流而发生变化的 50 年代这一代人的身上,往往有时充满着矛盾,却也存在着戏剧性的变化。

在他们世界观、人生观和价值观成型的关键时期,是千载难逢的毛泽东时代,从童年到青年,在"大跃进"、"反右派"、"文化大革命"的重重"运动"中一路走过来。他们对《莫斯科郊外的夜晚》、《卡秋莎》、《社员都是向阳花》有着刻骨铭心的记忆。他们虽然已过不惑之年,但逢"五一"、"七一"、"八一"、"十一",依然那样热血沸腾、心潮澎湃、壮心不已,他们的这颗赤子之心永远属于——中国! 在那个特殊年代,50 年代生人的道德底线遭遇过"摧毁",他们心灵遭遇过扭曲,曾经被谎言欺骗过,曾经屈服过强权的力量。有学者专门研究过这一代人,并对他们的特征有准确概括:"50 年代生人的青春时期是在 70 年代的一元的理想主义的红色氛围中度过的,50 年代生人的青年是在 80 年代的由一元到多元的剧变以及由此带来的失落、激荡、亢奋中度过的。"学者们一致认为,50 年代生人的基本特征是:其一,这一代比较有历史使命感;其二,比较服从政府的领导,比较认同政治体制;其三,独立思考能力较弱;其四,集体主义;其五,对于因为社会的畸变加诸于自身的苦难几乎没有抗争,表现的不满大概也仅限于抱怨和牢骚;其六,这一代最突出的表现是对自我感受的不尊重不自信,过多关注社会公共意识;其七,多数人不具备自己调整思想和意识的能力。因为他们错过了思想解放的最好年龄。(相关研究请参阅黄新原:《五十年代生人成长史》,中国青年出版社 2009 年版。)

上述粗线条的描述和概括不乏偏颇、不准确之处,但基本上概括和把握住了 50 年代生人的基本历史特征和现实表现情形。

和 50 年代一样,60 年代同样是 20 世纪的一个特殊的时期。中国的"文化大革命"、法国的学生运动、美国的嬉皮士和反传统运动,都出现在这个时期。有专门研究 60 年代生人的学者对这一年代的人的特征作出了如下概括:60 年代生人的童年和少年是在 70 年代的一元的理想主义的红色氛围中度过的,60 年代生人的青年是在 80 年代的由一元到多元的剧变以及由此带来的失落、激荡、亢奋中度过的。(相关研究请参阅王沛人:《六十年代生人成长史》,中国青年出版社 2008 年 1 月版。)

　　的确如此。有作者对 60 年代生人的经历作出如下描述：60 年代出生的人从小就懂得憎爱分明。在"五七指示"的光辉照耀下，背诵着毛主席的教导："学生也是这样，以学为主，兼学别样，既不但学工、学农、学军，也要批判资产阶级。学制要缩短，教育要革命，资产阶级知识分子统治我们学校的现象再也不能继续下去了！"从小就熟知自己的家史，与刘文彩之类的大恶霸不共戴天。这一代人心灵深处充满着对社会主义的无限热爱，对旧社会的无比痛恨。那时候学习的榜样是罗盛教、邱少云、黄继光和欧阳海，是刘文学、戴碧蓉、草原英雄小姐妹这样的一些英雄人物。那时候的文化生活极其贫乏。电影只能看到朝鲜和阿尔巴尼亚的。记得当时的《卖花姑娘》、《金姬和银姬的命运》，使得多少善良的中国人流下了同情的泪水，没有理由不使我们为生活在社会主义国家而感到自豪，同时也为全世界那三分之二依然饱受苦难、生活在水深火热之中的无产者而感到难过和不安。

　　生于 60 年代的人大都记得难忘的 1976 年，三颗巨星陨落，一年之中我们同全中国亿万人民一样，经历了三位领袖逝世带来的无限悲痛，其后又经历了唐山大地震带来的灾难和金色十月的无比喜悦。十年浩劫终于结束了，那时候，李光曦演唱的一首《祝酒歌》最能表达这种喜悦的感情。高考制度的恢复和科学大会的召开，使成千上万的知识分子欢欣鼓舞。郭沫若那句"科学的春天来到了"，在无数人心中播下了希望的种子。华罗庚、陈景润的事迹激励着数以万计的学子们发愤读书，为了实现四个现代化和世纪末把祖国建设成为现代化国家而刻苦攻关。"攻城不怕坚，攻书莫为难，科学有险阻，苦战能过关"，叶帅的一首诗和老一辈革命家的殷切期望，成为了我们奋发向上的动力。没有人不相信我们的国家会在短短的 20 年里，赶超英美等发达国家而跻身世界强国之列。在中国当代历史中，1977 年绝对应该被浓浓地写上一笔。那一年，邓小平第三次出山，被历史推上了政治舞台。他的复出，昭示着一个新的时代的诞生。一时间，八块样板戏不演了，铿锵有力的革命歌曲听不见了。一批反映"文革"的电影和描写美好爱情的电影诞生了，像《海外赤子》、《归心似箭》、《爱情啊你姓什么》、《瞧这一家子》、《甜蜜的事业》、《小花》、《戴手铐的旅客》、《等到满山红叶时》、《第二次握手》、《红牡丹》、《庐山恋》等。有电影，就必然有电影插曲,那时候的电影插曲实在是美,每每想起或唱起,就心潮起伏,情绪激荡,李谷一就是那时我们梦中的歌神……那时候高跟鞋、"飞机头"、喇叭裤、摇摆舞被普遍视为叛逆和异端,邓丽君等港台歌手的所谓靡靡之音还被斥之为"黄色"歌曲。那时的文坛出现了一种"伤痕文学",主要是讨伐"十年动乱"对人性的扭曲。文化艺术又一次地出现了"百家争鸣"的局面。国产的《敌营十八年》,日本的《血疑》、《命运》、《排球女将》,英国的《大西洋底来的人》等电视剧,在全国范围内掀起了一股电视连续剧热。美国电视剧《加里森敢死队》第一次颠覆了我们对英雄人物的理解。电影《少林寺》产生的轰动效应,使街上一下子出现了无数个"光头觉远"。一间间低矮简陋的录像厅充斥着港台的武打录像片。单田芳、刘兰芳的评书《隋唐演义》、《杨家将》、《岳飞传》在普及历史知识的同时,更是对市民文化生活起到了推波助澜的作用。那时的一本叫做《武林》的杂志,创造了全中国期刊订阅、零售之最。香港电视连续剧在大陆异常火爆,尤以《霍元甲》、《陈真》、《射雕英雄传》、《人在旅途》等为代表。

　　文化生活的空前繁荣,也带来了物质生活的改善。以前凭票、卡供应的自行车、手表、缝纫机"三大件"已不再紧张,人们的着装也逐渐从千篇一律的灰、蓝、黄而变得亮丽多彩。姑娘出嫁的条件,已成为"三十六条腿"和双卡录音机、双缸洗衣机和黑白电视机了。生于60年代的人,也有幸成了最后一批能够全部看完历届"春节文艺晚会"的人。也正是从那时起,"春晚"便替代新衣、鞭炮,成了我们每年除夕的热盼。张明敏的《我的中国心》、奚秀兰的《阿里山的姑娘》、费翔的《冬天里的一把火》等等,给我们留下了多少难忘的记忆!董文华的一曲《十五的月亮》,唱响了讴歌最可爱的人这一新时期最响亮的主旋律,对越反击战激发出来的爱国热情空前高涨。(参见高为华:《我们是六十年代人》,载 http://www.kdnet.net。)

　　作为60年代生人如今也已人到中年,青春飞扬的年代已经成为回忆。正因为60年代生人所经历的变故实在是太多了,所以,才使他们拥有了一分最真切的真实所在。60年代生人的特征有历史形成的特征和现实生成的特征两个方面,而且两者杂糅在一起。

　　就60年代生人的基本定位而言,我想用一个词——"夹层性"生存来概括,从学术研究而言,也有这样的特点。由特定的历史时代背景所决定,50 年代生人在新中国历次学术思想的争论以及由此所引起的变迁中,都被当然地、历史地推到了中国学术的风口浪尖,去阅读、理解和诠释那个时代,发出他们的声音。

在当代中国的哲学研究中,西方新思想、新观念、新学术派别观点的译介,中国学者对西方学术和中国现实的研究成果,文革过后中国人文、哲学社会科学思想领域几次大的学术争论,如"人性"与"人道主义和异化"问题、中国马克思主义哲学观念的变革问题、社会改革开放的基础理论问题等等,都是以这个群体为中坚和主导力量的。20 世纪 70 年代末期到 90 年代中期以前,中国学界的主流学术话语都被这个群体所"占据",中国学术界几乎是他们的"一统天下"。

60 年代生人不一样,以马克思主义哲学领域为例,如果说包括 50 年代生人在内的哲学界前辈集体性地、自主地提出了适应变化了的、变化着的时代,努力实现"哲学观念变革"要求,积极倡导"中西马对话",实质性地推进"马克思主义哲学中国化"的话,那么,60 年代生人则被动得多,话语晚出得多,或者说觉悟比较晚。以我自己个人的观察视角和体验而言,至少在马克思主义哲学领域,到现在为止,60 年代生人似乎一直是在 50 年代生人的"羽翼"呵护下学习与研究哲学的。

60 年代生人哲学研究自主意识和"代"观念的觉醒、决定要开始"说自己的话",则是 20 世纪 90 年代中期以后的事情,我的这一判断,完全是基于一个学者成长的自然生理年龄和哲学研究能力的形成,这一判断纯属个人之见,难免绝对和独断。实际上,20 世纪 90 年代以后,中国马克思主义哲学以及相关研究领域的许多新的识见和主张,都来自于这一群体,譬如国外马克思主义研究、"生活哲学"、"政治哲学"、"公共哲学"研究等。这个群体是全程参与,并贡献了自己应有的学术智慧和努力,促进了中国学术的繁荣。

因此,身为 60 年代生人,不管其自觉不自觉、承认不承认,其学术角色注定只能是承上启下者。他们所能做的,是以一种学术研究的"中华性"、"中国性"意识(中国背景、中国立场、中国视野、中国情怀等),与 50 年代、70 年代生人一起,以对历史和时代负责的姿态,致力于在中华民族伟大复兴的历史进程中不断发现新的学术问题,确立新的学术视野,创设并逐渐形成中国学者自己的新的学术规范,从而恢复并重建中国学人的学术自信,使一代中国学人的学术研究逐渐摆脱对西方学术的被动、依附局面。

70年代生人和60年代生人相比其最大的一个特征就是,他们成长的社会环境发生了很大的变化。虽然同50年代、60年代生人一起经历了社会变革,感受到变革的喜悦,但同时也承受了变革所必须付出的代价。(相关研究请参阅沙蕙:《七十年代生人成长史》,中国青年出版社2008年版。)70年代生人所面对的社会少了动荡,进入秩序、常态发展的历史时期,这使他们生活的现实是"改革开放"、"市场经济"、"全球化"等。但是70年代生人也有明显的缺点:缺乏相对纵深的历史意识,对政治的态度相对比较漠然,大多数情况下只为着与自己有直接关系的事情而去关心政治和国家政策。他们思维活跃,天生是怀疑论者,具有较强的独立思考能力。总之,70年代生人学术"英气逼人"。他们视野开阔,少了许多禁忌,思想解放,不乏反思批判和学术创新以及变革意识。是令人可敬、可畏的一代。

面对70年代生人,我们唯一能够自豪的资本,就是我们身上沉淀了太多、太深重的一个民族的创伤性记忆,我们有充分的理由和自信对70年代生人说:

我们是当代中国一系列复杂、深刻而伟大的变迁的亲历者、参与者。我们为此奉献出了自己的青春,我们无怨无悔。

我们甘当中国哲学复兴和文化振兴的铺路石,我们一直是并将永远是这一过渡型角色,愿意充当民族文化复兴和学术思想繁荣的殉道者。

我们愿与70年代生人一道,为包括马克思主义哲学在内的"中国化特色"、"民族化风格"、"世界化气度"等,贡献自己的智慧和力量。

学术、思想和时代

学术乃天下公器，这句话学者们都不陌生，但真正理解其真意并身体力行的，少之又少。譬如，学术在何种意义上才称得上是"天下公器"？学者究竟应如何行为，才能促使学术成为天下公器？学术成为公器的标准和标志是什么？

在这个问题上，我的基本观点和看法是，不能没有前提、立场，没有针对性，抽象地谈论所谓"学术、思想与时代"。首先必须在明确了**"何谓学术"**（所谓学术的使命、本质和功能）的基础上，确定谈论这一问题的预设性前提：何种时代？为谁之学术、思想？这三个问题本身就是紧密结合在一起的。三者之间的关系也是非常清晰的。一方面，任何一种学术、思想，无论多么深奥、难懂，总是特定历史时代的产物，古今中外概莫能外，并且，这几乎是思想史的常识。另一方面，由于学者的立场、旨趣等不同，学术、思想与时代之间通常又是充满了矛盾和冲突的。

这就不能不涉及学术、思想与时代的复杂关系问题。从汉语学而言，"学"与"术"是分为两个层次的，古人原本就是将"学"与"术"分开来使用的。关于"学"，《说文解字》："觉悟也。"《广雅释诂》："识也。"《庄子·天下》："百家之学，时或称而道之。"关于"术"，《说文解字》："邑中道也。"《广韵》："技术也。"韩愈《师说》："闻道有先后，术业有专攻。"再看看近代学界大师对"学"与"术"的理解。严复："盖学与术异。学者考自然之理，立必然之例；术者据已知之理，求可成之功。学主知，术主行。"梁启超认为学术是在一定的时代思潮下发生并因此而有意义。"学也者，观察事物而发明真理者也；术也者，取所发明之真理而致诸用者也。"蔡元培："学为学理，术为应用。"学与术结合在一起，就是最终要达到致用的目的。而因为时代背景之不同，导致所致之"用"也有很大不同。由学而术，必然是与既定的时代背景相联系的。

由上述引文,我们可以进一步理解为"学术"包含两大内容:一是以认识世界为己任,探索是什么和为什么,即探索与传播"知";二是以改造世界为己任,探求做什么和怎么做,即探求与实践"行"。现代汉语中将前人分开使用的两个单音词"学"与"术"合并成一个双音词"学术"来使用,正是表明了中国人对学术内涵——"行"化为"知"、"知"化为"行"、"知"与"行"统一的深刻认识。

在概念的语义分析上,学者许苏民先生对"学术"的定义比较准确。他所主张的并非梁启超、严复等在"学主知、术主行"意义上的"学术",而将其指认为"学问"、"知识"。(参见《开放时代》1999 年 7/8 月号。)此一意义上的"学术",与亚里士多德所说的"episteme"较为相似。在《形而上学》的中译本中,吴寿彭便将它译作"学术",而苗力田则译作"科学"。(参见《形而上学》,982b)当亚里士多德说"哲学的智慧是为学术自身而成立的唯一学术"时,他显然是把哲学这种学术看做是一种静观的知识,即不具有功利性质的知识。因此他也说:"哲学被称为真理的知识自属确当。因为理论—静观知识的目的在于真理,而实践—行动知识之目的则在于其功用。"(《形而上学》,993b)这就是说,在亚里士多德那里,"学"与"术"是有分别的,甚至是有对立的。他所说的"episteme"概念更应当是指"学问"而非"学—术"。

学术,就其产生而言,必然有其时代背景,脱离现实语境的纯学术是难以发生的。无论是对时代的顺应,抑或是与时代的背离,都是以时代作为一定的参照物。在这个问题上,我的理解和基本态度是,学者的使命就在于"用学术支撑思想","用思想引领时代"。如此,正确理解了的"学术、思想与时代"之意蕴,关乎每个学者的优良的学术理性、健全的学术良知与正确的学术信念等问题。在思想、文化、学术的演变史上,以对既定时代人类生存、生活、文化、文明等诸多复杂问题的判断、言说之有效性与否而言,学术与思想之间从来都是有机交融的;虽有所谓"有学术的思想"与"有思想的学术"之界分,但二者最终在某一时代的文化传统和社会进步大潮中合流。

在对待"学术、思想与时代"之间关系问题上,马克思主义经典作家堪称典范和楷模。马克思以"任何哲学都是自己时代精神的精华"这一清晰、明白的立场,表达了自己作为思想家的宏愿。作为一个新时代的马克思主义哲学工作者,我们尤其要对自己时代的精神、真问题、特质、命运、走向等,有清醒的意识和自觉,不能游离于自己的时代,不做、少做那些无关痛痒的假学术、伪学术。

1.学者对时代的态度有两种:一是比附型的,这一类学者缺乏应有的学术立场和对于学术理性的执著,容易做官样文章、应景文章。二是批判型的——主体精神与现实关怀,即对时代忧患敏感而深切的体验和欲消除时代忧患的强烈责任意识。

2.真正的学者应做时代的引领者。所谓"引领",就是既要做思想家、思考者,更要做斗士、批判者。

不独马克思主义哲学研究,就是整个中国学术思想领域,近世以来一直未能产生学术大师,这的确是当代中国思想文化当下以至未来所面临的最为严峻的时代问题。

在这个问题上,我认为,我们面临着作为知识生产实践以及知识生产共同体之学术研究的一系列基本问题:一是"学术"与"思想"分裂问题,二是当代中国的知识生产中"政治性"与"学术性"之间深刻的紧张与纠结对思想论争造成的局限问题,三是中国学术与思想研究的规范性与"专业化"问题,四是中国学者的学术自主性信念的实践养成问题。学术乃思想的风骨,在这一问题上,我赞同著名学者邓晓芒先生的见地:真正站得住的思想总是在与前人和同时代人的艰苦辩难和反复对话中建立起来的,"我历来不认为思想与学术有什么根本的区别,在我看来,学术是用来表达思想的,思想没有学术也是不可能深入的"。知识界之可持续生存,有赖此一共同体中的从业人员长期以来所形成的既定的学术信念的支撑。这其中,知识群体之普遍的"思想独立"显得尤为重要和基本,否则,就只能脱离时代的背景,要么去人为地制造一些虚假"学术",要么以鼓噪所谓"纯学术"借以掩饰自己思想的贫瘠和信仰的丧失。其结果,大多数学者丧失了纯粹理论的兴趣,疏离学术性本身,远离学术之深层关切,重复一些老套话题,甚至甘于做政治或某一利益集团的话语的附庸。如此,也就谈不上建构属于自己的真正的安身立命的根基。以当代中国学术为例,20世纪80年代以来,中国大陆学术界出现有关"人道主义"问题和"异化"问题、自由问题和主体性问题的讨论,西方学术思想大量引进,"美学热"、"人学热"、"文化热"兴起,学术研究繁荣异常,但由于很少进入到深层次的学理层面,思想上总的说来是旧话重提,并没有超出"五四"以来的"启蒙"的范围。

从现代知识社会学意义上讲,正确地定位"学术、思想与时代"的关系,法国社会思想家布迪厄的"场域"理论的分析方法能给我们以应有的启发。布迪厄说,"知识分子的特定力量,乃至政治上的力量,只能建立在自主的基础之上"。这一论断启发我们,知识场域规则的一个核心,是为知识的"权威正当性"(legitimacy of authority)提供依据。知识生产具有独立于外部场域(权力场域和经济场域)的权威正当性,是其确立自主性的重要标志。在中国大陆的语境中,始终没有出现具有自主性的知识场域,知识生产基本上是国家权力场域的有机组成部分。当然,自主性的丧失并不意味着个体知识分子完全没有自己的独立思考与言论或者没有真实的学术努力与成就,也不意味着他们失去了公共批判的道德勇气。而是说,"知识话语"生产本身没有构成一个独立的社会空间(场域),其价值标准、规范原则和竞争的符号资本都首先不是场域自主生成和决定的,而是由"外来的"国家权力所制定和控制的。在这个意义上可以说,这个知识场域是"他治"(heteronomy)性的。

一个不容否认的客观事实是,全部哲学尤其是中国的马克思主义哲学研究,研究者的思想和学术追求,从来没有完全游离于中国的现实之外,而始终是与中国的革命和建设实践相同步的。这方面的研究,国内学界称之为"马克思主义(哲学)中国化",比较准确地说明了问题。但是,从知识场域自主性意义上讲,要真正贯彻马克思主义哲学的本真精神,体现马克思主义哲学所固有的实践基础上的科学性、批判性和革命性的有机统一,真正实现中国马克思主义哲学研究之学科自主性、学术自主性,从而推进马克思主义哲学的实质性创新和不断发展,我们还需要作出很多、很大的努力。

学术理想与目标

1.学术理想:通古今之变,成一家之言。具体说来,就是立足对哲学尤其是马克思主义哲学的个性化诠释与正确理解,旨在通过自己的辛勤和努力,推进马克思主义哲学研究中"知识增量"的实质性的累进攀升。

数年前曾经与非哲学专业的一位好友谈话,好友不经意间问及:"做哲学这么多年,你究竟提出了什么新观点、新思想和新主张?"因为一直只知道闷头读书、写作,从不敢奢望自己一个默默无闻的小人物能有多少哲学创造,所以当时只能无比汗颜、尴尬,坦言"自己还在哲学途中",只是一个哲学爱好者,一直在寻找"哲学的感觉",迄今为止还没有什么新的哲学发现,更谈不上提出什么创造性的新见解和哲学创新。多少年已经过去了,但这一极为平常的对话场景却时时在眼前浮现,对自己刺激很大,至少启发了自己要在有生之年在哲学的某一个问题的理解上要有自己的独到见解。自此以后,每一次选题和著文,每一次被邀请作学术报告,我都非常谨慎,都试图学着自己说话,说自己的话,以自己的方式说话,所谓"敢为常语谈何易,百炼功纯始自然"。

中国特色马克思主义哲学理论的建构,不仅取决于马克思主义哲学理论知识生产制度安排的确立、知识生产规范的形成、学术共同体的营建,也不仅取决于"规模和数量",在实质上更取决于马克思主义哲学理论"知识生产和再生产本身"。显然,没有增量的马克思主义哲学理论知识生产和再生产,充其量只是知识复制而已,根本无从建构起中国特色的马克思主义哲学理论学术传统。

长期以来,我们不但未能形成培育和发展学术传统的整体意识,更为严重的是,研究者个人也忽略了自身学术立场的选择与建立,而以市场风向决定学术观点,对于个人的学术思想的发展脉络也没有认真的承诺和坚守。

2.近期目标、中期规划和未来的追求与使命。第一,近期目标,围绕"文化公共性视野中的马克思哲学观问题"进行持续深入的思考。具体的研究思路是,按照现代公共哲学的理论范式,立足马克思主义哲学的"现代性文化境遇",立足文化公共性的理论视野,一方面,深刻透析思想史上马克思主义经典作家所实现的伟大哲学革命变革的实质所在,对包括马克思主义哲学的理论实质和本真精神,进行深刻的反思和系统的挖掘。在此基础上,力图初步构建出公共性理论范式观照下的马克思哲学新形态。另一方面,综合借鉴现代社会历史哲学、文化理论等的研究成果,分析全部马克思主义哲学演进、发展历程中的"公共性"文化与价值逻辑之实践生成机制与辩证实现问题,力图概括出马克思主义发展史中新的一以贯之的思想线索,有效地呈现马克思主义哲学之于历史、现实、文化以及整个思想史传统的应有的解释力、生命力和影响力。

第二,中期规划。从新的理论视野,着手思考与"现代公共哲学"的理论范式具有深刻一致性、且带有典范意义的马克思"意义论哲学"理论及其形态的系统研究。

客观地讲,"意义论"哲学研究在国内的马克思哲学领域中一直处于遮蔽状态。一提起意义论,学者们通常都会将其与人本主义、现象学、解释学,抑或现代英美语言哲学、分析哲学等联系起来,现有马克思主义哲学领域内的学者,思想史、哲学史的意义上,对马克思对意义问题的理论思考作出精细的梳理和概括。

我认为,马克思哲学同样是一种新形态的现代意义论哲学,它对宇宙问题——人之所在、文化问题——人之所做以及人本身的问题——人之所是等都作出了不同于以往旧哲学的分析,并且极大地启发了马克思同时代及其以后的哲学研究。马克思主义经典作家为我们提供的思考意义问题的视野、高度和境界,迄今为止是任何一种哲学理论都无法企及和超越得了的。

就马克思意义上的"意义论哲学"研究的理论资源来讲,非常丰富,需要我们运用现代观念史的理论方法,在文本阅读和研究的基础上,将马克思主义哲学置放于源远流长的西方思想史之深厚的"知识论"传统之中,客观地分析马克思主义哲学对传统西方理性主义理路的批判、超越和新创,探究马克思主义哲学之"实践论"、"生存论"、"文化论"、"价值论"转向的动机、目的和意义,以及经典作家实现这种转向的方法论创新之所在。

第三,未来的追求与使命。选择了哲学,意味着走上了一条"不归路"。记得读研究生的时候,每当我们遇到困难,表现出怠惰情绪的时候,我的导师祝大征先生都带着非常乐观的口吻鼓励我们:学习哲学是幸福的,理由就在于,我们每天都思考与人类命运和终极关怀有关的诸多问题,我们每天都生活在思想大家的智慧熏陶里。我们应该常怀一份感激之心,感谢命运,感谢岁月。著名作家史铁生在论及他之所以在不幸残疾的情况下仍不在厄运面前轻易屈服,始终坚持理想主义的写作风格时说过一段对我们确立研究哲学的使命感极富启发意义的话语,兹录如下以明志:"写作之于我,首先是一种职业,其次是一种使命,更重要的是一种责任。"

哲学创新之路

哲学之创新,是所有学科中最复杂的一件事。论及未来中国哲学的创新之路,国内学者作出了许多有益的探索,提出了许多富有操作性、启发性的新观点和新见解。譬如,学者们一致认为,中国哲学要进行理论创新,要特别注意几个问题:一是增强问题意识,二是回归现实生活,三是引领时代精神,四是强化民族特色等。至于创新的方法论,我基本认同著名马克思主义哲学史家的见地:"创新必须以马克思主义基本原理为指导;创新必须坚持以解放思想为前提;创新必须坚持以实事求是为落脚点;创新必须始终保持与时俱进的精神状态。"(参见叶汝贤等:《马克思主义的创新之路》,载《光明日报》2003年1月21日。)

依我的理解,哲学的创新应该是整体论意义上的,既包括基本观点的创新、理论内容和体系的创新——新问题的发现(有著名大学者甚至质疑:哲学还能提出什么问题)、新论域的开辟、新生长点的探寻以及新形态的创设,同时更指叙述范式与论辩逻辑——方法、路径等的创新。

　　马克思主义哲学的创新,除了体现上述创新内容以外,还应该体现马克思主义哲学根本宗旨和独特的功能指向——以合理的实践,从根本上"改变世界",是现存世界革命化、合理化的理想和使命。

　　第一,具体的设想主要包括两方面。一方面,立足马克思主义哲学的自性生成和现实展现,在文化史、观念史、思想史的视野、立场和角度的宏观观照下,着重以"概念史"的方式呈现一个"生动的、鲜活的、立体的、整体的、马克思哲学形象",引导所有马克思主义理论(哲学)的从业者深入认真地思考使马克思成为马克思、进而使马克思主义哲学成为马克思主义哲学的深远悠长的广阔的思想史背景,让马克思生存、生活于其中的社会历史氛围和场景说话,让思想史自身的严谨逻辑说话,让马克思以其所是的方式出场说话。

　　所谓概念史(history of concepts)研究,依据当代德国著名哲学家海因茨·佩茨沃德的观点,它的目标是:"……在不依赖某种哲学理论体系的情况下揭示某一个术语的意义所发生的根本性转换。"(参见[德]海因茨·佩茨沃德著:《符号、文化、城市:文化批评哲学五题》,邓文华译,四川人民出版社 2008 年 1 月版,第 2 页。)另一方面,认真对待哲学自身的跨学科本性,本着对话理性,打破学科壁垒,持续进行中西马不同哲学之间的有效对话。

　　第二,展望。每一时代都有每一时代的问题,同样也必然会产生属于这个时代的哲学思想和新的理论解释和理智应对方式。从思想史演进的正态逻辑和一般趋势来看,我们有理由相信,未来的哲学(包括马克思主义哲学),就理论形态而言,一方面,其理论视野必将更加宏阔,内容更加具有整体性,方法必将更加综合;另一方面,其思考的问题必将更加专门,结构更加开放、有致,运思方式必将更加灵活,个性特征必将更加鲜明。相应地,对现实的解释力必将更加有效,哲学的本性将更加清楚,哲学活动必将更专门化,其影响必更加深远,而其自身的理论魅力亦必将更加随之彰显和强大。

　　这一目标的实现,本质上是伴随着人对于世界的思维方式的不断变迁中得以实现的。人类对于自身所面对的世界、与之打交道的对象世界,其思维方式是在漫长的历史进化过程和实践改造活动过程中逐渐形成的。马克思主义经典作家对此有深刻的见解和清晰的论析。1857 年,马克思在《导言》中提出了人类掌握世界有四种方式:理论的、艺术的、宗教的、实践的。他说:"整体,当它在头脑中作为思想整体而出现时,是思维着的头脑的产物,这个头脑用它所专有的方式掌握世界,而这种方式是不同于对于世界的艺术精神的,宗教精神的,实践精神的掌握的。"这里讲的人类运用"思维着的头脑"掌握世界的"专有的方式"就是理论思维,它通过语言、概念、范畴认知世界。显然,人类精神发展的不断完善的过程,就是人类对自然和社会规律的认识不断走向深邃、全面的过程,以及对世界之掌握程度不断提高的过程。如马克思所言:"每一时代的理论思维,从而我们时代的理论思维,都是一种历史的产物,在不同的时代具有非常不同的形式,并因而具有非常不同的内容。因此,关于思维的科学,和其他任何科学一样,是一种历史的科学,关于人的思维的历史发展的科学。"(《马克思恩格斯选集》第 3 卷,人民出版社 1972 年版,第 465 页。)

个人作品

1.《权力与自由——市民社会的人学考察》。系博士学位论文,中国社会科学出版社 2003 年 1 月版。在国内学术界,最早立足文化、价值的视野,从哲学的角度对"市民社会"问题展开系统、全面、深入的理论分析,提出并建构了马克思主义人学理论视野和框架中探究"中国特色市民社会"的理论体系。从学科角度而言,论著主要是从市民社会所内在禀赋着的社会批判功能重点切入,全面地着力挖掘、展现并突出强调市民社会深刻的文化—价值意义和丰富的人学内蕴。

观点之一:所谓"市民社会",就其哲学意涵而言,实质上是相对于政治国家而言的建立于现代化大生产和发达市场经济基础之上的社会成员物质生活交往方式及社会自主的生存样式。

观点之二:一部市民社会史,就是人类追求自己的自由本质、主体价值,从而自觉实现自己的社会解放,最终求得全面自由和谐发展的历史。

观点之三:从市民社会的主题着眼,自由的精神在其根本上是自由和权威、活力和秩序的兼容精神。

观点之四:立足中国社会主义市场经济进程日益明显的制度化与合法化过程,着力营造市民社会与政治国家分化互约以及良性互动的格局:把权利交给社会,权力交给国家,使二者在两分与合理制衡的基础上得以合理定位。

观点之五:立足政治学、社会学、法学、经济学等关于市民社会问题的既有研究成果,结合中国社会历史传统,概括出现代性视阈中市民社会的一般文化精神及其人文价值——由市场经济和市民社会所生成,并最终促使其实现的、赋有鲜明个性自由与独立人格的个体主体的生成。

观点之六:对中国特色市民社会"契约"文化作了初步探讨,得出了市民社会"契约文化"的实质是主体自由自觉的现代公民文化的结论。同时把市民社会认作一个文化、价值及意义的集成载体,试图通过社会批判理论及其哲学反思,探究市民社会的人学内蕴,从而让哲学走进"真的生活、真的现实",为民众提供或展示一种真实的、理想的生存样式。

2.《论马克思的人的本质实现观》(载《陕西师范大学学报》1992年第 4 期)。系硕士研究生论文的核心内容之一,中国人民大学图书资料中心《哲学原理》、《马克思主义、列宁主义研究》等同时全文转载复印,《哲学动态》等刊物有争鸣观点介绍。关于马克思思想中的"人的本质实现"问题,学术界争论已久。国外学者普遍认为"人的本质实现"是马克思在理论上终生探究的主题;与此相对,国内学者则认为,所谓"人的本质的实现",只是马克思早期的不成熟思想,实质上是一种抽象的人本观点。论文指出,从马克思思想的形成和发展来看,"人的本质实现"问题占有非常重要的地位。马克思不仅对人的本质给予了科学界定,而且在此基础上对人的本质实现的运行机制、现实途径等作了初步揭示,形成了一个关于"人的本质实现"问题的理论系统。

3.《文化"公共性"理想的复权及其历史性创生——马克思哲学

的一种新的解释视域》（载《学术界》2005 年第 5 期）。系所承担的国家社会基金项目《经济全球化与现代社会的公共理性探究——现代公共哲学的理论视野》中期研究成果之一，《新华文摘》2005 年第 19 期转载，中国人民大学图书资料中心《哲学原理》全文复印转载，获"陕西省高校人文社会科学优秀成果一等奖"。另，与此相关的"公共哲学"研究系列论文还可参见《全球化与市场社会"公共生活"合理性的理性审视与价值呼求——现代"公共哲学"的理论背景、实践旨趣及其含义识辨》（载《哲学动态》2004 年第 3 期）以及《"多元共生"理念统合下的"互利共赢"与"价值共享"——现代"公共哲学"的基本人文理念与实践目标诉求》（载《天津社会科学》2004 年第 5 期）等。

4.《全球化时代类群本位的公共生活理念与新"公民文化"及其价值观》（载《哲学研究》2005 年第 8 期）。系所承担的国家社会基金项目《经济全球化与现代社会的公共理性探究——现代公共哲学的理论视野》中期研究成果之一，中国人民大学图书资料中心《伦理学原理》全文复印转载，获"陕西省人民政府优秀成果三等奖"。论文指出，由市场经济所直接推动的"世界交往"历史形态的生成，标志着人类逐渐进入了一个全球化时代——世界范围内普遍的、自主自觉的类群公共生活时代，或曰"世界公民社会"时代。作为一个内蕴丰富的意义符码，"世界公民社会"最显著、最突出的人文特征在于，它是对交往的普遍化所要求的"公共理性"的表达，是对与之相应的以模塑现代"公民社会"民众之普遍的"公共理性"精神为根本追求的新"公民文化"及其价值观的彰显。

5.《"公共哲学"与当代中国的"公共性社会实践"》（载《中国社会科学》2007 年第 3 期）。系所承担的国家社会基金项目《经济全球化与现代社会的公共理性探究——现代公共哲学的理论视野》中期研究成果之一，中国人民大学图书资料中心《哲学原理》全文转载。论文指出，我们的时代——进入 21 世纪以后的"新全球化时代"，本质上是一个"公共性"的实践与反思的时代。在对"全球化"境遇中普遍的"现代性"偏执与本民族精神演进史规律的省思和阐释中，实现中国当代哲学发展的"公共性转向"，业已成为我们时代哲学思想发展的新学术气象和主旋律。

推荐书目

1.〔古希腊〕柏拉图:《理想国》,郭斌和、张竹明译,商务印书馆1986年版。

《理想国》是西方最早的哲学和散文体著作之一,全书共10卷,在柏拉图的著作中,不仅篇幅最长,而且内容十分丰富,涉及柏拉图思想体系的各个方面,包括哲学、伦理、教育、文艺、政治等内容,主要是探讨理想国家的问题。柏拉图以苏格拉底之口通过与其他人对话的方式设计了一个真、善、美相统一的政体,即由此可以达到公正的理想国。柏拉图的理想国是人类历史上最早的乌托邦。

2.〔古希腊〕亚里士多德:《形而上学》,苗力田译,中国人民大学出版社2003年版。

《形而上学》叙述了亚里士多德自己的哲学体系,成为许多西方哲学家获取灵感的源泉之一。重点阐述了存在论、目的论的宇宙体系等。

3.〔法〕笛卡尔:《第一哲学沉思集》,庞景仁译,商务印书馆1996年版。

《第一哲学沉思集》是笛卡尔最重要的哲学著作之一,被看做是近代西方哲学的奠基之作。笛卡尔通过普遍怀疑的方法,力图使心灵摆脱感官,通过纯粹理智来获得确定的知识。笛卡尔在书中所阐发的天赋观念论、身心二元论、理智至上论以及他对知识的确定性的追寻,直接引发了欧洲大陆的理性主义风潮,对后世哲学有着深刻的影响。

4.〔英〕弗朗西斯·培根:《新工具》,许宝骙译,商务印书馆1984年版。

书中对认识论原则提出了许多闪光的思想,对旧的经院哲学作了比较系统深刻的批判,论述了制定科学认识方法的必要性,提出实验的归纳法。

5.［法］卢梭：《社会契约论》，何兆武译，商务印书馆2003年版。

社会契约论是西方政治文化传统的重要组成部分，它不但源远流长，而且已经完全融入了西方思想文化的血液，成为西方政治思想中一个弥久长新的源泉。（晚近西方社会政治哲学以契约论的形式复兴就是一个明证。）书中包括论最强者的权利、论主权是不可转让的、论各种不同的立法体系等内容。

6.［德］康德：《纯粹理性批判》，邓晓芒译，杨祖陶校，人民出版社2004年版。

本书是康德全部哲学著述中意义最为特殊和重大的巨著，它改变了整个西方哲学前进发展的方向和进程。贯彻始终的根本指导思想就是：通过对理性本身，即人类先天认识能力的批判考察，确定它有哪些先天的、即具有普遍性和必然性的要素，以及这些要素的来源、功能、条件、范围和界限，从而确定它能认识什么和不能认识什么，在这基础上对形而上学的命运和前途作出最终的判决和规定，其使命是为真正的、作为科学的形而上学提供坚实可靠的基础。

7.［德］格奥尔格·威廉·弗里德里希·黑格尔：《小逻辑》，贺麟译，商务印书馆1980年版。

最突出地讨论了理念问题，用辩证法贯穿了全书。主要内容包括"逻辑学概念的初步规定"、"存在论"、"本质论"和"概念论"四部分。黑格尔把"存在论"中的质、量、度作为论证的事实基础，把"概念论"中的绝对理念作为论证的最终结果，其基本思路就是探讨由这两者形成的思维（理念）和存在（现实）的关系问题。

8.［德］格奥尔格·威廉·弗里德里希·黑格尔：《哲学史讲演录》，贺麟、王太庆译，商务印书馆1997年版。共四卷。

黑格尔在这部著作中，一方面把哲学史纳入他的客观唯心主义体系的框架中，把哲学史归结为理念回归自身的绝对精神阶段；另一方面把辩证法贯彻于哲学史研究，深刻地揭示了哲学史的发展规律。黑格尔对哲学史观和方法论进行了概述，认为哲学史的真正发源地是古希腊。

9.［德］马克思、恩格斯：《德意志意识形态》，中央编译局编译，人民出版社2003年版；《马克思恩格斯全集》第3卷，人民出版社，1960

年第 1 版。

这部巨著标志着唯物史观的创立。作为唯物史观创立标志的这部巨著,其第一卷"对费尔巴哈、鲍威尔和施蒂纳所代表的现代德国哲学的批判"第一章"费尔巴哈·唯物主义观点和唯心主义观点的对立"中,在论述第一个问题,即"A. 一般意识形态,德意志意识形态"时,对唯物史观作了在马克思主义哲学史上真正是"第一次"的经典表述。

10. [奥]维特根斯坦:《逻辑哲学论》,贺绍甲译,商务印书馆1996 年版。

本书是路德维希·维特根斯坦的主要著作,也是逻辑实证主义的早期重要著作。著者在本书中否定因果律,断言逻辑和数学的命题都是重言性质的,所有哲学史上争论的问题都是无意义的,哲学的任务只是对语言进行逻辑分析,即日常语言的明确化。这种思想对后来分析哲学的发展有巨大的影响。

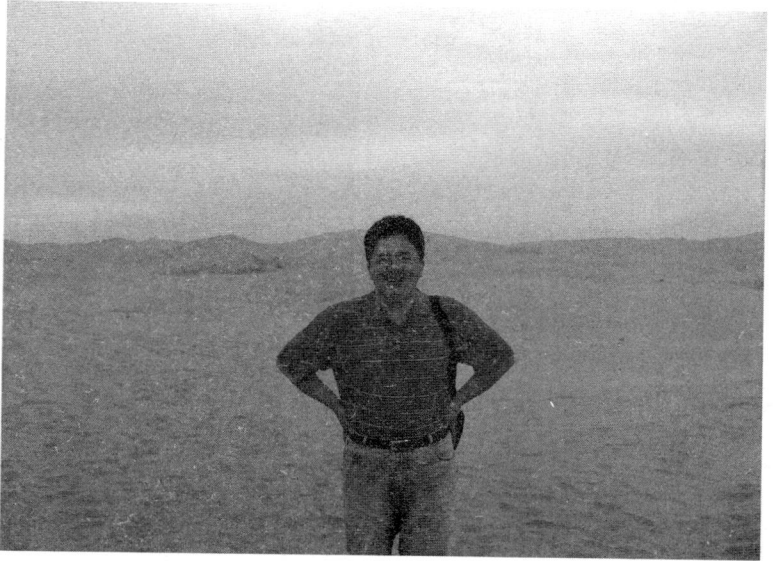

聂錦芳

聂锦芳

1966 年 8 月生, 山西寿阳人。1996 年毕业于中国人民大学, 获哲学博士学位。曾在中共中央文献研究室工作, 1998 年调北京大学任教。现为北京大学哲学系教授、博士生导师。

主要著作有:《哲学原论——经典哲学观的现代阐释》(1998)、《哲学形态的当代探索》(2002)、《超越"后发展"困境——社会理论发展图景中的当代中国发展观》(合著, 2002)、《马克思主义哲学教程》(合著, 2003)、《清理与超越——重新研究马克思文本的意旨、基础与方法》(2005)等, 发表学术论文 100 余篇。

研究领域为: 马克思文本、文献学, 马克思与西方思想传统。"聂锦芳的研究路向新颖而独到, 他近年来发表的大量关于马克思原始文本、文献的研究成果, 特别是对《德意志意识形态》中篇幅巨大的《圣麦克斯》章的解读, 在学术界引起了很大反响。他从文本、文献的角度对马克思思想重新进行的梳理、阐释和评论, 有助于矫正长期以来形成的误读和曲解, 提升了国内马克思主义研究的学术水准, 是这一领域'文本研究学派'的重要代表之一。"(选自第十三届北京大学"十佳教师"授奖词)

学术之路

与大多数同龄人一样, 我迄今为止的人生道路并没有什么跌宕起伏的经历和离奇曲折的情节, 绝大部分时间是在校园中度过的, 学业上也基本没有中断过。少年时代曾经非常迷恋文学, 高考时成绩最好的科目是语文和历史, 但最终被调剂到了哲学系。从性格上讲, 我不是一个有大的开拓性的人, 基本上是随遇而安。这样, 在大学期间除了本系的课程外,尽管我把中文系的主要课程都系统地听过了,一段时期也曾尝试过文学创作,但我还是自觉不自觉地进入了哲学,并很快在这一领域发现了兴趣,那就是:思想对世界的叙述、再现和重构,以及从中所显示出的独有的力量、价值和意义。这很令我神往。

20 世纪 80 年代中期,对青年学生专业方向的选择已经不再有硬性的规定和要求,适逢改革开放处于新的阶段,"文化热"席卷校园,各种传统的、西方的思潮涌入,极大地扩展了我们的视野和思路。但我最终还是选择了当时已遭到一定程度冷遇的马克思主义哲学,这其中的缘由,除了我当初能够直接接触到的最好的老师从事的是这一领域的研究外,还有一段至今不能忘怀的特殊的经历:大学二年级的时候,我为准备考试而再一次阅读哲学原理教科书,看到其中引用到了马克思那段脍炙人口的话:"任何真正的哲学都是自己时代的精神上的精华……"我当时产生了一种好奇:这段话是抽象、宏观而言还是有特定的原始含义呢?马克思是在什么时候、谈论什么问题时生发出这样的看法的?于是我抛开枯燥的教科书,去马克思的原文中寻找,结果在《莱茵报》时期的时事评论中,我发现了一个与教科书全然不同的思想世界!那种宽广的视阈、澎湃的激情和论辩的逻辑与此前我心目中的马克思的形象大相径庭!尤其是我发现马克思在博士论文中甚至说出"唯心主义不是幻想,而是真理"这样振聋发聩的话,这对已经被灌输成从坚定的唯物主义立场来理解马克思的思路来说,简直是一种颠覆!由此使我受到了多么大的震撼也就可想而知了。尽管后来带有专业性质的系统的阅读和思考使我能从思想传承、发展和建构的过程中更加客观地理解马克思这些看法的原始情形及其思想演变,但从那时起我明白了:较之抽象的哲学原理,文本和哲学史其实是理解和阐发马克思主义哲学最重要、最直接的基础文献。

我就是这样走上马克思主义哲学学习和研究道路的。此后,这一专业方向和兴趣一直也没有改变过。

治学方法

　　长期以来马克思主义哲学研究在我国形成了一种独特的传统，与哲学的其他研究领域或分支相比，它有自己特殊的思路、倾向、角度、趣味、话语系统，甚至写作风格。拥有这样一份传统，很长一段时期内被认为是值得自豪的事情，并且期望它成为我们前行的资本、基础和条件；然而，时至今日，我认为，如果马克思主义哲学一味强调自己的特殊性，不对传统的研究方式进行分析和反省，过去珍视的东西就可能成为进一步发展的包袱甚至是阻障，因为研究的深化不是平面的重复、叠加或延伸，而是一种深度的变革和学术水准的超越和提升。因此，对传统既要抱有"温情主义态度"，又要有"审慎的反省意识"。正是基于这样一种认识，我特别思考了马克思主义哲学研究中的"现实视角"和"问题意识"。

　　我注意到，在研究方式上，我国的马克思主义研究界长期以来普遍采用的是如下一种思路：

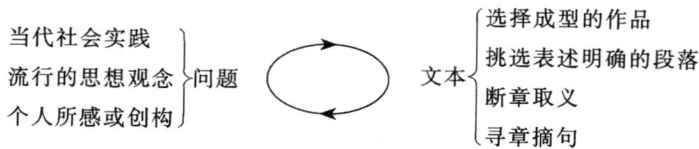

当代社会实践 ⎫
流行的思想观念 ⎬ 问题 ⟳ 文本 ⎧ 选择成型的作品
个人所感或创构 ⎭ 　　　　　　 ⎨ 挑选表述明确的段落
　　　　　　　　　　　　　　　　　 ⎪ 断章取义
　　　　　　　　　　　　　　　　　 ⎩ 寻章摘句

　　这种研究方式凸现的就是所谓的"现实视角"和"问题意识"，即它一般不从文本本身出发去勾勒问题，而是从问题出发去观照文本。在这里，作为研究出发点的问题，并不自文本中来，而是在研究者介入文本之前就摆在那里了，它们一般主要来自三个方面：一是当代社会实践中的所谓重大问题，二是目前流行的社会思潮或哲学观念，三是研究者个人感兴趣的问题或者自己创设的观点。由于解读者研究马克思主义的目的，不是为了或者不仅仅是为了弄清其文本及其思想的原始状况，而首先是想寻找对现实问题的说明、解释和论证，动机是如此"功利"，那么解读者在解读时就会省略文本研究的许多必要步骤。比如在选择文本时,他一般不会对作者的全部著述作通盘考虑,选择表征其重要思想发展环节的包括手稿、笔记、札记、书信等材料时,往往只会选择那些成型的、定稿的作品,像对马克思,他留下来的那些散乱的但篇幅巨大的手稿和笔记等就会被弃之不顾,同时对成型的、定稿的作品他也不会全面地研究,而是从中挑选那些表述明确、与自己所关注的问题相关的段落,即根据问题到文本中去寻章摘句,断章取义,这必然严重地肢解文本思想的完整性。按照这样一种解读思路,文本本身就只能被置于工具或者手段的地位。

我绝不是否认马克思主义研究中突出"问题意识"的必要性和合理性。老实说,鉴于马克思主义的重要影响,以及维护它在当代现实生活的诠释力和生命力的必要,一般民众,包括政治家、知识分子,甚至也包括不直接从事马克思主义研究的其他人文社会科学的学者,谈论、观照和研读马克思主义著作,基本上都是这种路数,一般情况下,你不能要求他,他也不会改弦易辙,花那么大精力和时间去专门研究马克思的文本。

然而,我想指出的是,这种研究方式也不能无限地扩展,成为马克思主义研究的唯一方式,实际上,它的局限性与它的合理性一样是很明显的。长期以来对马克思主义的理解由于受到过于强烈的现实问题左右和意识形态干扰,出现了邓小平所说的,在马克思主义的旗帜下搞了几十年社会主义,但最后出现了"关于什么是马克思主义、什么是社会主义,我们并没有搞清楚"的尴尬局面,这种情况与这种研究路数的无原则扩展甚至一统天下绝对有关,可以说马克思主义研究在这一点上吃的亏是太大了。

在我看来,对于专业的马克思主义研究者,特别是文本研究者来说,需要采取另一种思路,我们用图表达如下:

产生背景　　　　　　　　　　　①与当时社会问题比较
写作过程　　　　　　　　　　　②与此前和同时代其他思想
版本源流　　　　　　　　　　　家关涉的相关问题的论述比较
文体结构　——→ 文本 ——→ 思想或问题　③该思想或问题在 20 世纪　　——→ 思想史意义
思想内容　　　　　　　　　　　哲学史上的传承与变迁　　　　　当代价值
理论体系　　　　　　　　　　　④该思想或问题在当代社会
研究历史　　　　　　　　　　　实践中的表征或地位
最新动态

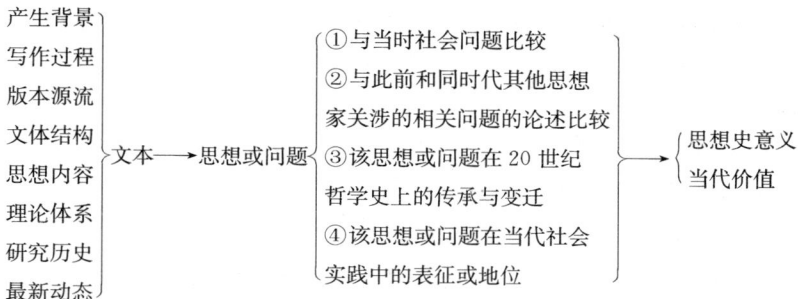

　　就是说，要以文本为本位、从文本出发，先对其产生背景、写作过程、版本源流、文体结构、思想内容、理论体系、研究历史与最新动态等多个方面一一进行翔实的梳理、考证、分析和阐发。精深的文本研究绝不能面对一部现成的、经过别人编辑而成的著述就进行解读，必须对文本写作的原初背景和写作过程进行考察，对该文本的原始手稿的各种版本进行甄别，因为我们虽然把文本看成是作者思想的表达，然而我们同时又必须保持警觉，文本与原始思想之间不可能是完全对应的关系，就是说作者的思想是否已经完全通过文本表达尽净了，我国古代哲人早就注意到"言意之辨"，认为存在"言尽意"、"言不尽意"、"言不由衷"等多种情况。文本研究必须尽可能根据文本及其之外的相关文献对文本与作者思想之间的一致、差池作出分析。国外的文本研究甚至包括了对"前文本"、"草稿"、写作方式、初始阶段的计划、前编辑阶段、编辑阶段、前出版阶段（手稿的定稿期、抄写者的手稿、修改的校样、清样）、出版阶段的鉴定，甚至涉及"写本学"、"光学分析"和"信息分析"（参看［法］皮埃尔－马克·德比亚齐：《文本发生学》，天津人民出版社 2005 年版）。这无疑对我们来说是有启发意义的。

　　在此基础上我们再从文本中抽象、提炼出重要思想与问题。至于如何评价这些思想和问题、体现其历史意义和"当代性"，应当采取如下一些步骤：一是回溯当时的社会现实和发展状况，以判别作者是否准确地把握住了自己时代的脉搏，是否客观地反映出问题的视阈，是否到位地考虑到问题的症结，有没有独特的解决思路，等等。二是比较关涉相同哲学问题的不同理解，有比较才有鉴别，最终凸现的将是作者的论述是否科学、到位。三是追踪该思想或问题在 20 世纪哲学史上的传承与变迁。不理解这些传承和变迁，很容易把在马克思那里还处于 19 世纪特定时代诠释的思想，无界域地与 20 世纪所获得的新的内涵混同起来，把马克思的原始思想提升为当代的思想，实际上无助于确立马克思的地位。四是甄别该思想或问题在当代社会实践中的表征或地位，以体现其现实价值和意义。

我们看到，这样一种马克思主义研究方式并没有回避现实性问题，而是把历史原貌的追寻、思想史的考辨和对现实的观照、省思联系起来，凸现出专业研究者的研究与其他社会群体的考量之间适当的区分。从历史性研究中延伸出现实意义，与从现实出发去寻找历史性佐证，确实是不同的路径。

对马克思主义哲学的一般理解

传统的马克思主义哲学教科书之所以受到论者的质疑，根本原因在于，无论是其基本范畴、观点、命题，还是原理、体系和结论，相当部分缺乏原始文本的依据和本初意义的支持。相反，回到马克思的原始著述，最终会呈现出一个与以往很不相同的马克思形象，形成对马克思哲学新的理解，篇幅所限，我只能谈几点。

第一，理解世界的"哲学方式"的超越。

按照传统的理解，马克思哲学思想的发展经历了一个由唯心主义向唯物主义的转变过程，究其实，马克思最终既超越了唯心主义，也超越了唯物主义。在其一系列著述中，他对这两种理解世界的"哲学方式"进行了公正而深刻的分析和批判，从"类型"的角度进行了归纳和划分，切中肯綮地指出其症结：唯物主义体系中的"纯粹唯物主义"坚持客体至上原则，特点是"敌视人"；而"直观唯物主义"坚持自然至上原则，关注的只是人的自然性、生物性，因而只能是一种"抽象的人"；唯心主义体系中的客观唯心主义坚持观念至上原则，追求绝对化了的"理念"或"自在之物"；而主观唯心主义则坚持自我至上原则，追求的是个体的"自我意识"。无论是唯心主义还是唯物主义，都是力图从"终极存在"、"初始本原"中去理解和把握事物的本性,以及人的本质和行为依据,以建立关于世界的本原、本质的理论体系为目标,以基础主义、本质主义等为特征,实际上都是"思辨形而上学",即关于超验存在之本性的理论。而马克思既不是从观念、精神、自我出发,也不是单纯从客体、自然、物质出发,而是从它们之间关系的现实表现和变化发展出发,从实践出发的。因为实践不是凝固的点,不是僵化的实体,而是一种关系、一种过程、一种活动。实践是人的世界或现存世界存在的根据和基础,同时人又通过自己的实践活动使世界成为一个更大规模、更多层次的开放体系。这是对僵持于本原问题上抽象的还原论思维方式的根本转换。

第二,一种新的"世界观"的阐释。

与上述把握世界的"哲学方式"的转向有关,马克思对"世界"的理解也发生了变化。在一般唯物主义的通常理解中,世界更多地被视为一种实体性的存在,甚至等同于"物质"或"自然",并且认定"物质、自然界或存在,是意识以外、不依赖于意识而存在的客观现实"。这种观点意味着,这一"世界"是人之外的一种存在,是人观照和讨论的对象,而不是人参与、人创造、人构建、人占有和人赋予其价值和意义的过程和图景。很显然,这样的"世界"体系淡化了"人"的主体地位和人对自然、社会的实践改造,是一个失落了人的主体性和实践能动性的体系。然而,存在相对于主体而言是先在的、外在可感的物理世界,也存在内在于主体、不可直观的精神世界,还有由人类精神财富及其载体所构成的客观的精神世界;而且人是以自己为视角来观察和思考世界的。而人类生活的现实世界不仅是人类自身创造性劳动不断展开、不断凝结和不断巩固的生生不息的历史过程,而且是一个多层次、多向度和多样态的统一体。这一点上,马克思的世界观绝对不同于一般唯物主义的世界观,而是一种"新世界观",它的逻辑基石是对象化劳动,是实践,即在《1844 年经济学哲学手稿》中论述过的异化劳动,在《关于费尔巴哈提纲》中提出的要将环境的改变和人的活动合理地理解为革命的实践,在《德意志意识形态》中认定的作为"整个现存感性世界的非常深刻的基础"的感性劳动和生产。所以这一世界观不以抽象的哲学"物质"或"自然"范畴为逻辑基础,也不以抽象的

"主体"、"自我"和精神为逻辑基础,而是以现实的具体的"劳动"概念为逻辑基础,并视劳动、实践是解开自然之谜、社会历史之谜、人之谜的钥匙。这样,马克思哲学便把哲学的聚焦点从整个世界转向现存世界,从宇宙本体和观念本体转向人类世界,从而使哲学探究的对象和主题发生了根本的转换。

第三,对社会、历史的全新把握。

社会和历史是马克思倾力研究的最重要的两个领域。马克思所理解的社会既不是充满神秘色彩无可把握的存在,也不是可以任意幻想和虚构的王国。"我们开始要谈的前提并不是任意提出的,不是教条,而是一些只有在想象中才能撇开的现实前提。"(见《马克思恩格斯选集》第 1 卷,人民出版社 1995 年版,第 66~67 页)。社会的情况是这样,那么由不同形态的社会更替而构成的历史呢?在马克思看来,历史也是可以确证和理解的,它也是有前提、有过程、有结局的,可以为后来者所把握的。对历史的分解可以看出它的构成要素,并进一步探究推进人的本质和社会变化的动力和机制。历史的可理解性取决于对构成历史前进的动力要素和过程机理的分析。长期以来,历史被蒙上了一层更加神秘的面纱,在这里马克思给予了非常清晰的解析。

同时,马克思对历史的这种理解不是回归到实证历史学的视界,而是体现了一种深刻的哲学蕴涵。在他看来,历史不只是纯粹自然年代的更迭和过去事件的罗列,也不是纯粹的观念史、思想史和哲学史,而是体现世界发展重大趋向和人类追求的真实的社会运动,以及后人以自己的方式和理解对既往历程的一种梳理和解释;古代、近代和现代的分界线不是缘于某一个特定的历史时刻和偶然事件,而是后人对于时代"进步"的一种价值评判;"近代人"、"现代"之所以异于"古代人"不只是由于他们分别生活在距今不同的岁月和国度,而是在"人之所以为人"的内涵、层次和境界等方面两者之间有着质的差别;"世界历史"的推进力量不是纯粹的"自我意识"、宇宙精神和自然秩序,而是"现实的人"所进行的生产活动与人们之间的交往关系。

第四,社会认识论和"历史阐释学"的探究。

为了研究近代以来复杂的社会,马克思尝试提出了诸多社会认识方式、方法,诸如"普照光方法"、"从后思索方法"、"人体解剖方法"、"抽象—具体方法"等等。可以说,这些方式、方法是马克思哲学认识论中最重要的内容。更为超前的是马克思的"历史阐释学"思想。检视马克思不同文本的创作历程,我们会发现一个相当普遍的现象,就是他善于把对某一问题的思考、论证和阐发与关乎这一问题的学说史的梳理和评析紧密地结合起来。像《剩余价值学说史》这样为了配合《资本论》的原创性理论建构而进行理论史梳理,把理论与理论史密切结合的做法,几乎成为马克思的理论生涯中自觉而一贯的研究方式和著述方式。马克思当然坚持历史存在的客观性和规律性,但历史以怎样的方式显示自己的存在?对历史如何叙述才能显现出其当代意义?源于时代境遇和社会实践的理论又如何表达才能显示其真正的意旨?所有这些都关乎"历史阐释学"的重要议题。马克思以其丰富的文本写作实践触及到诸如历史表现、历史想象、历史隐喻、历史理解、历史叙述、历史方法、历史写作等问题,并且在其阐释中蕴涵着大量有价值的创见。

第五,鲜明的哲学归旨与思想特征。

马克思思想的变革更鲜明地体现在其哲学的归旨与特征中。古往今来,存在形形色色的哲学形态,有讲求个人道德践履的哲学,有叩问生命体验的哲学,有寻求救赎之途的哲学,有追求"绝对真理"的哲学,有安妥失意灵魂的哲学,有遁世隐逸的哲学,还有苦闷消遣的哲学,等等。当然不能全盘否定这些哲学形态存在的价值及其合理性,但马克思哲学与此绝不相同,比较而言,它更是一种现实的哲学、时代的哲学、社会的哲学、人民群众的哲学和"改变世界"的哲学。

可以看出,由于各种复杂的原因,长期以来我们对马克思哲学的理解,实际上低于马克思的水准或处于"前马克思"的阶段。目前我们在大力倡导马克思主义哲学创新,但应当明确,创新必须是在正确理解马克思哲学、在其哲学革命的基础之上展开的。我觉得,这是文本研究最重要的收获和给予我们最大的启示。

学术、思想和时代

　　我认为,基于对 20 世纪 80 年代中国学术发展状况的深刻反思而提出的"思想淡出,学术凸现"这一口号,迄今为止并没有触动马克思主义研究这块园地。我们的思想始终处于井喷、勃发状态,宏论新见迭现;适逢时代变迁,关于哲学发展宏观走向与前景展望的文章是许多专业刊物的头条;常常会发现一篇不足万字的论文,古今中外广泛涉猎,随便拉出哲学史上的一个人物或一个派别以己意度之,妄下断言,常常弄得几十年致力于这一题目研究的专家莫明所以。相形之下,我们特别不屑做那些资料积累、细节考证、条分缕析的耙梳工作,把这斥为"博士卖驴"、"掉书袋"、"烦琐哲学"等等。在与国外马克思研究界的接触及其成果的引进方面,我们的选择也反映出这种治学特点。我们熟悉"西方马克思主义",不熟悉"西方马克思学",了解卢卡奇、哈贝马斯、弗罗洛夫,不了解吕贝尔、陶贝特和阿达那绍夫。有的学者说,我们"亲近"哈贝马斯,是因为"他决不是一位只满足于在故纸堆中纵横驰骋或只陶醉于概念分析之技巧"的学者,而是一个"作出了开拓性贡献"的思想家;但是,我们不知道或不愿知道,国外马克思文献专家对哈贝马斯的评价是:"他从来就没有对马克思的作品进行过认真的分析,他也不想弄懂卡尔·马克思的'我思'!"

　　就学者个体而言,有的偏好文献积累与专题研究,有的长于理论思考与思想建树,这是不奇怪的事。问题在于,当这两种情形中的一种成为群体性的选择,要么造成无主题的思想资料的堆积和文人面壁自娱,要么将是无学术根基的思想的泛滥,特别是"满口震撼世界的词句"的思想家的"呼风唤雨";后者尤其值得警示。文学界前些年提出"作家需要学者化",但这句话不能反过来,即认为"学者可以作家化"。哲学社会科学研究不同于文学作品创作,学者写论著不同于作家写随感,任何思想如果没有学术作奠基,就会沦为空论,一部哲学社会科学著作不管它观点多么新颖,如果在学术积累方面没有进展,它的价值就会大打折扣。不能极力张扬了思想性,却损害了研究的学术性。

其实马克思本人的研究方式正是学术性与思想性相结合的范例。不论持怎样的评论,大概没有人会怀疑《资本论》作为马克思最重要的文本在思想方面的原创性意义,但《资本论》的写作是怎样进行的呢? 随着 MEGA2 第二部分即"《资本论》及其手稿卷"对其准备稿、过程稿、正式稿、修正稿及其相关资料的陆续刊印,我们知道,过去通行本中作为"理论史"部分的第四卷《剩余价值理论》其实不是在前三卷写作之后才进行的,而是与其同时甚至有的部分是超前写作的。在马克思的原始手稿中,许多问题的阐释都分为"理论"与"理论史"两个部分,有的甚至在同一页码中也作了这样的划分。在马克思看来,离开对理论史的梳理与分析,不可能形成现有的理论,二者紧密相关,理论史是理论的基础与铺垫,理论是理论史的升华与提炼。特别是针对有的人对理论史的轻视甚至非议,马克思指出,研究剩余价值理论如果不研究剩余价值学说史,就如同研究"发育的身体"而不研究"身体的细胞",研究"资产阶级社会的生产"而不研究"劳动产品的商品形式,商品的价值形式,这种经济的细胞形式"一样,"在浅薄的人看来,分析这种形式好像是斤斤于一些琐事,这的确是琐事,但这是显微镜解剖学所要做的那种琐事"。

因此,可以说,学术离开思想犹如躯干没有了灵魂,而脱离学术基础的思想则更是一种虚妄。

还必须注意到,中国马克思主义研究界一直在为这种研究的当代性辩护,指责文本研究有意回避现实问题因而体现不出马克思主义的当代性。这里首先需要对什么是"现实问题"作些分析。其一,社会上存在的所有形形色色的现象和事件,彼此之间差异很大,重要程度很不相同,有的表征着时代的特征及其发展趋向,有的则与此关系不大甚至没有关系,因此,"现存的并非都是现实的";其二,每一个时代都有属于该时代自己的"现实问题",并不是说只有当代的甚至目前的问题才是"现实问题";其三,不只是社会物质活动和实践领域的事件是"现实问题",重要的思想潮流和理论动向也属于"现实问题"。

循此我们看文本研究。由于我们选择的研究对象是马克思在 19

世纪写作的文本,特别是在具体研究中为了尽可能客观地再现把握马克思思想的原初状况和整体面貌,我们力戒从当代(目前)发生的那些具体问题甚至事件出发,去马克思的文本中寻找解释、说明和答案,因此在文本研究的版本考证中,的确没有触及这些当代的问题和事件。但由于马克思的文本本身不是抽象的空论,甚至也不完全是他本人生命历程和人生体味的记录,而是他对自己所属的那个时代重大的社会问题、实践问题和理论问题的反映和剖析,更是他对人类社会发展规律的思考和探究,因此在文本研究中,特别是文本解读和思想研究中,我们从来没有、也不可能回避那个时代的"现实问题"。我们不得不一再回溯当时的社会现实和发展状况,梳理当时斑斓的思想图景和一系列复杂的理论"事件",甄别这其中马克思的思想处于一种怎样的地位。

这种比较和研究方式的进一步延伸,就是辨析马克思的时代与当代社会的复杂关系。我认为,必须注意到,这二者之间已经有了一个半多世纪的时间距离,世界确实发生了巨大的变迁,但如果从资本所开辟的"世界历史"的运演看,在社会结构要素增多、社会现象空前复杂等程度和层次差异而外,二者尚有诸多本质上的相似性、同构性,因此马克思当年的言说至少仍能诠释当代的部分现实,马克思的文本及其思想不是已走进博物馆的陈列物,不只是记录一段思想史的文献,尽管解决纷繁复杂的时代课题未必会从那里找到现成的答案,但迄今它仍然指导并且参与着对当代现实的"塑造",发挥着不可忽视的影响。寻找当代社会与马克思当年的思考的内在关联,将会理性而客观地使马克思主义的当代价值"呈现"出来。

而马克思主义研究的目的、主旨和当代性不也正在于此吗?

哲学创新之路

坦率地说,我现在一听到"创新"、"做大"、"做强"这样的词汇,就感到很恐怖。到处是大而无边的空谈和"外围"言说,鲜有实实在在的潜沉、积累和建构;我就很担心,那些颇有前景的研究再次凋零成结不出学术之果的花朵。因此,泛泛而论哲学创新,我是提不出中肯的意见的,这里只能就马克思主义专业研究谈些希望和看法。

第一,具体文本和思想史研究仍需要加强、拓展与深化。

囿于过去革命和建设的实际情况,我们的马克思主义研究以前主要集中在几部成型的著作上,如《共产党宣言》《资本论》《反杜林论》《国家与革命》《唯物主义与经验批判主义》《矛盾论》《实践论》等。在现在新的形势下,经典作家的全部文本将纳入研究者的视野,这既包括完成的著作,也包括尚未成型的手稿、笔记,既包括他们生前公开发表的文章,也包括由后人整理的旧著,既包括表明其理论观点的论文,也包括隐含其心迹的书信、札记,既包括沉稳雄健的中年篇章,也包括锐气刚勇的少作和生命黄昏的最后思索⋯⋯这些是一个完整的世界,不应当被人为地分隔。因为马克思主义专业研究的深化,要求研究者完整地再现经典作家真实而复杂的心灵,不再仅仅把他们视为历史规律的宣布者,还应当看到他们是理论思维的艰辛探索者;他们不仅善于以科学的历史唯物主义理论解释与分析纷纭复杂的社会现实,而且对这种理论本身也经常进行反思与检视;他们不仅是学者与理论家,更是革命家与实践家;而在他们的个人生活中,也常常会处于选择的两难境地与各种困惑的骚扰中。而揭示构成经典作家这些复杂性格的多个侧面,单靠几部成型的大著作显然不够,那些卷帙浩繁的书信、札记、谈话记录等颇具历史价值,亟待下工夫梳理。更为重要的是,在他们相当数量的新文本(即大量的遗著、手稿和笔记)陆续面世之后,加强这方面的研究,对其思想的理解会更为客观与科学,而这也必将瓦解那些强加于其身上的某些教条和一些片面、极端和庸俗的见解。经典作家的文本是一个挖掘不尽的宝藏,随着时代的发展还会显示出不同部分的新价值与新意义,这是马克思主义哲学研究的永恒基地。

马克思主义史也应成为研究的重要内容。这不只是因为在哲学研究中,哲学史的比重与分量一直比较突出,更由于马克思主义理论和实践发展过程中问题之众多、歧义之纷繁与社会变动的关系之复杂,空前未有。对于学者们来说,现在还没有完成反思与消化的工作,还需要以相当长的时间来细心梳理与甄别,过去探讨过的问题,出现过的人物、流派和事件,都应被置于当代新的天平上,予以衡量和定位。推开一段时间,在新的基点与视角上看待马克思主义在过去的命运,我们不可避免要探讨传播、演变中的马克思主义与原本意义上的马克思主义的关系;在对经典作家的研究中,可能需要在贯通研究的基础上给予个案透视。此外,对诸如苏联哲学体系的功过、日丹诺夫式哲学史研究方法的影响、中国马克思主义演进的历程与特点、西方马克思主义探讨过的问题等等,都应作出公正的评判与分析。当然,除了厘清属于自己这一派别的问题,研究者还应积极参与对其他派别、人物的思想的审视,特别是像语言、逻辑、文本、解释以及现代性、后发展、文明的冲突与会通等哲学的内、外焦点论题,中国的马克思主义哲学研究都会对之表明自己的系统见解。

第二,注目于现实、关注时代的重大问题,仍将是马克思主义哲学研究的长项。

马克思主义哲学从一定意义上说是一种社会哲学,它并不孜孜以求个体生命的人生体验与生存价值,而是着眼于整个社会的进步与人类的全面发展。对于真正的马克思主义哲学研究者来说,大概永远不会一味地"喜欢幽静孤寂,闭关自守并醉心于淡漠的自我观照",对社会发展的重大问题及其未来趋向给予历史唯物主义的规律性说明与导引,才是马克思主义哲学的根本用心所在。新时代的马克思主义哲学研究也不应丧失这一风格,丢掉这种优势。当然,今天的马克思主义哲学研究之关注现实,在方式上将会有自己的特点。比如,鉴于过去年代的特殊情形,在社会意识形态结构系统中,哲学与政治的关系最为密切,那么到了今天,哲学就可能不只关注政治,或许更注目于经济运行、文化动态与科技增长;特别是在知识经济时代,马克思主义哲学要与时俱进,更不能不追踪、反映科学技术的飞速发展与知识的转化进程。

同时,今天中国的马克思主义哲学研究关注现实,也不是做时代的传声筒,它与现实、时代的关系将体现在三个方面:一是诠解现实。它将从哲学的角度对复杂的社会现象给予客观、全面的反映和合理的说明与解释,在错综复杂的关系中梳理出线索,在表面平行的结构中看到等级与次序,在茫无头绪的过程中寻找到问题的症结与支点。不能想象,正常发展着的马克思主义哲学对现实漠不关心或无力诠解。二是审视现实。马克思主义哲学对现实的关注,不是简单、刻板地反映社会现象与社会关系。对它来说,现实永远是不令人满意或满足的,它总是以一种反思性的态度对现实提出质疑,看出其不足或缺陷。在对现实的这种审视与批判中,蕴涵着的是它对未来理想的追求与构想。三是超越现实。马克思主义哲学将"不得不以超越和反对他们的时代的方式进行思考",因为"没有这种理智上和道德上的勇气,哲学是不可能完成它在文化和社会中的使命的"(卡西勒:《国家神话》,上海译文出版社 1990 年版,第 296 页)。哲学超越时代,超越现实,不是脱离时代,脱离现实,而是从现实出发示范与引导时代。在时代与哲学的关系上,不光是时代创新哲学,哲学也创造时代。

第三,与传统对话,与西方对话,在综合创新中产生中国的马克思主义哲学学派,产生具有世界影响的专业哲学家和哲学论著。

承续最近 30 年马克思主义哲学专业研究的活跃氛围,以后的研究者的视野将更为开阔。系统的专业训练与完善的知识结构,使他们能积极参与到与传统、与西方的实质性对话中,面向世界发言。不唯关注自己的问题,也能深入到异质领域,条分缕析。当然,这不意味着无原则地认同各种形态的文化成果,而是在充分了解的基础上的扬弃和综合。而综合也还是为了创新,创新才是更本质的东西;因为它不仅仅是一个理论问题、哲学内部的问题,更是一个与实践相关的问题。也许,与上几代研究者相比,实践经验的缺乏是以后研究者的一个弱点,但只要永远把哲学的"生长点"定位于实践之中,与时俱进,马克思主义就能永葆活力。而在这种理论综合与实践创新中产生中国的马克思主义研究学派与体系,是完全可能的。

总括地说,可以预料的是,不管对马克思主义抱有怎样的态度,对它作出何种解释,作为研究对象的马克思主义今后仍将受到注目,但这并不意味着它在未来的活力和效用会自然而然地"呈现"。对于中国这个以马克思主义作为建党立国的思想理论基础、正在崛起成为世界大国的国度来说,坚持与发展,是一篇不太好做的大文章,需要一批秉承执著而又富有包容意识和创新精神的研究者和实践家不懈的努力。

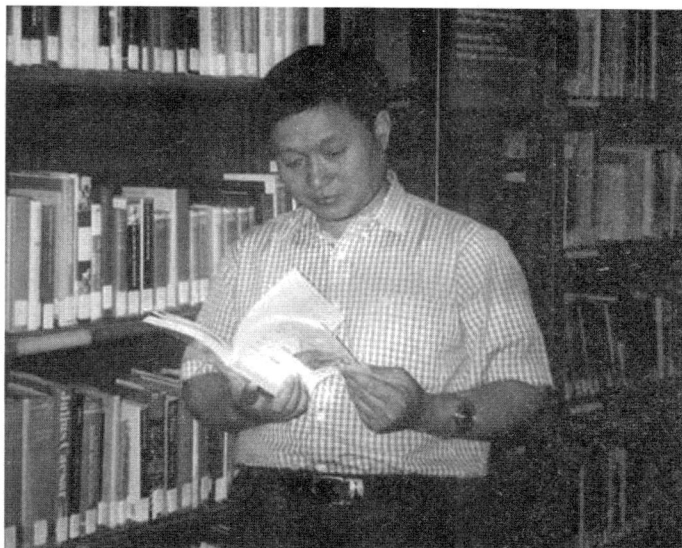

贾英健

生于 1963 年,山东金乡人。在聊城、北京求学十余载,先在北京师范大学师从袁贵仁先生取得博士学位,后又到中国社会科学院师从李景源先生做博士后。现为中共山东省委党校哲学部教授、副主任,山东师范大学兼职教授、合作博导,主要研究领域为马克思哲学、人的哲学、价值与文化。出版专著《公共性视域——马克思哲学的当代阐释》等 4 部,合著《经济全球化进程中的价值冲突与文化建设》等著作 9 部。在《光明日报》、《哲学研究》、《天津社会科学》等报刊发表学术论文 150 余篇。其中有 40 余篇被《新华文摘》、中国人民大学《复印报刊资料》等全文转载。主持国家社会科学基金项目、中国博士后科学基金资助项目、山东省社会科学规划研究重点项目共 6 项;主持完成国家社会科学基金重大项目子课题 1 项;与人合作完成教育部人文社会科学基金规划重点项目 1 项。获省部级哲学社会科学优秀科研成果奖 6 项。现为山东省首届"齐鲁文化英才",兼任山东省委党校价值与文化研究中心主任、"泰山学者"团队学术骨干、湖南吉首大学等多所高等院校客座教授、山东省哲学创新与发展研究基地学术带头人、中国马克思主义哲学史学会理事、中国价值哲学研究会理事等职。

学术之路

在我走入哲学之路的过程中,无论是选择哲学还是为哲学选择,始终都是一件很愉快的事情。

在中学时期我最早接触到了马克思主义哲学,一些哲学原理被压缩在一本叫做《辩证唯物主义常识》的小册子中。虽然,那时自己还无法把一些原理的深刻道理搞清楚,只是在学习的过程中,发现生活中的很多事例都能够被原理所解释,同时原理中的一些道理也可以在生活中找到例证,但这仍然使我对其产生了浓厚的兴趣,尽管当时这种兴趣还只是停留在一种感性的层面。

带着这种对哲学朴素的好感,我于 1981 年考入了聊城师范学院(今聊城大学)政治系。大学期间,我系统地学习了哲学,尤其是马克思主义哲学。经过四年的刻苦学习,我对哲学有了更深的理解,心中涌起了一种从事哲学研究的愿望。1985 年大学毕业后我成为了一名大学教师,这次我幸运地为哲学选择,如愿地承担起了马克思主义哲学的教学工作,哲学也由此真正走入了我的生活。在实际教学工作中,我利用大量的时间进行阅读,一方面扩展自己的知识,另一方面也提出一些新的问题。渐渐地,我发现在教学中无论是用哲学概括时代发展,还是用哲学指导实践,都存在着很多简单化、庸俗化、教条化的问题,这难免会影响人们对马克思主义哲学的正确理解。但是,我又发现在已有的知识框架下已经很难对一些问题作出一种满意的回答,需要在一种新的解释模式中来思考问题。于是,我又一次选择了求学。

1989 年,我被北京师范大学哲学系录取为马克思主义哲学专业的硕士研究生。正是带着对北京师范大学的深厚的感情,2000 年我再一次选择回到母校继续攻读马克思主义哲学的博士学位。两度进入北京师范大学的求学经历,不仅夯实了我做好马克思主义哲学教学工作的扎实基础,而且也引导我走进了马克思主义哲学研究的学术空间。

"饮其流者怀其源,学其成时念吾师。"在学术道路上,我永远无法忘记那些品德高尚、造诣颇深的老师。我尊敬的硕士研究生导师陈仲华先生,是他将我带入到了一个马克思主义哲学的崭新境界。我的博士研究生导师袁贵仁先生,无论是在我攻读博士还是在做博士后期间,都一直给予了我无微不至的关怀,对我的学术研究倾注了大量心血。袁老师渊博的学识、敏捷的思维、严谨的学风、深厚的学养,更是对我的研究工作产生了深远影响。正是得益于袁老师的多年指教,我才能够在博士毕业后的学习和工作中,不断激发对研究工作的无限热情,并立足由袁老师指点并给予的哲学和人学这一研究支点继续深入思考,从公共性视阈出发去解读马克思主义哲学这一重要研究课题。李景源先生作为我的博士后导师,是我学术成长过程中对我产生重要影响并让我由衷敬佩的另一位老师。李景源先生不仅一直关心着我的学术成长,而且也十分关心我的工作和生活,经常向我传授治学与做人之道,诸多的教诲都使我获益良多。"高山仰止,景行行止",先生们的高尚品德和治学态度将永远激励着我在自己的学术道路上执著地走下去。

因此,我选择哲学的过程,也是为哲学选择的过程。正是这种双向的选择,让哲学真正走进了我的生活,成为我不懈追求的事业。无论我选择哲学还是我为哲学所选择,能够走上哲学研究这条学术道路始终是我一生最大的幸运与幸福。选择哲学,我无怨无悔;为哲学选择,我感念至今。

治学方法

任何一门学科都有着属于自己的学科规范,正因为如此,在进行研究中,人们总是强调在学科研究上的自觉,并且也总是会表现出不同的学术旨趣和学术眼光。但是,在我看来,真正影响他们的旨趣与眼光的不是别的,最根本的还是方法问题。其中,学科自觉与问题研究、问题意识与提问方式、文本解读与现实关怀的关系问题尤为重要。

首先,关于学科自觉与问题研究的关系。在学术研究过程中,人们总是习惯于将学科自觉和问题研究对立起来,两种观点各持一端,这无助于对二者关系的正确解决。事实上,强调学科并不是不要问题,关键是思考问题的方式,而这种提问方式的不同也就会将对该问题的思考归之于某种学科。从这个意义上说,所谓学科自觉,就应该既要克服学科上的"读谁信谁"的简单做法,又要避免一门学科吃天下的极端,要保持一种健康的心态,确立一种学科精神(意识),站在学科平等的基点上审视各门学科和学说，保持对其他学科的必要的宽容。反之，以问题为中心的研究也并没有游离于学科之外。人们总是从学科出发去界定这种学科上的超越，不仅如此，即便是人们能够超越学科的实体形式，恐怕也很难超越其学科精神，学科精神就像"一只看不见的手"影响着人们对问题的解读。从哲学角度看，这种学科精神就是其独有的提问方式。在表面上看去无论多么超学科的学术，其哲学的独特提问方式仍规定着该研究是否属于哲学研究。由此说来，以问题为中心的研究，并没有抹煞学科界分，更不会取消学科精神。

其次，关于问题意识与提问方式的关系。学术研究重要的不是看我们关注的问题是不是哲学问题，而是看对这种问题的思考是不是体现了哲学的独特思考方式，是对于问题与提问关系的思考。在很多情况下，发现并提出问题往往比解决问题更重要。当前，学术界围绕着"问题"引发的很多争论，恰恰体现在对问题的理解和提出上。实际上，问题是一个由多种相关联的问题域组成的问题群，人们可以从不同的视角来把握，如话题与论题、真问题与假问题、实然问题与应然问题、实体问题与关系问题、物的问题与人的问题、生活中的问题与学术研究中的问题等等。任何一门学科包括哲学都不可能关注所有这些问题。哲学所关注的问题应该属于学术研究问题，也就是对论题的研究，是对真问题、应然问题、关系问题的研究，这些研究离不开从其与人的关系角度来思考。一旦人们从这样一些角度来思考问题的时候，也就具有了哲学的自觉，即哲学独有的提问方式上的自觉。因此，哲学研究就是在对提问的不断回答中来实现自身发展的。

再次，关于文本解读与现实关怀的关系。文本解读是一项基础性的工作，它对于澄清传统哲学教科书对经典作家思想的误读起着拨乱反正的作用，但是，文本解读只是一种非常理想的解读方式，马克思生活的时代与今天相比已经发生了很大变化，我们不可能完全地回到马克思当年的文本，也无法原本地重复马克思当年的语境，每个人的解读也存在差异。因此，我们能做的就是通过对文本的解读，找到最能体现马克思文本哲学精神的东西，即马克思当年思考问题的哲学方式。只有抓住了这种哲学精神，才是"抓住了事物的根本"，这种文本所体现的哲学精神方能突显马克思哲学的当代性，才能为我们在当代实现哲学的理论创新提供坚实的理论根基。从另一个角度来说，立足于当代实践提出的问题（已经转化为学术研究的问题），不能脱离马克思经典文本的基本精神，否则就会使哲学真的走向学术研究的"边缘"了。文本解读与现实关怀的关系就是返本与开新的关系。"返本"与"开新"是统一的。离开了对文本基本精神的把握，就会使"开新"失去应有的前提；"返本"的最终目的是要从理论思维的哲学高度，回答当代人类实践面临的时代课题；离开了"开新"，"返本"就失去了任何价值，"开新"是比"返本"更深层的"精神"。

对马克思主义哲学的一般理解

关于马克思主义哲学的名称和实质问题，大家谈论得比较多的是用辩证唯物主义、历史唯物主义（新唯物主义），还是实践唯物主义等来指称马克思主义哲学的问题。我的观点是，无论什么名称，能够真正体现马克思主义真实精神的才是我们理解的马克思主义哲学所要求的。为此，必须明确这样两个前提性问题："马克思主义"的确切语义是什么？"马克思主义"的精神实质何在？当我们在言说马克思主义哲学的时候，首先应当考虑的是"马克思主义"的确切含义。这种含义不仅是指马克思所留给我们的种种观点，而是其观察问题的立场和方法。任何背离马克思这一含义的理解，都不能被真正冠以"马克思"的名字。同样，把"马克思主义"绝对化、庸俗化乃至宗教化，不仅背叛与远离了马克思，而且也误读与扭曲了"马克思主义"本身。从既有的马克思主义哲学教科书来看，人们之所以表现出极大的不满，概因这种教科书的许多内容貌似马克思主义的东西，实际上却是曲解了马克思主义的"马克思主义"，有些内容根本就不是马克思主义的，是强加在马克思身上的东西。

那么，马克思主义哲学的精神实质是什么？这是我们反思马克思主义哲学时需要回答的另一个重要问题。我认为，马克思主义哲学中的最为基本的精神实质表现在以下三个方面:一是反映时代精神的问题意识。马克思主义哲学敢于从直面资本主义世界的复杂矛盾关系中,找出集中体现时代精神的问题域以及问题生成与转换的支点,并建构自己的新生活理论。二是具有深邃历史眼光的实践批判意识。马克思主义哲学是一种立足于对现实社会的彻底改变基础之上的实践哲学,这种实践哲学所强调的实践的彻底性,源于他彻底的批判意识,从理论批判推向实践层面,完成实践批判,这集中体现了马克思主义哲学批判的精神内核。三是面向人的自由解放的"大众意识"。马克思主义哲学总是强调其哲学的大众性,公开声明该哲学是为无产阶级最广大民众服务,致力于实现每一个人的自由而全面的发展。

正是立足于对哲学精神实质的上述理解,作为马克思主义哲学创始人的马克思发动了一场以公共性为价值追求和价值理想的哲学革命。从马克思主义哲学的产生来看,马克思反对在研究哲学中发现哲学,他把研究哲学的立足点放在现实生活这一基础之上,面对一个由资本关系所造成的普遍异化的社会现实,马克思将自己的哲学探索定位于对现实的人类生活的思考,并以将这种思考切入普遍异化的现实的"前提"之中为其哲学信念,以劳动、实践、社会本体为哲学思维的着眼点,通过自身哲学致思路向的多次"格式塔转换",形成并确立了一种新的哲学思维视界以及新思维方式的直接切入点,并以此为契机,发动和实现了一场深刻的哲学革命。因此,马克思哲学所展示的新思维方式是一种实践的思维方式,它使马克思哲学研究转向了对人的生存的探究,人的在世生存本身就是现实的且具有受动性,对人的现实生活的批判和扬弃的动因与力量,也必定蕴涵于人的现实生存之中。由此,人的生存、生活便在哲学中获得自觉表达并导致了哲学的自我批判、自我超越的辩证思维及精神气质的生成。但是,马克思新哲学对人的关注,是对具体历史阶段的现实的人的物化状况的批判,它本质上是要通过对不合理现实的介入和批判,表达一种基于现实、超出并规约现实的人类关怀,这种关怀总是深蕴了对人类公共性信念和理想的诉求。从这一视角出发,我们不难发现,马克思哲学在哲学领域实现的深刻的革命性变革,都是与它能够确立一种不同于传统哲学的新的哲学主题、形成一种新的哲学观、创生一种新的哲学形态有关。进一步说,马克思哲学的伟大变革在于它为人类贡献了一种以公共性信念和理想为"主题性话语"的前所未有的新的哲学思维境界,这既是马克思哲学变革的实质,也构成了马克思主义哲学的实质。

代际定位

我们这一代学人,有着特殊的成长背景。中小学时光基本上是在动乱中度过的,没有获得在基础教育阶段应有的良好的学习条件,接受的基础教育比较薄弱。尽管如此,还是有一批人,凭借自身的努力,在中学毕业后进入高等院校继续深造。我们尽管在这个时期的大学里学的知识有些滞后,但还是通过比较系统的专业知识的教育和训练走上了工作岗位。继而又通过攻读硕士和博士学位而奠定了自己的专业兴趣,并在这种专业选择中基本确立起自己的研究方向。

与 50 年代出生的学人相比,我认为,我们有以下几个突出的特点:一是事业上正处于发展的巅峰时期。60 年代出生的学人,正值当打之年,多数都有了属于自己的学术旨趣和研究方向,并能够围绕着自己的研究兴趣拓展学术发展空间,成为各学科发展的中坚力量。二是对待传统的态度受西方学术思想影响较大。50 年代出生的学人身上大都有着比较深的传统教育的烙印,勤奋、俭朴、传统、现实等成为他们的价值首选。相对于他们而言,我们既有对传统的批判意识,同时也有对西方学术精神的宽容意识,主张从西方学术精神中汲取知识营养,并通过积极对话而实现学术研究的现代性转换。三是研究兴趣的标新立异。50 年代出生的学人,大多能够做到坚守自己的专业兴趣。他们对所从事的专业从不轻言放弃,倾注了无限热情,甚至将其视为一种信仰。他们努力在自己的专业框架中来思考问题,特别是在对马克思主义学术经典的深入研究方面表现出了很高的水平。相比较而言,我们这代学人学术研究的兴趣较为分散。这与我们的学术成长背景密切相关。我们的大学阶段正处于我国改革开放的新时期,随着国门的打开,西方学术著作大量涌入,一下子激活了我们的思维。大家或是主张立足于对时代的解读来出新,或是在对西方文化经典的学术宝库的不断追求中立异,或是在西方的语境中来反观中国的现代性进程,敢于突破创新,积极探索理论创新的新思想、新形态、新思路。

面对 70 年代出生的学人,我们完全有理由自豪地说,我们靠自己辛勤的付出,已经在学术的道路上迈出了坚实的一步。在我们这代人身上,尽管至今仍保留着对过去,尤其是对"文革"的记忆,但这也恰恰能够使我们从对其的反思中更加注重从社会、制度、秩序的视角来思考人的存在和发展的一系列问题。与此同时,由于我们这代人也见证了中国改革开放的整个过程,对改革开放所取得的成就也就有着更深的感受。这在我们这代人身上铸就了一种具有较大包容性的优良品格。这些都成为我们走向学术研究个性化的动力之源,推动我们以自己特有的方式为这个时代作出贡献。

学术、思想和时代

学术、思想与时代的关系,是一个备受争议并需要我们理清的问题。在学术界,有学者提出过"思想淡出,学术凸显"的观点,还有学者提出了学术的思想化与思想的学术化的观点,也有学者提出了学术性与现实性的关系问题,这些归结起来便是如何正确理解和思考学术、思想和时代的关系问题。

就学术与思想而言,它们首先是两个有差别的概念。学术通常指的是学问、知识,思想则指人的一种观念、见解、主张;学术还是一种职业,思想却无论如何都无法成为一种职业;学术通常都有自己所属的话语系统,并要求每一个学人不仅要具备自己研究的这门学科的知识,而且也要按照知识自身的演化和秩序坚守属于自己的学术规范,思想却没有这些系统和规范,它可以是很简单的一句话,可以选择多种多样的表达方式,思考的空间可以是没有边界的、自由的,因此它也总是流动性的、生成性的;学术更多强调的是积累对知识、学问的重要性,而思想则更多强调的是其原创性。学术与思想的上述区分其实都只是相对的,它们之间又是相互联系的。任何一种学术都需要靠思想来支撑,离开了思想的学术就会变得没有生机;任何思想也不是毫无根据的臆想,思想的意义在于不断地推陈出新,但新思想的出场总是借助于对前人、他人的思想成果进行认真的梳理、继承和积累来完成,并通过规范的学术话语表达出来的。因此,思想需要学术化,学术也要思想化,思想离开了学术是空洞的,学术离开思想则会是乏味的,二者总是以相互作用的方式存在和发生的。重要的是,在思想与学术之间如何确立一种最佳的契合点。

无论是学术还是思想,又都总是与它们所处的那个时代有着十分密切的关系,并体现着对时代问题的关切。这不仅体现了对问题的提问是否达到了学术的自觉,而且也反映了思想达到的程度,更重要的是也关乎学术生命力之所在。马克思指出:"问题就是那种引领时代的思想,是公开的、无畏的、左右一切个人的时代声音。问题就是时代的口号,是它表现自己精神状态的最实际的呼声。"问题作为时代的声音和呼声,它总是以思想的方式切入时代并表现为思想的。因此,学术是在思想中把握时代,而思想又是对时代声音的把握。只有这样的学术,才能不断地彰显学术的思想力量,赋予学术在人类思想领域以不可替代的地位。这样,学术与当下时代始终保持一种清醒的关系。这不仅是它的一个基本特征,而且也是它的一种内在的思想要求。任何歪曲或舍弃这种关系的态度,都将使学术及其研究陷入无法克服的理论困境。

学术理想与目标

在多年的学术研究中,本人一直致力于对马克思主义哲学文本的解读,尤其是以对马克思哲学文本的解读为研究平台,结合人类当代实践进程中凸现出来的一些重大理论和实践课题展开思考,经过刻苦努力,逐渐形成了以人的哲学和价值理论为主要方向的研究特色。

近期的研究目标主要有以下两个方面:一是立足于马克思的哲学道路和哲学理想,通过文本解读和哲学对话,进一步挖掘马克思哲学的理论资源,目的是为自己今后的学术研究确立一个马克思哲学的话语系统;二是在马克思哲学的理论基点上,进一步用哲学的方式提炼时代精神,拓展马克思哲学的当代性。主要是在已取得一定研究基础的人学和价值理论两个维度上展开,尤其是沿着虚拟生存和风险生存的研究思路,通过进一步的深入思考形成在马克思哲学视阈中的马克思主义人学的当代反思和创新形态的新成果。

中期研究规划主要是围绕着以下问题展开:一是要围绕着公共性这一话语主题,在已有的对马克思公共性资源和阐释的基础上,对中西的传统公共性资源进行认真梳理。尤其是要通过对马克思主义公共性理论的历史发展的深刻挖掘,从"源"与"流"的关系及其演变历程中,揭示马克思公共性思想在人类实践,特别是中国特色社会主义实践中的发展进程。二是以上述研究的充分展开为契机,试图构建中国马克思主义哲学学者眼中的公共哲学的新框架和新形态。三是着眼于当下中国实践突显出来的"中国问题"进行哲学思考,不断开辟马克思主义哲学研究的新方向和新道路。这里,既有对物与人、资本与劳动、效率与公平、活力与和谐、制度与人、规范与自由等基本关系的哲学理解,也有对当下中国人的历史境遇与生存命运的哲学观照。在对"中国问题"的研究中,将哲学的命运用于分析当下中国人的命运,研究中国特色社会主义实践中的人的问题,这既是揭示探讨马克思哲学当代意义的一种逻辑必然,也是在当代中国所进行的伟大实践中推进马克思主义哲学创新的一种现实要求。

展望未来,我的学术追求与使命是:一是使哲学研究成为切身的学问。哲学一直将对人的生存智慧的关注视为自己的追求,它总是与个体体验和人类境遇紧密相关。作为一门切身的学问,实际上就是要不断地在生活的维度中体认哲学之美,让哲学思考自觉地成为一种与人生境遇密切相关的生活方式。二是在解读"中国问题"中体验哲学的永恒。中国当代的哲学问题,并不是要强调中国问题的民族特殊性,而是要挖掘中国问题的人类普遍性。就当代中国而言,我们要建立的不是为中国所独享的哲学,而是具有中国特色并为全人类所共享的哲学。这种哲学实际上是通过挖掘中国传统哲学的世界意义或人类普适意义而建构的。所以,中国的当代哲学,要想成为现代的学问,成为和西方哲学平等对话的学问,其关键并不在于彰显民族特殊性,而在于彰显人类普遍性。这既是哲学研究的价值所在,也是我努力的一个方向。三是积极打造不同哲学间平等对话的公共平台。不同哲学之间的对话实际上是一种求同的过程,但是这种求同又是在"辨异"所营造的不同的理论视阈中使其意义和价值不断被揭示和把握的。其目的在于搭建不同哲学会通的平台,构筑不同文化之间的双行道,并平心静气地在它们之间进行比较。这样,通过对话,不仅加强了不同哲学传统之间的沟通和互动,而且也扬弃了它们之间的对立和局限,使它们各自都获得自身发展的宽广的理论视野。在不同哲学的对话中,需要有一种对其他学科的宽容。能否具有宽容的心态,这是权衡哲学对话能否取得重大突破、实现哲学自我再生的创新过程的一个重要因素。总之,哲学对话需要在一种有利于对话得以展开的平台上进行,它是通过对话主体的积极努力,围绕着公共性理念来展开其价值追求,并在历史语境中不断搭建生成的。

哲学创新之路

在当代,马克思主义哲学的创新之路应主要围绕着以下几个基本问题展开。

首先,拓展马克思主义哲学关于人的问题的总体性研究。在已有的马克思主义哲学研究中,存在着马克思主义哲学研究对象总体性的失落问题。突出地表现为由于过分强调对个人的研究,或者忽略了对人的其他形态如群体和类两种形态的研究,或者因将人的个性视为人的类特性和社会性在个体身上的一种特殊表现而无法对个体的丰富内涵给出正确的揭示,或者在肯定个体活动的能动性中无法将其具体地落实到每一个个体身上,这在很大程度上都影响和制约了我国当前马克思主义哲学的研究水准。实际上,人的问题在马克思那里,从来就不是在抽象人的意义上谈论的,马克思对"现实的人"的理解既包括对个体的理解,也包括对群体和类的理解。个体、群体和类在马克思那里总是统一的,因此,哲学研究应该凸显人的这一总体性旨趣,并从人的总体性存在出发理解和把握人的价值和命运等有关人的根本问题。从当前日益发展的全球化趋势彰显出的人的群体意识和类意识等问题来看,也需要我们立足于个体、群体和类三者的统一,来展开对当代哲学的人的研究,从而达到哲学对人的理解的当代水准。

其次,转换马克思主义哲学研究的范式。与哲学研究的对象相比较,研究范式有时显得更重要。在对马克思主义哲学的探讨方面,很多人是基于马克思主义哲学的既有框架和成果,着眼于对其的不同诠释、理解,不能很好地从当代的实践出发,在批判、借鉴国外哲学研究成果的基础上,创造性丰富和发展马克思主义哲学。究其原因,根本上说是由于他们对哲学的理解还仅仅停留在思想层面上,离开了实践的观点去分析人及其世界。马克思从实践出发来把握人,把人理解为通过人的劳动自我产生的动态的过程,人及人的本质就是一个未完成的指向未来的存在,人的本质、人的真正意义上的"现实的本质"就不再是现成性的,而是生成性的。所以,马克思哲学所确立起的是一种建立在实践基础之上,以人与自然的关系、人与人之间的社会关系为主线展开,以公共性为价值关怀的新的哲学研究范式,正是这一范式,使其实现了在哲学观上的革命性变革。因此,在未来的马克思主义哲学创新研究中,应突出将人置于具体的实践活动和生活世界中加以理解,把实践作为历史活动得以展开的人的具体的生成活动,把生活世界作为人的实践活动得以展开、人的生存的价值和意义得以生成的文化构成,为马克思主义哲学创新营造出更多的发展空间和创新空间。

再次,实现马克思主义哲学研究中、西、马资源在"中国化"的语境中的有效整合。传统不仅构成当代人思想中的重要部分,而且也无法将自己游离于当代哲学的建构之外。在中国的马克思主义哲学研究中,由于只注重对哲学的一些基本理念作一种抽象性的研究,因而无法将当代哲学研究与中国传统的哲学资源有效地结合,更不会将这些问题的研究转换到一种中国现代性的话语语境中,使我们的马克思主义哲学研究在面对现实的时候显得苍白无力。在当代中国,马克思主义哲学研究不能秉承拿来主义的态度,而要做到通过将当代西方的哲学资源融入中国哲学资源的创造性转换,实现从西式的哲学研究提升为中国现代哲学研究的历史性转换。这样,中国的马克思主义哲学研究从一开始就是一种有别于西方的特殊的哲学研究。这种特殊性一方面表现在它处在一种特定的历史境遇之中,使我们认清谈论的哲学研究是中国人自己所面对的问题,要通过对中国在现代性追求过程中遇到的问题的深刻反思,找出中国在遇到的所有的问题中,哪些是中国特有的,哪些是与西方国家共有的,注重解决中国人的当代生存和发展问题的特殊性。另一方面,这种特殊性也表现在它有着自己的问题视阈。中国现代性是立足于初级阶段国情基础之上的,这表明我们现阶段哲学发展的目标应定位在中国现代性的建构上,又表明这种建构的历史性和艰巨性。另外,中国马克思主义哲学研究的出场,既有西方哲学研究遭遇的困境,又有后现代哲学的异军突起,甚至还有中国前现代哲学传统的根深蒂固,这都决定着中国的马克思主义哲学研究从一出场就有一个在多种可能性中如何选择的问题。为此,需要通过对中、西、马哲学资源的有机整合,找到一条更契合中国现代性发展需求的、健全的现代性发展理念,真正形成具有中国气派、中国风格的马克思主义哲学研究的当代形态。

个人作品

在已经公开发表的论著中,我比较满意的五部作品有:《公共性视域——马克思哲学的当代阐释》、《全球化背景下的民族国家研究》、《马克思现代性批判的理论旨趣及其变革实质》、《论虚拟生存》、《风险生存及其历史扬弃》。

　　《公共性视域——马克思哲学的当代阐释》(人民出版社 2009 年版)——究竟如何解读马克思,我们要发现一个什么样的真实的马克思?从当代时间的语境来说,这实际上是一个从何种研究视角切入马克思哲学的问题,无论是从马克思哲学的产生还是从马克思哲学当代语境的出场来看,都表明公共性是马克思哲学产生和发展中的一个不可或缺的重要维度。该论著从对马克思哲学以前的公共性传统中,找到马克思哲学革命性变革的切入点,强调马克思哲学的产生是一场以公共性为理论旨趣的革命性变革;从马克思对生活世界的公共性考察入手,揭示马克思生活世界的公共性向度及其实践基础的公共性品格和公共性价值;把马克思哲学所实现的人本革命理解为"公共人"的存在及其生成,以此为中心,展开对马克思关于人的学说的全面阐释;把公共性放在作为新唯物主义立脚点的市民社会这一唯物主义基点上进行考察,揭示马克思哲学是建立在对市民社会私人性超越基础之上的公共性哲学这一马克思唯物主义的新质;把对公共性的分析放到马克思的历史视野,尤其是世界历史视野中来分析,进一步揭示公共性之作为马克思历史思想的重要维度的意义。

　　《全球化背景下的民族国家研究》(中国社会科学出版社 2005 年版)——该论著将民族国家放在马克思主义关于个体主体,群体主体与类主体的关系中,探讨作为群体主体的民族国家与个体主体,特别是与超国家的国际组织之间的互动关系,并在这种关系中把握民族国家的当代价值,从而深化马克思主义群体主体理论的研究;将民族国家置于当代全球化背景下进行分析,着重探讨作为民族国家重要内容的主权、职能、认同、未来形态等问题在全球化背景下的变化及其特征,力图揭示其变化的规律;从个体和群体两种视角出发对民族国家的认同问题进行较为深入的分析,并对当代民族主义的意识形态功能进行了辨正;从对民族国家之间的交往中所展示出的自主性分析入手,着重揭示了作为自主主体的民族国家的自主特征和对其内在组织结构优化的基本要求,由此探讨了制度创新在民族国家参与国际交往中应对全球化挑战的重要性。

　　《马克思现代性批判的理论旨趣及其变革实质》(载《哲学研究》2005 年第 9 期)——本文从马克思对现代性的批判的分析入手,阐释马克思现代性批判的理论旨趣,明确提出马克思对现代性批判的理论旨趣是现代性理念的建构,并由此论证了马克思现代性批判的变革实质及其当代意义。本文认为,马克思对现代性的批判是他对现代性所作的一种深刻反思,不仅反思其哲学前提,而且也反思现代性本身,不仅反思现代性现象这一"原本",而且也反思隐藏在"原本"背后的前提预设和根源。在对现代性进行反思性批判的过程中,马克思对现代性采取了辩证否定的立场,他通过对现代性的批判向人们展示了重建现代性的理想信念,这是马克思现代性批判中的理论旨趣。马克思在批判和超越现代性的过程中,既没有走向现代性的对立面又在批判中肯定了现代性,在现代性立场上展开了其现代性批判,这一批判既不表明马克思是现代性的同谋人,也不表明可以将马克思仅仅看做后现代主义那种一般意义上的超越者,而是体现了理性精神对现代社会之现代性的超越。

《论虚拟生存》(载《新华文摘》2006年第21期)——本文把现代生存论研究放到由于网络技术的发展而生成的网络时代这一语境下进行思考,提出网络时代的发展给人的生存带来的最直接的影响便是一种与现实生存不同的虚拟生存在当代正在演变为人类一种崭新的生存方式。在网络构成的虚拟世界里,人们不仅能够从更深的层次上体验到人类作为整体的经验,而且也不断地对自己的类存在的本质进行反思,以此来获得有关类主体的生存意识。同时,人还通过大脑的积极创造活动,不断在头脑中图绘一种超越"现实"的符合人的类本质要求的"理想"的世界图景。人正是通过这种理想、非存在、虚拟等作为人的对象化活动产物,不断地为人类获得类存在物的意识提供一种有意义的文化支撑。本文认为,虚拟生存的出现并不表明人们开始进入"非现实"生存时代,也不意味着可以把作为现实生存的虚拟的替代物当做现实生存本身,虚拟生存与现实生存共同构成了现实生活中的人的完整的生存世界,人在现实世界中延续自己有限的生命存在,在创造性的虚拟世界中生成自己的文化生命,体现着人作为价值的虚拟存在。

《风险生存及其历史扬弃》(载《山东社会科学》2009年第11期)——风险生存作为当代人类的一种崭新的生存方式,对人的生存和发展产生了重大影响。本文以马克思主义生存理论为中心视界,努力作到在马克思主义生存论视野中对风险社会的本质和生存价值进行全新的阐释,并通过对全球风险社会的生存论反思,为人们获得一个阐释和发展马克思主义生存理论的全新视角,实现马克思主义生存理论在新的历史语境中的出场;立足于马克思主义人的存在论,从世界历史视角反思思想史与实践发展史,洞穿风险生存的本质,揭示风险生存的主体形态;立足于以马克思主义的生存辩证法和历史观为指导,不仅对风险生存进行了辩证的理解,而且也将其放到人的实践的历史生成中来把握,提出了跨越风险社会的人的生存和发展的致思理路、发展方向和理想图景。

推荐书目

　　我为在读研究生提供的十本必读书是:孔子的《论语》、老子的《道德经》、柏拉图的《理想国》、康德的《历史理性批判文集》、黑格尔的《历史哲学》、费尔巴哈的《基督教的本质》、韦伯的《新教伦理与资本主义精神》、密尔的《论自由》、罗素的《西方哲学史》、罗尔斯的《正义论》。

　　《论语》——中国古代儒家的一部重要经典。是孔子弟子及其再传弟子关于孔子言行的记录。该书大约最后编定于战国初期。它集中地反映了孔子的思想,是儒家原始经典之一,是了解孔子哲学、政治、教育、伦理、文化主张及其学说的最直接、最可靠的资料。

　　《道德经》——堪称中国哲学基本原典,书中把"道"确立为终极本源的宇宙论,并从经验世界的辩证中展示"反者道之动"的哲学思想,从而开出先秦道家的人生观和政治观。其中"无为而治"、"道生一,一生二,二生三,三生万物"等词句成为后世论证和争执的焦点,并在精神修养、文化模式、政治管理、思维方式上产生深刻的影响。

　　《理想国》——该书寄托了柏拉图"哲学王"治国的最高理想。此对话录震古烁今,包罗万象,其中探讨的话题涉及哲学、政治、法律、艺术、宗教、文学等内容,成为人文和社会学科的开山研究对象。更为广泛流传的是其中的"苏格拉底提问法",还有寓意深刻的"洞穴论"。

《历史理性批判文集》——本书收录了康德于 1784—1797 年间所写的八篇重要历史哲学和政治哲学论著,具有丰富的思想内容和鲜明的时代色彩。康德在历史理性批判中,以历史两重性为中心线索,将其统一为普遍的理性,并对统治这理性王国的诸原则如正义和真理、自由和平等进行了深刻阐发。其中,《永久和平论》一文是西方历史上第一个从哲学角度研究和平、世界和平、永久和平的文章,永久和平论中的基本观念,对 20 世纪两位大哲哈贝马斯与罗尔斯产生了重要影响。

《历史哲学》——黑格尔在书中从"理性统治世界,也同样地统治世界历史"这个观念出发,把世界历史看做是"理性"、"精神"在时间中的展开和实现过程。历史就是我们的理性潜能逐渐实现为自由的过程,是一个理性自由的故事。

《基督教的本质》——德国哲学家费尔巴哈 1841 年出版的宗教哲学著作。该书从人本学唯物主义的立场出发,一方面阐明了宗教神学的人本学实质,另一方面也分析批判了基督教及神学,尤其是对黑格尔思辨哲学关于基督教的错误观点进行了批驳。在具体阐述中,既不像基督教神话学那样把神学看做神秘的行为论,也不像思辨宗教哲学那样把神学看做本体论,而是把神学看做精神病理学。上帝不过是人的本质的虚幻反映,是人类的精神之梦,是人的本质的异化。解决这一问题的途径在于诉诸经验的法庭,把宗教颠倒了的东西重新颠倒过来。

《新教伦理与资本主义精神》——马克斯·韦伯 1906 年出版的一部重要著作。该书深入阐发了非经济因素在资本主义经济兴起过程中的重要意义,并通过对大量经验材料的搜集与分析,论述了新教伦理与近代理性资本主义发展之间的生成发育关系,对东西方宗教文化传统进行了深入的比较研究。无论是就其结论,还是方法论方面,都为当代的社会科学提供了富于启迪意义的思路,开辟了多线研究的有效途径。

《论自由》——英国哲学家约翰·密尔写于 1859 年的最具代表

性的著作。全书共五章,以公民自由为中心,立足于对思想自由和讨论自由、个性自由、社会对个人自由的控制三个中心论题,对自由问题进行了多方面的阐述。其中,该书将思想和讨论的自由视为最重要的论题,强调在科学、道德、政治、文化、宗教信仰等问题上,人民有形成、阐述和坚持自己意见的自由。该书还将对个人和社会之间权力界限的划分作为全书的核心要义,提出了划分个人与社会之间权力界限应该坚持的两个基本原则:一是个人的行动只要不涉及自身以外什么人的利害,个人就不必向社会负责交代;二是个人对社会负责的唯一条件是,个人的行为危害到他人的利益。

《西方哲学史》——英国数学家、哲学家、文学家、社会活动与评论家罗素 1945 年出版的一部哲学名著。全面考察了从古希腊罗马时期到 20 世纪中叶西方哲学思潮的发展历程。罗素将哲学看做某种介乎神学和科学之间的东西,认为西方哲学在发展过程中始终受到来自科学和宗教两方面的影响,并据此把西方哲学发展史划分为古代哲学、天主教哲学和近代哲学三个时期,揭示了在哲学的发展历程中,科学与宗教、社会团结和个人自由是如何错综复杂地交织在一起与哲学交互作用的。在该书中,罗素不仅讨论该书中主要人物的生活、历史背景、社会环境和他们的哲学系统,而且还饶有兴致地解释他们错在哪里以及为何出错。

《正义论》——美国著名哲学家约翰·罗尔斯 1971 出版的一部重要著作。作者主张以一种更抽象的社会契约论来替代功利主义。其出发点是:社会基本结构是正义的主题。人们在达成其他协议之前,首先要就社会制度的原则达成协议。然而这种缔约不是一种实际的历史行为,而是在假定的原初状态中的选择的结果,它是互相冷淡的个人在无知之幕背后的选择。契约目标是选择一种指导社会基本结构设计的根本道德原则即正义原则。对所选择的原则的直接检验是看按它们安排的社会制度是否符合人们的直觉判断,另一个检验是看它们是否符合人们的目的。由此产生了本书的三个部分:理论、制度、目的。

徐长福

我已 47 岁多了,人生经历用先师高清海先生的用语来说应属于"二重化"比较明显的那种。我 10 岁就在小说中发现了跟贫寒、单调的乡村生活迥然不同的别样人生,并立志当文学家,尽管那时甚至还不知道我家乡出过苏轼这样的大文豪。19 岁大学毕业时挑战把人当物来分配的就业制度,自我放逐到四川藏区,做出了跟绝大多数同学判然有别的举动。21 岁"千里走单骑"——独自骑自行车翻山越岭,从藏区回到老家,从此坚信没有不可超越的东西。22 岁在大雪山下悟道,自认为发现了中国的病根,遂决定弃文(学)从哲(学)。25 岁挺身而出,担当了最义不容辞的一份历史道义,并承受了同辈人鲜有体会的炼狱之痛。27 岁逃出深山,投奔高先生,开始了哲学学术生涯。30 岁后意识到理论与实践的异质性,找到了属于自己的哲学理路。36 岁写出博士论文《理论思维与工程思维》,初步表达了自己的哲学主张。42 岁在澳洲阿德莱德街头读罗素的《哲学问题》,灵光再现,对哲学和哲学史的体会豁然贯通。45 岁完成了《拯救实践》第一卷,全面阐述了意识和异质性的基本原理,名之曰"异质性哲学"。目前在写《拯救实践》第二卷,同时顶着多数同行不以为意的非学术压力,坚持对马克思主义和现实问题作批判性研究。我一直恪尽此生的各种职分,但最努力的是让我的作品活得比我长久。

学术之路

本人 1964 年初出生于四川眉山乡下,1969 年春上小学。大约 10 岁的时候,我读了小说《闪闪的红星》,为主人公传奇的经历所迷醉,从此有了经历一番再将其写成小说的人生梦想。正是靠着这一梦想,我在贫寒的处境中勤奋读书,于 1979 年考入四川师范学院(现四川师范大学)中文系。大学期间适逢思想解放运动,我头脑中从小被灌输的以阶级斗争和铁的规律为主题词的马列主义、毛泽东思想观念被替换成了人道主义的马克思主义观念,后者给了我一种从未有过的思想温暖。大学毕业时,我们这些学生像出厂的物品一样被分配到自己无法选择的地方和单位。在跟这种分配制度及其意识形态观念徒劳抗争之后,我申请自我放逐到了四川省阿坝藏族自治州(现阿坝藏族羌族自治州)首府马尔康工作,一干就是 8 年。我先是在马尔康中学教了 3 年高中语文,既非常敬业,又极度苦闷。1985 年暑假,我独自骑自行车跋涉千里从马尔康回眉山老家,途中翻越了海拔 4 千多米的鹧鸪山。这一刻骨铭心的历练让我树立起了一个坚定的信念:只要我有能力,没有任何东西不可以超越。1986 年,在送走了一届高中毕业生之后,为了有更多的时间和更好的条件从事文学创作,我设法调到了阿坝州教育委员会所属的《阿坝教育报》(现《四川民族教育报》)做编辑。可没想到的是,正是这次调动,让我的人生转变了航向。

1986 年 10 月,也就是我到教委工作大约 3 个月后,置身官僚机器中的种种见闻让我长期压抑、痛苦的内心突然产生了一种哲学的突破——我自认为洞察到了这个社会的根本弊端之所在。按自己那时的理解,这个社会从制度到意识形态都犯下了一个致命的错误,那就是颠倒了人和物的关系——把所谓客观必然的物奉为目的,而把活生生的人贬为手段。这种突如其来的觉悟让我既亢奋又害怕,不知所措,难以自持。在经历了数月的内心煎熬和外部冲击之后,我于 1987 年春毅然决定放弃文学梦想,转向哲学研究。从那时起,在那片崇山峻岭中,在那间被高墙挡住阳光的阴暗陋室里,我几乎用尽了全部的业余时间来自学英语和哲学课程,开始了备考研究生的艰苦历程。

1989 年初春,我总结了自己"悟道"以来的哲学心得,写成了一篇近两万字的长文,并忐忑不安地邮寄给了高清海先生。令我大喜过望的是,高先生不仅很快回了信,而且称赞我的一些观点远远超过了当时那些庸人哲学的见解。这一宝贵的鼓励让我与高先生结下了永远的师生缘分。其后的一年多是我人生的炼狱阶段,简直不堪回首。

1991年，我抓住被单位"恩赐"的唯一一次考研机会，考进了吉林大学哲学系，攻读马克思主义哲学专业的硕士学位，终于逃离了那座多少年后仍令我胆寒心悸的深山小镇。

我之所以选择报考马克思主义哲学专业，仅仅是因为在所有招收硕士研究生的哲学专业中，唯有这个专业才面向中国的现实问题；而之所以报考吉林大学哲学系，也仅仅是因为那里有高清海先生这位马克思主义哲学界中思想最解放的学者以及他所领导的学术群体。

1994年初研究生毕业后，我到了天津商学院（现天津商业大学）马列部教马克思主义哲学课程，又于1997年在职考回吉林大学，正式师从高清海先生攻读马克思主义哲学专业的博士学位。2000年博士毕业后，我被录用到复旦大学哲学系从事博士后研究，其间获得了赴加拿大维真学院（Regent College）访学半年多的机会。2002年出站后，我来到了中山大学马克思主义哲学与中国现代化研究所暨哲学系工作，算是开始了马克思主义哲学研究的职业生涯。

对马克思主义哲学的一般理解

按照现行的学科划分体制，我属于马克思主义哲学二级学科的从业人员，我也认同这样的身份。那么，仅就这个意义而言，我的专业追求是什么呢？简言之，就是推动中国的马克思主义（哲学）研究的学术化进程，或者说，把中国的马克思主义（哲学）研究变成一门正常的学问。

在马克思主义哲学界，前辈学者们一直关注的问题是：对马克思主义哲学究竟应当如何理解？或者说，究竟什么样的理解才称得上真正的马克思主义哲学？可我觉得，比这个问题更为基本的问题是：对马克思主义哲学的所有理解是否都应当遵守公共的学术规范？任何相互冲突的理解是否都具有同等的学术权利？

我最初触及这个问题是在1997年。在《本文与解释——论马克思主义哲学解释的学术规范》(主要内容分拆发表于《哲学研究》1997年第 11 期和《理论与现代化》1998 年第 4 期)一文中,我通过文本统计和鉴别指出,苏联模式的教科书哲学主要引证的是恩格斯和列宁的著作而不是马克思的著作,因而称为"马克思主义哲学"是名不副实的,在学术上是严重失范的。在《在中国的马克思主义(哲学)研究向何处去?》(基本内容发表于《求是学刊》2003 年第 4 期)一文中,我提出了"走向意识形态取向和学术取向相对分离"的主张。在《以马克思的学术精神研究马克思主义——致汉语马克思的第二个世纪》(发表于《现代哲学》2005 年第 1 期)中,我全面地论述了马克思本人的学术精神,并进一步挑明了中国的马克思主义及其研究的相关弊端。下面是该文的部分内容:

　　1899 年 2 月,《万国公报》卷 121 刊载了由李提摩太节译、蔡尔康纂述的《大同学第一章》,其中讲到马克思,这是我直接查阅到的"马克思"三个汉字的最早出处。从那时算起,马克思在汉语中存在的历史已超过一个世纪。其间,汉语世界对马克思主义有许许多多言说,但真正学术的言说不多。

　　在马克思主义传入中国的前半个世纪,人们最在意马克思主义的是它作为救世之道、救国之策的意义。在社会主义中国的头 30 年,马克思主义被严格定位为国家意识形态。改革开放以来,对马克思主义的新解说主要起调整意识形态的作用。所有这些都以突出马克思主义在理论上的科学性、在功能上的革命性为共同特征,人们很少谈论马克思主义的学术性。进入 21 世纪后,随着社会的进步和思想环境的改善,学术地研究马克思主义成为可能,从而马克思主义的学术性和马克思主义研究的学术性作为一个问题便浮现了出来。

　　这里所谓学术性,主要指学术研究这种"天下公器"作为一种专业活动的正当性,涉及学养、工夫、规范、水准等能够被行业认可和接受的诸多因素。学术性是学术研究的基本资质,是学术观点参与行业竞争的准入条件。马克思主义作为一种影响当代人类命运的理论学说,无疑是具有学术性的,它是马克思等人从事学术研究的成果。对马克思主义的研究如果不是满足于政治表态或政策宣示,也应该具有学术性，即应该在学养、工夫、规范和水准等方面跟其他学术研究一视同仁。

由于长期以来马克思主义所内在包含的学术性被揭示得不够，因而造成一种印象：似乎对马克思主义的研究只要有坚定的信仰、能够跟当下的政治取向保持一致就是合格的，学术上马虎一点没有关系。甚至还有一种奇怪的议论：似乎一强调学术性，就是搞"经院哲学"，就是不要政治性或冲击政治性，就是不关心现实，从而把学术性看成政治性的反面。殊不知，马克思主义之所以能够产生如此巨大而深远的政治影响，在众多原因之中，学术性肯定是一个基础性原因。

自从有了马克思主义，有人服膺有人反对，但没有人不尊重它。其所以如此，在于马克思所做出的学术成果远远超出了他那个时代的平均水准，一般人难以望其项背。盘点19世纪的学术作品，《资本论》第一卷无疑是首屈一指的顶尖级代表作。没有行政力量的扶持，没有学术机构的依托，没有金钱势力的帮衬，没有新闻媒体的鼓吹，马克思的学说起于青萍之末，而终成影响人类历史的雄风巨响，如果不是因为它抢占了时代的学术制高点，是很难解释得通的。在那个时代，社会主义流派纷呈，先知豪杰层出不穷，为什么偏偏是马克思主义独领风骚，众多原因中至少有这条：因为其他社会主义派别中无人写出在学术上能与《资本论》比肩的理论作品。其实，马克思早就说过："理论一经掌握群众，也会变成物质力量。理论只要说服人，就能掌握群众；而理论只要彻底，就能说服人。所谓彻底，就是抓住事物的根本。"尽管马克思没有随即告诉大家如何才能抓住事物的根本，但他用毕生的学术研究示范了这一点。

马克思之后的马克思主义研究，特别是汉语世界的研究，普遍存在一个严重的问题，那就是对学术性的忽视。人们讲立场，讲观点，讲方法，讲大众化，讲联系实际，就是不讲学术水准，甚至习惯于纵容水准低下的言说。马克思主义的影响能够延及今天，很大程度上不是靠众人的政治态度，而是靠马克思主义原初的高屋建瓴的学术力量；马克思主义的影响在当代的顿挫，很大程度上正是由于马克思主义的许多传人以政治态度代替了学术研究，没有再像马克思那样花工夫做诚实的学问，没有再像马克思那样拿出能代表自己时代学术水准的理论成果来。一种学术水准很高的学说是无须非学术的力量来庇护的,一种低于平均学术水准的学说也不会给它的庇护者带来真正的益处,无论如何,没有比将一种事关大局的政治主张和一种水平低下的理论论证捆绑在一起更危险的事情了。

在我们这个时代,要做一个思想上的马克思主义者是容易的,只要懂得一些马克思主义的观点,然后举手赞同即可。在我们这个时代,要做一个实践上的马克思主义者也不难,哪怕不懂马克思主义的观点,只要信仰它,照本本上的说法去做就行。但是,在我们这个时代,要做一个学术上的马克思主义者却难之又难,因为我们至少必须像马克思那样读书,读马克思的书,读马克思读过的书,读马克思没有读过的书,读马克思之前的书,读马克思之后的书,因为我们只有这样去读了,才谈得上研究马克思主义,创新马克思主义。在马克思去世后的一个多世纪里,在汉语马克思的一个世纪中,思想上和实践上的马克思主义者固然很多,但真正学术上的马克思主义者仍然太少。

同理,在我们这个时代,要做一个思想上的非马克思主义者或反马克思主义者也是容易的,只要对之不予理睬或不以为然即可。在我们这个时代,要做一个实践上的非马克思主义者或反马克思主义者也很简单,不必说资本主义世界,就是社会主义国家的那些口头马克思主义者在其实际行为中不都早就做到了吗?然而,要做一个学术上的非马克思主义者或反马克思主义者谈何容易!没有比马克思更好的学养,更扎实的功夫,或者更独到的眼光,怎么可能从学理上驳得倒马克思主义呢?又怎么可能在一个马克思的问题尚未得到真正解决的时代从学术上绕得过或超越得了马克思主义呢?在马克思去世后的一个多世纪里,在汉语马克思的一个世纪中,思想上和实践上的非马克思主义者或反马克思主义者确实不少,但真正学术上够格的非马克思主义者或反马克思主义者其实不多。

强调马克思主义研究的学术性,这在今天是最不应该存在争议的。马克思本人无论如何是一个真正的学者,不论对马克思主义持什么观点,都应该争取在一个接近于马克思的学术水准上讨论问题,这对马克思主义研究有百利而无一害。强调马克思主义研究的学术性,丝毫无损于马克思主义的任何积极属性的发挥。也只有建立在严密学术论证基础之上的科学性才经得住追问，才可能具有实践的合理性。

上述 5 年前的观点，我今天仍然坚持，尽管重申起来也并不轻松。如今，我还要强调的是，跟内在的学术精神同样重要的是学术自由的外部条件。

除了提出马克思主义（哲学）研究的学术化这种主张外，我自己也一直在实践这种主张。这包括两方面：其一，以完全学术的方式研究马克思主义的各种具体问题；其二，在学术活动中竭尽所能地坚持原则，维护尊严。

学术、思想和时代

2004 年底，我在北京青年哲学论坛上，曾介绍过自己的学术关怀。这里摘录其中的几段话，作为对这个问题的回答。

据我个人的体会，学术上的许多争论表现为观点的分歧，其实是关怀不同。我所关怀的问题主要有两个：一个是原生性问题，是引导我走上哲学之路的问题；另一个是次生性问题，是我走上哲学之路后遇到的新问题。

我的原生性问题是：马克思主义所提供的人生和社会理想从理论上看是那样的完美，那样令人信服和让人向往，可社会主义实践，包括在中国的实践，特别是头一个时期严格按照理论原则来进行的实践，又是那么的坎坷，充满那么多意想不到的问题，甚至发生了像"大跃进"和"文化大革命"那样的灾难，这二者间为什么会有这么大的反差？就人类试图在全球范围内按照一种理论学说来对社会进行全方位的革命性改造而言，我们作为当事人所经历的这场运动是史无前例的。可这个"反差"有人研究过吗？好像没有。自由主义只是简单地把问题归结为马克思主义的错误,甚至贬之为幼稚的错误;与之相对的观点则把问题归结为操作上的失误。这两方都不反省我说的那个"反差"——一流的理论和成问题的实践之间的"反差"。这个问题扩展开去,就是一个带有普遍性的基本哲学问题:理想人生和理想社会的理论设计和追求理想人生、建设理想社会的实践操作之间究竟该是什么关系? 我们从历史和现实的所有这类"反差"事件中究竟能够提取出什么样的经验教训来?

近年来,随着中国开放程度的提高,全球化的景观进入了我的学术视野,转化成了这样一个问题:全球化是否仅仅服从一种单一的理论原则? 即是否如果寻找到了或建构起了一套所谓正确揭示全球化进程的必然趋势和价值目标的理论体系,比如美国式的新自由主义,全人类就都该接受这个体系,并仅仅照这个体系去做?这就是我所关怀的次生问题。

次生问题和原生问题在学理上内在沟通于上述那个基本问题,可以转写成:人类生动复杂的实践是否能够还原为某种单一的理论? 是否应该仅由某种单一的理论开出? 原生问题是这个基本问题主要在既往历史中的表现,尽管它在现实中还在延续;次生问题则是我们当下的实际。(《重新理解理论与实践的关系》,载《教学与研究》2005年第 5 期;《走向实践智慧——探寻实践哲学的新进路》,社会科学文献出版社 2008 年版,第 1～2 页。)

可以说,我的全部学术活动都是围绕这两个问题展开的。由于这两个问题既涉及理论的方面,又涉及实践的方面,因而我常常在抽象的形上学领域和具体的实证科学领域上下求索。我把自己的这种研究笼统称为"实践哲学研究",并以之作为研究生招生方向的名称。

哲学创新之路

2007 年底,在深圳大学召开的"对话、融通与当代中国哲学的新开展：中哲、西哲、马哲专家论坛"上，我以康有为《大同书》的原创性为正面示例，批评了把哲学分为八个二级学科的现行分科体制，并阐述了我对哲学学术所持的基本观点。这里摘录一小部分：

哲学是最自由的学问，也是最规范的学问。它包含三个向度：文本向度、问题向度和学理向度。

文本向度是我们最熟悉的。在现行八个二级学科中，哲学主要意味着解读文本、梳理文本、诠释文本、阐发文本。文本向度固然是哲学的一个基本向度，却不是唯一向度，甚至不是主要向度。文本向度只是哲学的历史向度，是哲学的过去时态。文本对哲学活动起学科规训、理路借鉴和思想给养的作用。这就像《回顾》、《礼运》、《公羊春秋》等对《大同书》的作用一样。

问题向度似乎也是我们熟悉的。特别是马克思主义哲学从来强调理论联系实际。可是，现行分科体制中的理论联系实际只是用马克思主义的法定理论联系当下法定政治需要的实际。在其本真的意义上，哲学的问题向度所指的是哲学家以自己的哲学去面对和回应现实问题。这是哲学的实践向度，也是哲学的现在时态。康有为通过《大同书》所表达的就是他自己对现实问题的深切关怀。

学理向度应该是我们最熟悉的，但实际上却是我们最生疏的。自从我们共有了马克思主义这种放之四海而皆准的真理，就不觉得还有什么学理需要去探求了。或者，只要我们找到了各自可以寄托生涯的主义，不管它是老祖宗的还是外来的，也就可以不必辛苦地再去亲自探究什么了。然而，学理才是哲学的根本，才是哲学可以提供给世界的最实在的东西。学理就是纯粹的道理，不管形诸什么样的文本，也不管人们喜欢还是不喜欢，它都会成立，都会起作用。哲学学理就是这种纯粹道理的道理。学理向度是哲学的本质向度，是哲学的将来时态。哲学劳作始终以探寻新的学理为目的，是为亚里士多德所谓"理论学术"；而新的学理以及新的学理所表达的意义始终在哲学理论活动的将来。一种哲学发现了新的学理，就等于找到了自己的魂魄。一种失魂落魄的哲学不过是理智世界的行尸走肉。《大同书》之所以可以位列经典，就是因为它不仅有文本的学问、问题的关怀，而且讲出了一套关于人类大同的道理,其中许多是只有中国人才讲得出的道理,并且至今仍然言之成理——这是真正的"理论学术"。

哲学的理论成果而非一般意义的学术成果是哲学学科的终端产品。不出理论成果的哲学,好比一棵光开花不结果的果树,好比一头草不少吃却挤不出奶的奶牛,好比一片只见耕耘不见收成的田野,好比一条机器轰鸣但没有成品下线的生产流水线。

哲学理论思维是全部理论思维的基础。没有一个哲学贫困的民族会在别的学科上出现真正的理论创新,而没有理论创新的民族在如今的全球化体系中最多只能成为理论生产大国的附属实验基地、制作车间与倾销市场。没有能力从事理论思维的民族是可怜的,而有理论思维能力却自限甚至自残其能力的民族则是可悲的。(《从〈大同书〉的原创性看现行哲学分科的弊端》,载《东南学术》2009年第3期。)

上述理解也是我个人哲学学术实践的一种自我表白。我很钦佩一些学者的文本功夫,也很欣赏另一些学者的问题意识——我从这两类学者那里都学到了很多东西。不过,我最看重并倾力而为的还是在文本功夫与问题意识基础上的学理发现——我称这种做法为"以学术开思想"。

个人作品

我的第一个主要收获是我的博士学位论文。该文完成于2000年初,以《理论思维与工程思维》之名于2002年由上海人民出版社出版。

在这本书中,我从工程出发构造了一个理论框架。工程是我们有计划建构的设施。要建造工程,必先设计工程。设计所要明确的东西包括:该工程是什么样子的——形状、结构、特征、功能是什么?用什么材料、哪些材料、多少材料去建?靠谁去建——谁支付费用,谁指挥,谁设计,谁施工,谁受益,谁承担责任?这些因素都是具体的个别事物,我称之为"实体"。设计不是对这些实体的简单堆积,而是从工程意图出发根据所牵涉的各种因素之间的客观联系所作的有序构想,这些联系一般都表现为既有的科学原理,也就是说,工程总是要按照特定的原理来设计,这些原理我称之为"虚体"。任何一项工程都不可能只由一个实体或一类实体来构造,它所关涉的实体一定是复数的和异质的(即不同种类的);同时,任何一项工程都不可能只按照一套或一种学科理论来设计,它所牵涉的学科和原理一定是复数的和异质的,即这些学科和原理一定无法从逻辑上还原为某科某派的某套单一理论。所以,只要我们从工程建构出发去看世界,世界就是由绝对多元的实体和绝对多元的虚体相互交织而成的,工程设计就是这两种多元性因素在特定建构个案中的综合统一。

根据这一理论前设,理论思维就仅仅是认知虚体的思维,讲逻辑、讲道理、一以贯之、客观有效,但这种思维不能用来设计工程,因为工程中的因素尽管可以由不同的理论去分类说明,但没有任何一套单一的理论可以逻辑统一地说明工程设计所必须处置的全部异质性因素,因此,工程设计所需要的理论一定是复数的、异质的、多元的,其思维方式一定是不同于理论思维的另一种思维,我称之为工程思维。工程思维的根本特点在于:针对特定的工程个案,依据建构意图,遵循所有相关的学科理论,对所有要素进行不同于逻辑推理的复合集成,最后形成一套最优化的、可操作的设计方案。反之,也不能用工程思维去构造理论,因为理论原理要有效,必须具有逻辑必然性,工程思维把不同的因素连接在一起,靠的不是逻辑必然,因此,用工程思维搞出的理论一定是站不住脚的。

这样一来,我就用自己的这套理论初步回答了自己所关怀的原生问题:杰出的理论为什么不能取得其所预期的实践效果?这是由于理论思维僭越的结果,即:用理论思维去设计工程,使得工程设计漏洞百出,无法实施,或实施后达不到预期目的。同时还回答了另外一个相关问题:为什么那些纯粹出于论证工程意图的合理性而搞的所谓理论研究总是信誉不佳?这是由于工程思维僭越的结果。该书的基本结论是:理论思维和工程思维必须划界——理论思维用来认知客观规律,工程思维用来筹划人类生活,二者应实现一种结构性互补。

我的第二个主要收获是《走向实践智慧——探寻实践哲学的新进路》(社会科学文献出版社,2008 年版)这本书。

该书是汉语文献中第一部关于"实践智慧"的专题论集,由 16 篇论文编纂而成,反映了我在完成《理论思维与工程思维》一书后在实践哲学上的研究重心、思考过程与理论心得。"实践智慧"是对亚里士多德 phronesis 一词的翻译,相应的英译为 practical wisdom。英语也译该希腊词为 prudence,相应的汉译为"明智"。本书不仅深入发掘了有关实践智慧的传统学理资源,而且详细阐述了何以要把走向实践智慧作为实践哲学的一条新进路。本书既针对近现代西方的主流传统,也针对极端的后现代观点——前者以理论的方式处理实践问题,把异质性的实践变成同质性的理论的简单应用,导致了严重的问题;后者否定理论,有使实践失去必要约束的危险。该书认为,理论和实践具有一种复杂的双向交织关系,理论智慧和实践智慧应当各得其所并相互为用。该书在最后把这种探讨定位为"元实践学",把这套理论命名为"异质性哲学"。

我的第三个主要收获是 2009 年初完稿的专著《拯救实践》第一卷"意识与异质性"。其中部分内容已以论文的形式发表。

该书对西方哲学史上若干主要学说关于意识的理论以及其他相关基本理论展开了全面而深入的批评性研讨,凝聚了本人近 10 年来西文研读和讲授西方哲学经典的基本收获。该书详细研讨了柏拉图对话中苏格拉底和柏拉图本人的主要学说,重点研讨了亚里士多德的范畴理论、谓词理论和其他相关的重要理论,有针对性地研讨了笛卡儿、洛克、休谟、康德、黑格尔、施蒂纳、密尔、马克思、恩格斯、马赫、弗雷格、胡塞尔、罗素、海德格尔、维特根斯坦、德里达、克里普克等哲学家的重要相关思想。在研讨过程中还参考了大量中英文研究性文献。

为了挖掘非西方的理论学术资源,该书还对中国墨家、名家的逻辑思想和印度因明学进行了尝试性研讨。

当然,该书主要的工作不是哲学史梳理,而是通过批评诸家学说而自立一家之言,即我所谓的"异质性哲学"。其核心内容可以概括如下。人的意识有两个异质的领域,一是自然直观,二是符号指谓。自然直观是人与生俱有的意识机能,它能够直接意识到对象并认定其存在。符号指谓是人工创造的意识机能,其特征是通过符号在意指和述谓之间的配合来实现对于对象的意义的意识。自然直观能够把握对象的存在,但不能把握对象的意义(即普遍性),所以人需要有符号指谓去揭示意义。符号指谓把自然直观所提供的对象分解为主词所意指的东西和谓词所述谓的东西。主词表示有一个对象存在,其意义是什么有待谓词的说明,在此意义上,主词是一个意义空格。谓词表示一个意义,可以用来说明这个主词,也可以用来说明其他同类主词。主词有三种:意指个别对象的个别词,意指个别对象的类的实在词,意指符号指谓机制的范畴词。谓词也有三种,表示个别对象的最近类的属(eidos)词,表示包含属的较高类的种(genos)词,偶性词。在所有非复合的词语中,表示个别对象的专名只起指代的作用,本身没有意义,为无义词,只能做主词而不能做谓词;其余词语则为意义词,既能做主词也能做谓词。对于任何一个个别词来说,由于它没有意义,因而其谓词对它的述谓是否恰当,只能靠直观到它所指代的对象来认定,而不能作任何意义上的逻辑推定。此间的关系叫做指谓异质性,其规范原则叫做指谓不比原则。进而,在谓词部分,由于个别词的属谓词和种谓词之间具有被包含和包含的关系,其结合的恰当性可以逻辑推定。这种关系叫做属种同质性。但个别词的属种谓词与偶性谓词之间由于不存在类似属种词之间的那种关系,因而其相互结合不能逻辑推定,只能直观认定。不同偶性谓词之间的结合也是如此。这种关系叫做述谓异质性,其规范原则叫做异谓不比原则。扩展分析表明,这两种异质性普遍存在于符号指谓的各个层面,并表现出复杂的情况。指谓不比原则和异谓不比原则综合起来,构成异类不比法则,即异质性规律,亦即范畴律。范畴律是规范符号意识的一条迟到的大法,其根本意义在于为所有符号意识行为厘定界限,其突出价值在于让一切关于实践的符号意识行为不要耽于同质性推论,而要诉诸尽可能多的直观去把握异质性。

　　该书的核心价值在于详细阐述了范畴律。范畴律的主旨是:由于分属异质范畴的词语之间缺乏比较和通约的共同标准，不能相互还原，因而其间的结合只能靠直观认定而不能靠逻辑推定。范畴律由相互衔接的三个阶次八个字母表达式组成（此不详述）。

范畴律最根本的意义在于呈现了符号指谓的异质性意义关系，从而表明了逻辑推定的内在限度，并为强化对符号意识的直观约束提供了终极根据。如果说同一律、不矛盾律和排中律是反映符号意识的逻辑约束的法则的话，那么，范畴律就是反映符号意识的直观约束的法则。相应地，如果说演绎法、归纳法和其他各种逻辑运算法是逻辑推定的方法的话，那么，异类不比的意义分析法就是直观认定的方法。既然符号指谓中交织着同质性关系和异质性关系，单纯的或过度的逻辑推定就显然有必要受到遏制，并有必要由直观认定去加以平衡。

至于范畴律所带来的理论效应，特别是在拯救实践上的效应，我将会在第二卷"自由与异质性"中逐步阐述。

题外话

当今中国的哲学学术是从"文化大革命"的浩劫中起死回生并逐步复苏起来的，至今仍然蹒跚在通往学术正常化的曲折路途上。权力的压制、金钱的腐蚀、人情的羁绊是目前中国哲学学术的三重障碍。学者要在这样的处境中爱智求真，就必须自觉修持学术的德性。那么，如何修持这种德性呢？我在《谈谈学术的德性》（《江汉论坛》2010年第3期）一文中提出要返归圣人之道。下面是有关论述：

既然学术的德性在于人身上的神性的实现，显而易见，真心做学问的人就不能效尤庸鄙，而要返归圣人之道。或者说，返归圣人之道是修持学术德性的必由之路。

何谓圣人之道？子曰："志于道，据于德，依于仁，游于艺。"（《论语·述而》）

“志于道”，这是为学和为人的根本，是基础，是立场，是阿基米德点，是北斗，是第一原则，是绝对命令。有了这个东西，方向就明确了，心里就踏实了。“据于德”是说，道是贯通万有的大道，德是内在一己的修持，对道的坚守必须落实为德性的养成，缺德无从体道，无德必定无道，道不虚玄，就在德中。“依于仁”是说，道和德都不是无情物，不是冷冰冰的东西，道德寄寓人心，发于仁爱，无爱之人怎能与之言道德？“游于艺”是说，仁爱不是空洞的，不是软弱的，不是几滴同情的眼泪和几声无力的叹息，它应当有本事，有力量，起作用，出成效，而这一切都依赖于技艺的学习、掌握、锤炼和出神入化，无艺之仁，有心无力，爱莫能助，没有艺，德是枉然，道为空谈。

为学上，艺就是学问，就是读书和请教，就是尽可能多地向大师学习，只有这样才能练就一身本事，在学术操作中游刃有余。但学问不是目的，技术水平的高低不是衡量学术的最高准则。学问的用心要端正，动机要纯良，要“依于仁”。学术乃天下之公器，若公为私用，化公为私，因私枉法，徇私舞弊，其后果比一般的私心杂念、自私自利要严重百倍。而秉公摈私，系于一念：仁者爱人。学术上违心就是不仁，就是小人，就是乡愿。不过，爱并不是根据，爱有偏遍，有厚薄，有远近，有久暂，有恒易，甚至有对错，故仁须以德为据，有德之爱才是真爱，才是纯爱，才是正确的爱，才是可靠的爱。学术之德就是坚持原则，追求真理，就是富贵不能淫，威武不能屈，贫贱不能移，就是不唯上，不唯书，不唯利，只唯实。为政无德为民贼，为商无德为市贼，为学无德为文贼。有德令人心安，令人神清，令人气爽，这是因为德分有道，而大道无形，出形之中，越形之上，无执著，无滞碍，高山景行，仰止行止。

我深信，哲学学者如果缺乏起码的学术德性的修持，不论作哪种类型的研究——文本、问题抑或学理，都不可能有真正意义的建树。

一部哲学史晓谕人们，一个哲学家之所以被载入史册，不在于他出生在某个特别的年份，毕业或工作于某个特别的地方，获得过什么样的头衔或资助，在多么权威的期刊或出版社发表了多少著述并换取了多少奖励，而仅仅在于他创立了为代复一代的史家和同行所公认的独到学说。如果说哲学成就也有指标的话，那么，唯一的指标就是：发现不朽的真理！其表征是："既没，其言立。"

谭卫东

唐正东

　　1967 年 8 月生,江苏省常熟市人。1987 年毕业于南京大学哲学系,获哲学学士学位。1990 年毕业于南京大学哲学系,获哲学硕士学位。1997 年毕业于南京大学哲学系,获哲学博士学位。1990 年 7 月留校任教,1992 年 11 月任讲师,1998 年 3 月任副教授,2003 年 11 月任教授,2005 年 4 月任博士生导师。1998 年 7 月至 1999 年 7 月在美国伊利诺伊大学香槟分校(University of Illinois at Urbana—Champaign)进行访问研究。1993—1996 年担任系教学秘书,1996 年 5 月担任马克思主义哲学原理教研室主任。1999 年 9 月至 2010 年 9 月任哲学系副主任。2010 年 9 月任哲学系主任。2002 年入选"教育部优秀青年教师资助计划",2004 年入选"教育部新世纪优秀人才支持计划",2005 年入选"江苏省宣传文化系统五个一批人才",2007 年入选"江苏省 333 高层次人才培养工程中青年优秀科学技术带头人"。2006 年 7—8 月在德国、法国等地进行学术考察。2008 年 8 月在荷兰、挪威等地进行学术考察。迄今在核心期刊发表学术论文 80 多篇,出版著作 10 多部(含译著及合著),主持国家"十五"、"十一五"社科基金规划项目、教育部重大课题攻关项目等研究课题 9 项,获得各类学术奖励 7 项。现兼任中国马克思主义哲学史学会理事、中国人学学会理事、中国当代国外马克思主义研究会副会长、江苏省哲学学会副秘书长、江苏省马克思主义中国化研究中心特约研究员、南京市哲学学会副会长等职。

学术之路

　　我是在孙伯鍨先生等前辈老师的带领下进入马克思主义哲学的

研究领域的,研究兴趣主要集中在马克思主义哲学史和国外马克思主义哲学两个方面。我曾经以为自己知道怎么作马克思主义哲学的研究了,可经常是没过多久就发现,自己原有的理解需要被突破和超越。譬如,在马克思主义哲学史领域,除了不断深化的文本学研究会给我们带来崭新的研究课题外,实践语境的变迁也会不时地启发我们采用新的审视角度来深化对马克思主义哲学史的研究。过去曾经以为只要抓住历史本质规律的线索,就可以解读马克思主义哲学史的发展脉络,可随着问题域的深化,历史现象层面的一些问题如观念拜物教等也显示出了越来越大的理论重要性。这要求我们不断深化对历史过程中本质与现象之辩证关系的思考。过去曾经以为马克思主义哲学史的研究只要以相关的哲学史为背景就足够了,可后来慢慢发现,这对其他哲学家来说也许管用,但对于马克思主义哲学家来说却是远远不够的,譬如,要想了解马克思、恩格斯的哲学思想,不了解他们的政治经济学观点、科学社会主义理论,那是肯定不行的。马克思主义哲学中的一些核心概念如生产力、生产关系等,在其他哲学中肯定是没有的,这便启发了我们这样一个问题:这种哲学到底要以怎样的姿态来为整个哲学文化的发展作出自己独特的贡献?是在里面增加一种形而上的沉思,抑或增加一种人本主义批判的激情,还是用自己对历史过程之本质及当下展开形态的深刻理解,来传承和推进哲学的智慧之思?我个人以为是后者。

治学方法

由于马克思主义哲学学科是由多个研究领域构成的,而不同的研究领域所采用的研究方法也不尽相同,譬如马克思主义哲学史和文化哲学的研究方法就不完全相同,因此,我在此处仅就马克思主义哲学史的研究方法谈一些自己的看法。我认为,这一领域的研究方法是:

1. 注重文本。这里有两层意思,一是要关注经典著作的文献学研究的最新进展,这一点尤其是在马克思、恩格斯著作的研究方面表现得更为重要。无论是对相关概念的准确翻译、文本顺序的重新编排,还是新文献的发现,都对我们的研究产生一定的影响。二是要立足于文本来得出观点,而不是带着既定的观点去寻找相关的文本根据,不然的话,我们的研究就会局限于既定观点所具有的思维框架之中。由此,我们在阅读原著时,一定要尽可能完整地进行阅读,而不是只阅读那些观点摘录。

2.强调逻辑。思想逻辑是文本的灵魂,只有在思想逻辑的引导下,文本才能是活的。如果只依靠文本而不研究产生这些文本的思想背景,那就容易导致对文本内容的不准确理解。当然,这里讲的逻辑也不是先在的逻辑,而是从相互关联着的文本链中产生的。因此,这实际上就是从整体性文本群的角度来解读其中的任何一个文本的内容,而不是孤立地来看待其中的某个文本。马克思、恩格斯的有些文本是在特定的语境中写成的,如果孤立地来看待,那就容易产生误读。

3.突出比较。马克思主义哲学史上的不少著作都是在批判的氛围中写成的。客观地说,如果不对经典作家的批判对象的观点进行深入的了解,那么,对经典作家本身思想的把握也不可能深入到什么地方。譬如,在理解马克思、恩格斯哲学思想时,如果不对黑格尔、鲍威尔、费尔巴哈、李斯特、蒲鲁东、斯密、李嘉图等人的观点进行深入的了解,那的确无法对马克思、恩格斯本人的观点进行深入的研究。在以往的研究中,多少存在着仅从马克思、恩格斯批判的文字来理解这些被批判对象的观点的现象,这使我们无法完整地了解这些被批判对象的理论思路。譬如,蒲鲁东压根儿就不相信现实经济过程的意义,因而,他是心甘情愿地走向经济学的形而上学思路的。如果我们在解读马克思的《哲学的贫困》时只是指出蒲鲁东的经济学是形而上学的,那实际上是无法真正驳倒蒲鲁东的,我们要做的是理解马克思是如何驳倒蒲鲁东的理论思路的,而不仅仅是把蒲鲁东的观点批一顿。

4.立足现实。回顾马克思主义哲学史研究的历史,我们必须承认,它会经常呈现出特有的时代印迹。在国外学界,不管是人性的视角、存在论的视角，还是后现代的视角、市民社会的视角，都与当时的时代氛围有直接的联系。而我们从国内学界自 20 世纪 80 年代初以来在此领域解读视角上的变化中，实际上也能清楚地看出这一点。因此，现在的问题便是：我们在当下的实践语境中应当凸显一种什么样的解读视角或理论特性？当我们对国外学者提出的某种新的解读模式感到惊奇时，我们应该想到的是：他们的这种解读模式是跟何种现实语境相关联的？作为中国学者我们应该提出什么样的解读思路？

对马克思主义哲学的一般理解

马克思主义哲学的实质应该是科学的认识论。西方近代以"科学"的姿态出现的形而上学认识论与马克思的科学认识论根本不是一回事。西方近代认识论是伴随着近代自然科学，尤其是数学的出现而发展起来的，它的目的在于把呈现在古代的直观和经验世界中的"意见"提升到"知识"的水平。由于受到数学思维模式的影响，这种认识论不但把自然，而且还把社会都看成是由数学语言写成的一本书，因而把认识论奠基在了普全数理模式之上。再加上笛卡尔前两个沉思的革命性意义，这种认识论就被解读成了从一个绝对本原出发的逻辑演绎过程。客观地说，这种认识论的确是有较大的缺陷的。它把自然界，尤其是社会生活领域中的人与物解读为一种数学符号式的东西，这种把客观对象演变为认识对象的过程，由于没有解释社会生活中的对象被符号化的社会历史原因，从而没能把认识论建立在历史观的基础之上，因而必然呈现出与人的生活世界和直观世界相脱离的特征；同时，由于它不认为解释者自身也处在它所解释的对象之中，因而的确无法面对海德格尔所说的理论的"欺瞒"和"理论的总主宰"的问题。但这里必须指出的是，无论从哪个方面来讲，从古代的经验直观世界，到近代的认识世界的发展，都应该是人类思想和文化发展中的一次重要的飞跃，我们不能因为它从结果方面来说具有主体中心主义和逻辑中心主义的缺陷，就从根本上否定认识论阶段的理论意义。

　　而一旦站在越出认识论的思维层次上来理解克服近代认识论缺陷的问题,那就很容易走向现代西方的那种存在论哲学,因为最简单的克服就是放弃,就是转移理论场地,但游历过黑格尔思想的人都知道,放弃毕竟不是扬弃。海德格尔式的存在论哲学用强迫遗忘的办法,放弃了近代认识论业已取得的理论成就,同时也放弃了对现实生活的理论反思。因为认识论在某个发展阶段不自觉地投入了资本和拜物教的怀抱,就根本放弃了对知识的追求的思路,这多少有点因噎废食。在海德格尔希望通过撇开寻常意识走向哲学意识,通过放弃理论反思走向存在理解的地方,马克思的科学认识论走出的是全然不同的思路。在马克思看来,寻常意识不是想撇开就能撇开的,它作为一种思想观点,是根植于社会经济的现实之中的。有什么样的社会实践活动,就会有什么样的观念形态。近代认识论的主体中心主义和逻辑中心主义观念,是与资本主义市民社会的实践紧密相关的。因此,这种寻常意识并不会因为作为精神守护人的“哲学家”想撇开它就会自愿离开的,这里的关键点在于必须对当下的现实社会生活进行科学的认识并进而对之进行科学的批判,才可能使“现实的个人”走出足以产生上述那种寻常意识的社会现实,并进而真正实现人的存在状态。从某种意义上说,马克思的科学认识论是其存在论的承载之物,认识论是其哲学的根本,存在论因为认识论而有意义。

　　如果承认马克思主义哲学是科学社会主义的理论基础,而不是在社会生活的边缘敲敲边鼓的激进式的纯粹的主体文化,那么,有理由承认,以一定的、具体的、历史的认识方法为核心的科学认识论正是马克思哲学的基本内涵,它并不因为自己以认识论为哲学主线而感觉低人一等,或者感觉不像一种现代哲学,相反,它以此而自豪,因为,当现代西方的存在论哲学面对资本或工具理性的挤压而致力于在主体文化的一角保持一片纯净的天空的时候,它所做的却是完成对资本的逻辑的历史唯物主义批判。

代际定位

50 年代出生的前辈学者具有深厚的经典著作功底、深刻的现实关切意识、宽广的学术视阈。所有这些都是 60 年代出生的学人需要好好学习的。至于与 70 年代出生的学人之间的关系,我认为,就学术年龄而言,这是一代人,其间并无太大的不同。

学术、思想和时代

从本质上说,只存在无学术的思想,而不存在无思想的学术。前者是很容易理解的,只要是上了些年纪的学者都曾有过那样的经历。而后者看起来似乎是不对的,但细想起来却的确如此。只要是做人文学术的,总免不了受到认识论"前见"的影响。这种"前见"有可能来自于文化的长期积淀,也有可能来自于某种思想的无意识的影响。而对于马克思主义哲学的研究来说,后者的可能性似乎更大一点。立足于这一视角,我们就可以看到,国外学界在 20 世纪 30 年代对《1844 年经济学哲学手稿》、60 年代对《资本论》、70 年代对《穆勒评注》和《德意志意识形态》等的学术研究,其背后应该说都有对现实的思想关注。所以,我们应当深刻领会并坦然接受学术史研究的这一特点。正像莎士比亚的戏剧正是在不断的重新阐释中获得新生命那样,马克思主义哲学史也正是在诠释史中不断地凸显出它的新内涵及其时代意义。只要我们了解一下国内外学界研究马克思主义哲学的历史过程,就不难理解上述这一点。

接下来的问题便是:如何提炼出具有学术品格的思想,以便切入对马克思主义哲学史的研究?不是每一种思想都具有学术品格的,这便要求我们要以哲学的方式来凝炼思想。这是一件不容易做到的事情。如果说其他哲学的思想凝炼更多的是与思想家个人的生命体验为基础的话，那么，马克思主义哲学的思想凝炼则是以对当下社会生活过程的本质解读为前提的。每一个国家的当下社会生活过程都有其特殊性，不同国家的学者对这种社会生活过程的解读视角又不尽相同，而只有立足于本民族的特殊国情来生发出具有自身特色的思想视角，才能真正建构出具有世界意义的学术史。我们应当把学术史理解为一个正在建构的过程，每个国家的学者都在以自己的方式来为这一过程贡献力量（其中当然有正确的和错误的之分）。

我们知道，日本学界在 20 世纪 70 年代推动了一个从市民社会的视角来研究马克思主义哲学的学术热潮，这无疑是跟当时日本社会发展道路的选择问题直接相关的。我们今天作为中国学者，应当推动一个什么样的解读视角，这是应该加以考虑的一个问题。其实，国内学界的不少学者已经就这一问题展开了认真的探讨，并取得了重要的学术成就。这是我们思考上述问题的很好的基础。现在我们需要进一步做的是，怎样使这种解读视角更好地与中国特色社会主义的发展道路呼应起来。

学术理想与目标

在最近两三年内，我的研究兴趣将主要集中在当代资本主义的理论与实践领域。这是一个全新的研究领域，其中将涉及学界关于当代资本主义的各种理论诠释以及在现实层面上当代资本主义的发展变化。之所以要研究这一块内容，一个重要的原因就在于：我越来越明显地感觉到，要想对当代国外马克思主义哲学的内涵有一个深刻的解读，首先必须对这些思潮的社会背景即当代资本主义的现实变化有一个透彻的了解，否则就无法得出解读当代资本主义以及评价当代国外马克思主义思潮的理论立足点。其次，还必须把当代国外马克思主义思潮放在各种对当代资本主义的诠释理论的大背景中，即在一种比较的视阈中来加以理解。只有这样，才能准确地界定它的内涵及意义。从另一方面来讲,我们从哲学的角度对中国特色社会主义建设道路的研究,也应该以对当代资本主义的透彻了解为前提,因为我们正处在一个全球化的时代。

如果上述研究计划能够顺利完成,那么,我将在此基础上对国外马克思主义的相关学术流派以及马克思主义哲学史的相关内容再进行一番研究。这一计划目前考虑得还不够仔细,在此就不展开论述了。

哲学创新之路

我对这一问题没作过系统的思考,此处只谈一些粗浅的看法。我个人以为,在当今这个时代,哲学要创新,就要注意以下三个方面:

1.以我们正在做的事情为中心。我们首先要对"我们正在做的事情"的特点及本质内涵有一个准确的界定,并以此为基础来建构我们的哲学。如果我们站在这样的视界中,就可以清楚地看出国外的各种哲学,包括那些影响力很大的哲学思想的现实背景,并由此而对哲学与现实之间的关系有一个更为深刻的把握。我们用汉语"讲"哲学,理应有自己的特点。

2.以开放的心态对待国外各种哲学思潮。我们首先要努力地去理解他们的理论观点,然后要去理解他们为什么这样讲。在马克思主义哲学尤其是马克思哲学的研究领域,国外不少学者提出的问题应该说还是有一定深度的,尽管他们对马克思本人观点的解读不一定正确。因此,我们要从其理论研究的经验教训中,领悟什么才是推进马克思主义哲学时代化的正确道路。因为这也是我们今天面临的任务。

3.以更加敏锐的眼光解读社会生活过程的复杂性。唯物史观已经对历史发展的本质规律进行了科学的揭示,它无疑是我们研究社会生活过程的方法论指南。但对历史规律的揭示不等于对某一阶段社会生活过程的各种具体问题的系统阐明。而哲学要为当下的社会生活提供智慧，当然应该深入到对社会生活的全面解读之中。由此，我们将面对客观社会结构与人的认识结构之间的辩证关系、观念拜物教的复杂性、日常生活中微观权力的运行机制等问题。马克思主义哲学要在坚持历史本质规律论的基础上，对这些问题进行深入的解读，取得自己的发言权，以便给日常公众理解其所处于其中的生活过程提供真正的智慧。

个人作品

　　与前辈老师相比，我只是一个学术研究上的新兵。尽管写了一点文章，但说不上满意。此处选择以下两本著作来汇报一下自己的观点：

　　1.《从斯密到马克思——经济哲学方法的历史性诠释》（江苏人民出版社 2009 年版）。

　　本书致力于从经济哲学方法论的角度对从亚当·斯密到马克思的思想史作个详尽的梳理，以期通过这种研究，一方面从方法论的角度深化对经济哲学思想史的研究，为在我国学界刚刚兴起的经济哲学研究贡献力量，另一方面通过致力于经济学视阈与哲学视阈的辩证统一，来深化对哲学思想史，尤其是马克思哲学发展史的研究。我国学界通常是从单纯哲学的视阈，即从康德到费尔巴哈的线索来理解马克思哲学的内涵及其思想史意义的，本书将突破这种理论视阈，从经济学与哲学相统一的角度，来深化对这一问题的探讨。本书除导论外，共有五章内容。第一章主要探讨包括亚当·斯密、休谟、弗格森在内的苏格兰历史学派的经济哲学方法；第二章主要探讨李嘉图的经济哲学方法以及包括汤普逊、霍吉斯金在内的英国李嘉图派社会主义者的经济哲学方法，并着力说明这一派观点与斯密等人观点的不同，以及他们对马克思产生的不同影响；第三章探讨包括李斯特、罗雪尔、施穆勒在内的德国历史学派的经济哲学方法；第四、五章探讨马克思的经济哲学方法的发展过程。在这两章中，重点突出从历史唯物主义的角度深化对马克思哲学的基本内涵及其学术思想史地位的解读,并从中引申出对在当下语境中发展马克思主义哲学的深层思考。

2.《经济哲学视域中的当代资本主义批判理论》(江苏人民出版社 2009 年版,唐正东、孙乐强著)

本书立足于经济哲学的视阈,详细考察了西方左派经济学界在当代资本主义批判理论方面的代表性观点。透过对保罗·斯威齐、保罗·巴兰、厄内斯特·曼德尔、米歇尔·阿格里塔、阿兰·利比兹等人的资本主义批判观的分析,本书致力于解读从经济哲学视阈入手的资本主义批判理论的本质内涵,及其与从文化批判的角度切入的当代资本主义批判理论之间的异同。在我们看来,本书所论及的这些学者坚持从经济过程的角度来探讨资本主义的本质矛盾,这是值得充分肯定的,当然,由于他们无法准确运用马克思主义的从抽象上升到具体的科学方法论,因而,在推进对资本主义经济过程的分析时,或多或少地受到经验主义方法论的影响,表现出淹没在"具体实际"的"汪洋大海"之中、被主观经验"牵着鼻子走"的理论特性。

推荐书目

马克思主义的经典著作当然是在读研究生的必读书,除此之外,推荐以下十本书:

1. 卢卡奇:《历史与阶级意识》。推荐理由:此书是西方马克思主义的开山之作,对历史主客体的辩证关系作出了独到的解读。

2. 阿尔都塞:《保卫马克思》。推荐理由:此书是结构主义马克思主义的代表作,从法国新认识论的角度对马克思哲学思想发展中的"认识论断裂"进行了说明。

3. 阿尔都塞:《读〈资本论〉》。推荐理由:阿尔都塞运用症候阅读法对《资本论》作出了独到的解读。

4. 鲍德里亚:《生产之镜》。推荐理由:此书对马克思的劳动、生产等概念以及整个历史唯物主义理论进行了批判。这种批判本身当然是错误的,但此书属于错得较有水平的那种著作。

5.德波:《景观社会》。推荐理由:此书认为当代资本主义已经不再是商品社会,而是景观社会。它被西方学者称为"当代资本论"。

6.哈贝马斯:《现代性的哲学话语》。此书能帮助我们了解哈贝马斯关于现代性问题的基本思想及其与其他思想家之间的区别。

7.皮克林:《实践的冲撞——时间、力量与科学》。此书尽管是专论科学实践的复杂性的,但对于我们思考社会实践问题也有所启发和帮助。

8.费耶阿本德:《征服丰富性——抽象与存在丰富性之间的斗争故事》。此书对本质与现象之间的复杂性的解读,对于我们思考这两者之间的辩证关系有所启发。

9.哈特、奈格里:《帝国——全球化的政治秩序》。此书对生态政治时代新的统治模式的特点进行了较为深入的分析,对于我们思考当代资本主义的新特点有所启发。

10.广松涉:《文献学语境中的〈德意志意识形态〉》。此书呈现了《德意志意识形态》"费尔巴哈"章的初始样态,具有重要的文献学意义。

崔伟奇

崔伟奇

1966 年 5 月,我出生在北国冰城哈尔滨市。高考时我"由理转文",1984 年进入吉林大学哲学系自然辩证法(即科学技术哲学)专业学习;1988 年本科毕业后,成为了北京大学哲学系辩证唯物主义与历史唯物主义专业的研究生,于 1994 年获得哲学博士学位。在求学的 10 年间,我有幸领略了诸多哲学名家的风采,他们的教诲使我受益终生。博士毕业后,我回到家乡,在黑龙江教育出版社从事编辑出版工作,所编辑的图书获得过国家图书奖的提名奖。2000—2002 年,任黑龙江大学哲学与公共管理学院兼职教授。2002 年起,我被聘为北京化工大学文法学院哲学教授,从事教学、科研工作。现任北京市哲学学会理事、中国自然辩证法研究会理事、未来哲学与发展战略委员会副主任、中国价值哲学研究会常务理事。2009 年入选北京市哲学社会科学"百人工程"。

从事哲学研究以来,出版著作 4 部,发表学术论文 30 余篇,其中,多篇文章被《新华文摘》、《中国人民大学复印报刊资料》全文转载和论点摘编。

学术之路

作为 60 年代出生的人,在最充满好奇心的童年期,恰逢"知识严重短缺"甚至是"知识饥荒"时代,因此,对于知识的渴求,构成了我儿时最大的梦想。这与今天"信息泛滥"或"知识过剩"形成了极为鲜明的对照。伴随着"向科学进军"的号令,我在青少年时期如饥似渴地,又不分青红皂白地学习了各种各样的知识。其中,既包括自然科学知识,也包括人文社会科学知识。正是由于追求这种知识上的均衡感,使得我这个理科考生在高考填报志愿时,选择了吉林大学哲学系的文理交叉专业——自然辩证法(即科学技术哲学)作为我的专业方向。入门之后,才渐渐懂得了,哲学具有"热爱智慧"的本真意义,而其作为"知识之母"和"知识总汇"的历史地位,只是这种对智慧探寻和追求的阶段性成果之一。随着人类文明从蒙昧走向成熟,各种科学知识不断丰富和分门别类的深化,哲学不再凌驾于其他科学之上,但哲学的基本意义和使命依然如故。也就是说,对自然、社会、人生最基本意义的探讨,对时代精神的阐发,是哲学永恒的主题。也许在马克思所着力批判的"异化"和"物化"时代,哲学的边缘化不可避免,但哲学作为"安身立命"之所的历史价值同样是永恒的。哲学价值的永恒性,既体现为历史性,也以不同方式呈现为现实性;而二者的具体的统一,则体现在那些经久不衰的问题在历史上和现实中的反复出现。在这个意义上,"回归原点"式的哲学史研究是必要的;但问题的关键在于,哲学研究不能以此为满足。也就是说,哲学的光辉不仅仅体现为一长串伟大哲人的名字和一系列振聋发聩的思想,更为重要的是如何汲取历史赋予哲学的营养,直面现实,超越现实,面向未来。

正是基于对哲学精神的这种理解,我在研究生阶段,从自然辩证法转到了哲学原理方向。在我看来,马克思之所以把哲学理解为"时代精神的精华",就是要突出哲学立足于现实的问题意识、反思现实的批判意识和面向未来的超越意识。这是因为,哲学既不是抽象的概念游戏,也不是简单的历史"传声筒",更不是空洞的"自说自话",它只有作为对现实最深层次矛盾的反思,才有可能凝结为历史。因此,将"爱智慧"进行到底,不仅仅是马克思主义哲学的历史使命,同样是所有哲学同道的历史责任。

治学方法

孔子说过,"学而不思则罔,思而不学则殆"。学与思的统一,对于所有思想性学术而言,都是至关重要的基础性方法,对于哲学治学方法,当然也不例外。所谓学,就是尽可能地掌握他人的思想成果和方法;所谓思,就是合理地运用这些思想成果和方法,创造性地思考问题。只有在学与思之间反反复复地实现多层次、多角度的统一,才可能形成新的灵感和顿悟,贯通逻辑与历史、理想与现实、理论与实践。当然,学与思的统一,并非是一个"自然历史过程",它本身就是一个甄别、反思、建构的主动历程。这一方面是因为进行哲学研究需要"知识的集成",但不需要知识的堆积;另一方面,因为哲学研究所要面对的对象绝不是"空中楼阁",作为思想中把握的现实,要以时代精神和时代矛盾为客观基础。因此,这种学与思的统一,要求哲学研究既要立足于社会历史现实,又要以具体科学的研究成果为基础,同时,还要从总体上整合人类的经验,以悲天悯人的情怀去创造超越性的未来。当然,传统哲学凌驾于具体科学之上的时代已一去不复返了,但如今学术研究的专业化态势所人为制造的诸多学术藩篱,同样从根本上悖离了人类文明所追求的发展目标和方向。所以,超越学科间、知识间的"鸿沟",超越学术文本与现实的对立,既加强"专业精深"又杜绝"画地为牢",是在哲学研究中统一学与思的理想境界。

　　哲学研究区别于其他学术研究的独特性在于,每个哲学家都有其独到的思维方式和方法论原则。这些思维方式和方法论原则以直接或间接的方式,对人类文明的发展产生了极为深远的影响。无论是思辨的方法还是逻辑的方法,无论是经验的方法还是理性的方法,等等,它们有如十八般兵器,有助于我们化解各种认识上的矛盾。当然,它们无一例外地都带有时代特征。20世纪以来,现代哲学研究分立为科学主义和人文主义两大思潮,体现为一些有代表性的方法论传统,如辩证的方法、分析的方法、现象学—解释学的方法、实用主义的方法、结构(解构)的方法,等等。它们有着共同的起源(都源于对黑格尔绝对唯心主义的批判),又有着各自不同的时代背景、发展路径等。因此,如何在超越其时代的特征的基础上,把握其方法的理论精髓,是哲学研究又一重要的治学方法。

　　当然,对于哲学研究而言,"探寻智慧"、"认识你自己"、追求"真善美"的统一,是万变不离其宗的主旨。如果像分析哲学那样"为方法而方法",只能是本末倒置。

对马克思主义哲学的一般理解

　　一般地说，马克思主义哲学首先是一种立场鲜明的政治学说，因为它是从特定阶级立场出发，提出了对资本主义生产方式进行革命性批判的现实任务和历史使命。同时，它也体现为一个科学的理论体系，因为它区别于其他哲学特别是乌托邦思想之处就在于，它为人类的全面发展和解放，指明了现实的道路。当然，对于"如何理解马克思主义哲学这种政治性与学术性的统一"，学界众说纷纭。问题的关键在于，政治性与学术性之间既有联系，又有区别。一般来说，政治性总是针对着某一时期特定的、具体的社会现实，因而它既要具有原则性，更要具备时效性、策略性，等等；而任何学术研究都不可能为具体的现实问题提供现成的答案，关注社会现象背后的共性、深层次的矛盾，探求普遍性的规律，是对科学性的基本要求。因此，如果把学术看做是政治的附庸，亦步亦趋，就会使马克思主义哲学失去根基；如果令学术研究超然物外，就会使马克思主义哲学失去基本立场和方向。可见，政治性与学术性二者的统一，不是直接的同一或抽象的同一，而是辩证的统一，即二者之间立场、观点、方法等基本原则的相得益彰。在这个意义上，切实在政治上更好地吸纳最先进的科学研究成果，切实增强学术研究的政治敏感性，是马克思主义哲学中国化、时代化、大众化的关键所在。

　　在学术研究方面，总的来说，如何延续马克思主义传统，与时俱进，是马克思主义哲学研究的永恒主题。随着研究和认识的深化，马克思主义哲学中的某些问题和某些方面被突出强调，是可以理解的。但问题的关键在于，如何处理好这些问题与整个理论体系的关系。比如说，就整个理论体系而言，马克思主义哲学是有其本体论、认识论基础的（当然，这些基础与旧唯物主义和黑格尔唯心主义辩证法有本质区别）。但如果把这些基础"悬置"起来，就有可能造成辩证唯物主义与历史唯物主义"两张皮"现象，进而使整个体系失去其理性基础。

因此,在克服教条主义的基础上,如何把社会历史的辩证法与认识的辩证法统一起来,是马克思主义哲学研究无法回避的任务。同时,马克思主义哲学如果不能吸收人类文明的一切优秀成果,又如何引领时代的发展?因此,打通"中、西、马"依然是中国特色马克思主义哲学发展的关键所在。

当然,对于马克思主义哲学的总体发展而言,解释世界是为了更好地改造世界。只要资本主义生产方式存在,只要剥削和阶级压迫没有消除,那么,作为人性解放程度最高水平理论反映的马克思主义哲学,就会永远保持勃勃生机和活力。

代际定位

我对 60 年代出生的学人的基本定位是"承上启下"、"继往开来"。这是因为,无论是 60 年代还是 50 年代、70 年代出生的学人,我们面临的问题和任务都是共同的,即围绕着中国的社会转型和现代化建设进行哲学探索。应该看到,中国的社会转型和现代化建设,既包括从传统社会向现代文明的转型,又包括从计划经济向市场经济体制的改革,还包括社会主义制度的不断完善,等等。在全球化、信息化时代,国际国内多重矛盾紧密交织在一起,使得中国的改革呈现出前所未闻的复杂性。一些在现代文明发展进程中的历时性矛盾,在我们这个时代共时性存在了。因此,如何在哲学层面上认识和反思这样一个大变革的时代,是我们这些亲历者和见证人义不容辞的历史责任。

当然,由于历史跨度、人生阅历等的差异,更由于时代的迅猛发展,不同年代的学人之间会具有不同的理论视野、视角等。比如,对传统计划经济模式和社会主义建设经验教训的判断,对国情、民情的理解,缺乏"上山下乡"阅历的我们,肯定不如 50 年代出生的学人深刻,但一定比 70 年代出生的学人认识得更为成熟;又如,对一些后现代现象的理解,相对 50 年代出生的学人来说,我们常常表现出更大程度上的包容性,而在 70 年代出生的学人心目中,我们的思想仍然显得保守,等等。可能正因为如此,造就了我们相对"中庸"的价值取向。比如,对于严重制约现代文明发展的小农经济、封建主义等消极因素,60 年代出生的学人往往具有相对理性的立场,既不会全盘否定,更不会矫枉过正;又如,对于一些"愤青"式的民族主义立场,60 年代出生的学人也大都保持了必要的距离,等等。我们深知,无论是工业化还是市场化都不等于现代化,因此,如何使 70 多年前"五四运动"民主、科学的理想,成为中华民族走向伟大复兴的客观现实,依然是需要几代人为之不懈奋斗的"自然历史过程"。在这个意义上,60 年代出生的学人基本上能够把握住乌托邦与理想主义、媚俗与现实主义的界限,从而在坚定理想、信念的同时,比较理性和现实地看待历史与未来。

在某种程度上,中国的古语"人贵有自知之明"与西方"认识你自己"的哲学命题,有着异曲同工之妙。因此,如何通过对时代精神的理解来把握人类的命运、把握文明发展的历史走向,依然是 60 年代出生的学人要不断求索、不断践行的历史性任务。

学术、思想和时代

曾几何时,由于受封建专制和经学传统的影响,重学术轻思想,学术、思想与时代相脱离的迂腐学风严重制约了华夏文明的发展。而时至今日,在市场经济大潮的冲击下,在所谓"后现代思潮"的影响下,以创新的名义,随意制造的新思想观念层出不穷,学术日趋边缘化。这种从保守到浮躁的跨越式发展,从根本上说明了,学术、思想与时代相统一是时代健康发展的必然要求。现代文明区别于传统文明的一个重要方面就在于,人类开始以文化进化取代自然进化,并大幅度超越自然进化。其中,学术、思想与时代的统一,构成了现代文明传承与发展的根基。

学术与思想的统一首先必须适应时代需要,否则就会失去其应有的生命力。这是因为,"知识就是力量"在现代文明中发挥着主导作用。在这个意义上,无思想的学术不仅是乏味的,而且是没有灵魂的,因而不可能经世致用;同样,无学术的思想不仅是空洞的,经不起推敲和时间的考验,显然也展现不出"思想的力量"。当然,在学术研究日趋职业化、专业化和社会化的时代,学术研究不可避免地要受到技治主义与庸俗实用主义双重的消极影响。这反过来启示我们,在更高层次上整合学术与思想、象牙塔与社会的联系,是知识经济时代的新的要求。

其次,学术与思想的统一又必须担负起推动并引领时代发展的任务,否则,就会使文明的发展付出高昂的代价。以全球化、高科技为特征的知识经济发展,不仅体现出高度的社会建构性,而且呈现出高度的复杂性。这意味着,在知识生产居于主流的时代,"摸着石头过河"的经验积累的模式已一去不复返了。因此,学术、思想的创造与创新,直接构成了现时代文明竞争的"主旋律"。在这个意义上,深厚的学术、思想积淀与文化底蕴等"软实力",将发挥越来越大的作用。

对于个人的学术研究而言,在各门知识既高度分化又高度综合的时代,要避免成为"知识的投机商和买办",首先要加强自己的专业素养,增强明辨是非的能力;其次,要增强对各种现实问题,特别是时代矛盾和时代精神的体认,坚持脚踏实地;第三,要以现实为基础,积极总结历史经验,确立高远的视野;第四,面向未来,善于创新,勇于创新。

总之,合理地面对现实,批判性地超越现实,是学术、思想与时代发展最好的契合。

学术理想与目标

对于现代文明而言,追求"真、善、美"的辩证统一,即科学精神与人文精神的统一,是哲学研究的最高理想境界。毫无疑问,作为不同的认识方式,在现实层面上,"真、善、美"既相互区别又相互联系。然而,这绝不意味着它们是相互分离甚至截然对立的。无论从逻辑上还是从历史上看,"真、善、美"都是相互交融的。一方面,它们都有着共同的起源,起源于古希腊的文化传统。另一方面,现代文明确立了"民主与科学"基本理念,雄辩地说明了科学精神和人文精神,即"真、善、美"是统一的。不可否认,在现实语境下,存在着科学与人文"两种文化"的鸿沟。而马克思主义哲学作为科学情怀与人文理想相统一的哲学,对于填平这种鸿沟,有着重要的理论意义和实践意义。特别是在反思生态环境危机等全球性问题的过程中,科学精神离不开人文精神的文化支撑,同时,人文精神也只有通过与科学精神的结合才能发挥其应有的作用。因此,"真、善、美"的统一,既是理想的,又是现实的。它的实现可贯穿于一个个具体的目标之中。

1. 学术近期目标:以反思现代性为核心,探讨当代哲学如何完成"启蒙与超越现代性"的双重任务。在中国社会实现从传统向现代化的转型过程中,马克思主义哲学发挥了至关重要的作用。一方面,它以现代价值观念,指导我们启蒙思想,克服传统的束缚,建立社会主义现代化;另一方面,它内在地揭示现代性的矛盾、系统批判并超越现代性,明确了中国现代化的发展方向。由于中国现代化建设要实现跨越式发展,因此,在相当长的历史时期内,社会发展必然呈现出"前现代、现代、后现代等各种不同类型的矛盾,交织在一起"的复杂状况。在这个意义上,根据马克思主义哲学对中国现代化进程中社会基本矛盾的分析与认识,对全球化基本矛盾的分析与认识,将贯穿于中国特色现代化进程的始终。

2. 中期规划:深化社会科学的哲学研究,实现辩证唯物主义与历史唯物主义的统一。马克思主义哲学作为世界观和方法论的统一,其基本哲学立场是与对社会矛盾的认识与分析紧密结合在一起的。因此,它既超越传统认识论与社会历史观的局限,又超越了实在论与建构论、实证论与观念论的对立,确立了具有划时代意义的哲学发展范式。因此,如果我们要系统认识这种哲学发展范式在哲学史上的革命性意义,必须深化社会科学的哲学研究。

3. 未来的追求与使命:确立知识经济时代哲学原理。虽然中国的现代化建设目前主要处于第一次现代化,即器物层面的现代化阶段,但全球性知识经济的发展态势已昭示我们，未来的社会化大生产，将以知识的生产与创新为核心。这就要求马克思主义哲学的发展，必须关注知识经济时代社会生产方式的发展趋向，探求其中的规律性认识，从而真正做到与时俱进。

哲学创新之路

哲学以其"古老而常新"的命题既承载着历史与传统，又把不断创新看做是对每个时代哲学发展的根本要求，这是哲学保持其长久生命力的根本所在。尽管相对于处于社会前沿的具体科学，黑格尔曾十分感慨地把哲学比做黄昏才起飞的"密纳发的猫头鹰"，但无论如何，不应由此低估哲学创新的价值与意义。实际上，正是对黑格尔哲学体系的创新，才开启了现代文明和哲学发展新的时代。

一般地说，任何时代的哲学创新，同其他科学创新一样，都要经历"内在反思"与"外在超越"的基本路径。一方面，哲学创新源于哲学理论内在的逻辑矛盾。在这个意义上，哲学创新离不开经典和传统的作用，因此"回到古希腊"、"回到康德"或"回到马克思"去寻求哲学原点的意义，是"站在巨人的肩上"的基本形式之一。另一方面，哲学创新不仅不是唯经典、唯传统或唯形式的，而总是要从具体的社会历史矛盾与社会现实挑战出发，以超越经典和传统为目的的。在这个意义上，哲学既源于现实又要高于现实，实现理想与现实、传统与时代、共时与历时的辩证统一。也就是说，哲学创新区别于具体科学创新之处不在于是否具有现实基础，而在于对现实的高阶研究，即在于对现实矛盾的多层次与深层次的反思。因此，哲学创新既不是"为哲学而哲学"的"自我陶醉"，更不是"为创新而创新"的"理论作秀"，而是具有世界观和方法论意义的思想革命。

20世纪以来，哲学创新之路不仅体现为内涵式创新，还体现为方式、方法上的创新。一方面，政治哲学、历史哲学、技术哲学等各种分支哲学不断丰富和发展；另一方面，包括复杂性研究、语言符号研究等各种新兴的自然科学和社会科学方法,对哲学的发展也发挥着越来越大的作用。同时,全球化、信息化时代知识迅猛发展所带来的各种机遇与挑战,需要现代文明以更高的智慧来应对,这使得对哲学创新的要求也达到一个前所未有的水平。要解决这些复杂问题,未来哲学的创新,首先要加强与自然科学、人文社会科学的交叉,整合知识资源,确立复杂性的世界图景;其次,要实现科学精神与人文精神的融合、统一。现代西方哲学发展的经验教训表明,无论是片面的科学化,还是单一的人文化,都是与现代文明发展的基本方向背道而驰的。实际上,科学精神与人文精神作为人性中互补的两方面,并不是"各自追求唯我独尊的相互对立的世界观";它们只有相互支持,才能实现富有建设性的共同发展。因此,实现科学精神与人文精神,是现时代哲学创新的基本方向。

个人作品

1.《"语言的转向"的哲学反思》(《求是学刊》1995 年第 6 期)。

由于"语言的转向"的产生,在某种意义上,语言哲学研究构成了现代西方哲学的"哲学原理"。因此,如何看待"语言的转向"的哲学史意义,是我们理解现代西方哲学的前提和基础,也是我们哲学原理研究无法回避的重要问题。本文认为,"语言的转向"反映了哲学主题从传统向现代的转换,绝不是偶然的。它集中体现了哲学发展中的诸多矛盾,例如,传统哲学发展的内在矛盾,传统哲学主题与其不断发展的理论背景(心理学、逻辑学等)之间的矛盾,传统哲学主题与科学发展的矛盾,等等。一方面,"语言的转向"的确发动了一场哲学革命,开辟了一个富于价值的哲学研究领域,但另一方面,"语言的转向"把哲学囿于语言的领地,有可能导致新的形而上学——意义的形而上学。

2.《范式与哲学发展》(《学海》2001 年第 4 期)。

近年来,以范式为视角探讨哲学理论发展的基本趋势,是哲学社会科学研究的热门话题。问题的关键在于,范式能否并且如何能比较合理地描述哲学发展。本文通过对哲学范式基本特征所作的理论概括，以"哲学转向"为例，阐述了用范式来描述哲学发展的规律性认识。概括地说，哲学范式具有"元哲学性、具体现实性和辩证性"等基本特征。其中，辩证性主要体现在如下三个方面：自返性、系统性和超越性。概括地说，哲学范式的更替都具有如下特征：确定了各自的核心范畴、其初衷都是把哲学导向科学（尽管鲜有成功）、都把形而上学问题作为对旧有范式攻击的焦点，等等。因此，虽然哲学家们往往更倾向于承认范式更替所反映的哲学间断式发展是哲学的进步而不是哲学的革命，但哲学范式的更替体现了哲学发展永恒性与特定历史性的辩证统一。

3.《后现代语境下的科学与宗教的关系》（《学术研究》2006 年第 2 期）。

科学与宗教关系问题作为人类文化发展的主导性问题之一，其历史意义与时代发展是紧密联系在一起的。后现代主义思潮的兴起，揭示了二者交互作用的历史复杂性，突出了价值、信仰对于现代科技发展的作用和意义。特别是语境（context）分析和"视阈融合"等基本策略有助于深化对二者关系的理解，对于克服在该问题上的教条主义立场，以及"基要主义"或"唯科学主义"等极端立场，具有启发意义。但后现代主义者对于我们的启发应仅限于文化批判方面。因为他们所内在具有的反本质主义、反基础主义等立场，在根本上是反科学的。他们把"学术论争转化为政治斗争"的做法，不仅无助于问题的解决，而且无疑会带来诸多的混乱。

4.《现代性与后现代性》（《光明日报》2007 年 7 月 10 日学术版）。

后现代主义思潮的兴起，可以说为观照现代性提供了一面新的镜子，既折射出现代性与传统的矛盾，又折射出现代性自身矛盾的方方面面。二者之间的矛盾既彰显出社会进步与个性发展的张力，又呼唤科学与人文"两种文化"的协调发展。不过，后现代性从其反历史主义立场出发对现代性的局限单纯进行反向放大，显然具有"矫枉过正"之嫌；同时，某些极端的后现代主义者采取的"反智识主义、反文化"的立场所导致的形式主义泛滥或玩世不恭的价值观念，其消极意义无疑是十分明显的。总之，现代性和后现代性的矛盾的存在与发展绝不是偶然的。它们既是现代文明发展到一定历史阶段现实社会矛盾的具体反映，又在某种程度上体现了对现代文明发展历史进程的批判性反思。

5.《超越现代性何以可能——建设性后现代主义的理论反思》（《学习与探索》2008 年第 1 期）。

当现代文明逐渐发展成为一种新的传统时，其自身的发展也同样要面对新的矛盾，即对现代性的反思与理想的冲突。由于"自由、平等、博爱"以及社会繁荣、文明进步等"现代性的承诺"的无法兑现乃至各种"异化"现象的不断出现，不仅说明现代性发展的普遍模式本身出了问题，而且意味着作为现代性根基和标志的"现代合理性"遭遇到了根本危机。所谓建设性的后现代性，就是试图在批判和反思现代性的同时，重建超越现代性的价值观，但问题在于，它是以"无根基"的后现代性完全取代现代性，这种釜底抽薪的方式，不仅无法消除后现代性内在的"悖谬推理"，而且终结了传统，在某种意义上也将终结其自身。也就是说，现代性的问题只有在现代化的过程中才能加以解决。只有正视现代性的矛盾及其代价，深刻领会人与自然、人与社会、人与人关系的社会现实基础和历史复杂性，才有可能真正超越现代性，为文明发展指出新的方向。

推荐书目

以下这 10 部哲学著作，不仅塑造了历史，而且改变了人们的世界观。

1. 柏拉图的《理想国》堪称是一部奠定了西方哲学传统和文化传统的经典著作。其理论体系可以说是一个关于人的综合学说，西方哲学和政治学、心理学、教育学等各门社会科学，几乎都可以在《理想国》中找到一些最初的经典表达。总之，《理想国》为我们全面理解柏拉图这位古希腊最著名的哲学家的思想"提供了一个可靠的指南"。

2. 亚里士多德的《形而上学》是一部古希腊哲学集大成之作。书中全面总结了古希腊哲学的历史,论述了最普遍和最基本的哲学原理,从而奠定了西方知识论哲学的传统。

3. 笛卡尔的《第一哲学沉思录》作为近代哲学的开山之作,奠定了近代哲学的"认识论转向",确立了近代哲学的理性主义传统。

4. 休谟的《人性论》作为建立像牛顿物理学体系一样的关于"人的科学"的理论尝试,奠定了关于市场经济的近代世俗人性观念的理论基础。其所体现的怀疑论的立场,对近现代西方哲学的发展,产生了广泛的影响。

5. 康德的《纯粹理性批判》作为近代唯理论哲学和经验论哲学集大成之作,在西方哲学史上引发了著名的"哥白尼式的革命",开启了德国古典哲学的传统,并对现代西方哲学的发展产生了极为深远的影响。

6. 黑格尔的《精神现象学》是这位德国古典哲学集大成者最具独创性的著作之一。马克思曾说"精神现象学是黑格尔哲学的真正起源和秘密"。也就是说,《精神现象学》既是黑格尔整个哲学体系的导言,又是理解黑格尔哲学奥秘的关键所在。

7. 马克思的《1844 年经济学哲学手稿》作为探索科学世界观的重要转折,在马克思主义发展史上,具有里程碑的重要意义。通过对资产阶级政治经济学的研究和对市民社会的初步剖析,马克思形成了著名的"异化劳动"理论,这意味着马克思思想的发展实现了从哲学和政治批判向经济研究的关键性转变,从而为科学世界观的真正确立迈出了重要的一步。这部著作对于我们全面深入地把握"西方马克思主义"的思想也具有特别重要的意义。

8. 马克思的《资本论》是马克思主义最主要的哲学、政治经济学、历史学著作,是马克思主义发展史上的重要里程碑。《资本论》不仅揭示了资本主义生产方式的根本秘密,确立了唯物史观的科学体系,而且建立了科学的世界观和方法论,实现了辩证法、逻辑学与唯物主义认识论的高度统一。

9. 被称为"哲学家的哲学家"的维特根斯坦的《哲学研究》,作为语言哲学的代表作,不仅开创了分析哲学日常语言学派,而且直接推动了 20 世纪后半叶人文主义思潮的发展,其"语言游戏说"等对各种后现代思潮产生了十分重要的影响。

10.海德格尔的《存在与时间》被看做是 20 世纪最重要的哲学著作之一。该书既继承了胡塞尔的现象学传统,又启发了存在主义和后现代主义。在反思西方形而上学传统基础上,确立了现代西方哲学的人本主义原则。

题外话

一般地说,西方哲学以"爱智慧"著称于世,而东方哲人则偏爱对人生境界的体悟。两种哲学传统的殊途同归,就在于超越狭隘的知识寻求与积累。在现代文明条件下,虽然不再需要哲学挺立潮头或独领风骚,但"从总体上整合人类的经验,以悲天悯人的情怀,去创造超越性的未来",仍然是哲学区别于其他具体科学的根本意义所在。

罗蒂从其后现代主义立场出发,曾把后神学时代文明的发展概括为哲学的时代,抛开其怀疑论的态度不说,这也从一个侧面说明了哲学对于现代文明发展的独特贡献。人们不应忘记,正是培根—笛卡尔开创的现代哲学传统,破除了中世纪的蒙昧,形成了人类历史上前所未有的思想大解放。对于中国的现代化进程而言,也正是"五四运动"以来马克思主义在中国的传播和发展,确立了中国由传统走向现代化的根本方向,进而取得了中国特色社会主义现代化建设的历史性成就。在这个意义上,马克思主义所发挥的启蒙作用、思想解放作用和指导作用,是有目共睹的。但由于中国具有几千年的封建主义传统,因此,如何在弘扬传统文化精华的同时,克服各种封建糟粕,依然是我们无法回避的现实。特别是经典马克思主义哲学,长于对现代资本主义的批判,如何根据这一特点克服来自传统、现代性和后现代思潮的多重矛盾,完成"启蒙与超越现代性"的双重任务,是马克思主义哲学中国化的根本任务所在。

现代文明的发展从来就不是一帆风顺的,不仅充满历史复杂性,而且需要不断进行自我更新和自我完善。无论是面对世风日下、道德沦丧所引发的社会危机，还是反思环境污染、资源耗竭所造成的生态灾难等，人类既不可以幻想一劳永逸地得到普遍的解决方案，也不应采取自暴自弃、消极回避或放任自流的态度。只有通过解决问题而不是通过消除问题的方式，才可能真正克服人类发展面临的各种困难。在这个意义上，中国化马克思主义哲学的发展，应当抓住全球化时代赋予的发展动力和机遇，积极应对来自各种形式的不负责任的怀疑论、教条主义的独断论、"急功近利"的庸俗实用主义等思潮的多重挑战，通过建立人与自然、人与社会、人与人的新型关系，把文明的发展推向新的高度。

　　总之，无论是思想、理论创新，还是制度、文化创新，最终都要以体现人的自由和解放为目的。我们有理由相信，中国化马克思主义哲学，应当成为人性解放程度最高水平的理论反映。它的进一步发展，也必将为现代文明的进步，带来新的希望。

韩立新

韩立新

1966年3月20日（阴历）出生于内蒙古赤峰市巴林左旗林东镇。此处也可堪称历史名城，是辽代上京紫禁城的所在地。小学至中学是在林东度过的。1983年考上了中国人民大学哲学系，从此迁居北京。1987年获哲学学士学位，并于当年8月留在了中国人民大学哲学系资料室工作。资料室条件非常好，不仅可以占有大量的文献资料，写一些学术综述，还可以安心学习，我的日语就是在资料室工作的最后两年学习的。后经日本友人介绍，1992年10月赴一桥大学社会学研究科留学，学习哲学。自己的导师岛崎隆教授和岩佐茂教授都是马克思主义者，他们主要教授黑格尔和马克思的哲学，我在他们的Seminar（研讨班）上阅读了黑格尔的《精神现象学》、《逻辑学》、《法哲学原理》以及马克思的《1844年经济学哲学手稿》和《资本论》。2000年3月终于获得了一桥大学的社会学博士学位。后在日本的一家研究所里又工作了两年，因不甘就此沉沦下去，2002年夏天毅然回国。2003年3月开始在清华大学人文社科学院哲学系工作，从讲师干起，2009年晋升为教授。先后从事过环境哲学和环境伦理学以及循环经济、循环型社会建设等研究，现主要从事马克思主义哲学（《马克思恩格斯全集》历史考证版研究、马克思主义经典著作研究、日本马克思主义）研究。

学术之路

说起来惭愧，我选择哲学纯属偶然，或者说是被动选择的结果。因为高中数学成绩相对出色，但在报考大学时，我所在中学的校长说应该学哲学，于是乎就稀里糊涂地考进了中国人民大学哲学系。刚上大学时,因自己根本不懂什么是哲学,谈不上对哲学有什么兴趣。只是到后来,由于学业所迫,只能去"感兴趣"。那时,给我们上课的有很多是人大的名师,方立天和张立文老师都给我们上过课,但不知为什么,我对中哲怎么也提不起兴趣,倒是在偷听苗力田老师的研究生课"康德的道德形而上学"时,逐渐对西哲,尤其是康德和休谟产生了兴趣,结果毕业论文做的是"休谟的归纳问题"。

毕业后留在了人大哲学系资料室工作,主要是编辑一些资料卡片,写一些综述。马哲是人大哲学系的重点学科,自然少不了要做一些这方面的资料工作。我写的第一篇正式论文发表在《教学与研究》(1990年)上,是关于当时实践唯物主义的讨论综述。没想到正是这篇论文被一位日本学者看到,他找到了我,提出希望我去日本留学,理由是实践唯物主义有两个国家做得比较好,一个是东德,一个是日本,到日本学习马克思大有作为。当时因为自己的外语是英语,本想去英语国家留学,但既然有了这样的机会,况且日本又给了自己最高的奖学金(文部省奖学金),于是就稀里糊涂地去了日本一桥大学。

到日本后,出于生计的考虑,我本来想放弃学习哲学。但是,由于自己的导师都是研究黑格尔和马克思的,况且自己是以研究马克思的名义留的学,改学其他专业在导师和朋友那里说不过去,出于这一道义责任就只好硬着头皮读马克思和黑格尔了。中间因遇到困难也曾想过放弃学业,但由于不读书就拿不到奖学金,生活无以为继,就只能学下去。到后来,当遇到那些在日本工作的留学先辈,告诉他们我在学马克思的时候,看到他们惊讶得睁大的眼睛、合不拢的嘴唇,我总是自讽道:"我也许就是这个命。"与我同时留学的同学们很多都改了行,据我所知,以做马克思而拿日本的博士学位的人还真是寥寥无几,至少我现在还没有遇到过。

到写博士论文时,我看到那些纯粹做黑格尔和马克思研究的日本人找工作的艰辛,就选择了一个当时在日本比较容易找工作的题目:《马克思与生态学》,并学习了一些环境伦理学方面的知识,准备靠应用伦理学在日本的大学里就职。2000年自己获得了一桥大学的社会学博士学位,在那以后,国内的朋友推荐我回国去国家教委工作,还有人介绍我到东芝公司就职,我都婉言拒绝了。理由很简单,除了觉得自己如此艰辛地读完学位再干别的不值以外，还有当时悟出了一个道理，即权力再大，是给别人用的，用得不好会滋生腐败，钱赚得再多，是给别人花的，花得不好会带来埋怨，但唯独学问是自己的，且越多越好，别人想拿也拿不走。就是出于这样一个自私的理由，我最终选择了做学问。

2003年初，我回到了清华大学。当时的学术兴趣主要是在环境伦理学和生态马克思主义领域，用现在时髦的话说，就是用马克思主义理论作了一些"应用研究"、"实践研究"。但是，一段时间过后，我很快发现这些课题无法成为自己一生的学问。正当自己备感苦恼，寻找出路时，2005年汉译广松版《德意志意识形态》出版了，这本书我在留学时读过，且印象深刻。于是，我就找到了北京大学的仰海峰，请他跟张一兵教授联系，让他允许我参加在南京大学召开的第二届广松哲学国际研讨会。这是我第一次以马克思研究者的身份参加国内马哲界的学术会议，记得张教授当时好像没有听说过我，还曾把我的名字错读成了郝立新——如今的人大哲学院院长的名字。

在马哲领域，我完全是一个"新兵"，在这个意义上，相对于同龄人而言，我觉得很惭愧，甚至没有资格去回答这个问卷。但是，尽管自己步入马哲领域是被迫"选择"的结果，但我绝没有后悔过，甚至庆幸自己选择得正确。2009年11月，我又到南京大学参加有关广松哲学的国际研讨会，席间张一兵教授还问我，是不是因2005年参加了那次研讨会才开始搞马克思的，我说是，多亏了那次召开的广松哲学国际研讨会，使自己进入了马哲这一神圣的殿堂。我说这话绝不是谦辞。

治学方法

这也是一个令自己感到惭愧的问题，因为我的确从未思考过这一问题，用咱们的行话说，就是没有过"方法论自觉"。但是，回想一下这些年的学习过程，自己又并非没有所谓的"方法"，只不过在自己的研究中已经潜移默化为一种"习惯",这就是读书、讨论、发现问题和解决问题。

这种"习惯"来源于自己的留学经历。按照一桥大学 Seminar 的要求,每个星期不是作经典著作轮读的读书报告,就是对自己的研究心得进行发表,在长达 10 年的留学期间,我与自己的师友们不断重复着这些工作。马克思的学说是西学,对于东方人而言,治马克思之学恐怕不能只来源于生活感悟,而必须要面对马克思的文本本身,而理解文本对于东方人而言也是最为困难的事情。要做到这一点,除了费力去学外语以外,认真读书和与他人一起研读、讨论可能是最为有效的手段,而且也是保证自己不断吸取营养、维持学术生命力的唯一手段。正是因为如此,在回国之后的一段时间里,我曾备感寂寞,找不到能在一起搞 Seminar 的人。后来,就利用自己做教师之便,在清华组织读书会,拉学生陪自己读书、讨论。有趣的是,因为读书会常被安排在自己的业余时间,学生们总会以为老师是在作自我牺牲,殊不知我其实是最大的受益者,满足了自己的心理"习惯"。

对马克思主义哲学的一般理解

马克思主义哲学不同于以往的形而上学和逻辑学,它本质上是一种社会历史哲学,而且又能顺应时代。我个人非常喜欢它的这一特点。至于它应该叫什么,我觉得无所谓,只要它的核心内容是我所理解的马克思哲学就行了。

代际定位

和我们的上一代学人相比,我们的学习环境要好得多,受过系统的哲学训练,且生活环境优越,更能专心于学术。另外,整体的外语能力也可能是我们的一个优势。

　　西学经典是需要解读的。以日本为例，他们对几乎所有的西学经典都有系统的解读著作，譬如对黑格尔的《逻辑学》，比较有名的就有武市健人以及见田石介的解读系列；对马克思、恩格斯的基本文献，他们也出版了类似于《解读马克思》这样的系列丛书。这些著作不仅对后学登堂入室起到了极为关键的导引作用（我个人就得益于这些解读性著作），而且还会通过这样的著作，为本国的马克思主义研究奠定学理基础，增加整个学界的研究积累。他们最近能从西方人那里拿到新 MEGA（《马克思恩格斯全集》历史考证版）的编辑权，跟他们从 20 世纪 60 年代以来的学术积累是密切相关的。

　　在这个意义上，我们这代人的首要使命是完成对马克思、恩格斯基本文献的解读工作，尽管这可能要坐冷板凳，甚至可能会得罪学术前辈，但从长远来看，这是我国马哲界的当务之急。我们可以通过这一工作，让我们后学，譬如七八十年代的学人进入得更容易一些，使他们在我们的积累的基础上更有时间去创造。如果我们能做到这一点，至少他们可能会感谢我们的。

学术、思想和时代

　　没有思考过这类问题，或者没有时间去思考这类问题。我总觉得这类题目不是吾辈现在所能谈的，我们还是将这一题目交给那些公共知识分子或者让那些"学术大师"去告诫后人吧。

学术理想与目标

　　目前我主要做以下三个方面的工作：

　　1. 完成好新 MEGA 第 I 部门第 5 卷《德意志意识形态》CD—

ROM 版的编辑工作,通过这一工作,掌握一些马克思主义文献学的基本知识,获取一些有关马克思、恩格斯原始手稿的影印件和研究资料,将它们介绍到中国来。同时寻找 MEGA 在中国编辑的可能性。

2. 在对马克思主义经典文本的解读和理论研究上,"日本马克思主义"的成果是值得我们借鉴的。目前,我正在与国内同人一道将"日本马克思主义"的成果翻译介绍到中国来。这一工作已经初见成效,我翻译的望月清司的《马克思历史理论的研究》一书正逐渐改变着我国马哲学界的一些状况。

3. 对马克思和恩格斯的经典著作进行文本解读。这其实是自己一生想干的事情。目前研究主要集中在马克思的《巴黎手稿》上,正在撰写《马克思的转折点——马克思巴黎手稿研究》一书。我的长远目标,就是在力所能及的范围内对马克思的著作或手稿一本一本地解读下去,形成一个类似于日本那样的《解读马克思》系列。

当然,上述目标不是一个人所能完成的,还依赖学界同人的支持和理解。我本人特别希望能够招到好的学生,一起完成上述工作。

哲学创新之路

今天是我国马克思主义学界从未有过的大好时机,国家支持,学术自由,更主要的是历史给了中国马克思主义学界一个发展契机。因为,当代中国是东方社会与市民社会、社会主义与资本主义的各种矛盾的聚焦点,在这个意义上,我以为,解决中国的问题就是解决世界的问题,解决中国的问题就是解决马克思遗留下来的问题。我们无须在乎别人对马哲的评价,我觉得我们的前景最为光明。能否有所创新,关键看我们每个人是否都能做好自己的工作,百家争鸣,众志成城,自然地形成一个群体优势。

创新之路不是事先设想出来的,而是自然而然地形成的。就像拿诺贝尔奖,不是计划就一定能拿到的。这取决于整个学科的研究积累。

关于具体设想，我没有。不过倒有个想法，即中国作为一个东方国家如何建立"社会主义的市民社会"。此问题颇为有趣，值得同道深究。

推荐书目

马克思的《巴黎手稿》、《德意志意识形态》（与恩格斯合著）、《政治经济学批判大纲》、《资本论》，黑格尔的《精神现象学》和《法哲学原理》，卢卡奇的《青年黑格尔》，望月清司的《马克思历史理论的研究》，日本学者的《解读马克思》系列，张一兵的《回到马克思》。

题外话

一个学科在本国内以及在国际上是否达到很高的水平，是否能得到其他学科和国外同行的认可，从根本上还取决于你对大家共同的研究对象即该经典著作的研究和解读水平。至于能否在此基础上创造出自己的哲学，那就只有看每个具体个体的造化了。后者属于偶然性，而前者则属必然性。这是自己在跟国外同行交流时的一个切身的感受。

鲁克俭

鲁克俭

汉族,1968 年生,河南平顶山人。2000 年在中国人民大学马克思主义学院获博士学位。2000 年 7 月至 2011 年 1 月在中央编译局当代马克思主义研究所工作,其中 2004—2005 学年在英国布里斯托大学作访问研究。现为北京师范大学哲学与社会学学院教授,主要研究领域是马克思学。

治学方法

1988 年,我考取吉林大学马列部马克思主义原理专业研究生班。入学后读了很多现代西方哲学方面的书。当时中国最流行的是弗洛伊德,后现代主义思潮刚登陆中国,尼采、叔本华、海德格尔、萨特以及维特根斯坦、波普也还在流行。读了他们的书之后,就觉得自己占据了思想制高点,加上有三年的工作阅历,觉得自己特有思想,但又觉得缺少思想支点。有一次孙正聿老师给我们马列部的研究生谈治学经验,他说青年人的优点是常有思想火花,但如果只有火花而缺燃料,仍不能燃成大火。我听后深受触动。此后我开始注重研究资料的积累,并逐渐形成了注重实证的治学方法。

所谓"注重实证",首先是要密切关注国际学界的最新研究成果,其次是拿材料说话。两者都是力气活,仅靠灵性和悟性是不够的。我现在写论文强调"两新",一是"观点新",二是"材料新"。其中"材料新"对年轻学者来说更为重要,因为真正重大的新发现都有赖于新材料的使用。其实许多新材料并不需要我们搞哲学的人亲自去发掘,已经有专业人士在做这样的工作,但我们要善于将这些新材料运用到我们的研究中。马克思研究经济学是这样,韦伯写《儒教与道教》也是这样。就连黑格尔的思辨哲学,也是建立在实证材料的基础之上,这尤其表现在青年黑格尔时期,甚至《精神现象学》文本仍然保留了这样的痕迹。具体到马克思主义哲学史研究来说,已有众多极其勤奋、极其聪慧的前辈学者在已有材料基础上耕耘了几十年,青年学者如果想在此基础上有所推进,就必须善于利用 MEGA2 新资料和国际马克思文献学研究的新成果,否则一切都是空谈。

对马克思主义哲学的一般理解

当我们说"马克思主义哲学"时,首先就要问一下是否存在"马克思的哲学"。马克思自己是主张"取消哲学"而走向实证研究的,正像他在贬义上使用"意识形态"一词一样。恩格斯在《路德维希·费尔巴哈与德国古典哲学的终结》中为哲学留下了很小的地盘即逻辑和辩证法。第一国际的主要理论家如考茨基、伯恩斯坦都认为马克思没有哲学,不过普列汉诺夫是个例外,他非常强调马克思主义的哲学基础。普列汉诺夫的观点直接影响到列宁,因此在俄国马克思主义者那里,"马克思哲学"(实际上是马克思主义哲学)的存在根本就不是问题。西方马克思主义创始人卢卡奇和柯尔施都针对第二国际理论家将马克思思想实证化而强调马克思思想的哲学方面,因此在西方马克思主义者那里,"马克思哲学"的存在也不是问题。

但问题是,恩格斯在同一部著作中既说"全部哲学,特别是近代哲学的重大的基本问题,是思维和存在的关系问题",又说"对于已经从自然界和历史中被驱逐出去的哲学来说,要是还留下什么的话,那就只留下一个纯粹思想的领域:关于思维过程本身的规律的学说,即逻辑和辩证法",这是自相矛盾吗?答案应该是否定的。实际上,恩格斯在说"全部哲学,特别是近代哲学的重大的基本问题,是思维和存在的关系问题"这句话之前,刚说过"以往那种意义上的全部哲学"、"1848 年的革命毫不客气地把全部哲学都撇在一旁"这样的话。显然,恩格斯这里所说的"全部哲学"应该是指"以往的全部哲学",而非

"未来的哲学"。恩格斯在《反杜林论》中也有这样的说法："在以往的全部哲学中仍然独立存在的,就只有关于思维及其规律的学说——形式逻辑和辩证法。其他一切都归到关于自然和历史的实证科学中去了。"恩格斯之所以这样说,与他对哲学的理解(或称元哲学定义)有关。在恩格斯看来,"从事实中发现联系"就属于实证科学,而"从头脑中想出联系"就是哲学。于是哲学就只剩下"逻辑和辩证法"。

　　恩格斯明确区分"哲学"与"世界观",他说现代唯物主义"已经根本不再是哲学,而只是世界观"。把"哲学"与"世界观"画等号,应该是始于普列汉诺夫,因为普列汉诺夫明确指出辩证唯物主义就是马克思主义的哲学基础,而他的《唯物主义论丛》就是从辩证唯物主义出发,最后落脚于唯物史观。在把哲学与世界观画等号这一问题上,列宁与普列汉诺夫是一脉相承的,列宁明确把辩证唯物主义和历史唯物主义看做是马克思主义哲学不可分割的"一整块钢"。与马克思和恩格斯将哲学与实证科学对立起来的做法不同,列宁曾经有唯物史观在马克思早期是"科学假说",而到《资本论》中已成为被证实的科学的说法。列宁还有"唯物主义历史观是社会科学的同义词"的说法。显然,在列宁那里,辩证唯物主义和历史唯物主义既是哲学,又是科学,哲学与科学是统一的。苏联马克思主义哲学教科书体系就是在"哲学=世界观"和"哲学与科学具有统一性"这两个预设性前提基础之上对马克思、恩格斯和列宁文本的重新解读和体系构建,而其源头在普列汉诺夫和列宁,恩格斯不应对苏联马克思主义哲学教科书体系负责任。

　　因此,在对"哲学"的理解上,恩格斯与马克思基本是一致的,而与普列汉诺夫和列宁有很大差异。具体来说,在马克思与恩格斯那里,一方面,哲学不等于世界观,因为恩格斯明确把"历史观"与"自然观"排除在哲学之外;另一方面,马克思与恩格斯很明显有抬高实证科学而贬低哲学的倾向,马克思甚至有"须要'把哲学搁在一旁',须要跳出哲学的圈子并作为一个普通的人去研究现实"、"哲学和对现实世界的研究这两者的关系就像手淫和性爱的关系一样"这样极端的说法,这恰恰是19世纪实证科学高歌猛奏、实证主义思潮流行这一时代背景在他们身上的投影。正是在这个意义上说,马克思与恩格斯都是现代主义的产儿。马克思与恩格斯批判了资本主义即现代性的负面影响,但没有否定现代性本身。共产主义体现了更高级、更完善的现代性。

如此看来,肇始于普列汉诺夫和列宁的苏联马克思主义哲学教科书体系就只是对马克思哲学思想的一种解读。尽管这种解读具有其历史合理性和解释学上的合法性,但它毕竟只是各种合法的解读可能性中的一种,而且并非最切近马克思、恩格斯思想的解读可能性。就我个人的学术观点而言,我以为应该以目前国际学术共同体对哲学的一般理解来重新解读马克思的哲学思想。在 20 世纪的西方哲学潮流中,尽管"拒斥形而上学"曾经甚嚣尘上,但奎因的"本体论承诺"以及西方科学哲学的发展历史已经表明,实证科学并不能完全避免"形而上学"。如果按照波普"可证伪性"这一被学术共同体普遍接受的划界原则,唯物史观以及《资本论》仍然具有"形而上学性",尽管马克思本人把它们看做实证科学。

总之,马克思哲学的解读和构建应该是开放的,是会随着"哲学观"的不同而变换的。巴里巴尔可以写出《马克思的哲学》(1993 年),罗克莫尔可以写出《马克思主义之后的马克思:卡尔·马克思的哲学》(2002 年),中国学者完全可以按照我们对哲学的理解写出另一个版本的《马克思的哲学》。

代际定位

与 50 年代出生的学人相比,60 年代出生的学人大都受到了比较完整的中学、大学和研究生教育,受"文革"影响相对较小。这既是优势,也是劣势。优势在于知识结构相对更为系统、合理,劣势在于相对缺少人生历练和生活阅历。因此,与 50 年代出生的哲学学人相比,60 年代出生的哲学学人的优势不在"思想",而在"实证"。前辈学人赶上了"思想解放",而我们恰逢"思想淡出、学术凸显",因此两代人各有用武之地。夯实学术根基,注重学术规范,与国际学术接轨,是中

国未来得以产生具有国际影响力的思想家、哲学家的前提，我们 60
年代生人应该自觉地担负起承前启后的历史使命。

学术、思想和时代

如果从事哲学史（马克思主义哲学史、西方哲学史、中国哲学史）
研究，那么学术就是第一位的；如果从事纯哲学研究，那么思想就是
第一位的。具体到每个学者来说，不同的时期会有不同的研究取向。
比如青年时期可能更适于作学术性的实证研究，而中年以后可能更
适合作思辨性的纯哲学研究。因此，完全没有必要把学术与思想对立
起来，特别是对搞哲学的人来说，抽象地谈学术与思想的关系是没有
意义的，因为与实证科学不同，哲学研究最终是导向"思想"，学术性
只是其必要的手段和必经的阶段。不过对青年学者来说，确实面临一
个选择：是先当专家再当思想家，还是先当思想家再当专家？

从西方哲学史来看，著名哲学家中有不先作实证研究而径直建
立自己的哲学体系的，如休谟就是先以哲学家出名（《人性论》），然后
又成为著名的历史学家和经济学家，但更多的哲学家是先作实证研
究，然后再建立自己的哲学体系。对我们这代青年学者来说，先"形而
下"，而后"形而上"，可能是更可行的哲学家成长之路。我主张"跳出
哲学搞哲学"，也就是在实证研究中得出具有哲学意蕴的洞见。韦伯、
哈贝马斯、福柯都不自称为哲学家，但搞哲学的人却喜欢把他们拉入
自己的阵营。马克思把自己的《资本论》看做是实证研究，但后人却不
断从中读出哲学洞见。

哲学研究也离不开"从具体到抽象"的研究过程，这是哲学研究
中的实证（或学术）方面。实证并非像"抽象的经验论者所认为的那
样，是一些僵死的事实的汇集"，它最终要上升为"抽象"，也就是上升
到具有哲学意蕴的洞见（即不具有可证伪性的"形而上"）。获得"抽
象"之后，哲学可以有不同的叙述方式：既可以像韦伯、哈贝马斯、福
柯的著作那样将研究方法和叙述方法直接等同，也可以像黑格尔的

著作那样在抽象的领域作纯思辨的概念推演,还可以像马克思的《资本论》那样"从抽象下降(上升)到具体",于是"抽象"就显得像先验的结构。无论哲学采用何种叙述方式,"从具体到抽象"的研究过程都是不可少的。

就与时代精神的关系来说,文学/艺术的触角是最敏感的,它最先触摸到时代脉搏的跳动;哲学次之,它试图以概念的形式来把握时代精神,但其敏感程度不如文学/艺术,其概念的严密程度(可检验性)不及实证科学;实证科学在文学、艺术和哲学已经廓清的地基之上进行符合实证科学规范的研究,它最扎实可靠,但它往往只能在时代精神已然完全呈现之后施展拳脚。文学/艺术与哲学都必然是多元的,因为它们不具有可证伪性。哲学研究会受文学/艺术的启发,但哲学不等于"诗",它是"思",需要从已有的实证材料基础之上"抽象"出来哲学的洞见,即必须从"具体"出发而后上升到"抽象"的高度。在与时代精神的关系上,哲学既不高于文学、艺术,也不高于实证科学,三者各有特点,具有互补性。

学术理想与目标

先从马克思学做起,通过对马克思思想的实证研究,逐步得出自己具有哲学意味的结论。近期的研究重点有两个:一是探讨青年马克思的思想来源,力图将马克思的思想发展置于当时的历史语境之中;二是探讨马克思思想发展的内在逻辑,力图跳出苏联哲学教科书的独断论。

哲学创新之路

中国的现代化必然要经历经济现代化、政治现代化和文化创新。

中国的经济现代化已为期不远，政治现代化也可期待，但文化创新却还渺茫。同样作为东亚国家，日本、韩国虽然经历了各种曲折，但最终都先后成功地实现了经济现代化和政治现代化，但文化创新却毫无进展。这就说明，文化创新并不必然随着经济现代化和政治现代化而自动到来，文化创新比经济现代化和政治现代化来得更加困难。

所谓"文化创新"，指的是在本土传统文化基础上创造出与现代社会相适应的新的文化形态，其中哲学创新是其核心内容。文艺复兴之后，随着民族国家的兴起，英国、法国、德国等国在古希腊哲学和中世纪基督教哲学（理性主义是其共同点）基础之上先后形成自己的原创哲学，英国形成了经验主义传统，法国形成了唯理主义传统，而德国则形成了唯心主义传统。英国、法国、德国新哲学传统的形成，有力地推动了近代科学的发展，并塑造了现代世俗社会的形象。由于有基督教的传统，欧洲近代哲学可以暂时回避人生意义这一哲学中最重大的问题，而侧重于科学哲学和政治哲学的构建。当然，随着"上帝死了"，当代西方哲学重新面临对人生意义的追问，但这已是 20 世纪的事情。

英国、法国、德国是在经济和政治现代化之前实现了哲学创新，而哲学创新又推动和引领了经济和政治现代化的发展方向。美国在实现了经济和政治现代化之后也在 20 世纪实现了哲学创新。但日本、韩国却始终没有产生基于自身文化传统的原创哲学，大概与它们自身传统文化底蕴不够（更多是受中国传统文化的影响）有关。因此，东亚文化创新的历史使命早晚会落到中国（特别是实现经济和政治现代化之后的中国）身上。

在我看来，真正影响中国传统社会中普通民众行为举止和人生态度的既不是儒家，也不是道家或法家，而是基于"实用理性"的思想大杂烩（如《增广贤文》所体现的）。特别是儒家，它真正影响的是"士"阶层，而非普通民众。把儒家与国学，与中国传统文化画等号，是对中国传统文化的极大误解。对中国的哲学创新，我有一个基本判断：与近代西方哲学走过的道路不同，中国未来本土哲学（或曰原创哲学）的突破口将是与普通民众安身立命密切相关的人生意义问题，而非科学哲学或政治哲学问题。特别是政治哲学，它应该由政治学者来关注,由政治家来实践。人生意义真正属于"形而上"的问题,是已完成经济现代化和政治现代化之后的世俗社会所面临的最重大问题。实际上,人生意义一直是中国哲学传统的核心问题,新儒家也正是试图做这种工作,但却局限于儒家思想,因而影响范围很难及于普通民众。如果我们的视野更开阔一些,能够创造出"后中国转型期"的新《增广贤文》,那么它就可能成为中国的文化创新,并有可能再次传播到日本、韩国等东亚国家。

个人作品

1.《国外马克思学研究的热点问题》,中央编译出版社 2006 年版。该书基于第一手资料对国外马克思学研究的热点问题进行了全面梳理和评析,为中国马克思文本研究提供了新的平台。

2.《关于〈德意志意识形态〉"费尔巴哈"章的排序问题》,载《哲学动态》2006 年第 2 期。该文明确提出马克思试图彻底重写第一章,因此对第一章的任何排序都是没有意义的。特雷尔·卡弗即将在 *History of Political Thought* 发表的论文题目就是"The German Ideology Never Took Place"。

3.《"古典古代"等于"奴隶社会"吗? —— 重新解读马克思的"古代生产方式"》,载《哲学动态》2007 年第 4 期。该文明确提出马克思从来没有使用过奴隶社会概念,"奴隶社会"是后人对马克思"古典古代"的附会。

4.《重新审视"发展命题"》,载《哲学研究》2008 年第 9 期。该文明确提出中国历史唯物主义研究的突破口在于重新审视"发展命题"。

5.《〈关于费尔巴哈的提纲〉的写作原因及其重新评价》,载《马克思主义与现实》2008 年第 5 期;《〈关于费尔巴哈的提纲〉与历史目的论》,载《河北学刊》2009 年第 6 期。这是我对马克思《关于费尔巴哈的提纲》新解读的上、下篇。上篇明确提出马克思写作《关于费尔巴哈的提纲》是直接受赫斯的影响，下篇明确提出《关于费尔巴哈的提纲》仍然处于马克思早期思想发展的历史目的论阶段。

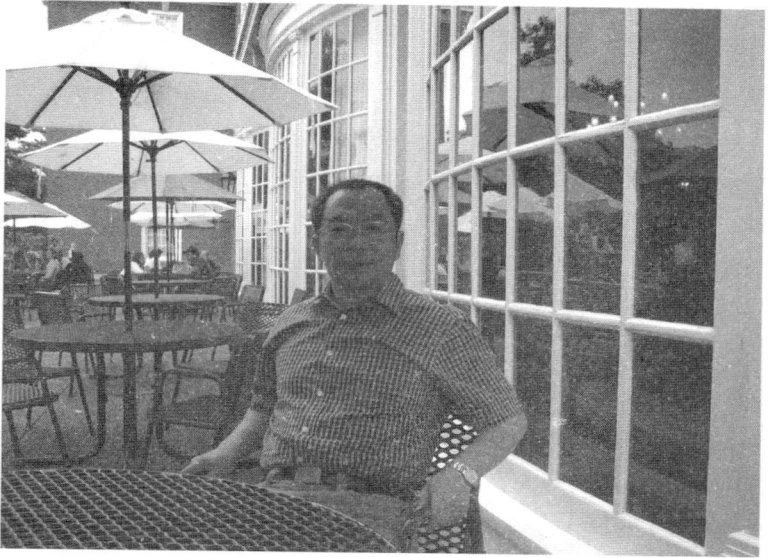

外一篇：

王金林

忽一日，立波兄令作五百字自传，以便按图索骥。窃以为，五百字长矣。海德格尔曾以寥寥数语为亚里士多德作传："他诞生，他工作，他去世。"一代大哲，三词而已。吾辈除"诞生"不遑多让之外，岂敢言其他？然则，立波兄既有令，吾辈岂敢不从？

在下王金林，江苏省镇江市人，1962年12月出生，属于"三分天灾七分人祸"告终后的第一批产物。先天不足后天失调之命运由此注定。以《毛主席语录》发蒙，小学起便积极参加各项大批判活动，至今犹记得批宋江时所作之"歪诗"："聚义厅，忠义堂，一字之差有文章，晁盖聚义为起义，宋江忠义为投降。"时过境迁，批判终于让位于读书。自1981年上大学以来，断断续续读书近二十载，直至2000年博士毕业。这期间除了博览群书，还当过教师，下过海，另有一些现在尚不便为外人道的特殊经历。虽未达到艰难困苦，玉汝于成，却可谓朝闻道，夕死可矣。目前便朝夕任教于复旦大学哲学系。

前贤有三立之说：大丈夫顶天立地，当立功立言立德。鉴于此，在下实在是乏善可陈：年近半百，寸功未立，只言未留，德性虽有所修，却不足以独善其身，遑论兼济天下。唯一慰藉之所在，吾养吾浩然之气也。

澄思渺渺，遂有如下喃喃自语。

误"会"黑格尔

Y：从履历上看，我发现，你的哲学之路似乎愈走愈"窄"。

W：这话怎么讲？

Y：你看，你原先是学英文出身，后来硕士读的是西方哲学史，而到了博士，却戴了顶马克思主义哲学的帽子，现在又在担任马哲教师,这不是路愈走愈"窄"吗?很奇怪,你怎么会从西哲史转到马哲上去。恐怕无人会否认,虽然马克思主义是当代中国之主流意识形态,或者换言之,也许正是因为这个原因,马哲在学界显然不如西哲显得那么纯粹,那么学术,那么令人肃然。很多人承认自己不懂西哲,但他们都认为自己懂马哲:不就那么点东西,什么世界是物质的,物质的世界是运动的,运动是有规律的,规律是可以被人认识的,等等。从中学到大学,总要上什么公共课,这套东西耳熟能详,令人昏昏欲睡。虽然行家知道,这套陈词滥调同马克思的哲学相去甚远,但无论如何,在当代中国语境中,马哲还是有待正名。

W:倘若马克思哲学真的如此机械,如此庸俗,他也就不可能改变世界了。海德格尔晚年曾经有言:"没有黑格尔的解释,马克思不可能改变世界。"不管海氏此言意图何在,至少有一点是明确的,即他承认马克思改变了世界。一个能够改变世界的思想家,其哲学岂能如此不堪?!可以大胆断言,在现当代世界的形成方面,没有哪位思想家的力量超过马克思。这恐怕也是他为何成为 20 世纪最受人攻击的目标的原因。几乎每一位思想大师,在提出自己的思想之际,都要同马克思或隐或显地进行一番较量,一番搏斗。其中的道理很简单,马克思抓住了时代问题,马克思所呈现的现代问题域仍然规范着我们的存在经验。所以萨特在《辩证理性批判》中断言,现代人不可能超越马克思,对马克思的超越最好的情况是重复马克思,最坏的情况是倒退到马克思之前。

Y:说起萨特的这个观点,据说你还有一个故事。

W:倒也不是什么故事。有一次在一个学术会议上,初出茅庐的我贸然主张不要神化马克思,遭到前辈批评。批评的依据就是萨特这句话。我当时心中暗想:如果说马克思是不可超越的,那么萨特能否超越?倘若不能,那萨特就直追马克思了;倘若能,那么萨特这个论断能否超越呢?

Y:哈哈!有趣!不过马克思能否超越,显然不取决于萨特。看一看当代思想史,我们可以说,很多理论家超越了马克思,比如,后马克思主义诸家就是这样,不超越马克思,哪来什么"后马"?用"后马"大师拉克劳与墨菲的话说,他们的"post－Marxism"既可写成"post－

Marxism",又可写成"*post*—Marxism";前者意味着"后马"方案依然分享着马克思主义的解放政治,后者则意味着对马克思主义的超越。至于超越的结果如何,那另当别论。另外像解构大师德里达把共产主义当做一种弥赛亚式允诺,永远有待到来却永不到来,这对马克思的共产主义论不是一种超越? 当然如果你愿意,也可以视之为一种倒退,因为他居然把共产主义解构为一种弥赛亚希望,这岂不令人沮丧?

W:事实上,超越未必更加切中真理,不超越或甚至从某个立场上倒退,也不见得就更加远离真理。萨特所谓"马克思不可超越",主要是指马克思揭示了现代资本化的问题域,只要人们还身处此境,就不可能超越马克思。从这个意义上讲,韦伯揭示了现代理性化的本质,只要人们还身处此理性化过程之中,也一样不可能超越韦伯。福柯就对萨特这个论断很不以为然,所以他在《词与物》中特地强调,马克思主义特别是其政治经济学其实还处于19世纪认识型之中,李嘉图的影子随处可见。

Y:好。这个话题咱们暂且打住。回到你个人学术生涯上来。你是怎么走上马哲之路的?或者我们可以再回溯得远一点,你最初是如何从英美文学转向哲学的?

W:这个说来话长。我学哲学完全是别有企图。

Y:什么意思?

W:我学哲学不是为了哲学,而是为了文学。因为当时我是一个自许的文学青年,爱好写作,幻想成为作家。为了提高自己的社会洞察力,我决定自学哲学。不知哪一根神经搭错了。

Y:20世纪80年代初确实有很多文学青年,整天琢磨着写出巴尔扎克式的人间喜剧,人家是在创作中打磨自己,你却曲线救国,求助于哲学。那你读的第一本哲学书是什么?

W:《小逻辑》,黑格尔的《小逻辑》。

Y:那太抽象了吧?

W:是啊。你想一个学英美文学的学生要啃《小逻辑》,多么困难。当时我经常旷课,一个人躲在宿舍里读黑格尔。很难,确实很难。什么以存在为开端,并且存在必须没有任何规定性。我当时一直纳闷儿,存在怎么会没有规定性,存在本身不就是规定性吗?反正不懂。继续硬着头皮读下去,又是什么存在因为没有规定性,所以是无,这样存在就变成了无,有无相替,于是便有了变易,等等。一个个正反合,一个个三段论,搞得我既头昏脑涨,又兴奋不已。兴奋不是因为读懂了黑格尔,而是因为读不懂。甚至有一种莫名其妙的自豪感,你看我居然在读《小逻辑》,而且读不懂。这不正证明我非同寻常吗?

Y:你这种心理同阿Q有得一拼。阿Q是被人骂了,却觉得很有面子,因为开骂的人是赵老太爷。你是读不懂,却备感兴奋,因为是读黑老太爷而不懂。你比阿Q更有面子,因为黑老太爷是真洋鬼子,德国正宗的洋鬼子。

W:虽然读不懂,我却一个劲地朝里钻。读,不懂,再读,还是不懂,再读,直至——仍然不懂。但是这个过程不是劳而无功的。虽然仍然不懂,但我已经懵懵懂懂,对黑格尔哲学有点感觉了。"忽兮恍兮,其中有象;恍兮忽兮,其中有物。"自己已经能够感觉到"此中有真意"了。反复阅读之后的不懂,和刚开始时的不懂,已经不是同一种不懂了。此不懂非彼不懂也。所以后来给学生上哲学原典导读课,我总是强调这一点:读不懂不要紧,要紧的是读没读。

Y:这么说起来,你入哲学门起点似乎不低——《小逻辑》。

W:当时怎么也想不到,《小逻辑》不是随随便便可以读的。

Y:此话怎讲?

W:这一读改变了我的一生。这话毫不夸张。你看我后来考哲学研究生,后来又读成哲学博士,现在又在从事哲学教学工作,以后看样子还得靠哲学吃饭,这不是规定了我的一生轨迹了吗?

Y:倒真像这么回事。你本意不是要搞文学的吗?哲学只是作为提高自己的工具?

W:是啊,本来是想把哲学作为自己文学创作的工具,殊不知结果却成了哲学的工具。黑格尔的主奴辩证法在此应验了。

Y:要真能成为哲学的工具,那就了不得了。恐怕只有思想大家才敢声称自己是哲学的工具吧?

W:你别故意曲解。我的意思是自从读了《小逻辑》,误"会"黑格尔,自己就一下子迷上了哲学,感觉文学同哲学相比,实在是太肤浅了。与其文学，不如哲学。现在看起来，有点滑稽，仅仅根据一本自己并没有读懂的《小逻辑》，就准备去搞哲学了。可以这么说，黑格尔使我从文学梦中惊醒了。

Y：那你得感谢老黑格尔。

W：倒也未必。此事是福是祸，是凶是吉，尚不可逆料。不过有一点确定无疑，即我的人生道路由此发生重大转变，1984年大学毕业，1987年考入复旦大学哲学系外国哲学史专业。这算正式上了哲学"贼船"。

"资本主义比'社会主义'更坏"

Y：好！一本《小逻辑》改变了一位文学青年的命运。老黑格尔肯定会说，这是理性狡计使然。那你硕士论文做的是黑格尔吗？

W：不是黑格尔，做的是休谟与康德，探讨他们俩的自我观，题目好像叫什么"自我的消解与确立"。要懂黑格尔，须知康德，要懂康德，须知休谟……当然，这个回溯还可以一直沿续下去，直至泰勒斯之水。不过我的论文只是弱水三千取一瓢饮而已。

Y：我好奇的是，那你怎么后来又从西哲转到了马哲？

W：如果说从文学转到哲学，是源于一个美丽的误会的话，那么从西哲转到马哲则是完全出于自觉。这同我90年代初的"下海"经历不无关联。

Y：愿听其详。

W：其详在此不便道也。这里只想简单提一下自己当时的感受。90年代初的深圳，是个淘金热土。我从国家体制内跳入商海，第一个深刻印象却是："资本主义比'社会主义'更坏。"

Y：这话怎么听起来那么不入耳，好像有悖政治正确性原则。什么叫"资本主义比'社会主义'更坏"？

W：当时的"社会主义"，在人们印象中是落后保守的体制，不仅搞得国贫家穷，而且个人自由处处受限。改革开放给了人们新的希望，能否打破这种僵硬的体制，为中国社会注入新的活力，就成了人们关注的焦点。深圳作为改革开放的尖兵义不容辞地搞起了"中国特色的资本主义"。

Y:什么叫"中国特色的资本主义"？那是中国特色的社会主义。

W:这是后来的说法。虽然当时深圳的根本政治制度当然仍然属于社会主义,但其经济上资本主义活跃的程度恐怕不容否定。我自己就在一家中资香港公司的深圳分公司做部门经理,深知其中之三昧。做着做着,忽然有一天一个念头涌上心头:"资本主义比'社会主义'更坏。"这是一种非常朴素的个人感觉,不是什么深思熟虑的理论反思。资本的逻辑生动地展现在我的眼前,为了百分之一百或三百的利益,资本铤而走险,面目可憎。

Y:你恐怕是遭遇到坏的资本主义了。健康的资本主义也是有章可循,讲究规则的。你在深圳所遇恐怕属于原始积累阶段的资本。

W:当时的深圳确实处于那样一个阶段,但是问题不在于此,问题在于你一下子发现,一切神圣的东西都被亵渎了,就像马克思在《共产党宣言》中所讲。亵渎者就是资本。这时你的感觉会比较沮丧。如果说原来资本主义在人们心目中意味着个人自由的话,那么现在你发现这种个人自由原来伴随着诸多肮脏的东西,马克思说,资本的每个毛孔里都滴着肮脏的东西,确实如此。当然在社会主义条件下,肮脏的东西并非不存在,但至少不像资本主义那么赤裸裸。

Y:但是,就其实质而言,赤裸裸的肮脏同不那么赤裸裸的肮脏难道不是一回事吗？

W:不是一回事。赤裸裸的肮脏明目张胆,寡廉鲜耻,毫无道义可言,而不那么赤裸裸则至少意味着还有所顾忌,有所克制。这对于人类社会而言是极其重要的。倘若人直截了当,直来直去,有欲望就立马要满足,那么正如黑格尔所言,这样的人也就不复为人了。人之区别于动物正在于动物是直接满足其欲望的,而人的欲望的满足则是间接的,有所延迟的,是通过某种中介而得以满足的。工具就是满足人的欲望的中介。举个不恰当的例子:小偷虽然侵犯了你的财产,但同劫匪相比,却对你的人格有所尊重。

Y:照你的说法,那么小偷就是不那么赤裸裸的肮脏,而劫匪则是赤裸裸的肮脏,缺乏"技术含量"了。这么说,你的深圳经验是你转向马克思的动因？怎么这种经验没有使你久入鲍鱼之肆而不觉其臭呢?

W:要知道曾经的文学青年不可能是一个没有梦想的人。文学对于青年的全部含义,就是"梦想"二字。这不仅是成为作家这种具体的形而下梦,而且包括修齐治平这类形而上梦。我们这代人都是喝着"党奶"长大的,都是毛泽东的"传人",岂会没有光荣的梦想?要知道,我曾经差点因为读《毛泽东选集》而丧生。

Y:怎么回事? 愈说愈玄。

W:当时我上小学二年级,有一天不知何故,故意旷课没去上课,一个人躲在家里把门窗关得紧紧的,点灯看《毛选》。请注意,大白天点灯在当时实在是胆大妄为。你想,一个工人家庭,每月收入紧紧巴巴,每一分钱都有每一分钱的用场,哪能让你大白天在家点灯看书。

Y:为何看《毛选》?

W:关键是当时没有什么东西可以看,而《毛选》雄文四卷却是家家必备的。一个小学二年级学生看《毛选》本身不稀奇,稀奇的是他看得津津有味,尤其是第四卷后面的注释,更是看得手不释卷,那里面尽是我人民解放军歼灭譬如黄百韬军团多少多少万人,看得人热血沸腾。谁知下午放学以后,班主任就派学生上门告状来了。这下可好,我父亲立马要打我。我赶紧逃跑,没跑出两步,被他一把抓住外衣后领,给提了回来。谁知,这一提不得了,勒住了我的喉咙,一口气没上来,人就昏了过去。把我母亲给吓坏了,又是搓心,又是捶背,好不容易才回过一口气,活过来了。你看读《毛选》差点读出人命来。

Y:这听起来像是读《毛选》历险记。谁叫你旷课来着。我看你的阅读都同旷课有关,前面讲读《小逻辑》旷课,现在又是读《毛选》旷课,看来是不旷课不足以读书。

W:这两次旷课阅读于我确实意义非同寻常。第一次还是10岁稚童,第二次已是20岁青年。相隔10年,却有异曲同工之妙。从《毛泽东选集》到《小逻辑》,从中国的革命领袖到德国的哲学泰斗,我同这两种书籍的相遇从某种意义上说决定了我的余生。当然这里不是谈论《毛泽东选集》对我有何要义的恰当地方。刚才你问我何以在深圳没有近墨者黑,我不知道这些东西是不是其中一个重要原因。我只想跟你讲一个细节,就是在深圳期间,每天不论多忙,夜里临睡前,我总要翻一翻《资治通鉴》,让自己的灵魂脱壳,遁入另一个世界。白天推杯换盏,夜里《资治通鉴》,这就是我在商海时的一个侧像。

Y:你这好像有点东施效颦,模仿毛泽东。大家都知道《资治通鉴》乃毛泽东枕边必备之书。

W:不单纯是模仿毛泽东,更是为了养气。如孟子所言:吾养吾浩然之气也。这个话说得有点大,不必太当真。

Y:透过《资治通鉴》来看深圳,这个角度委实新鲜。那里面人相食的古代场景不绝如缕,想必对你审视当代社会不无启迪。看来这就是你转向马克思的主要因素了?

W:从思想历程上讲确实如此。不过这本书对我的影响可能远不如前两种,因为当时我已经硕士毕业,年已30了。约略说来,我是10岁在镇江读《毛选》,20岁在南京读《小逻辑》,30岁在深圳读《资治通鉴》。40岁在上海,好像什么也没读,那是2002年,没读什么书,倒是出了一本书。

Y:你的博士论文?

W:对,《世界历史意义的本质道说》。

Y:这么说起来,你也太牛了。10岁读《毛选》,20岁《小逻辑》,30岁读《资治通鉴》,可谓古今中外,一网打尽,整个一个学贯中西。结果四十而不惑,出了本《世界历史意义的本质道说》,居然把世界历史意义的本质都道说出来了。你也太牛了。

W:拙作岂能望前贤之项背?!要不是为稻粱谋,这种东西不出也罢。只是一篇学位论文而已。虽小有心得,但有之不谓多,无之亦不谓少。可有可无,何足挂齿?这里只是在回顾自己生命历程中有那么一回事而已。

Y:不必过谦。虽然不足以名世,却不妨碍它见证你自己的学术历程吧?

W:仅此而已。

Y:那你这篇博士论文主要讨论什么问题,目的何在,除了为稻粱谋之外?

马克思与海德格尔

W:这里只能简要地说两句。"世界历史意义的本质道说"这个说法应当是出自海德格尔,是他对马克思尤其是其共产主义学说的评价。海德格尔认为,胡塞尔与萨特在历史观方面都没法同马克思的唯物史观对话,因为马克思在步黑格尔后尘体会异化时深入到历史维度中去了。而这种历史维度是胡塞尔与萨特都未达到的。相比其他学说,共产主义道出了历史的本质,是当前唯一尚能追赶得上正在展开为世界历史的欧洲形而上学的学说。

我之所以要从海德格尔来谈马克思哲学的当代性,当然不是没有考虑的。在马克思主义阵营——如果能用这个词的话——内部,马克思哲学的当代性毋庸置疑,甚至天经地义。但在其外,它的当代性正在遭遇愈来愈大的挑战。苏东剧变与欧美工人阶级的长期被动性就是这方面最大的挑战。我相信马克思哲学具有当代相关性,但如何理解 20 世纪共产主义实践的巨大失败呢?我认为海德格尔对马克思的解读可能有助于我们更深切地了解其当代性。因此,我博士论文的副标题就是:"从海德格尔的解读看马克思哲学的当代性"。我觉得,从这个角度切入问题,使我们能够透过海德格尔的眼光来加深对马克思的体会。当时的情况是这样:一方面,马克思主义作为主流意识形态无疑要为过去的种种不幸负一定之责,因而顺理成章地成为人们怀疑的对象;另一方面,马克思对资本主义的犀利批判确实也给人们留下深刻印象,人们可以不同意马克思所提供的未来选择,但却难以拒绝马克思资本批判的巨大力量。同时,正在中国逐渐生成的资本主义又给马克思的资本批判提供了近在眼前的活生生实例。因此,我当时确信,我们既需要揭露传统马克思主义的局限性,更需要在新的历史条件下阐明马克思哲学的当代性。而在当时中国的理论语境中来做这项工作,从海德格尔对马克思的解读入手可能比较方便。这里当然涉及到我当时对海氏思想的推崇。早在 80 年代末做硕士论文期间,我就曾把《存在与时间》啃了不止一遍。

Y:问题是从海德格尔入手来谈马克思哲学,是否有拉郎配的嫌疑。因为这两位大哲的思想路数相去实在太远。虽然海德格尔曾一再说，大思想家所思者乃是同一回事，但毕竟两人的路数迥异。一个是解释学的现象学，一个是唯物主义的辩证法。一个是反动的资产阶级哲学家——这是卢卡奇的说法，一个是进步的无产阶级革命家。怎么看两人都扯不到一起去。你这种做法是否合适呢？或者说，比较海德格尔与马克思的合法性何在呢？总不能想比较谁谁谁就可以比较谁谁谁吧？

W：比较当然不能草率而行。比较能否成功关键在于比较对象是否具有可比性。倘若不具有可比性，任何比较都没有意义。如你所言，海德格尔同马克思相去甚远，路数完全不一样。马克思不满意哲学家们仅仅以不同的方式解释世界，他要改变世界；海德格尔一方面认为对世界的每一种解释已经是对世界的一种改变，另一方面他又说，没有黑格尔的解释，马克思就不可能改变世界。现在我们不讨论这两方面的说法相互是否吻合，因为，如果前一种说法成立，则黑格尔的解释就已经改变了世界。我想说的是，比较海德格尔与马克思的合法性在于他们的思想对当代历史实在的把捉。在我看来，马克思与海德格尔这两位大哲分别从资本与技术这两个方面切入了现时代之要害。当代人恰恰深陷于这两大框架之中而不能自拔。在当代思想家中，没有人比马克思更透彻地洞察资本之底蕴，也没有人比海德格尔更深刻地揭发技术之本质。马克思写了一本《资本论》，其力道如何，学界早有公认。即使是自由主义或保守主义思想家有十二分理由否定其中的劳动价值论及相关一系列具体结论，他们恐怕也不得不承认马克思资本批判无与伦比。资本的秘密在《资本论》的烛照下昭然若揭。海德格尔写过一篇《追问技术》，这篇东西当然只是其后期有关技术的思想的一篇短文而已。海德格尔战后思考最多的问题恐怕就是技术的本质问题。他要揭示技术的本质在于形而上学。他要把技术一路追究到柏拉图那里去。他要发现西方人何以走上技术之路，并且这和西方形而上学对存在的遮蔽有何关联。海氏的技术追问同马克思的资本批判一样势大力沉。资本与技术，资本可谓以物与物的关系掩盖人与人的关系（所谓商品或资本拜物教），技术则可谓以人与物的关系遮蔽人与存在的关系。现代人被资本与技术殖民完毕，成为资本与技术的道具,不得不唯资本与技术马首是瞻。马克思与海德格尔对这种逻辑的揭露使我们有理由对他们进行比较。

Y:听上去似乎有点意思。但是你这样做似乎把海德格尔同马克思平行对待了。我的意思是难道海德格尔的技术批判不也一样把马克思的资本批判也批判了吗?我们知道,海德格尔在不止一处说过,马克思同黑格尔一样,也不懂技术之本质,对技术进行了人道主义和工具论的理解,把技术当做人实现其目的的手段。另外,在《关于人道主义的书信》中,海德格尔也批评马克思的唯物主义把一切存在者都当成作为主体的人的对象。而在海德格尔看来,一物之所是并不罄于它是对象这回事,换言之,对象并不是一物所是之全部,但马克思的唯物主义却如此对待存在者。因此,虽然海德格尔承认马克思的共产主义对世界历史的本质有所道说,并明言马克思的异化观深入到历史一维中去了,但是马克思的唯物主义在他看来却仍然处于技术的阴影之下。或者换句话说,马克思的唯物史观本身就是技术本质之一种呈现。从这个角度来看,海德格尔之所以对马克思的资本批判几乎只字不提,其中的一个原因恐怕就在于,在他看来,马克思的资本批判仍然是在技术视阈内或形而上学视阈内打转。你的意见如何?

W:确实有这方面的问题,我曾在一篇文章中讨论过这个问题,这里就不展开了。在海德格尔那里,大致有三个层面,一是意识,二是历史,三是存在。他认为胡塞尔与萨特尚停留在意识层面,仍然把笛卡尔式自我当做出发点;马克思有所突破,达到了历史层面,但由于马克思坚持以人的优先性来取代意识或自我的优先性,因此他终究没有修成正果,没有达到存在层面。只有海德格尔自己(当然还有荷尔德林等天才诗人)达到存在层面,在这个层面,人的优先性不复存在,遑论意识的优先性了,如果说还有什么优先性,那就是存在的优先性,人的本质要从人同存在的关联去理解。有关资本批判问题,在海氏眼中,显然还未超越形而上学视阈。他的技术追问不仅足以应对资本批判所针对的问题,而且也消解了资本批判。概而言之,资本批判终究受限于技术之本质。不呈现技术之本质,资本批判要么无济于事,要么更彻底地贯彻其所批判的对象原则。这恐怕就是扬弃的陷阱。扬弃者,总要把被扬弃者的内容包含在自身之中,因而同被扬弃者有着千丝万缕的联系,不可避免地受到被扬弃者的玷污。不过,话说回来,海德格尔自己似乎也有问题,譬如他讲我们要同技术发展一种新的关系,所谓"泰然任之"(Gelassensein),但这种关系究竟如何建立,不得而知。既不能消灭现在之技术,又不能受制于技术,而要物物而不物于物。但怎么做到呢? 海氏拒绝明言。如果技术的本质在于支架(Gestell),那么只要现代技术仍然存在,那么人就被支架于此,不得动弹,如何同技术形成一种"泰然任之"的关系呢? 这里海氏不得不变得神秘起来。

Y:天机不可泄露。

W:不是,他倒不是如此,他承认自己也不知如何建立这样一种人—技关系。他只是要求人们倾听存在之音,有所准备。唯有一神能够拯救我们,但它来不来,何时来,何处来,不得而知。

生存机制与社会机制

Y:你这么多年一直关注海德格尔与马克思,如果要你用几句话来概括你对他们思想的感觉或评价的话,你会说什么呢?

W:我的第一感觉是马克思与海德格尔两人相互不可替代。马克思肯定没法替代海德格尔,这不仅因为海氏其生也晚,目睹了 20 世纪的惨烈现象,目睹了欧洲天命展开为全人类的命运,目睹了技术的猖狂与人类之无知,而且因为海氏思想尤其是其后期思想乃是对以马克思为首的现代思想的一种反拨,一种警告。但同样,海德格尔恐怕也无法代替马克思,譬如其技术批判就不能取代马克思的资本批判。道理在于,其技术批判由于直溯形而上学,而缺乏必要的或者说充分的存在者维度。

Y:此话怎么讲?

W:我的意思是如果说形而上学由于一头扎在存在者泥淖当中,而遗忘了存在的话,那么海德格尔的存在之思,就有一头扎在存在之中而遗忘存在者的危险。这不是说他不关注历史实在,而是说像资本批判所针对的诸多问题根本无法进入他的视野,其中最要紧的就是剩余价值形式即剥削问题。这种问题不是抽象的技术批判能够触及到的。而这些问题绝非可有可无，它们具有不容忽视的重要性。然而不得不说海德格尔对这一切几乎视而不见。

Y：但海德格尔可以为自己辩护说，剥削问题完全可以被包含在技术批判之中，剩余价值形式只是技术支架的一种表现形式而已。剥削之实质正在于存在者被主体性的人对象化，也就是劳动者被资本家当做剥夺的对象。

W：这种说法未尝全无道理，但多少有点牵强。另外即使这种说法成立，那也要以马克思资本批判为重要环节。没有马克思，人们根本不懂何为剥削。劳动力与资本之间的平等交易为何变成资本汲取活劳动的剥削？海氏承认马克思改变了世界，并且他认识到马克思所谓的改变世界主要是指改变生产关系。那么技术批判能够改变生产关系吗？恐怕困难。海氏存在之思缺乏一种解放政治。存在之思同存在者之间隔着一条存在论差异之河。即使我们承认海氏对马克思的批评在理，即使马克思未能洞悉技术之本质，即使资本批判还在形而上学视阈中打转，马克思的资本批判对于当今正在资本主义生产方式下艰难存活的社会大众而言，难道不仍然上合天道下得人心吗？如果我们因为海氏的批评而放弃马克思的洞见，那么面对当代日益加剧的苦难，我们恐怕就不得不跟着海德格尔一起在心中念叨"唯有一神能够拯救我们"了。

Y：问题是 20 世纪的共产主义政治史似乎已经证明，按照马克思主义的路数去改天换地，结果可能是旧问题没有解决，又出现新的灾难或罪恶。这方面血的教训难道还少吗？斯大林主义是人们向往的生活状态吗？"文化大革命"是理想的政治方式吗？我们似乎陷入了一个怪圈：不改变世界，人与人之间、人与自然之间对抗日益尖锐；而改变世界则可能甚至使世界变得更糟糕。动则得咎，咎由自取；不动本身就是咎，咎在体制之中。结果是动亦咎，不动亦咎。

W：这正是当代激进左派的困境。如何走出这种困境，难倒了战后两三代左派思想家。这个问题我们稍后再谈。现在还是回到海德格尔与马克思，他们给我的第二个感觉是，两者可以相互提醒。海氏对马克思的一个主要批评是说，马克思同尼采一样虽然颠倒了形而上学却还是形而上学，具体到社会政治问题上，这就意味着马克思式的改变世界仍然受控于现代技术的进步强制逻辑，或者说，是技术本质的展开。因此不仅不能使人回到存在，而且使人更加远离存在。海氏抓住马克思早年从费尔巴哈那里学来的"人是人的最高本质"命题，指控马克思达到了虚无主义的极致。极致者，无以复加也。马克思把人而不是存在当做人的最高本质，这就是无以复加的存在遗忘。这是从海德格尔来看马克思。倒过来，若从马克思来看海德格尔，正如马尔库塞当年所为，他发现海德格尔的哲学貌似具体，对此在的独特存在方式或生存有非常精到的分析，但其实并不具体。海氏仅仅在生存论结构上去把捉此在之存在方式，讲到什么在世之在，操心、操劳等等，而对马克思曾经着力剖析的人的生存的当下社会历史条件罕有涉及。在世之在是此在的生存机制，同此在生存所处的社会机制无涉，也就是说，虽然海氏强调此在从来都是共在，其存在机制是在世界中存在，但由于他并不关心此在的生存机制所处的社会历史机制，所以他终究无法进入马克思，终究错失了马克思的历史洞见。生存机制固然重要，海氏对此的揭示亦相当精彩，但此在生存机制从来不是凭空而在的。按马克思的说法，人们总是在一定生产方式中从事生产的。生存机制离不开社会机制。

Y：那么海德格尔的生存机制同马克思的社会机制之间是什么关系呢？

W：这尚待进一步研究。但有一点确凿无疑，就是生存机制的分析代替不了社会机制的分析。也就是说，生存论代替不了唯物史观。

Y：那何谓相互提醒呢？

W：这个说法只是一种比喻。从一个方面讲，生存论分析代替不了唯物史观的剖析，这意味着唯物史观对海德格尔存在之思的一种提醒，提醒存在之思，不要由于过执于存在而忽视此在生活的社会环境。从另一个方面讲，唯物史观不可代替此在的生存论分析，这也就意味着存在之思对唯物史观的一种提醒，提醒唯物史观不要自以为解决了人的一切重要问题，社会机制与人之间的关系并不等于人之生存方式的全部。换言之，政治经济学批判同其批判对象即政治经济学一样也有自己的界限，不可能包打天下，一手遮天。

Y：你这套说法，怎么愈听愈有点萨特的味道？萨特认为马克思主义存在一个人学的空场,需要由存在主义来补充。一旦补充完毕,就无往而不胜了。

W:显然没有这么简单。我只是想说,马克思与海德格尔两者的思想可以相互观照,提醒对方既不要一头扎在社会机制方面,也不要一头扎在生存机制方面。或者说,既要保持存在与存在者之间的存在论差异,又不可因此差异而过执于其中任何一方。

Y:这里的隐含结论是海德格尔的存在之思未必见得比马克思的唯物史观更高明。

W:这里的高下不是可以立判的。大思想家所思者都是同一回事,切入的路径有异而已。后思者显然比前辈有一个后见之明的优势。虽然从理论上讲,马克思与海德格尔都可以清楚地看出对方思想的理论漏洞之所在;但从实践上讲,由于有后来的历史经验之助,只有海德格尔能够看到唯物史观的历史症结何在。因此,在此难论高下。关键还是要看他们对独特问题域的开启。大思想家一定是有自己独特发明的,其所发明的最要紧东西就是问题域。这种问题域原先虽然存在,但却默默无闻,可谓是存而无名,或者说是以匿名的方式存在,只是在大师"开光"之后,方才轮廓渐显,映入人们的眼帘。从这个意义上可以说思想大师都是"开光者"。不经大师开光,问题域不足以凸显出来。所以中文有"阐明"一词,英文则有"shednew light on sth"一说。就此而言,马克思与海德格尔都是"开光者",各有独到之贡献:马克思批判性地开启了资本主义这个独特社会机制问题域,而海德格尔则开创了此在在世之在这个普遍的生存机制问题域。

道成肉身

Y:就具体的20世纪人类政治实践而言,按照你的说法,马克思与海德格尔各自亦有诸多可以相互提醒之处吧?马克思被斯大林主义尊为开山鼻祖,海德格尔则同纳粹主义有过一段虽短暂却不容否认的合作。而在西方自由主义者看来,斯大林主义与纳粹主义两者都是极权主义。这是否意味着马克思与海德格尔两人同极权主义关联很深,甚至他们自己就内在地有极权主义之倾向呢?

W：这个问题在此恐怕很难说清楚，因为情况太复杂。就马克思与斯大林主义的关联而言，这中间还有一个列宁主义，斯大林主义在多大程度上还是马克思自己意义上的马克思主义，这是有疑问的。记得前几年在南京大学开会，英国的正统马克思主义者卡列尼克斯坚决反对人们把苏联的罪过算到马克思头上去，他的意思是斯大林根本背叛了马克思主义。当时我在会上向他公开表示了不同意见。我的理由是，十月革命成功之后，大部分马克思主义者把苏联的成就归功于马克思或马克思主义的成功；而在斯大林主义的罪恶暴露之后，尤其是在苏东剧变之后，少部分马克思主义者赶紧声明苏联的一切同马克思或马克思主义无关，这恐怕有点令人难以认同。我不否认确实有一些马克思主义者在斯大林当道之时，就曾公开批评苏联背离了马克思主义。但问题不在这里，问题在于：如果 20 世纪的共产主义运动同马克思全然无关，如果我们把马克思撤离 20 世纪的社会历史舞台，如果唯物史观仅仅被视为诸多解释世界的哲学之一种，那么马克思的思想力量恐怕也就无从谈起了，恐怕也不会有那么多的理论家思想家花费那么多精力来批判马克思了。马克思之成为马克思，没有 20 世纪的共产主义实践是不可想象的。所以在这个意义上，齐泽克把列宁在马克思主义历史中的地位视同基督教历史上的保罗。没有保罗违反传统把基督教传到非犹太人的异邦，就不可能成就基督教两千年的伟业。同样，没有列宁违反所谓西方发达国家无产阶级革命的教导，把马克思主义带到东方落后国家，也就不可能成就马克思主义数十载的光辉。斯大林主义对列宁主义固然有所损益，但无论如何两者之间有着本质的联系。因此，马克思或马克思主义岂能逃脱苏联之干系？关键还是在如何理解这种干系。简单否定固然方便，却不足服众。这里面其实还涉及所谓"道成肉身"的问题。

Y：道成肉身？

W：对。任何主义要落到实处，都必须同"卑污的"活动及"顽固的"物质打交道。道成肉身，难免腐败。道本身不会腐败，因为道是形而上的，腐败乃是形而下肉身之特性。考诸整个人类历史，不难发现"道成肉身难免腐败"这一种现象。马克思主义之道在苏联腐败得比较厉害。

Y：中国人经常讲"歪嘴和尚念歪了经"，意思是经本身是好的，只是被和尚的歪嘴念歪了而已。其实能够被念歪的经，其本身恐怕也有不正之处。身正不怕影子斜，经正不怕和尚歪嘛。斯大林主义同马克思主义的关联与区别是一个非常要紧的理论问题，有待深刻领会。这个问题不解决，马克思主义困难重重。那海德格尔的情况怎么样？相比较而言，应该没那么复杂吧？

W：没那么复杂。海氏同纳粹眉来眼去，其实只是一位大哲学家的"政治迷误"而已。请注意我是说他"政治迷误"，而不是说他"思想迷误"。海德格尔以为共产主义与美国主义之外的第三条道路即纳粹主义可以重振乾坤。要知道他出任弗莱堡大学校长是在1933年，当时距离惨烈的第二次世界大战爆发还有6年时间，海氏不可能预见到大屠杀，虽然他后来说焚尸炉、原子弹和现代农业在形而上学上是一回事。海德格尔在政治上的幼稚使他甚至幻想成为柏拉图式的哲学王，来引导希特勒。因此，国外有海学家说海氏是企图用自己的哲学纳粹主义来领导希特勒的政治纳粹主义。这种说法当然比较粗糙，但不无意思。我的基本立场是，海氏之政治失足虽然同其思想不无关联，但却不是其思想之必然结果，因此其失足是政治性的，而不是思想性的；否则，我们就应当像英美部分偏激的理论家一样，把《存在与时间》扔进历史垃圾堆了。然而，20世纪的西方思想史如果没有海德格尔，那是难以想象的。甚至中国近20多年来的思想史，如果没有海德格尔，也是难以想象的。在我心目中，20世纪影响最巨之思想家，非海德格尔莫属。

Y：我们好像谈了太多的马克思与海德格尔。

W：是啊。但马克思与海德格尔确实是我读博士以来最萦绕于怀的一个问题。因为此二位之所思直接关乎人类的当下命运，资本与技术在我看来正是当今人类所处的双重困境，不走出这双重困境，人类恐怕前景难料。相比于海德格尔，马克思更是了不得，受其影响的历史运动深刻地改变了人类的历史轨迹。因此，就影响人类历史而言，海氏难望马克思之项背；至于这种影响是好是坏，抑或亦好亦坏，这可以进一步讨论。另一方面，海德格尔的存在之思是人类前行的一块警示牌，它可以永远提醒人们：去蔽总是有所遮蔽的，任何一种存在方式仅仅是存在的一种可能性,可能性永远高于现实性;因此,我们应当让存在者如其所是地呈现,让存在者存在,而不是让存在者成为对象甚至持存的质料。海德格尔这些犹如神喻般的提示不是毫无意义的。想一想我们现在所处的环境是多么恶劣,就可以领会到这一点。

Y:好,这个问题不妨告一段落。我们现在来谈你最近几年的关注焦点,是西方左派的困境吗?

To be or not to be?

W:可以这么说。如果讲海德格尔对马克思的批评是一种存在论的批评,那么后马克思主义对马克思或更准确地讲对马克思主义的批评则是一种政治理论的批评。两者不在一个层面上。海德格尔是批马克思因未走出形而上学而陷入生产主义,以人的历史生产为根据来解释并改变世界,从而终究受制于现代技术的进步强制。后马克思主义则批马克思主义陷入本质主义、还原主义、基础主义以及普遍主义等诸多陷阱之中,经济基础与上层建筑之间的粗糙区别就是明证。马克思主义对工人阶级在解放政治中的领导地位确信无疑,而这恰恰是最为西方左派所诟病之处。因为后来的历史证明,西方发达社会的工人阶级不仅缺乏革命性,而且充满被动性,在反抗现行体制的斗争中不仅不是主力,而且经常扮演反动的角色。如果说西方马克思主义乃是应对工人阶级的被动性而产生的理论的话,如果说卢卡奇与柯尔施还在苦苦支撑,试图解释为何工人阶级如此不堪重任,并试图揭示如何使自在的工人阶级走向自为的工人阶级的话,那么后马克思主义则完全接受了工人阶级的被动性这一历史事实。后马的思考点转向如何把 60 年代开始兴起的"新社会运动"纳入解放政治的理论光谱之中,也就是说,怎样把被传统的无产阶级革命理论所忽视的诸如种族斗争、生态斗争、反核运动、女权运动、同性恋运动等变得至少同阶级斗争一样重要。

Y:这在正统马克思主义眼中显然大谬不然。岂能把阶级斗争如此"不当干部"?在传统的马克思主义视野中,只有阶级斗争是最重要的斗争,也只有解决了阶级对立问题,其他问题才能获得根本性的解决。

W:但在后马克思主义看来,这恰恰证明了马克思主义的还原主义性质,把一切对立与冲突都归结到阶级斗争上去。殊不知,阶级斗争只是诸多反抗运动之一种,并不天然具有革命的主导地位。所以,他们思考的是阶级斗争之外,还有什么斗争可以用来反抗体制。拉克劳与墨菲的后马克思主义奠基作《领导权与社会主义战略》的前提就是阶级斗争已经丧失了其在马克思主义中的特殊地位,工人阶级也不再是被历史赋予特权的当然革命主体,现在的问题是如何重构葛兰西的领导权观念,提出一种新的社会主义战略。他们所提出的新战略号称"激进多元民主"。这种民主概念,据说比自由主义的民主概念更为激进。后者仅仅局限于政治层面,而激进民主则要由此向前,把民主理念与实践推进到社会、政治、文化等各个层面中去。他们把整个启蒙运动理解为一项民主事业,他们认为自由主义的民主工程尚未完成,必须落实到社会的方方面面。

Y:拉克劳与墨菲的努力确实是对他们心目中的马克思主义的一种超越,问题是这种超越意义何在?得失何在?

W:他们的主要意义,从理论上讲,在于反对经济主义或经济决定论的马克思主义,而从实践上看,则在于把被忽视的新社会运动纳入反抗力量之中。他们根据新的历史经验,强调重要的是争夺领导权的斗争。这种斗争的结果取决于不同反抗力量之间的合纵连横。他们这套后马克思主义纲领失在何处呢?恐怕还是在于政治能量的丧失。由于工人阶级的斗争不再重要,由于经济领域似乎不再是政治的主要活动场所,对抗性斗争所必须的政治能量从何而来呢?缺乏普遍性的斗争只能由某个特殊来冒充普遍,以特殊代替普遍,于是便有领导权斗争。这种领导权斗争由于终究缺乏普遍性而只能是一种不稳定的结构,或聚或散,时聚时散,飘忽不定。因此,虽然他们声称反抗现行体制,但这类斗争最后所能为者除了"帮闲",还能是什么呢?

Y:你这话听上去似乎有点过分,毕竟他们主张把现行的民主原则贯彻到底啊。

W:是有点过分。但问题是这类政治斗争能否撼动现行体制。他们的话语理论解构了革命主体概念,尤其是无产阶级的先验地位。既然革命主体不复存在,革命事业也就难以为继了。如果说卢卡奇们是企图通过解释无产阶级的被动性而唤醒无产阶级的革命性,从而企图起无产阶级于地下的话,那么拉克劳们则是要承认无产阶级被动性之事实,葬无产阶级于地下。

Y:看来,症结在于无产阶级。马克思的无产阶级理论在 20 世纪遭到了最多的非议。

W:作为一种政治理论与政治纲领,马克思主义在 20 世纪的成败得失同无产阶级息息相关。成也无产阶级,败也无产阶级。

Y:但我们知道俄国革命与中国革命同马克思所谓的无产阶级革命相去甚远啊。

W:然而,无产阶级这个概念在 20 世纪这两场最重要的革命中扮演了极其重要的领导角色,这一点我们恐怕不能不承认,尽管无产阶级这个能指日益飘浮。在我看来,恰恰是这种飘浮,使俄国的布尔什维克分子和中国的共产党人能够赋予它不同于经典的特殊内容。其实只要想一想青年马克思当时的困境,就可以明白他们的做法是多么自然。换言之,马克思也面临着如何发现革命的物质力量问题。

Y:愿听其详。

W:我们先来看马克思当时的困难何在,我是指写作《黑格尔法哲学批判导言》的马克思。他认为自己发现了真理即哲学,但哲学如何促进德国解放的实际发生呢?这不是单纯批判就可以的,所以他强调批判的武器不能代替武器的批判。革命需要一种被动力量,需要一种物质力量。那么谁能承担这一使命呢?他推出了无产阶级概念,认为这个"非市民社会的市民社会阶级"能够充当解放的物质力量,所谓解放的心脏。为什么它有此能力呢?因为它遭受着普遍的灾难而由此获得了一种普遍性。于是哲学作为解放的头脑加上无产阶级作为解放的心脏就能保证德国革命的爆发与成功。哲学的普遍性加上无产阶级的普遍性于是便有德国解放。可见,青年马克思的困难就在于发现革命的被动力量或物质力量。马克思解决这个困难的方法是指认无产阶级能够充当这种物质力量。在哲学头脑的领导下无产阶级心脏能够冲锋陷阵,获得解放。马克思这一系列假设,有一个最大的问题,就是倘若无产阶级不像他所说的那样,倘若无产阶级无意于解放,那该怎么办?

Y:这个问题后来果然发生了,无产阶级并未像马克思所期待的那样义无反顾地投身革命,在很多时候它们甚至成为社会的保守力量。

W:这时倘若我们还想坚持解放政治的可能性,我们就只有两条路可以选择,一条是把无产阶级抽象化或存在论化,剥离其中的经验成分,尤其是工人阶级因素,把它规定为否定性本身;另一条就是完全抛弃无产阶级这个概念,借助其他的社会群体来作为革命的可能能动者,结果是没有什么天生的革命主体,也没有什么先验的革命领导者,有的只是在领导权斗争中时聚时散的各个认同群体。齐泽克走的是前一条道路,重构无产阶级概念,而拉克劳与墨菲走的则是后一条道路,放弃无产阶级概念。

Y:那齐泽克是如何重新规定无产阶级的呢?

W:最近这几年他一直在重构无产阶级。2008年他在《自然及其不满者》论文中虽然说不要拔高贫民窟居住者,不要把他们理想化为新的革命主体,并且他承认贫民窟居住者同无产阶级并不一样,他的贫民窟居住者是从社会—政治维度上去规定的,而马克思的无产阶级则是从经济维度上去规定的,但是,他明确寄希望于贫民窟居住者与所谓象征阶级中的"进步"分子的联合。所谓象征阶级是指由职业经理、律师、教师、公关人员等组成的阶级。这里不难发现,他在模仿马克思之哲学与无产阶级结合模式。在他2009年新作《首先作为悲剧,然后作为喜剧》一书中,他更是提出了自己的"共产主义假设",其中明言,要把无产阶级概念激进化到连马克思都无法想象的存在层面(existential level),也就是要把无产阶级存在论化,而不是像马克思那样从政治经济学角度去理解无产阶级。结果,无产阶级不再局限于工人阶级,一切被剥夺实体或公共体的主体都是他所谓的无产阶级。甚至我们每个人由于都有被剥夺公共体的危险而是无产阶级。无产阶级概念被他大大激进化了,激进化到一切"无实体性的主体性"(马克思《大纲》语)。

Y:这种处理固然可以把被传统马克思主义忽视或边缘化的社

会群体纳入了视野,但无产阶级还有没有足够的反抗能量,还能不能承担革命主体之重任,却是令人怀疑的。

W:齐泽克给出的结论是,解放政治不再来自某个被赋予特权的能动者,譬如经典的无产阶级,而是来自不同能动者的"爆炸性结合"。至于怎么结合,他未明言,相信他自己也不清楚。

Y:我们似乎回到了《哈姆莱特》的处境之中:To be or not to be? To be,则有谁来 be、怎么 be 的问题。无产阶级不行,靠谁?似乎谁都不行。也许我们不该靠谁。

W:对,齐泽克就是这个意思,这本书的最后一节标题就是:"我们正是我们所等待者"。他认为我们自己必须有所行动,而不能指望别人来告诉我们该如何对抗现行体制,也不能指望别人来代替我们采取行动。如果我们曾经一再等待谁谁谁的话,那么我们自己就是我们所等之人。

Y:让我把话说完。To be,则有谁来 be、怎么 be 的问题。Not to be,则又意味着妥协顺从,意味着同意福山的历史终结论,意味着面对着一系列紧迫的矛盾与冲突,我们只能在现行体制内修修补补。然而,任何人恐怕都不会公然否认世界出了问题。

W:关键不在于否认不否认世界出了问题,关键在于这些问题能否在现行体制内得以解决。齐泽克在当今全球资本主义的历史实在中指认了四种对抗性,如生态威胁、私有财产观念对于知识财产的不适当性,技术—科学(尤其是生物遗传学)发展的社会伦理挑战和新式隔离、新围墙与贫民窟的创立。他认为在资本主义体制之内无法真正克服这四种对抗性,尤其是其中的最后一种,他称之为"被排斥者"同"被容纳者"之间的斗争。因此重新恢复共产主义观念,就有了正当性。当然这里的共产主义观念不再是传统的以无产阶级革命为主体的共产主义理论,而是巴迪乌意义上的"共产主义假设"。这种假设的核心在于强调不同于现行统治秩序的新可能性是可能的;它不承认阶级逻辑永远不可避免,也就是说,劳动不一定永远从属于统治阶级,即使它曾经如此。

把中国经验形诸语言

Y：咱们谈了半天，似乎都是一些西方经验，有意无意地放过了中国的东西，而马克思之于中国的重要性众所周知。毛泽东讲，十月革命一声炮响，为我们送来了马克思列宁主义。中国革命毫无疑问同马克思大有关联，虽然中国更多地受列宁主义的影响，虽然中国不是马克思设想中的理想革命发生地。按照传统的说法，中国是一个非常落后的半殖民地半封建制的国家，在这样的国家发动一场同马克思相关的革命，似乎是一个悖论。葛兰西曾说十月革命是一场违反《资本论》的革命，那么中国革命似乎更是如此。是马克思设想有误，还是俄国革命与中国革命其实同马克思设想的无产阶级革命无关，只是打着马克思主义旗号而已？另外，如果说十月革命曾经证明了马克思主义的真理性的话，那么苏联解体是否就证明了马克思主义的非真理性？我们恐怕不能仅仅把十月革命成功当做有利于马克思主义的证据保存下来，而把苏东剧变当做不利于马克思主义的证据而销毁掉。

W：也不一定不可能，关键看你如何解释。西方有许多理论家甚至把苏东剧变当做马克思主义从教条中获得解放的良机。最著名的莫过于德里达。他在《马克思的幽灵》中直言，苏联的失败恰恰使人们能够非教条地去重新亲近马克思。在把马克思或马克思主义从政党、国家、运动中解放出来之后，人们才能更好地把共产主义把捉为一种弥赛亚式的允诺。不过总体而言，对于大多数西方左派来说，苏东剧变之于马克思总不是一件幸事。如果说当初人们曾经因为十月革命与苏联的成就而给予马克思多少荣誉的话，那么苏东剧变也就会给予马克思多少耻辱。

Y：咱们还是回到中国问题上来。对于中国的学者而言，中国经验才是黑格尔所谓的罗陀斯岛。要跳必须在这里来跳。就中国问题而言，你关注的是什么？

W：中国的情况非常复杂。因为这里不仅涉及阶级斗争，而且涉及民族解放。中国革命显然不是马克思主义意义上的无产阶级革命，所以毛泽东称之为新民主主义革命。中国的社会主义革命是在解放后的 1953 年开始进行的,到 1957 年大致结束。齐泽克认为毛泽东发动的"文化大革命"乃是中国革命的典范,而这在中国官方意识形态中是被"彻底否定"的。就我个人的关注点而言,我关注两点,一是如何更好地把捉中国经验,二是如何从中国经验出发为人类可能的存在方式提供一条原则性思路。

Y:你怎么会有这种考虑?

W:2004 年至 2005 年,我在美国伊利诺伊大学访学期间,曾被要求向美国教师作一个演讲,主题是"中国人如何理解自己的生活",英文叫"How do Chinese people make sense of their lives?"这是个命题演讲,题目是老外出的。他们搞不懂中国人,不知中国人如何为人处世。这个问题引发了我的思考。当我们用西方概念解说我们自己的生活,试图告诉西方人我们中国人的存在经验之时,其实我们已经肢解了中国经验。问题的复杂性在于,一方面,最近 100 多年以来,西方概念已经成为中国经验的一个重要组成部分,因此离开西方概念,肯定无法言说当代中国经验;另一方面,中国经验中有一些深层的东西是西方概念所触摸不到的,因此仅仅用西方概念,肯定也无法切中中国经验之内核。这里的问题也不是可以通过中西合璧,即既用西方概念又用中国概念,就可以解决的,因为中国经验本身已经是中西方理念的碰撞产物了。中国经验需要一种新的解说方式,一种新的概念框架,一种新的呈现模型,而这恰恰是最缺乏的。我们面对自己的存在经验居然处于尴尬的失语状况,只能慌不择言,把西方现成的概念搬来就用,结果如何,可想而知。中国人要想对世界文明有新的贡献,恐怕首先就必须把捉住中国经验,而这种把捉就需要一种中国化的概念系统。在这种系统中,无论是中国传统的概念还是西方的概念都必须经过重构。

Y:这个说法似乎太抽象了。能举一个例子吗?

W:当然可以。譬如中国最近 30 年来的改革开放,中国共产党现在称之为"中国特色社会主义"。这个概念强调了两点,一是当代中国经验的政治性质,属于社会主义,而非资本主义;二是当代中国经验的民族性质,属于中国,而非西方。以"社会主义"保证政治上的正确性,以"中国特色"保证原则上的灵活性。西方学者却普遍怀疑这个概念,认为中国走上了一条异于西方的资本主义道路,他们称之为"威权主义的资本主义"。在他们看来,这种异质的资本主义道路的特点有二,一是政治上相对专制,二是经济上相对自由。经济自由并没有像西方人所希望的那样带来政治民主。资本主义同民主之间的天然联盟神话在中国改革开放中被打破了。对他们而言,这是相当可怕的。更可怕的是,这种东方专制资本主义甚至在应对危机,譬如当下仍在持续的金融风暴时,比西方民主资本主义更有效力。这在他们眼中对西方自由民主制威胁极大。

Y:我们中国人尤其是中国共产党当然不会这么理解自己的改革开放。西方人如此看待中国的改革开放莫非是出于一种潜在的帝国主义霸权,以民主自由的面貌出现,实质上是担心其他非基督教文明迎面赶上?

W:不无这种可能。但我这里想谈的是概念问题。"中国特色社会主义"这个概念更多的还是一个舶来品,因为其主体部分乃是"社会主义","中国特色"仅仅是一个定语性质的修饰语。既然称之为"社会主义",别人当然有理由以社会主义标准衡量它,哪怕这种标准本身也是多元化的。但以生产资料公有制与按劳分配这两条最基本的原则来衡量,人们难免会得出其他的结论。因此,西方人现在普遍公认中国已经走上了资本主义道路。那么,我们应当如何应对这种情况呢?"中国特色社会主义"在我看来仅仅是一个过渡性概念,它本身缺乏概念所需的简明性。能否把这个概念浓缩成另一个概念,即"中社主义",以"中社主义"来指称当代中国经验呢?

Y:"中社主义"? 有意思。你不是在作文字游戏吧?

W:非也。"中社主义"这个符号完全可以从"中国特色社会主义"中剥离出来,成为一对新的能指/所指。倘若有人问中国搞的是什么主义,我们可以说,既不是资本主义,也不是传统的社会主义,而是"中社主义"。其要义在于力图达到国家与市场的协调与和谐,虽然当代中国社会矛盾与冲突日益尖锐。中国要在资本主义与传统的社会主义之外走出一条自己的独特道路,"中社主义"正是此道。因此,摆在世人面前的就不再只有资本主义与社会主义两种选择,而是多了一个新的选项:"中社主义"。

Y:这种以"中社主义"为主的中国经验能否为世界文明提供新的思路呢?资本主义已经走上了生态绝路,中国经验在这方面能否有所贡献?如果说资本主义打开了潘多拉的盒子,那么中国人能够关上这个盒子吗? 现在看来,情况似乎恰恰相反。最近在哥本哈根召开的全球气候变化会议似乎就证明了这一点。人类的无政府状态使每个民族国家谋求发展的理性行为最终归结为全球气候变暖的非理性结果。生态危机已经使人类处于这样一种境地:一方面各民族国家不发展不行,不发展就要落后,而落后就要挨打;另一方面各民族国家都争取发展,意味着大家一起走上生态不归路。背后潜在的逻辑是:与其落后而挨打,不如发展而同归于尽。马克思在《共产党宣言》中所言阶级斗争的一种后果就是同归于尽,现在这种后果似乎落到相互竞争的民族国家头上来了。

W:现在还看不到当代中国经验能否给人类指出一条明道,因为"中社主义"遵从的主要逻辑仍然是现代资本与技术。传统中国智慧固然可贵,但毕竟是农业文明的产物,能否"稼接"到工业文明甚至后工业文明中开花结果,尚难逆料。但对中国学者而言,当下最重要的莫过于把中国经验形诸语言。而这无疑是一项极富挑战性的工作,值得为之衣带渐宽。

Y:听上去挺动人。从英美文学到西方哲学史再到马克思哲学,你前面30年一直浸淫在西学之中,现在终于要"浪子"回头了。可喜可贺。你准备把中国经验当做自己的学术归宿吗?

W:怎么听上去像是要盖棺论定了?看来这路真的是愈走愈"窄"了。不过,我们这一代学者的天命恐怕就是要以中国方式来把捉中国经验。

后　　记

经过近两年的筹划、约稿和编辑，终于得以交稿，感慨良多。

在策划的过程中，征求了吉林大学哲学与社会学院孙正聿教授及其他学界前辈的意见，并和部分60年代出生的学人交换了看法，得到各种各样的建议和支持。中国人民大学哲学院郝立新院长和马克思主义哲学教研室主任马俊峰教授也一直关注本书的进展。

这样一种"问答式"，坦率地说，是受到王逢振、谢少波主编的《文化研究访谈录》的启发。同时，也在一定范围内征求了出版界和学术界朋友的意见，得到了他们的认可。"问答式"直接明快，当具阅读的愉悦和时尚价值。

毫不讳言，问题过于平常，容易招致夸夸其谈、大而无当的批评，但请原谅，60年代生人在学术旨趣方面相去甚远，如果问题过于具体，不足以作必要的涵盖。所幸各位从自己的风格入手，细致入微地回答了问题，极大地弥补了题目的欠缺。

也不必讳言，"问答式"有明显的局限性，特别是对回答者有所限制，他们必须根据题目来回答，而非自由写作与创作。为在一定程度上克服这种局限，特意留出"题外话"，供回答者随意发挥。

各位同人的答卷按姓氏笔画排序。王金林博士的答卷采用了对话文体，独具特色，故安排"外一篇"。起初打算提供一份或详或略的答卷分析，后来果断地放弃了这个想法，原因就是，身为60年代出生的学人中的一员，我难以找到恰当的评论立场。

在最初创意的过程中，即呈请黑龙江大学出版社社长、总编辑李小娟审阅，获得明确的赞赏。黑龙江大学出版社作为新兴的出版力量，已推出一些富有力度的作品，像《国外马克思主义研究论丛》、《大学使命与文化启蒙》、《东欧新马克思主义译丛》、《微观政治哲学研究丛书》等，引起学界普遍关注和广泛赞誉。选择该社出版，相信能更好地发挥《六十年代生人》一书的品质。责任编辑张怀宇、梁秋提出了很好的建议,付出了编辑的智慧,在此一并致谢。

希望该书的推出,能够实现最初的三个意图:第一,为 60 年代生人提供自我反思、总结及整体展现的平台;第二,对 50 年代生人以及更年长的前辈们,汇报 60 年代生人的努力和风格;第三,对 70 后予以必要的示范,使得他们更为明确马克思主义哲学研究已经达到的层面,由此更为顺畅地作进一步的发挥。

60 年代生人尚在途中。宋王安石诗云:"此去还知苦相忆,归时快马亦须鞭",或许,这就是我们这代人的命运。

张立波

2011 年 7 月 6 日于北京